高 等 院 校 精 品 课 程 系 列 教 材

江苏省高等学校精品教材
江苏省高等学校精品课程教材

应用统计学
APPLIED STATISTICS

|第 2 版|

谢忠秋 丁兴烁 等编著

机械工业出版社
China Machine Press

图书在版编目（CIP）数据

应用统计学／谢忠秋等编著 . —2 版 . —北京：机械工业出版社，2020.1（2022.6 重印）
（高等院校精品课程系列教材）

ISBN 978-7-111-64454-5

I. 应… Ⅱ. 谢… Ⅲ. 应用统计学 – 高等学校 – 教材 Ⅳ. C8

中国版本图书馆 CIP 数据核字（2019）第 282794 号

　　本教材是一本系统介绍统计学基本理论和方法的通识教材。教材内容囊括统计数据搜集、统计数据整理、统计数据分析、统计推断和综合评价等，同时在教材的每章设置引导性案例，每章最后安排了 SPSS 在统计中的应用。本教材注重统计学理论的系统性、统计方法的实用性和统计应用的实战性。

　　本教材适合作为应用型本科院校学生或高职、高专经济管理类专业学生的专业基础课程教材，也可作为相关专业学生的选用教材。

出版发行：机械工业出版社（北京市西城区百万庄大街 22 号　邮政编码：100037）
责任编辑：郝梦莞　　　　　　　　　　　　　责任校对：李秋荣
印　　刷：北京建宏印刷有限公司
开　　本：185mm×260mm　1/16　　　　　　版　　次：2022 年 6 月第 2 版第 3 次印刷
书　　号：ISBN 978-7-111-64454-5　　　　　印　　张：19.75
　　　　　　　　　　　　　　　　　　　　　定　　价：45.00 元

客服电话：（010）88361066　88379833　68326294　　投稿热线：（010）88379007
华章网站：www.hzbook.com　　　　　　　　　　　　读者信箱：hzjg@hzbook.com

作者简介
ABOUT THE AUTHORS

谢忠秋，男，1964 年生。1985 年毕业于杭州商学院计划统计专业，学士学位。现为江苏理工学院副院长、教授，江苏省有突出贡献中青年专家，江苏省重点建设学科——统计学学科带头人。研究方向为统计学基础理论与应用研究。在《统计研究》《财贸研究》《统计与决策》《江苏社会科学》《经济管理》等学术期刊上发表论文近 60 篇，并主持多项教育部、省社会科学课题。

丁兴烁，男，1962 年生。1984 年毕业于安徽财贸学院计划统计专业，学士学位，现为江苏理工学院商学院统计副教授，研究方向为统计学基础理论与应用研究。在《财贸研究》《统计与决策》等学术期刊上发表论文近 20 篇。

前 言
PREFACE

2008 年"统计学"课程入选江苏省高等学校精品课程，2009 年《应用统计学》入选江苏省高等学校立项精品教材，2012 年"统计学"入选江苏省高等学校重点建设学科。所有这些，都意味着一种进步——江苏理工学院统计学人的进步和江苏理工学院统计学科的进步。

本教材是江苏省高等学校立项精品教材建设的成果，于 2014 年由机械工业出版社出版，与之前我们所编写的教材相比，有着较大的变化。

一是编写思想的变化：将统计能力的培养和塑造贯穿整本教材。

二是编写体例的变化：按照统计工作的实际应用要求整合了原有教材的内容，形成了本教材新的体例。

三是编写方法的变化：增加了 SPSS 应用和统计实验项目，一者可以将统计的学习与现代统计软件的应用有机地结合起来，为统计的广泛运用插上现代分析手段的翅膀；二者可以将统计学习随时置于实践的检验之中，为学生统计能力的提升打开理论通向实践的大门。

四是编写内容的变化：加入了综合评价，让更多非统计专业的学生得以更容易、更系统、更方便地理解统计，进而理解定量分析，从而能够更好地运用统计进行定量分析。

本教材共分十章，各章的具体分工为：谢忠秋编写了第一、二、五、八章，丁兴烁编写了第三、四、十章，薛艳编写了第六、七章，王斌编写了第九章。最后由谢忠秋总纂定稿。

本次再版是在《应用统计学》第 1 版的基础上修订而成的。本次修订主要体现在以下几个方面：一是听取意见，在广泛吸取读者意见的基础上，对第 1 版中的部分内容及不当之处进行了修改；二是更新案例，更新了教材中的绝大部分案例，保证了案例的最新时效性；三是更新练习与思考，从教学与学习角度考虑，更新了各章的练习题，强调基础，注重提升；四是修订 SPSS 软件应用，按照软件最新的版本修订了各章 SPSS 软件的应用。

在本教材的编写过程中，编著者参阅了多方面的著述和研究资料，引用了一些好的案例，在此谨向有关作者一并表示谢意；同时也要感谢为本次修订提出了宝贵意见的老师和读者。由于水平有限，教材中难免存在缺点和错误，敬请广大读者和同行专家批评指正，以便我们进一步修订和改进。

编著者

2019 年 7 月于龙城

教学建议
SUGGESTION

　　本课程是经济管理类专业基础必修课。通过学习本课程，学生可以明确分析问题的思路，掌握统计分析方法，为学生学习相关专业课程打下重要基础。统计学理论与方法在社会科学、自然科学领域应用广泛，是社会科学、自然科学相关专业应该开设的一门重要课程。

教学方法与手段

　　统计学是一门综合性较强的方法论科学，涉及经济管理和数学，学生需要掌握的知识点比较多。为达到教学的预期效果，建议在理论教学（课堂讲授）过程中，以经典案例引导教学，启发、引导学生分析问题与解决问题，从而使其掌握统计学的基本理论和基本方法。 同时建议结合经济管理实际，引导学生进行实际资料的搜集，进行各教学单元的统计实验，努力培养学生将理论应用于实际的能力。

学时分配建议（供参考）

序号	章节	教学内容	教学要点	学时安排
1	第一章	绪论	统计的产生与发展 统计研究对象与特点 统计学中的几个基本概念	3
2	第二章	统计数据的搜集	统计调查概述 统计调查方案 统计调查方式方法	3
3	第三章	统计数据的整理	统计整理概述 统计分组 次数分布	4

（续）

序号	章节	教学内容	教学要点	学时安排
4	第四章	统计数据分析载体：综合指标	总量指标 相对指标 平均指标 标志变异指标	8
5	第五章	统计数据的一般分析	结构分析 比较分析 比率分析	4
6	第六章	统计数据的动态分析	时间序列分析 统计指数	8
7	第七章	统计数据的关系分析	相关关系分析 回归分析	4
8	第八章	统计推断	抽样推断的一般问题 抽样估计	4
9	第九章	综合评价	综合评价指标处理方法 综合评价常规方法 灰色关联度评价法 模糊综合评价方法 主成分分析法	6
10	第十章	统计报告的撰写	统计报告结构 统计报告撰写技巧	4
合计				48

目 录
CONTENTS

第一章
CHAPTER1

绪　论

§ **学习目标**

1. 了解统计学的发展简史
2. 掌握统计学研究对象和特点
3. 理解统计学概念

§ **本章重点**

理解统计学概念及概念间的相互关系

§ **导入案例**

2018～2019 年度中国服装行业经济运行分析与发展趋势展望

2018 年是中国改革开放 40 周年。对于中国服装行业而言，2018 年是充满挑战与考验并快速变革的一年。面对复杂多变的国际形势和国内结构调整的改革压力，我国服装行业在发展环境面临诸多风险和不确定性的背景下，总体保持了较为平稳的发展态势，内外销市场表现稳定，运行质效稳步提升，转型升级成效明显，高质量发展格局正在形成。

一、2018 年中国服装行业经济运行情况

（一）生产基本稳定，产量小幅下降

根据国家统计局数据，2018 年服装行业规模以上企业累计完成服装产量 222.74 亿件，同比下降 3.37%，比 2017 年同期回落 0.75 个百分点，降幅比 1～7 月收窄 4.13 个百分点。其中梭织服装 111.57 亿件，同比下降 3.10%；针织服装 111.17 亿件，同比下降 3.62%。从梭织服装各品类产量来看，羽绒服装、西服套装和衬衫产量呈现不同幅度的下降，分别比 2017 年同期下降 5.40%、2.39% 和 8.20%。

根据中国服装协会测算，2018 年我国全社会完成服装总产量约 456 亿件，与 2017 年持平。

工业增加值保持低速增长。根据国家统计局数据，2018 年规模以上服装企业工业增加值同比增长4.4%，增速比2017年同期放缓1.4个百分点。2018年以来，服装行业工业增加值增速走势与纺织业基本趋同，高于纺织业增速3.4个百分点，低于工业增速1.8个百分点。

（二）出口止跌回升

根据中国海关数据，2018年我国累计完成服装及衣着附件出口1 576.33亿美元，同比增长0.3%，比2017年同期提升0.7个百分点。其中，针织服装出口表现优于梭织服装，我国针织服装及衣着附件出口733.35亿美元，同比增长2.1%，梭织服装及衣着附件出口713.02亿美元，同比下降2.9%。

从月度出口来看，自6月份开始，服装单月出口恢复正增长，9月、10月单月服装出口同比分别增长8.5%和8.4%，服装出口下滑的态势得到缓解，出口实现止跌回升，而11月和12月单月出口同比分别下降2.7%和4.4%，拉低了全年的服装出口增幅（见图1-1）。

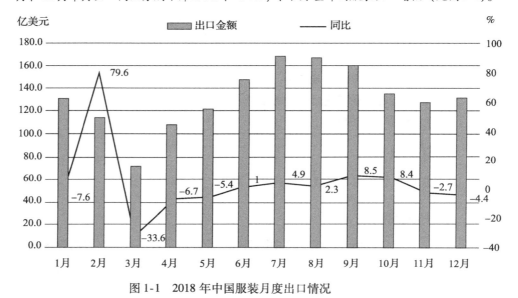

图1-1   2018年中国服装月度出口情况

我国对美国、日本服装出口恢复增长，对欧盟出口降幅有所收窄，对部分"一带一路"沿线国家出口增势较好。

（三）内销保持较快增长

2018年以来，我国服装内需市场保持平稳较快增长，根据中国服装协会测算，2018年全国服装销售总额达3.08万亿元，同比增长7.32%。主要增长因素有以下几点。

（1）网上服装销售增速明显提升；

（2）大型零售企业零售额小幅增长；

（3）专业市场成交额稳步增长；

（4）服装价格延续温和上涨。

（四）行业投资降幅收窄

一方面是受国内成本上涨、盈利压力加大等因素影响，企业对上产能、补库存等项目保持谨慎态度，越来越多的优秀企业加大了海外产业投资力度；另一方面是在行业发展的新阶段，企业投资方向发生变化，企业更加注重供应链优化、品牌文化创意、科技创新等软实力的提升。

（五）运行质效稳中有升

2018 年以来，我国服装行业运行质量基本平稳，效益增速明显提升。据国家统计局数据，2018 年 1~12 月服装行业规模以上（年主营业务收入 2 000 万元及以上）企业 14 827 家，累计实现主营业务收入 17 106.57 亿元，同比增长 4.07%；利润总额 1 006.75 亿元，同比增长 10.84%。行业盈利能力和资金周转效率比 2017 年同期有所提升（见表 1-1）。

表 1-1　2018 年我国服装行业规模以上企业主要经济指标完成情况

指标名称	单位	2018 年 1~12 月累计	2017 年同期累计	同比变化（%）
主营业务收入	万元	171 065 722	164 377 979	4.07
利润总额	万元	10 067 537	9 082 973	10.84
主营业务成本	万元	145 233 393	139 990 340	3.75
销售利润率（%）		5.89	5.53	0.36
销售毛利率（%）		15.10	14.84	0.26
产成品周转率	次/年	14.23	14.46	-0.23
应收账款周转率	次/年	8.54	8.13	0.41
总资产周转率	次/年	1.37	1.36	0.01
三费比例（%）		9.48	9.38	0.08

二、2018 年中国服装行业发展特点

2018 年，面对国内外复杂的环境和压力，中国服装行业逆势而进、创新而行，紧紧抓住新技术、新模式、新业态的变革机遇，着力科技进步和文化创新，加快转型升级步伐，加快新旧动能转换，服装产业正在由规模发展向质量发展跃变。

（一）高质量发展格局正在形成

2018 年，随着云平台、物联网、互联网＋、大数据、AI 等新技术、新理念的加速渗透，技术创新引发的模式变革和效率提升加速了服装产业格局的变化，服装产业自主创新能力和协同创新能力持续增强，供给质量不断提高，以高质量创新引领和支撑行业高质量发展，推动服装行业向品牌化、智能化、服务化方向转型。

2018 年是中国男装品牌的整合之年，男装企业逐渐向"品牌生态圈""品牌管理平台"转型；男装设计师品牌大量涌现；个性化、定制化的男装品牌快速发展；以智能制造柔性生产线为技术支撑，以客户需求为出发点，回归产业本质的特征日益明显。

2018 年，我国女装企业坚持产品创新和技术创新，围绕着绿色环保、舒适健康、功能化、差异化，不断提升产品和品牌竞争力；加大了零售网络建设的投入，特别是智慧门店和仓储物流中心建设，逐渐向全渠道、智能化、体验交互化方向发展。同时，女装企业国际化发展进程加快，积极推进海外市场布局。

2018 年，为适应市场环境的变化，休闲装品牌企业不断优化渠道布局，强化终端门店标准化管理，线上线下协同发展，提升消费者的品牌黏性；同时，加强企业经营管理，完善人才激励体制，从各个方面逐步实现发展规模和发展质量的升级。

2018 年，我国童装品牌加强设计与研发投入，引进国内外行业专家以及专业设计和时尚机构，不断优化产品结构，提升产品的专业度和竞争力；同时，加大了数字化技术改造投入，推动新零售发展，链接知名 IP 及艺术家等跨界合作资源，使品

牌知名度和美誉度进一步提高。

（二）智能制造驱动提质增效

2018 年，我国服装行业智能制造稳步推进，智能化、数字化技术在研发设计、生产制造、物流仓储、经营管理、售后服务等关键环节实现深度应用，国家层面实施的智能制造试点示范项目走在纺织行业前列。

服装企业智能化升级改造主要体现在生产制造端的智能化水平提升和品牌零售端的智慧门店建设两个方面。目前，在整个生产流程中，自动化设备的使用率已经达到 80%，基本实现了服装全流程自动化制造，三维人体测量、服装 3D 可视化及模拟技术精准性大幅提高，以"智能吊挂系统＋自动缝制单元或自动模板缝制系统＋全自动立体仓储物流系统"为主的全流程自动化制造模式被大量采用，柔性制造系统、全自动立体仓储物流系统得到广泛应用，智能化现代工厂不断涌现。

（三）新零售带来销售变革

基于新消费理念和新消费需求，大数据分析在推动门店提升消费体验的同时，网红经济、社群化、粉丝化运营特征日益明显，凭借自身的反馈机制和互动优势，向消费群体多维度推送产品信息，建立完全基于特定人群的新消费渠道和新消费场景。新场景体验模式开启了销售模式的迭代升级，不仅是停留在技术变革、渠道变革、供应链变革之上，更是充分利用互联网技术变革的成果，通过各类小程序、微视频、拼团拼购、社交媒体等双向传播媒介进行社群化、社区化、用户运营和互动，进而实现"全场景、全客群、全数据、全渠道、全时段、全体验"的商业新模式。

（四）海外并购加快全球化进程

2018 年是服装行业海外并购较为活跃的一年。随着服装产业转型升级步伐加快，在"无界"的需求驱动和生活方式的细分、裂变下，服装产业整合变革的速度、规模以及层次也在不断地加快和提升，生产与市场的全球化布局，使中国制造、中国品牌在国际时尚产业中的地位持续提升。服装企业通过收购、并购和海外门店拓展，建立企业多元化的生态系统。这不但有助于增强企业品牌、产品和渠道的综合竞争力，还可以构建海外营销网络，扩大国际和国内市场规模，逐渐形成企业自身的品牌发展战略和并购战略，使品牌国际化形象日益饱满。

三、2018 年中国服装行业运行主要影响因素

（一）国际市场温和复苏

（1）主要出口市场保持小幅增长；

（2）国际市场竞争日趋激烈。

（二）消费升级驱动市场变革

（1）基本生活用品成为拉动消费增长的主要动力；

（2）衣着消费增速明显低于个人发展类消费增速；

（3）新旧业态融合发展；

（4）消费群体年轻化、个性化愈加明显。

四、2019 年中国服装行业发展趋势展望（略）

资料来源：中国服装协会网，2019-03-15。

第一节　统 计 能 力

关于能力的定义很多，大致可以将它们归为两种思路：一种是从行为角度定义的个体能力，如伍德拉夫（Woodruffe，1991）认为要根据个体所展现的行为集来定义能力，这些行为是个体胜任某种工作所必需的，所谓胜任工作就是要达到理想绩效；另一种思路是从个体特征角度来定义能力，如阿尔贝尼斯（Albanese，1989）将个体能力描述为技能和人格特征，海耶斯（Hayes，2000）等则认为，能力是为当前角色实现有效绩效所必需的知识、技能、特质或个性特征。但不管哪种思路，能力都表现出两个共同特点：①能力是个体内生的；②能力总是指向特定的工作或角色，并能带来有效绩效。

由此可见，可以将统计能力理解为一个人用来创造有效统计绩效，即解决统计问题的知识、技能、个性特征和自我印象（如自信、高自我效能）等的集合。

从统计工作的过程来看，包括统计数据搜集能力、统计数据整理能力、统计数据分析能力以及统计数据支撑能力。

一、统计数据搜集能力

统计数据搜集能力即搜集数据的能力。统计数据的搜集是认识问题、分析问题、解决问题的第一步。要能够深入企业和社会实际，掌握原始统计资料（第一手资料）。只有多深入到企业搞调查研究，多关注企业、关注宏观经济政策、关注经济的走势，才能真实地掌握实际情况，才能把握统计规律，从而得出符合实际的结论。正如毛泽东主席所说：“没有调查，就没有发言权”，同时，也要广泛搜集积累次级统计资料（第二手资料），从中了解情况，得到启迪。

所以，统计数据的搜集能力又可细分为原始统计资料的搜集能力和次级统计资料的搜集能力。

原始统计资料的搜集，需要事先设计统计调查方案，所以要有统计调查方案设计能力；需要事先设计调查问卷，所以要有调查问卷设计能力；需要对整个调查过程进行有效的组织，所以要有组织能力；需要访问调查者，所以要有采访能力和沟通能力。另外，还要有各种原始数据搜集方法的综合应用能力等。

次级统计资料的搜集，需要从统计年鉴、相关网站、报纸杂志等不同渠道去搜集资料，所以又需要具有文献、数据、事实的检索能力等。

在实施统计调查时，要掌握调查研究的方法和技巧；要注重共性更注重特点，注重文字更注重思想，注重调查更注重研究，注重归纳更注重挖掘，注重体验更注重借鉴，唯有如此，方能创造有效的统计调查绩效。

二、统计数据整理能力

统计数据整理能力即数据的加工能力。通过数据搜集得到的原始统计资料不仅量大，而且通常是杂乱无章的，难以看出其中的规律，也无法得出科学的结论。由此，需要按照研究的目的对这些纷繁而又大量的数据进行加工、整理，此为原始统计资料的整理。其中，一个最为重要的方法就是统计分组。所以，分组能力如何直接关系到数据加工、整理的质量如何。

此外，还有次级统计资料的加工、整理。对于有些次级统计资料，可以直接采取"拿来主义"的策略，但有些还是需要根据研究的目的进行再加工，所以，又有一个次级统计资料再加工的能力问题。

统计数据整理中还有一个不能忽略的重要环节，就是数据资料的关联分析和审核评估。关联分析是指分析关联行业、关联产业、关联指标是否匹配。审核评估是指数据来源是否可靠，数据是否准确、系统的分析。这不仅要关注指标之间、统计报表内的逻辑关系平衡，还要搞清楚数据的来龙去脉、数据增减变动的原因，以及数据的含义、口径等制度规定。只有如此，才能切实提高关联分析和审核评估的能力。

三、统计数据分析能力

经过统计数据搜集和统计数据整理以后，还要进行统计数据分析，只有经过数据分析才能认识事物的本质和规律。例如，表 1-2 反映的是某年某市甲乙两类工业企业统计数据搜集和统计数据整理以后得到的有关数据，从中乙类企业的生产成果好于甲类企业，然而，事实果真如此吗？

表 1-2　某年某市甲乙两类工业企业从业人数、工业增加值

按企业分组	从业人数（万人）	工业增加值（万元）
甲类企业	11	216 622
乙类企业	35	368 573
全市	46	585 195

表 1-3 是表 1-2 的延续，是统计数据分析的结果，它更加深刻地揭示了社会经济现象的本质和规律，用"从业人数"除"工业增加值"得出"人均工业增加值"指标，其结果是甲类企业的经济效益好于乙类企业。所以，一定要进行统计数据分析。这一分析过程由两个步骤组成：其一是计算，用"从业人数"除"工业增加值"得出"人均工业增加值"指标；其二是解释，根据"人均工业增加值"得出甲类企业的经济效益好于乙类企业的结论。前者，我们可称为计算能力，后者我们可称为解释能力。

表 1-3　某年某市甲乙两类工业企业人均工业增加值

按企业分组	人均工业增加值（元）
甲类企业	19 693
乙类企业	10 531
全市	12 722

除了计算能力和解释能力外，统计数据分析能力还应包括以下几点。

1. 参谋能力

参谋能力即为领导或公众做参谋的能力。所做出的分析结论，不应只停留在对事实的说明上，还要成为领导或公众决策时的重要参考。

2. 预测能力

预测能力即根据结果对现状做出评述，并对未来进行合理预测的能力。

3. 解读能力

解读能力即面对社会各方面的热议，解答各个方面提出的疑虑和问题的能力。

总之，要切实提高由统计数据的计算能力、解释能力、参谋能力、预测能力和解读能力所构成的统计数据分析能力，也就是从现象看到事物内在本质和规律性的能力。

显然，仅有统计数据搜集能力、统计数据整理能力和统计数据分析能力等专业能力还是不够的，还需要具备统计数据支撑能力。

四、统计数据支撑能力

就统计而言，统计数据支撑能力主要包括以下几点。

1. 沟通协调能力

由于统计工作过程首先是一个由众多的人以及组织参与的过程，这就需要人与人之间、组织与组织之间的沟通和协调，因此提高沟通协调能力已成为现代社会的一门必修课。

就统计工作而言，不能仅仅满足于数据采集、加工，还有大量的协调工作要做。调查对象不配合怎么办，单单依靠《中华人民共和国统计法》是不能完成的，还需要协调。部门关系怎么理顺，也需要协调。领导面前怎么汇报，也存在协调的问题。怎样营造上下级的和谐关系，也涉及协调问题。所以，必须改变统计人"坐井观天"的习惯，树立形象观念、公众观念、协调观念、服务观念，积极主动搞好各方面的协调和沟通，营造"人和"的环境，为统计的生存和发展创造最佳软环境。当然，这不仅仅是每个统计人应该具备的能力，也是所有人应该具备的能力。

2. 写作和表达能力

无论是统计数据的搜集还是统计数据的整理或分析，都需要准确的表达。因此，良好的写作和表达能力是对外提供信息和进行交流、发挥统计作用不可或缺的条件，文字是表述统计思想、统计工作和统计成果的重要手段，要按照"准确、迅速、规范、简练"的要求撰写统计分析报告，以满足各级领导或公众的需要。

3. 计算机运用能力

对计算机运用能力的要求是由我们所处的时代（互联网时代和所面对的对象）海量的数据所决定的。互联网的快速发展，为开展统计工作提供了现代化手段，拓宽了统计工作的空间和渠道。海量的数据，使得我们必须依靠计算机进行数据处理，才能实现统计所要求的"及时、准确、系统"的目标。就统计工作而言，计算机操作及应用水平的高低已成为衡量统计水平高低的一个十分重要的指标。近几年，尽管统计系统的信息化装备水平得到了很大的完善和提高，但应用能力、管理水平与之仍不相适应，仅仅停留在处理报表的简单水平上，深度开发应用不够。因此，在加强硬件建设的同时，必须高度重视提高计算机应用能力，以更好地发挥先进技术设备的效能，推动统计工作现代化进程。

统计能力体系结构如图 1-2 所示。

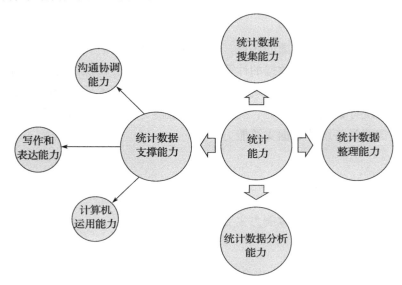

图 1-2　统计能力体系结构

第二节　统计学理论和方法

一、统计的产生与发展

统计实践产生已有四五千年的历史，是伴随国家管理的职能产生而产生的。在阶级社会中，统计实践是为一定阶级服务的。

认识世界、改造世界是人类最丰富、最伟大的实践活动。改造世界首先是正确认识世界。统计实践活动最初萌芽于对社会经济现象总体的数量特征的描述，如人口、土地和财产等总量的汇总计量工作。我国早在公元前 2000 多年的夏朝，已有人口和土地的数字记载；在欧洲，古希腊、古罗马时代已开始对居民人口和财产进行统计调查。

伴随着社会生产力的缓慢发展，统计实践活动也缓慢地得到发展，其范围由人口、土地、财产等扩大到社会经济生活的各个方面，如工业、贸易、运输业、保险业等，逐渐成为管理国民经济、组织和指挥生产的重要手段。

统计工作作为政府管理的有效工具，历来受到各国政府的高度重视，各国政府成立专门的统计机构，统计工作日益专门化。1853 年在比利时首都布鲁塞尔召开了第一届国际统计会议，统计逐渐成为一项国际性的事业。

实践经验证明，社会宏观管理水平越高，对统计的需求越大，统计的地位越重要，社会生产力水平发展越快。

人类的统计实践上升到理论，并予以总结和概括，成为一门系统的科学——统计学，距今仅有300多年的历史。从统计学的产生和发展过程来看，大致可以划分为三个时期：统计学的萌芽期、统计学的近代期和统计学的现代期。

（一）统计学的萌芽期

统计学初创于17世纪中叶至18世纪，当时主要有政治算术学派和国势学派。

1. 政治算术学派

政治算术学派起源于17世纪的英国，主要代表人物是威廉·配第（1623—1687）和约翰·格朗特（1620—1674）。17世纪的英国学者威廉·配第在他所著的《政治算术》（1676年）一书中，对当时的英国、荷兰、法国之间的"国富和力量"进行了数量上的计算和比较，做了前人没有做过的从数量方面来研究社会经济现象的工作。正是在这个意义上，马克思称配第是"政治经济学之父，在某种程度上也可以说是统计学的创始人"。

通过对伦敦市50多年的人口出生和死亡资料的计算，约翰·格朗特写出了政治算术学派第一篇论文《对死亡表的自然观察和政治观察》（1662年）。论文对当时的人口现象进行了统计整理和分析，提示了人口统计现象中的某些规律性事实。

政治算术学派在统计发展史上有着重要的地位。首先，它不仅满足于社会经济现象的数量登记、列表、汇总、记述等过程，还要求把这些统计经验加以全面系统地总结，并从中提炼出某些理论原则。这个学派在搜集资料方面，较明确地提出了大量观察法、典型调查、定期调查等思想；在处理资料方面，较为广泛地运用了分类、制表及各种指标来浓缩与显现数量资料的内涵信息。其次，政治算术学派第一次运用可度量的方法，力求把自己的论证建立在具体的、有说服力的数字上面，依靠数字来解释与说明社会经济生活。

政治算术学派毕竟还处于统计发展的初创阶段，它只是用简单的、粗略的算术方法对社会经济现象进行计量和比较。

政治算术学派没有使用统计学这一名词，人们将该学派看作"有实无名"学派，开创了统计学学科。

2. 国势学派

国势学派产生于17世纪的德国，代表人物是康令、阿亨瓦尔，他们在大学中开设了一门新课程，最初叫作"国势学"。他们所做的工作主要是对国家重要事项的记录，因此又被称为记述学派。这些记录记载着国家、人口、军队、领土、居民职业以及资源财产等事项，偏重于事件的叙述，而忽视量的分析。由于德文中"国势"与"统计"一词词源相通，故这一学派一直以统计学命名。严格地说，这一学派的研究对象和研究方法都不符合统计学的要求，只是登记了一些记叙性材料，借以说明管理国家的方法，无论从方法上还是从实质性科学上，都没有统计学研究的内容。这一学派属于一直以统计学命名而无真正统计学之内容的学派，即"有名无实"学派。

（二）统计学的近代期

统计学的近代期是 18 世纪末至 19 世纪末，这一时期的统计学主要有数理统计学派和社会统计学派。

1. 数理统计学派

最初的统计方法是随着社会政治和经济的需要而初步得到发展的，直到概率论被引进之后，才逐渐成为一门成熟的科学。

比利时统计学家凯特勒（1796—1874）首先将概率论原理引入社会现象的研究，写出了一系列关于统计学问题研究的著作，主要有《社会物理学》《统计学的研究》《论人类》等。从此，统计学开始进入更为丰富发展的新阶段。

作为数理统计学派的奠基人，凯特勒在统计学的发展中的主要功绩是将概率论引入社会现象的研究，开辟了统计学的领域，使统计学在定量研究方面走上新的发展阶段。凯特勒被欧美统计学界誉为"近代统计学之父"。

数理统计学学派发展很快，影响很大。经过许多人从多方面加以研究，逐渐形成了一个独立的学科——数理统计学。

2. 社会统计学派

19 世纪后半叶，正当致力于自然领域研究的英美数理统计学派刚开始发展的时候，与之不同的社会统计学派在德国异军突起。这个学派是近代各种统计学派中比较独特的一派。由于它在理论上比政治算术学派更加完善，在时间上比数理统计学派提前成熟，因此它很快占领了"市场"，对国际统计学界影响较大，流传较广。

社会统计学派以德国为中心，由德国大学教授克尼斯（1821—1898）首创，主要代表人物为恩格尔（1821—1896）和梅尔（1841—1925）。社会统计学派认为，统计学的研究对象是社会现象总体，而不是个别的社会现象，目的在于明确社会现象内部的联系和相互关系；统计应当包括资料的搜集、整理，以及对其分析研究。社会统计学派一方面研究社会总体，一方面在研究方法上大量采用观察法，认为统计是一门实质性科学。社会统计学派在国际统计学界占有一定地位，尤其是德国、日本等国的统计学界受其影响更大。

社会经济发展，要求统计提供更多有效的统计调查、整理的方法，社会统计学逐步从实质性科学向方法论转化，但仍强调以事物的质为前提。

（三）统计学的现代期

统计学的现代期是自 20 世纪初到现在的数理统计学时期。20 世纪 20 年代以来，数理统计学发展的主流从描述统计学转向推断统计学。19 世纪末和 20 世纪初的统计学主要是关于描述统计学中的一些基本概念，资料的搜集、整理、图示和分析等，后来逐步增加了概率论和推断统计的内容。

现在，数理统计学的丰富程度完全可以独立成为一门学科，但它也不可能完全代替一般统计方法论。传统的统计方法虽然比较简单，但在实际统计工作中运用仍然极广。不仅如此，数理统计学主要涉及资料的分析和推断，而统计学还包括各种统计调查、统计工作制度和核算体系的方法理论、统计学与各专业相结合的一般方法理论等。由于统计学比数理统计学在内容上更为广泛，因此，数理统计学相对于统计学来说不是一门并列的学科，而是统计学的重要组成部分。

二、统计学的研究对象和性质

（一）统计学的研究对象

统计学的研究对象是社会经济统计的认识活动过程，即认识社会经济总体数量方面的一种调查研究活动过程。

第一，从认识活动过程角度来研究。其中心内容是社会经济认识活动是怎样进行的，它的活动方式和方法受什么因素制约，用什么方法、遵循什么原则才能反映社会经济总体的实际情况，怎样深入认识社会经济总体及其发展的数量规律性等。这种研究及其成果一般称为统计学。

第二，从统计学活动组织管理过程的角度来研究。这种研究和成果称为统计组织管理学。

统计学研究对象的特点如下。

1. 数量性

数量性是统计学研究对象的基本特点。数字是统计的语言，数据资料是统计的原料。一切客观事物都有质和量两个方面，事物的质与量总是密切联系、共同规定着事物的性质。没有无量的质，也没有无质的量。一定的质规定着一定的量，一定的量也表现为一定的质。但在认识的角度上，质和量是可以区分的，可以在一定的质的情况下，单独地研究数量方面，通过认识事物的量进而认识事物的质。因此，事物的数量是我们认识客观现实的重要方面，通过分析研究统计数据，研究和掌握统计规律性，就可以达到我们统计分析研究的目的。

进行统计研究，要求我们根据经济理论范畴的质的规定性，确定相关统计指标概念，搜集统计指标数值，观察其变化，进行必要的统计分析和统计预测。统计是在"定性—定量—定性"的辩证统一中认识事物规律。

2. 总体性

统计学的研究对象对总体普遍存在着的事实进行大量观察和综合分析，得出反映现象总体的数量特征和资料规律性。统计研究强调研究对象集合特征，通过对总体现象的整理归纳，消除个别的、偶然的因素影响，使总体呈现相对稳定的规律性事实。社会经济现象的数据资料和数量对比关系等一般是在一系列复杂因素的影响下形成的。在这些因素当中，既有起着决定和普遍作用的主要因素，也有起着偶然和局部作用的次要因素。由于种种原因，在不同的个体中，它们相互结合的方式和实际发生的作用都不可能完全相同。所以，对于每个个体来说，就具有一定的随机性质，而对于有足够多数个体的总体来说又具有相对稳定的共同趋势，显示出一定的规律性。

统计研究对象的总体性，是从对个体实际表现的认识过渡到对总体数量表现的认识。这个过程可以简称为从个体到总体。例如，人口统计必须从了解每个人的情况开始，然后经过分组、汇总、计算等工作，过渡到说明人口总体数量方面的情况。只有从个体开始，才能对总体进行分析研究，更好地分析研究现象总体的统计规律性。

3. 具体性

统计研究对象是社会经济领域中具体现象的数量方面，具有明确的现实含义。数学是研究事物抽象空间和抽象数量的科学，而统计学研究的数量是客观存在的、具体实在的数量表现。统计研究对象的这一特点，也正是统计工作必须遵循的基本原则。正因为统计的数量是客观存在的、具体实在的数量表现，它才能独立于客观世界，不以人的主观意志为转移。统计资料作为主观对客观的反映，必然是存在第一性，意识第二性，存在决定意识，只有如实地反映具体的已经发生的客观事实，才能为我们进行统计分析研究提供可靠的基础，才能分析、探索和掌握事物的统计规律。虚假的统计数据资料是不能成为统计数据资料的，因为它违背了统计研究对象的这一特点。

社会经济毕竟反映和研究社会经济现象量与量的关系，必须遵循数学原则，使用多种数学方法，如用数学模型表现事物与事物之间量的关系。

4. 社会性

社会经济现象是人类社会活动的条件、过程和结果。社会经济统计的认识对象是社会经济现象的数量方面，涉及人与人的关系、人与社会的关系。

（二）统计学的性质

统计学属于方法论科学，是研究如何搜集、整理、分析统计资料的一门方法论科学，在社会经济研究中，只为人们认识社会经济总体现象数量方面的规律提供认识方法，并不对客观认识对象做出实质性结论。

（三）统计学研究的方法

社会经济统计的特定研究对象决定了统计学的研究方法，而科学的统计方法是完成统计任务的基本手段。

1. 大量观察法

大量观察法是统计学特有的方法。所谓大量观察法，是指对所研究的事物的全部或足够数量进行观察的方法。作为反映社会经济现象总体数量特征的重要思想方法和原则，大量观察法是统计研究的重要方法论指导原则，而不是一种具体的应用方法。

社会现象受各种社会规律相互交错作用的影响。在社会现象总体中，个别单位往往受偶然因素的影响，如果任选其中之一进行观察，其结果不足以代表总体的一般特征；只有观察全部或足够的单位并加以综合，影响个别单位的偶然因素才会相互抵消，现象的一般特征才能显示出来。大数定律的本质意义在于经过大量观察，把个别的、偶然的差异性相互抵消，而必然的、集体的规律性便显现出来。同质的大量现象是有规律的，尽管个别现象受偶然性因素的影响会出现偏差，但观察数量达到一定程度就呈现出规律性，这就是大数定律的作用。

2. 综合指标法

统计研究要客观反映社会经济现象的数量特征，首先要借助统计指标。统计所了解的，不是个别事物的数值，而是将个别事物的数值综合汇总形成的总体数值，通过综合指标反映出来。综合指标不在于简单运用指标，更重要的在于进一步运用各种统计分析方法对统计调查资料进行加工整理，形成表示社会经济现象总体的数量关系的综合指标，使统计指标成为统计分析的重要工具。常用的综合指标有总量指标、相对指标、平均指标等。

综合指标法是统计分析的基本方法，其他各种统计分析方法均以它为基础，如时间数列法、指数法、抽样推断法、相关法等均离不开综合指标的对比分析。

3. 模型推断法

模型推断法就是在统计综合指标分析的基础上，借助数学模型对社会经济现象总体的数量特征进行归纳、推断和预测。所谓数学模型，就是根据社会经济现象的内在、外在因素变量及其相互关系进行抽象和假设，构造一个或一组反映社会经济现象数量关系的数学方程式。利用数学模型可以提示社会经济现象总体存在的内部关系，分析变量间的相互关系，进行统计推断和预测。

三、统计学中的几个基本概念

（一）统计的含义

"统计"一词已被人们赋予多种含义，在不同场合，统计一词可以具有不同的含义。它可以是指统计数据的搜集活动，即统计工作；也可以是指统计活动的结果，即统计数据资料；还可以是指分析统计数据的方法和技术，即统计学。

1. 统计工作

统计工作是搜集、整理、分析和研究统计数据资料的实践过程。统计工作在人类历史上出现得比较早。随着历史的发展，统计工作逐渐发展和完善起来，使统计成为国家、部门、事业和企业、公司和个人及科研单位认识与改造客观世界和主观世界的一种有力工具。

2. 统计数据资料

统计数据资料是统计工作活动进行搜集、整理、分析和研究的主体及最终成果。不管是个人、集体和社会，还是国家、部门和事业、企业、公司及科研机构，都离不开统计数据资料。如公司和企业要管理好生产和销售，就必须进行市场调研、生产控制、质量管理、人员培训、成本评估等，这就需要对有关的生产资料、市场资料、成本资料、人员资料、质量数据等进行搜集、整理、分析和研究。

3. 统计学

统计学是一门搜集、整理和分析统计数据的方法科学，其目的是探索数据的内在数量规律性，以达到对客观事物的科学认识。统计学的研究对象是客观事物的数量特征和数据资料。统计学是以搜集、整理、分析和研究等统计技术为手段，对所研究对象的总体数量关系和数据资料去伪存真、去粗取精，从而达到显示、描述和推断被研究对象的特征、趋势和规律性的目的。

统计学从统计实践中产生，需要在统计实践中接受实践的检验，在实践中得到发展，才能成为指导统计工作的科学。

统计学的三个含义是紧密结合、相互联系的，是一组相互关联、相互影响的社会理论与实践活动的总和。

（二）统计总体与总体单位

统计总体简称总体，是指按某一统计研究目的的要求，客观存在的、在同一性质基础上结合起来的许多个别单位的整体。总体可以分为有限总体和无限总体。总体所包含的单位数是有限的，称为有限总体，如人口数、企业数、商店数等。总体所包含的单位数是无限的，称为无限总体，如连续生产的某种产品的生产数量、大海里的鱼资源数等。对有限总体既可以进行全面调查，也可以进行非全面调查。但对无限总体只能抽取一部分单位进行非全面调查，据以推断总体。

总体和总体范围的确定取决于统计研究的目的要求。形成统计总体的必要条件是同质性、大量性和差异性。

1. 同质性

同质性是指总体中的各个单位按某一统计研究目的的要求必须具有某种共同的属性或标志数值。如国有企业总体中每个企业的共同标志属性是国家所有。同质性是总体的根本特征，只有个体单位是同质的，统计才能通过对个体特征的观察研究，归纳和揭示出总体的综合特征和规律性。

同质性的概念是相对的，它是根据一定的研究目的而确定的，目的不同，同质性的意义也就不同。

2. 大量性

大量性是指总体中包括的总体单位有足够多的数量。总体是由许多个体在某一相同性质的基础上结合起来的整体，个别或很少几个单位不能构成总体。个别单位的数量表现可能是各种各样的，只对少数单位进行观察，其结果难以反映总体的一般特征。总体的大量性，可使个别单位某些偶然因素的影响（表现在数量上的偏高、偏低的差异）相互抵消，从而显示出总体的本质和规律性。

3. 差异性

差异性（或称变异性）是指总体各单位除了具有某些共同性质以外，在其他方面表现各不相同，总体各单位之间由于存在可变的品质标志或数量标志，从而表现出的差异。差异是普遍存在的，是统计存在的前提条件。总体各单位之间存在差异性的特点，是各种因素错综复杂作用的结果，所以必须采取统计方法加以研究，才能表明总体的数量特征。

构成总体的这些个别单位称为总体单位。原始资料最初是从各总体单位取得的，所以总体单位是各项统计资料最原始的承担者。

总体与总体单位具有相对性，随着研究任务的改变而改变。同一单位可以是总体也可以是总体单位。例如，要了解全国工业企业职工的工资收入情况，那么全部工厂是总体，各个工厂是总体单位。如果旨在了解某个企业职工的工资收入情况，则该企业就成了总体，每个职工的工资就是总体单位了。

（三）统计标志与统计指标

1. 统计标志

（1）标志和标志表现。统计标志简称标志，是指统计总体各单位属性或特征的名称。从不同角度考察，每个总体单位可以有许多特征。如在职工总体中，每个职工可以有性别、年龄、民族、工种等特征。这些都是职工的标志。

标志表现是标志特征在各单位的具体体现。职工的性别是"女"，年龄为"25岁"，民族为"汉族"等，这里"女""25岁""汉族"就是性别、年龄、民族的具体体现，即标志表现。标志的具体表现形式有文字和数值两种。

（2）标志的分类。标志按变异情况可分为不变标志和变异标志。在某一研究目的条件下当一个标志在各个单位的具体表现都相同时，这个标志称为不变标志；当一个标志在各个单位的具体表现有可能不同时，这个标志称为变异标志或可变标志。不变标志是构成统计总体的基础，因为至少必须有一个与研究目的相对应的不变标志将各总体单位联结在一起，才能使它具有"同质性"，从而构成一个总体。变异标志是统计研究的主要内容，因为如果标志在各总体单位之间的表现都相同，那就没有统计分析研究的必要了。

标志按其性质可以分为品质标志和数量标志。品质标志表示事物的质的特性，用文字表示，如职工的性别、民族、工种等。数量标志表示事物的量的特性，用数值表示，如职工的年龄、工资、工龄等。

2. 统计指标

（1）统计指标的概念及其构成要素。统计指标是指反映总体现象数量特征的概念和数值。如职工总体中的职工总人数、职工工资总额等。这些经济概念是对大量现实生活中反复出现的具体现象进行概括提出的，是统计总体某一数量特征质的规定性。其指标表现称为指标数值，是统计总体数量特征表现的结果。

统计指标包括两个基本构成要素：指标名称和指标数值。统计指标名称及其指标数值的有机结合，是事物质的规定性和量的规定性有机联系的表现。指标名称是统计所研究的社会经济现象的科学概念，表明社会经济现象质的规定，反映某一社会现象内容所属的范围。指标数值是统计所研究现象的具体数量的综合的结果，对某一社会经济现象总体特征从数量上加以说明。

统计指标一般包括六个具体的构成因素，即指标名称、指标数值、时间限制、空间限制、计量单位和核算方法。例如我国 2018 年国内生产总值初步核算数为 900 309 亿元，比 2017 年增长 6.6%。而 2004 年我国国内生产总值为 136 515 亿元。

（2）统计指标的特点。

1）数量性。统计指标最基本的特点，即所有的统计指标都是可以用数值来表现的。统计指标所反映的就是客观现象的数量特征，这种数量特征是统计指标存在的形式，没有数量特征的统计指标是不存在的。正因为统计指标具有数量性的特点，它才能对客观总体进行量的描述，才使统计研究运用数学方法和现代计算技术成为可能。

2）综合性。统计指标既是同质总体大量个别单位的总计，又是大量个别单位标志差异的综合，是许多个体现象数量综合的结果。统计指标的形成都必须经过从个体到总体的过程，它是通过个别单位数量差异的抽象化来体现总体综合数量的特点的。

3）具体性。统计指标不是抽象的概念和数字，而是一定的具体的社会经济现象的量的反映，是在质的基础上的量的集合。这一点使社会经济统计和数理统计、数学相区别；同时统计指标说明的是客观存在的、已经发生的事实，它反映了社会经济现象在具体地点、时间和条件下的数量变化。这一点又和计划指标相区别。统计指标反映的是过去的事实和根据这些事实综合计算出来的实际数量，而计划指标则说明未来所要达到的具体目标。

（3）统计指标的种类。统计指标按其说明总体内容的不同分为数量指标和质量指标。

数量指标用于说明总体外延规模的统计指标。例如职工总体中，职工总人数、工资总额等。数量指标所反映的是总体的绝对数量，具有实物的或货币的计量单位，其数值的大小与总体范围存在一定的关系，它是认识总体现象的起点。

质量指标用于说明总体内部数量关系和总体单位水平的统计指标。例如职工总体中，职工性别比例、职工平均年龄、职工平均工资等。它通常是用相对数和平均数的形式表现的，其数值的大小与总体范围的大小没有直接关系。

统计指标按其作用和表现形式的不同，可分为总量指标、相对指标和平均指标。这些统计指标的含义、内容、计算方法和作用各不相同，将在以后相关章节中叙述。

统计指标按管理功能作用不同，可分为描述指标、评价指标和预警指标。

描述指标主要是反映社会经济运行的状况、过程和结果，提供对社会经济总体现象的基本认识，是统计信息的主体。

评价指标是用于对社会经济运行的结果进行比较、评估和考核，以检查工作质量或其他定额指标的结合使用。

预警指标一般用于对宏观经济运行进行监测，对国民经济运行中即将发生的失衡、失控等进行预报、警示。通常选择国民经济运行中的关键性、敏感性经济现象，对其建立相应的监测指标体系。

（4）统计指标体系。现象的复杂多样性以及各种现象之间相互联系的性质，只用个别统计指标来反映是不够的，需要采用指标体系来进行描述。统计指标体系就是各种相互联系的统计指标所构成的一个有机整体，用于说明研究现象各个方面相互依存和相互制约的关系。统计指标体系因各种现象本身联系的多样性和统计研究目的的不同而分为不同的类别。

根据研究问题的范围大小，可以建立宏观统计指标体系和微观统计指标体系。宏观统计指标体系就是反映整个现象大范围的统计指标体系。微观统计指标体系就是反映现象较小范围的统计指标体系。介于这两者之间的可以称为中观统计指标体系。

根据所反映现象的范围内容不同，统计指标体系可以分为综合性统计指标体系和专题性统计指标体系。综合性统计指标体系是较全面地反映总系统及其各个子系统的综合情况的统计指标体系。专题性统计指标体系则是反映某一个方面或问题的统计指标体系。

统计指标体系也可以指若干个统计指标之间的联系，表现为一个方程关系。例如

$$工资总额 = 平均工资 \times 职工人数$$

$$商品销售额 = 商品销售价格 \times 商品销售量$$

统计指标体系对于统计分析和研究具有重要的意义。通过一个设计科学的统计指标体系，可以描述现象的全貌和发展的全过程，分析和研究现象总体存在的矛盾以及各种因素对现象总体变动结果的方向和程度，也可以对未来的指标进行计算和预测，对未来现象发展变化的趋势进行预测。

（5）标志与指标的区别和联系。

1）主要区别。

A. 说明不同。标志是说明总体单位特征的，指标是说明总体特征的。

B. 表现不同。标志有用文字表示的品质标志和用数值表示的数量标志，指标则都是用数值表示的，没有不能用数值表示的指标。

2）主要联系。

A. 综合汇总。统计指标的数值多是由总体单位的数量标志值综合汇总而来的。例如，工资总额是各个职工的工资之和，工业总产值是各个工业企业的工业总产值之和。指标与标志存在综合汇总关系。

B. 变换关系。标志与指标之间存在着变换关系。如果由于统计研究目的的变化，原来的统计总体变成总体单位了，则相对应的统计指标也就变成了数量标志。反过来，如果原来的总体单位变成总体了，则相对应的数量标志也就变成了统计指标。

C. 名称对应关系。统计指标的名称与标志是一样的。如职工总体中，职工工资水平（标志）与职工工资总额（指标）。

（四）变异与变量

统计中的标志和指标的表现都是可变的，如人的性别有男女之分，各时期、各地区、各部门的工业总产值各有不同等，这种差别叫作变异。变异就是有差别的意思，包括质的差别和量的差别。变异是统计存在的前提条件。

变量是指在对某一总体及其所包含的总体单位进行研究时，可以取不同的数量标志和

指标，如研究一个国家的经济实力，可以取 GDP，可以取进入世界 500 强的企业数，GDP 是变量，企业数也是变量。特别应注意变量与变异的区别，GDP 是变量，而 GDP 为 1 亿元、2 亿元，这种不同的取值则是变异。在指标层面上，有变量才有变异，变异研究的正是变量的差异。在社会经济统计中，变量包括各种数量标志和全部统计指标，它们都是以数值表示的，不包括品质标志。变量就是数量标志的名称或指标的名称，变量的具体数值表现则称为变量值。

按照变量值的连续性，变量可分为连续型变量和离散型变量。有连续数值变化的变量，即可以用小数值表示的变量，称为连续型变量。连续型变量的数值是接连不断的，相邻的两数值之间可做无限分割，如身高、体重、年龄等。以整数值变化的变量，称为离散型变量。离散型变量的各变量值之间是以整数位断开的，例如学生人数、机器台数、工厂数等，都只能按整数计算。

变量按其性质可分为确定性变量与随机变量两种。如果某一变量值（因素）能够被另一个或几个变量的值，按一定规律唯一确定，则该变量称为确定性变量。如商品销售价格与销售量确定，则销售额就是唯一的。随机变量其数值变动受许多因素影响，其中有些因素是确定的，有些因素则带有偶然性，变量值大小存在波动性。如对某企业生产的某种型号的灯泡合格率进行多次抽样检验，多次抽样检验结果存在变动性。随机变量具有随机性或偶然性，其数值变动存在一定规律，通过大量观察，应用统计技术方法，是可以提示和描述其数量特征以及变动规律的。

第三节　统计软件 SPSS 简介

统计要与大量的数据打交道，涉及繁杂的计算和图表绘制。现代的数据分析工作如果离开统计软件几乎无法正常开展。在准确理解和掌握各种统计方法原理之后，再来掌握几种统计分析软件的实际操作，是十分必要的。

常见的统计软件有 SAS、SPSS、MINITAB、Excel 等。这些统计软件的功能和作用大同小异，各自有所侧重。其中的 SAS 和 SPSS 是目前在大型企业、各类院校以及科研机构中较为流行的两种统计软件。特别是 SPSS，其界面友好、功能强大、易学、易用，包含了几乎全部尖端的统计分析方法，具备完善的数据定义、操作管理和开放的数据接口以及灵活而美观的统计图表制作。SPSS 在各类院校以及科研机构中更为流行。

SPSS Statistics 软件原名 SPSS，是英文名称社会科学统计软件包（Statistical Package for the Social Sciences）首字母的缩写。随着 SPSS 公司产品服务领域的扩大和服务深度的增加，SPSS 公司已于 2000 年正式将英文全称更改为 Statistical Product and Service Solutions，意为"统计产品与服务解决方案"，标志着 SPSS 的战略方向做出重大调整。1994～1998 年，SPSS 公司陆续并购了 SYSTAT 公司、BMDP 软件公司、Quantime 公司、ISL 公司等，并将各公司的主打产品收纳在 SPSS 旗下，从而使 SPSS 公司由原来的单一统计产品开发与销售转向为企业、教育科研及政府机构提供全面信息统计决策支持服务，成为走在最新流行的"数据仓库"和"数据挖掘"领域前沿的一家综合统计软件公司。2009 年 IBM 收购

SPSS 公司后，推出了 IBM SPSS Statistics，该软件不仅支持多国语言，而且支持整个分析流程。借助 SPSS Statistics 软件，组织能够简化数据分析和报告流程。

SPSS 的基本功能包括数据管理、统计分析、图表分析、输出管理等，具体内容包括描述统计、列联分析，总体的均值比较、相关分析、回归模型分析、聚类分析、主成分分析、时间数列分析、非参数检验等多个大类，每个大类中还有多个专项统计方法。SPSS 设有专门的绘图系统，可以根据使用者的需要将给出的数据绘制成各种图形，能够满足用户的不同需求。

SPSS 提供了 3 种基本运行方式：完全窗口菜单方式、程序运行方式、混合运行方式。程序运行方式和混合运行方式是使用者从特殊的分析需要出发，编写自己的 SPSS 命令程序，通过语句直接运行。这里只介绍完全窗口菜单方式，这种操作方式简单明了，除数据输入工作需要键盘外，大部分的操作命令、统计分析方法的实现是通过菜单、图标按钮、对话框来完成的，非常适用于一般的统计分析人员和一般统计方法的应用者。

SPSS 使用的对话框主要有两类：一类是文件操作对话框，文件操作对话窗口操作与 Windows 应用软件操作风格一致；另一类是统计分析对话框，统计分析对话框可以分为主窗口和下级窗口，在该类对话框中，选择参与分析的各类变量及统计方法是对话框的主要任务。

有关对话框的详细操作将在后面的相关内容中详加解释。

一、SPSS 的实验环境要求

1. 系统运行环境

目前运行的 SPSS 23.0 及以上版本软件包可以在两种模式下工作：单机模式和作为网络系统的用户界面模式。

SPSS Statistics 软件包可以在微软公司的 Windows 7、Windows 10 操作系统之下运行。由于统计分析软件的数据量比较大，所以系统运行需要大于 16MB 以上的空间。

2. 辅助软件环境

SPSS 可以直接将 SPSS 数据文件保存为 Excel 工作表，也可以直接打开一个 Excel 工作表，因此，为了方便数据录入（许多人对 Excel 工作表编辑比较熟悉），应在操作系统下安装一个 Excel 软件。另外，许多数据在处理之前可能保存在某个数据库中，例如 Fox-Base、Sybase、SQL Server、Oracle 等，如有需要从数据库中获取数据的分析，应在操作系统下安装相应的数据库管理系统。

3. SPSS 的主要界面

SPSS 的主要界面有数据编辑窗口和结果输出窗口。数据编辑窗口与微软的 Excel 类似，但 SPSS 的统计功能更多。SPSS 的结果输出窗口是显示统计分析的结果，此窗口的内容可以以结果文件 .spo 的形式保存。数据编辑窗口和结果输出窗口的详细描述将在有关

SPSS 的数据文件建立的内容中查到。

4. SPSS 的帮助系统

SPSS 对一些基本模块中的统计提供了帮助，可以通过执行"帮助"菜单中的"统计教程"命令，选择所需要的统计指导。

二、SPSS 软件的启动

当用户在操作系统下运行 SPSS 软件后，计算机屏幕上会出现一个对话框，如图 1-3 所示。

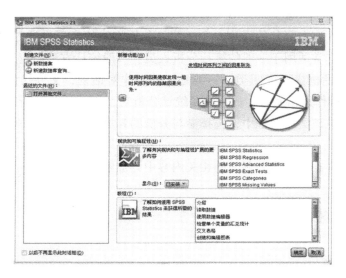

图 1-3　SPSS 软件启动后的操作对话框

在如图 1-3 所示的对话框中，操作用户可以选择需要新建的数据文档或者打开最近的数据文档，然后单击"确定"按钮。

三、数据文件的建立

当对话框选择"数据类型"后，单击"确定"按钮，系统将显示出 SPSS 软件包数据编辑主窗口，数据文件的建立就是在数据编辑窗口中完成的。数据编辑窗口可以显示两种视图，分别是数据视图（见图 1-4）和变量视图（见图 1-5），通过单击下端的两个同名窗口标签按钮实现相互切换。

数据编辑区是 SPSS 的主要操作窗口，是一个二维平面表格，用于对数据进行各种编辑；标尺栏有纵向标尺栏和横向标尺栏，横向标尺栏显示数据变量，纵向标尺栏显示数据顺序（如时间顺序）。

数据视图表可以直接输入观测数据值或存放数据，表的左端列边框显示观测个体的序号，最上端行边框显示变量名。

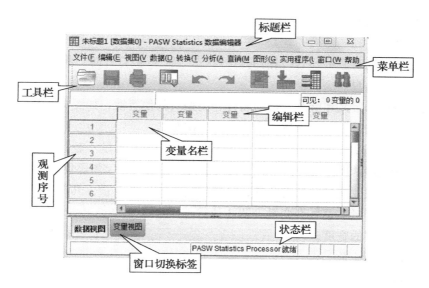

图 1-4　数据视图对话框

图 1-5　变量视图对话框

标题栏：显示数据编辑的数据文件名。

菜单栏：通过对这些菜单的选择，用户可以进行几乎所有的 SPSS 操作。关于菜单的详细的操作步骤将在后续实验内容中分别介绍。

为了方便用户操作，SPSS 软件把菜单项中常用的命令放到了工具栏里。当鼠标指针停留在某个工具栏按钮上时，会自动跳出一个文本框，提示当前按钮的功能。另外，如果用户对系统预设的工具栏不满意，也可以执行"视图"→"工具栏"→"设定"命令对工具栏按钮进行定义。

编辑栏：可以输入数据，以使它显示在内容区指定的方格里。

变量名栏：列出了数据文件中所包含变量的变量名。

观测序号：列出了数据文件中的所有观测值。观测的个数通常与样本容量的大小一致。

窗口切换标签：用于"数据视图"和"变量视图"的切换，即数据浏览窗口与变量浏览窗口。数据浏览窗口用于样本数据的查看、录入和修改，变量浏览窗口用于变量属性定义的输入和修改。

状态栏：用于说明显示 SPSS 当前的运行状态。SPSS 被打开时，将会显示"SPSS 软件处理就绪"的提示信息。

变量视图表用来定义和修改变量的名称、类型及其他属性，如图 1-5 所示。

在变量视图表中，每一行描述一个变量，依次是：

名称：变量名。变量名必须以字母、汉字及@开头，总长度不超过 8 个字符，共容纳 4 个汉字或 8 个英文字母，英文字母不区别大小写，最后一个字符不能是句号。

类型：变量类型。变量类型有 8 种，最常用的是数值型变量，其他常用的类型还有字符型变量、日期型变量、逗号型变量（隔 3 位数加一个逗号）。

宽度：变量所占的宽度。

小数：小数点后位数。

标签：变量标签。关于变量含义的详细说明。

值：变量值标签。关于变量各个取值的含义说明。

缺失值：缺失值的处理方式。

列：变量在数据视图中所显示的列宽（默认列宽为 8）。

对齐：数据对齐格式（默认为右对齐）。

测量：数据的测度方式。系统给出名义尺度、定序尺度和等间距尺度三种（默认为等间距尺度）。

如果输入变量名后按回车键，将给出变量的默认属性。如果不定义变量的属性，直接输入数据，系统将默认变量 Var00001、Var00002 等。

定义了变量的各种属性后，回到数据视图表中，就可以直接在表中录入数据。输入数据后可以单击"保存"或"保存为"作为数据文件保存。分析的结果也可做同样处理。

为了在统计分析过程中有效利用其他软件产生的数据，SPSS 软件编辑窗口除可以使用 *.sav 扩展名数据文件外，还可以直接打开和保存下述类型的文件：

SPSS DOS 版本产生的数据文件 *.sys;

Excel 报表程序产生的数据文件 *.xls;

DBASE 数据库格式文件 *.dbf;

SAS 统计软件产生的数据文件。

◈ 练习与思考

1. 通过认真阅读导入案例，思考对统计的认识。

2. 统计实践与统计学是如何产生的？

3. 统计研究对象是什么？有什么特点？

4. 什么是统计总体？有什么特点？

5. 举例说明统计总体、统计总体单位、品质标志、数量标志、数量指标、质量指标。

第二章
CHAPTER2

统计数据的搜集

§ **学习目标**

1. 了解统计数据搜集的意义
2. 掌握统计数据搜集的程序和方案
3. 掌握问卷调查的实施

§ **本章重点**

掌握统计数据搜集方案的设计与应用以及问卷调查的实施与应用

§ **导入案例**

第四次全国经济普查方案（部分）

一、普查目的

全面调查我国第二产业和第三产业的发展规模、布局和效益，了解产业组织、产业结构、产业技术、产业形态的现状以及各生产要素的构成，摸清全部法人单位资产负债状况和新兴产业发展情况，进一步查实各类单位的基本情况和主要产品产量、服务活动，全面准确地反映供给侧结构性改革、新动能培育壮大、经济结构优化升级等方面的新进展。通过普查，完善覆盖国民经济各行业的基本单位名录库以及部门共建共享、持续维护更新的机制，进一步夯实统计基础，完善"三新"统计，推进国民经济核算改革，推动加快构建现代化统计调查体系，为加强和改善宏观调控、深化供给侧结构性改革、科学制定中长期发展规划、推进国家治理体系和治理能力现代化提供科学准确的统计支持。

二、普查对象和范围

（一）普查对象

普查对象是我国境内从事第二产业和第三产业的全部法人单位、产业活动单位和个体经营户。法人单位、产业活动单位和个体经营户按照《普查单位划分规定》进行界定。

（二）普查范围

根据《国民经济行业分类》（GB/T 4754—2017）和《三次产业划分规定》，普查范围具体包括：采矿业，制造业，电力、热力、燃气及水生产和供应业，建筑业，批发和零售业，交通运输、仓储和邮政业，住宿和餐饮业，信息传输、软件和信息技术服务业，金融业，房地产业，租赁和商务服务业，科学研究和技术服务业，水利、环境和公共设施管理业，居民服务、修理和其他服务业，教育，卫生和社会工作，文化、体育和娱乐业，公共管理、社会保障和社会组织，以及农、林、牧、渔业中的农、林、牧、渔专业及辅助性活动。

为保证统计单位的不重不漏，普查对包括农业、林业、畜牧业和渔业在内的全部法人单位和产业活动单位进行全面清查。

三、普查时点和时期

普查的标准时点为 2018 年 12 月 31 日。普查登记时，时点指标填写 2018 年 12 月 31 日数据，时期指标填写 2018 年 1 月 1 日～12 月 31 日数据。

四、普查内容

普查的主要内容包括单位基本情况、组织结构、人员工资、财务状况、能源生产与消费、生产能力、生产经营和服务活动、固定资产投资情况、研发活动、信息化和电子商务交易情况等。根据不同的普查对象，其普查内容也有所不同，具体分为四类普查表。

五、普查方法

采取"地毯式"清查的方法，对辖区内全部法人单位、产业活动单位和从事第二、三产业的个体经营户进行全面清查，具体按照《普查单位清查办法》组织实施。

六、普查业务流程

普查的业务流程主要包括：制订普查方案，普查区划分及绘图，普查指导员和普查员选聘及培训，编制清查底册，实施单位清查，登记准备，普查登记，普查数据检查、审核与验收，普查数据汇总，普查数据质量抽查，普查数据评估、共享与发布，普查资料开发及普查总结 13 个环节。

七、普查组织实施

八、普查法纪与质量控制

资料来源：国家统计局。

第一节　统计数据搜集能力概述

统计数据的搜集是认识问题、分析问题、解决问题的第一步。统计数据有原始统计资料（又称第一手资料）和次级统计资料（又称第二手资料）之分。由此，统计数据的搜集能力也就包括原始统计资料的搜集能力和次级统计资料的搜集能力。

一、原始统计资料的搜集能力

原始统计资料，又称第一手资料，是指向调查单位直接搜集的、未经加工整理保持原始状态的资料。原始统计资料一般比较准确可靠，但搜集工作量较大，成本较高。

运用能力概念定义原始统计资料的搜集能力，则是指有效搜集原始统计资料的知识、技能、个性特征和自我印象（如自信、高自我效能）等的集合。

原始统计资料的搜集，需要事先设计统计调查方案，所以要有统计调查方案设计能力；需要事先设计调查问卷，所以要有调查问卷设计能力；需要对整个调查过程进行有效的组织，所以要有调查方案实施的组织能力；需要访问调查者，所以要有采访能力，伴随的要有沟通能力。另外，还要有各种原始数据搜集方法的综合应用能力等。

1. 统计调查方案设计能力

统计调查方案设计能力是指设计一份既能满足统计任务要求，又具有实际可操作性的统计调查方案的能力，包括统计调查方案的总体设计和详细设计能力。

2. 调查问卷设计能力

调查问卷设计能力是指设计一份既能满足统计任务要求，又具有实际可操作性的调查问卷的能力，包括调查问卷的总体设计和详细设计能力。

3. 调查方案实施的组织能力

调查方案实施的组织能力是指按照统计调查方案有效组织统计调查的能力。统计调查资料搜集需要有组织地进行，没有组织就不可能实现调查研究的目的。统计调查资料搜集组织能力是保证统计研究工作顺利进行的前提。

4. 采访能力

在统计调查实施过程中，有时需要向调查对象进行面对面的调查，类似记者的采访。需要调查者具有采访能力，具体包括调查目的的确定、调查重点的了解、调查者关心问题的解决、问题类型的正确选择、调查方式的确定、调查气氛的奠定、对敏感话题的反应、对被调查者的鼓励、有效地聆听、优雅地结束访谈等方面技巧的掌握。不仅如此，采访能力也是沟通能力高低的检验。

5. 各种原始数据搜集方法的综合应用能力

目的不同，统计数据搜集的方法也会不同；对象不同，统计数据搜集的方法也会不同。因此，如何选择合适的统计数据搜集方法应用于合适的对象、合适的地点、合适的时间，也是一个能力问题。

二、次级统计资料的搜集能力

次级资料，又称第二手资料，是指为其他目的已经过整理加工的资料；次级资料取得比较方便，但存在研究目的的不完全对应性。

运用能力概念定义次级统计资料的搜集能力，则是指有效搜集次级统计资料的知识、技能、个性特征和自我印象（如自信、高自我效能）等的集合。

次级统计资料的搜集，需要从统计年鉴、相关网站、报纸杂志等不同渠道去搜集资料，所以又需要具有文献、数据、事实的检索能力。

文献检索能力是以文献为检索对象，从已存贮的文献库中查找出所需文献的能力。

数据检索能力是以数据为检索对象，从已收藏数据资料中查找出所需数据的能力。

事实检索能力即通过对存储的文献中已有的基本事实，或对数据进行处理（逻辑推理）后得出新的（未直接存入或所藏文献中没有的）事实的能力。

数据和事实检索是要检索出包含在文献中的具体情报；文献检索则是要检索出包含所需情报的文献。文献检索的结果是与某一课题有关的若干篇论文、书刊的来源出处以及收藏地点等。文献检索是最典型、最重要也是最常用的情报检索。掌握了文献检索的方法就能以最快的速度、在最短的时间内、以最少的精力了解前人取得的经验和成果。

第二节   统计数据调查的意义、程序和方案设计

一、统计数据调查的意义

统计数据调查是按照统计研究的目的要求，采取科学的调查方法，有组织、有计划地搜集调查对象所需资料的统计工作过程。

调查取得的资料包括原始资料和次级资料。原始资料，又称第一手资料，是指向调查单位直接搜集的、未经加工整理保持原始状态的资料；原始资料一般比较准确可靠，但搜集工作量较大，成本较高。次级资料，又称第二手资料，是指因其他目的已经过整理加工的资料；次级资料取得比较方便，但存在研究目的的不完全对应性。

统计数据调查是统计数据整理和分析的基础和前提，是决定整个统计工作过程质量的重要环节。统计数据调查阶段的工作质量会影响统计整理和分析结果的可靠性、真实性。对统计数据在调查阶段提出的要求有准确性、及时性、全面性和经济性。

准确性是最基本的要求，就是要求搜集的数据必须真实可靠，客观反映实际，调查误差较小。统计数据的准确性是认识总体并做出科学结论的保证。

及时性是指在规定时间取得数据。统计调查数据具有较强的时效性，及时提供需要的统计数据，能够提高数据的使用价值。

全面性是指取得全部调查单位需要的全部数据。首先是对每个调查单位来说，应该取得按要求规定的全部数据，既不能多于也不能少于调查规定取得的数据项数；其次应该调查全部调查单位，调查单位数不能随意增加或减少。

经济性是指在保证调查数据符合一定要求的条件下，力求以最小成本取得需要的统计数据。统计调查中，必然涉及人力、物力、财力和时间，即所谓的调查成本。调查中调查要求越高，成本就越大。在实际工作中，应该综合考虑数据的准确性、时间、调查范围和调查成本要求，既要质量又要经济。调查中一味强调数据的准确性，无视经济性的要求，不计调查成本，只讲数据的所谓"高质量"是不科学的。

　　调查要求是相互结合、相互依存的，需要根据实际情况区分主次、分清轻重缓急，科学地处理好关系。一般而言，应该以准确为基础，力求准中求快，准快结合，以最小的成本取得最理想的实际应用调查统计数据。

二、统计数据调查的程序

　　统计数据调查的程序，如图2-1所示。

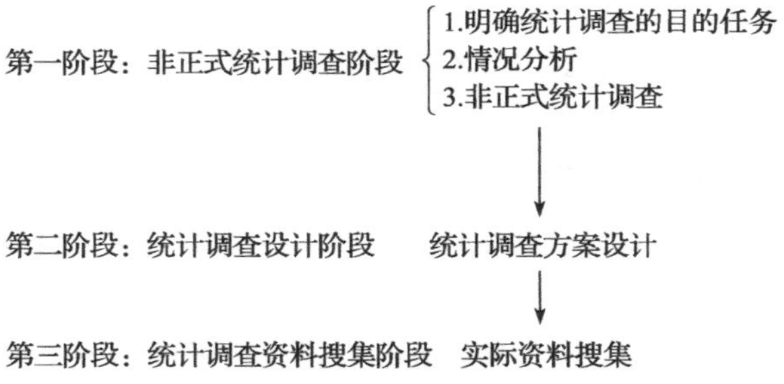

　　第一阶段是非正式统计调查阶段，主要任务是对所要进行的统计调查主题有一个粗线条的、概要性的了解。在本阶段需要明确统计调查的目的任务，明确调查对象、大致范围、调查的难易程度等，必要时进行非正式统计调查（实验性调查）。

第一阶段：非正式统计调查阶段 { 1.明确统计调查的目的任务　2.情况分析　3.非正式统计调查

第二阶段：统计调查设计阶段　　统计调查方案设计

第三阶段：统计调查资料搜集阶段　实际资料搜集

图2-1　统计数据调查的程序

　　第二阶段是统计调查设计阶段，是统计调查的一项前期工作，即根据统计调查的目的要求，对整个统计调查工作所作的规划，形成具体的实施计划和方案。

　　第三阶段是统计调查资料搜集阶段，是统计调查的核心阶段和主体部分，是指按照统计调查方案，采用各种直接或间接的手段和方法，获取所需资料的过程。

三、统计数据调查的方案设计

　　数据搜集的主要形式是统计调查，它是一项复杂的工作。要搞好统计调查就必须按照统计任务的要求，运用科学的方法，有组织、有计划地进行。为使统计调查得以顺利进行，在组织调查之前，必须首先设计一个周密、可行的调查方案。统计调查方案的设计包括以下内容。

（一）确定调查的目的

　　确定调查的目的，就是要明确调查需要解决什么问题，搜集什么资料，这是调查的首要问题。有了调查的目的，才能确定调查的范围、调查的方式方法、调查的具体内容和具体的实施计划等。例如，我国人口普查的目的是全面掌握全国人口的基本情况，为研究制定人口政策和经济社会发展规划提供依据，为社会公众提供人口统计信息服务。

（二）确定调查对象和调查单位

　　调查对象是指需要进行调查的某个社会经济现象的总体，即调查总体。调查单位是指构成调查总体的个体，是调查过程中需要登记其标志的具体单位。例如，人口普查对象为普查标准时点在中华人民共和国境内的自然人以及在中华人民共和国境外但未定居的中国公民，不包括在中华人民共和国境内短期停留的境外人员。

调查单位是进行调查登记的标志的承担者，负责提供调查单位资料的单位称为填报单位。调查单位和填报单位有时是一致的，如调查学生情况并由学生自己提供资料；有时是不一致的，如设备使用情况调查，调查单位是每一台设备，填报单位则是设备的使用者。

（三）调查项目和调查表

调查项目是统计调查内容的具体化，直接关系到调查资料的数量和质量，关系到调查的时间和成本。确定调查项目必须坚持"少而精"的原则，具体来说应注意以下几个方面。

（1）需要与可能原则，只列出能够取得确切资料的项目。

（2）关键原则，只列出与调查目的密切相关的主要项目。

（3）联系原则，调查项目之间尽可能保持一定的联系，以便对有关项目进行核对和检查。

（4）统一理解原则，调查项目的含义具体明确，能够统一理解，调查结果才能一致。

（5）答案统一原则，调查项目答案表现要有明确规定，即文字式、数字式或是否式。

将调查项目用表格形式表现出来就形成了调查表。调查表有两种形式：单一表和一览表。单一表是在一张表格上只登记一个调查单位的资料，可以容纳较多的调查项目。一览表是在一张表格上登记多个调查单位的资料，其优点是每个调查单位的共同事项只登记一次，可节省人力、物力和时间；其缺点是不能容纳较多的调查项目。

（四）确定调查时间

调查时间具体涉及调查资料所属时间和调查工作期限。调查工作中调查资料，一种是时点资料，必须有统一的调查时点，一般标为标准时间；一种是时期资料，必须确定统一的起止时间。

在调查工作中还应该有统一的工作期限，包括搜集资料时间和报送资料时间等。为了提高资料的时效性，调查期限应尽可能缩短。人口普查的目的是全面掌握全国人口的基本情况，为研究制定人口政策和经济社会发展规划提供依据，为社会公众提供人口统计信息服务。例如，第六次全国人口普查的标准时点是 2010 年 11 月 1 日零时。人口普查的登记工作，从 2010 年 11 月 1 日开始到 11 月 10 日结束；复查工作应于 2010 年 11 月 15 日前完成。复查工作完成后，国务院人口普查办公室统一组织事后质量抽查，2011 年 12 月 31 日前完成人口普查全部数据的汇总工作。

（五）制订调查的组织实施计划

为了保证调查工作顺利进行，必须制订调查的组织实施计划。具体包括：调查工作的组织领导和调查人员的组织、调查方式方法的确定、调查的宣传工作、调查人员的培训、调查文件的准备、调查经费的预算、调查资料的报送办法等。必要时还需要进行试点调查。例如，第六次全国人口普查规定，采用普查员入户查点询问、当场填报的方式进行。普查登记时，申报人应当依法履行普查义务，如实回答普查员的询问，不得谎报、瞒报、拒报。登记结束后，普查指导员应当组织普查员按照规定的方法进行全面复查，若发现差错，应重新入户核对，经确认后予以更正。

第三节　统计数据搜集的来源、方法和组织方式

统计数据搜集，就是根据统计研究的目的要求，采用一定的组织形式与科学方法，进行采集与研究问题有关的各类数据信息的工作过程。数据搜集是一种广义的统计调查，其搜集的总体范围可大可小，搜集的内容可简单亦可复杂，可以是原始资料也可以是次级资料，搜集的方式灵活多样。

一、统计数据搜集的来源

按照获取途径不同，数据可分为原始数据和次级数据。原始数据也称为第一手资料，是反映被调查对象原始状况的资料。如原始记录、统计台账、调查问卷答案、实验结果等。次级数据也称为第二手资料，是已经存在的经他人整理分析过的资料。如期刊、报纸、广播、电视以及因特网上的资料，各级政府机构公布的资料，企业内部记录和报告等。一般在可能的情况下尽量使用第一手资料，它比第二手资料更加丰富、更加准确。使用第二手资料是因为其搜集成本低并且花费时间少。

二、统计数据搜集的方法

统计调查中搜集资料的类型有两种：第一手资料和第二手资料。第二手资料来源很多，包括内部来源、政府公开出版物、刊物和书籍、商业性资料等，常用的资料搜集方法是文案调查法。统计调查中大多数资料属于第一手资料，资料搜集方法有访谈调查法、网上调查法、专家调查法、观察调查法和实验调查法等。

（一）文案调查法

1. 文案调查法的概念

文案调查法是一种搜集第二手资料的间接资料调查法，也称室内调查法。文案调查法的主要对象是各种历史和现实的资料。

文案调查法的优点有

（1）可以超越时空条件的限制，搜集古今中外有关的文献资料。

（2）调查费用低，搜集渠道广。

文案调查法的缺点有

（1）文献资料一般是历史资料，与现实存在一定的时差，难以取得时效性较强的资料。

（2）文献资料形成的目的与调查目的存在一定的差异性。

（3）对调查人员要求比较高，要求调查人员具有综合的专业知识和实践经验。

2. 文案调查法的程序

（1）评价现成资料。现成资料是指已取得、积累起来的第二手资料。按调查目的要求在现成资料中挑选具有价值的资料。

（2）寻找搜集第二手资料的途径。

（3）资料筛选与评价。对取得的第二手资料需要进行筛选，剔除与调查目的无关的资料，同所需调查资料比较，确定缺乏哪些具体资料。

3. 文案调查的方式和方法

（1）文案调查的方式

1）有偿搜集方式。它是指通过经济手段和一定的正式渠道实行有偿征集和转让，以获得文献资料的方式。搜集的第二手资料的价值与费用成正比关系。通过这种方式搜集资料应该考虑资料的搜集成本和带来的价值。有偿搜集的资料具有针对性、可靠性、及时性和准确性。

2）无偿搜集方式。它是指不需要支付任何费用而取得第二手资料的方式。采用无偿搜集方式搜集的资料需要进行一定的加工才能成为有价值的资料。

（2）文案调查的方法

1）文献资料筛选法。它是指从各类文献资料中分析和筛选出与调查目的密切相关的资料的方法。

2）报刊剪辑分析法。它是指调查人员平时从各种报刊所刊登的文章、报道中分析搜集资料的方法。

3）情报联络网法。它是指在一定地区范围内设立情报资料联络网来搜集资料的方法。

（二）访谈调查法

1. 个别访问调查

个别访问调查又称派员调查，是指调查者与被调查者通过面对面交谈从而得到所需资料的调查方法。个别访问调查的方式有标准式访问和非标准式访问两种。标准式访问又称结构式访问，是指按照调查人员事先设计好的、有固定格式的标准化问卷，有顺序地依次提问，并由受访者做出回答的调查方式。非标准式访问又称非结构式访问，是指事先不制作统一的问卷或表格，没有统一的提问顺序，调查人员只是给一个题目或提纲，由调查人员和受访者自由交谈，以获得所需资料的调查方式。

个别访问调查过程比较灵活、有深度，但对调查人员要求较高，一般适用于调查范围小并且需要有一定调查深度的调查。

2. 邮寄调查

邮寄调查是指通过邮寄或其他方式将调查问卷送至被调查者处，由被调查者填写，然后将问卷寄回或投放到指定搜集点的一种调查方法。邮寄调查是一种标准化调查，其特点是调查人员和被调查者没有直接的语言交流，信息的传递完全依赖于问卷。邮寄调查的问卷发放方式有邮寄、宣传媒介传送、专门场所分发三种。

邮寄调查的基本程序是：在设计好问卷的基础上，先在小范围内进行预调查，以检查问卷设计中是否存在问题，以便纠正；然后选择一定的方式将问卷发放下去，进行正式的调查；最后将问卷按预定的方式收回，并对问卷进行处理和分析。

3. 电话调查

电话调查是指调查人员利用电话同受访者进行语言交流，从而获得信息的一种调查方式。电话调查具有时效快、费用低、调查内容少等特点。随着电话的普及，电话调查的应用也越来越广泛。电话调查可以按照事先设计好的问卷进行，也可以针对某一专门问题进行电话采访。用于电话调查的问题要明确且问题数量不宜过多。

4. 座谈会

座谈会又称集体访谈法，是指将一组受访者集中在调查现场，让他们对调查的主题（如一种产品、一项服务或其他话题）发表意见，从而获取调查资料的一种调查方法。通过座谈会，研究人员可以从一组受访者那里获得所需的定性资料，这些受访者与研究主题有某种程度上的关系。为获得此类资料，研究人员通过严格的甄别程序选取少数受访者，围绕研究主题以一种非正式的、比较自由的方式进行讨论。这种方法适用于搜集与研究课题有密切关系的少数人员的倾向和意见。

参加座谈会的人数不宜太多，通常为 6 ~ 10 人，并且参会人员须是与调查问题有关的专家或有经验的人。讨论方式主要取决于主持人的习惯和爱好。通过小组讨论，能获取访问调查无法取得的资料。而且，在彼此交流的环境里，各个受访者之间相互影响、相互启发、相互补充，并在座谈过程中不断修正自己的观点，从而有利于取得较为广泛、深入的想法和意见。座谈会的另一个优点是不会因为问卷过长而遭到拒访的。当然，主持人一般都要受过心理学或行为科学方面的训练，要具有很强的组织能力，足以控制一群不同背景的陌生人，并能尽可能多地引导受访者说出他们的真实意见或想法。

（三）网上调查法

网上调查法自 20 世纪 90 年代开始流行起来，并且发展迅速。

1. 网上调查法的优点

（1）速度快。由于省略了印制、邮寄和数据录入等过程，问卷的制作、发放及数据的回收速度均得以提高，可以短时间内完成调查并统计调查结果。

（2）费用低。印刷、邮寄、录入及调研员的费用都被节省下来，而调研费用的增加却很有限。因此，进行大规模的调研较其他（如邮寄或电话调研）研究方法可省下可观的费用。

（3）易获得连续性数据。随着网上固定样本调研的出现，调研员能够通过跟踪受访者的态度、行为和时间进行纵向调研。复杂的跟踪软件能够做到根据上一次的回答情况进行本次问卷的筛选，而且还能填补落选项目。

（4）调研内容设置灵活。打一个电话只提两三个问题在经济上是划不来的，但在网上，调研内容可以很容易地出现在网站页面上。例如，一个人登录银行主页，激活"信用卡"链接，在进入正式网页之前，他可以被询问几个被认为是最重要的信用卡特性的问题。

（5）调研群体大。在网上可以接触很多人，目前，很难想象还有什么媒体可以提供那么大的调研群体。随着互联网的普及，计算机产品的购买者和互联网的使用者是互联网调研的理想对象。利用互联网的企事业单位也是不错的、可发展的调研对象。

（6）可视性强。网上调查还有一个独一无二的优点，即它们能够在视觉效果上吸引人，互联网的图文及超文本特征可以用来展示产品或介绍服务内容。

2. 网上调查法的缺点

（1）代表性问题。网上调查法在目前来说还有不少缺点，其中最大的一点就是上网者不能代表所有人口。通常，互联网的使用者多为教育水平高、有相关技术、较年轻和有较高收入的男性。不过，这种情形正在改变，越来越多的人开始接触互联网。

（2）安全性问题。现在很多互联网的使用者都为私人信息的安全性担忧，加上媒体的报道及针对使用者的各种欺骗性文章，更使人忧心忡忡。提高安全性仍是互联网有待解决的重要问题。

（3）无限制样本问题。它是指网上的任何人都能填写问卷。这完全是由个人决定的，很有可能除了网虫外并不代表任何人。如果同一个人重复填写问卷的话，问题就变得复杂了。

3. 互联网样本

互联网样本可以分为三类：随意样本、过滤性样本、选择样本。

（1）随意样本。随意样本是指网上任何人都可以成为被调查单位，只要他愿意，没有任何对调查单位的限制条件。

（2）过滤性样本。过滤性样本是指按期望样本特征挑选的代表性样本。这些特征通常是一些统计特征，如性别、收入、地理区域位置或与产品有关的标准，如过去的购买行为、工作责任、现有产品的使用情况等。对于过滤性样本的使用与随意样本基本类似。

过滤性样本通常是以分支或跳问形式安排问卷，以确定被选者是否适宜回答全部问题。有些互联网调研能够根据过滤性问题立即进行市场分类，确定被访者所属类别，然后根据被访者不同的类型提供适当的问卷。

还有一种方式是一些调研者创建了样本收藏室，将填写过分类问卷的被访者进行分类重置。最初问卷的信息用来将被访者进行归类分析，被访者按照专门的要求进行分类，而只有那些符合统计要求的被访者，才能填写适合该类特殊群体的问卷。

（3）选择样本。选择样本主要用于互联网中需要对样本进行更多限制的目标群体。被访者均通过电话、邮寄、E-mail 或个人访问方式进行补充完善，当认定符合标准后，才向他们发送 E-mail 问卷或直接点击问卷链接的站点。在站点中，通常使用密码账号来确认已经被认定的样本，因为样本组是已知的，因此可以对问卷的完成情况进行监视或督促未完成问卷以提高回答率。

选择样本对于已建立抽样数据库的情形最为适用。例如，以顾客数据库作为抽样框选择参与顾客满意度调查的样本。

4. 进行互联网调查的方法

进行互联网调查主要有以下三种基本方法：E-mail 问卷调查法、交互式 CATI 系统调查法和互联网 CGI 程序调查法。下面我们就每一种调查方法进行简要介绍。

（1）E-mail 问卷调查法。该方法的问卷就是一份简单的 E-mail，并按照已知的 E-mail 地址发出。被访者回答完毕将问卷回复给调研机构，有专门的程序进行问卷准备、编制 E-mail 地址和搜集数据。

E-mail 问卷制作方便，分发迅速。由于出现在被访者的私人信箱中，因此能够受到注意。但是，它只限于传输文本，图形虽然也能在 E-mail 中进行链接但与问卷文本是分开的。

（2）交互式 CATI 系统调查法。该方法是利用一种软件语言程序在 CATI 上设计问卷结构并在网上进行传输。互联网服务站可以设在调研机构中，也可以租用有 CATI 装置的单位。互联网服务器直接与数据库链接，对搜集到的被访者答案直接进行储存。

交互式 CATI 系统调查法能够对 CATI 进行良好抽样并对 CATI 程序进行管理，它们还能建立良好的跳问模式和修改被访者答案；它们能够当场对数据进行认证，对不合理数据要求重新输入。交互式 CATI 系统为网上 CATI 调研的使用者提供了一个方便的工具，而且，支持程序问卷的再使用。

作为不利的一面，交互式 CATI 系统产品是为电话 – 屏幕访谈设计的。被访者的屏幕格式受到限制，而且 CATI 语言技术不能显示互联网调研在图片、播放等方面的优势。

（3）互联网 CGI 程序调查法。该方法有专门为网络调查设计的问卷链接及传输软件。这种软件设计为无须使用程序的方式，包括整体问卷设计、网络服务器、数据库和数据传输程序。一种典型的用法是：问卷由简易的可视问卷编辑器产生，自动传送到互联网服务器上，通过网站，使用者可以随时在屏幕上对回答的数据进行整体统计或图表统计。

相比之下，对于每次访谈，互联网 CGI 程序调查法比交互式 CATI 系统调查法的平均费用低，但对小规模的样本调查（低于 500 名）的平均费用都比 E-mail 问卷调查法高。平均费用低是由于互联网 CGI 程序调查法使用了网络专业工具软件，而且，软件购置费用和硬件费用是由中心服务系统提供的。

三、统计数据搜集的组织方式

（一）普查

1. 普查的概念和组织方式

普查是为了某种特定的目的而专门组织的一次性的全面调查。通过普查可以搜集到重要国情国力和资源状况的全面资料，为政府制定规划、方针政策提供依据。如人口普查、科技人员普查、工业普查、物资库存普查等。普查多半是在全国范围内进行的，而且所要搜集的是经常的、定期的统计报表所不能提供的更为详细的资料，特别是诸如人口、物资等时点数据。

普查的组织方式一般有两种：一种是建立专门的普查机构，配备大量的普查人员，对调查单位进行直接登记，如人口普查等；另一种是利用调查单位的原始记录和核算资料，派发调查表，由登记单位填报，如物资库存普查等。第二种方式比第一种简便，适用于内容比较单一、涉及范围较小的情况，特别是为了满足某种紧迫需要而进行的"快速普查"就可以采用这种方式。我国采取第一种方式普查的有：1953 年、1964 年、1982 年、1990 年、2000 年和 2010 年共 6 次的人口普查，1959 年私营商业及饮食业普查，1964 年第二次全国科技人员普查，1977 年全民所有制单位实际用工人数普查，1978 年全国科技人员普查。采取第二种方式普查的有：1954 年黑色金属、有色金属和木材库存普查，1954 年以后进行的多次物资库存普查，1950 年、1985 年、1995 年共 3 次全国工业普查等。

2. 普查特点

普查作为一种特殊的数据搜集方式，具有以下几个特点。

（1）普查通常是一次性的和周期性的。由于普查涉及面广、调查单位多，需要耗费大量的人力、物力和财力，通常需要间隔较长的时间，一般每隔 10 年进行一次。例如，我国的人口普查从 1953 ~ 2010 年共进行了 6 次，2020 年将进行第七次人口普查。今后，我国的普查将规范化、制度化，如人口普查有《全国人口普查条例》，根据其第八条规定，人口普查每 10 年进行一次，尾数逢 0 的年份为普查年度。

（2）规定统一的标准时点。标准时点是指对被调查对象登记时所依据的统一时点。调查资料必须反映调查对象在这一时点上的状况，以避免调查时因情况变动而产生重复登记或遗漏现象。例如，《全国人口普查条例》第八条规定，全国人口普查标准时点为普查年度的 11 月 1 日零时。

（3）规定统一的普查期限。在普查范围内各调查单位或调查点应尽可能同时进行登记，并在最短的期限内完成，以便在方法和步调上保持一致，从而保证资料的准确性和时效性。

（4）规定普查的项目和指标。普查时必须按照统一规定的项目和指标进行登记，不准任意改变或增减，以免影响汇总和综合、降低资料质量。同一种普查，每次调查的项目和指标应力求一致，以便于进行历次调查资料的对比分析和观察社会经济现象发展变化情况。

（5）普查的数据一般比较准确，规范化程度也较高，因此它可以为抽样调查或其他调查提供基本依据。

（6）普查的使用范围比较窄，只能调查一些最基本及特定的现象。

普查既是一项技术性很强的专业工作，又是一项广泛性的群众工作。我国历次人口普查都认真贯彻群众路线，做好宣传和教育工作，得到了群众的理解和配合，因而取得了令世人瞩目的成果。

3. 普查的准备工作

普查工作一般是在全国范围内进行的，是一种大量性和一次性的社会调查，需要大量的人力、物力、财力和时间投入，一般是对国民经济、社会发展和政治文化生活等重大问题进行的调查。在正式调查前应该做好以下工作。

（1）建立和健全统一的普查领导机构，做好普查工作的组织准备。

（2）做好广泛的宣传工作。普查和人民群众利益是一致的，经过广泛的宣传教育，可以取得人民群众的支持与合作。

（3）设计普查方案。普查方案包括普查目的、对象、单位、项目、时间等。

（4）培训普查人员。普查涉及范围广，需要众多的符合普查工作要求的人员参与。

（5）组织试点普查。试点普查的目的在于总结经验，修订普查方案、普查办法和工作细则。

（6）物质准备。物质准备主要涉及如计算机等汇总工具、印发普查文件以及经费预算等。

4. 快速普查

快速普查是指为完成紧急的特殊任务而进行的一种必须在短时间内完成的普查。其特点有：一是布置任务和报送资料越过中间一些环节，由基层单位与最高一级机构直接联系；二是采用电信方式布置任务和报送资料；三是调查项目少、时间周期短。

（二）抽样调查

抽样调查是实际中应用最广泛的一种调查方法。它是指从调查对象的总体中随机抽取一部分单位作为样本进行调查，并根据样本调查结果来推断总体数量特征的一种非全面调查方法。关于抽样调查的理论及应用将在第五章中详细介绍。

（三）统计报表

统计报表是一种以全面调查为主的调查方式，它是由政府主管部门根据统计法规，以统计表格的形式和行政手段自上而下布置，企事业单位自下而上层层汇总上报，逐级提供基本统计数据的一种调查方式。它的任务是经常地、定期地搜集反映国民经济和社会发展基本情况的资料，为各级政府和有关部门制订国民经济和社会发展计划，以及检查计划执行情况服务。

1. 统计报表的分类

统计报表按其性质和要求不同，有如下几种分类。

（1）按报表内容和实施范围不同，可分为国家统计报表、部门统计报表和地方统计报表。国家统计报表是国民经济基本统计报表，由国家统计部门统一制发，用以搜集全国性的经济和社会基本情况，包括农业、工业、基建、物资、商业、外贸、劳动工资、财政等方面最基本的统计资料。部门统计报表是为了适应各部门业务管理需要而制定的专业技术报表。地方统计报表是针对地区特点而补充制定的地区性统计报表，是为本地区的计划和管理服务的。

（2）按报送周期长短不同，可分为日报、旬报、季报、半年报和年报。报送周期短的统计报表，要求资料上报迅速，填报的项目比较少，例如，日报、旬报等；报送周期长的统计报表，要求内容全面一些，例如，月报、季报；年报具有年末总结的性质，反映当年中央政府的方针、政策和计划贯彻执行情况，要求内容更全面和详尽。

（3）按填报单位不同，可分为基层统计报表和综合统计报表。基层统计报表是由基层企事业单位填报的报表，综合统计报表是由主管部门或部门根据基层报表逐级汇总填报的报表。

（4）按调查范围不同，可分为全面统计报表和非全面统计报表。全面统计报表是要求被调查的每一个单位都要填报，统计报表制度中的大多数属于全面统计报表。非全面统计报表是只要求一部分单位填报，如重点统计报表。

2. 统计报表的优点

统计报表具有以下三个显著的优点。

（1）统计报表是根据国民经济和社会发展宏观管理的需要而周密设计的统计信息系统，从基层单位日常业务的原始记录和台账（原始记录分门别类的系统积累和总结）到包含一系列登记项目和指标，都力求规范和完善，使调查资料具有可靠的基础，保证资料的统一性，便于在全国范围内汇总、综合。

（2）统计报表是依靠行政手段执行的报表制度，要求严格按照规定的时间和程序上报，因此，具有100%的回收率；而且填报的项目和指标具有相对的稳定性，可以完整地积累并形成时间数列资料，便于进行历史对比和社会经济发展变化规律的系统分析。

（3）统计报表既可以越级汇总，也可以层层上报、逐级汇总，以满足各级管理部门对主管系统和区域统计资料的需要。

统计报表是以生产资料公有制为基础，适应政府管理职能的需要而产生和发展起来的，曾经是高度集中的计划经济体制不可分割的组成部分。统计报表作为一种全面的基本情况的调查方式，经过调整和改进，同样也是社会主义市场经济体制下国家对国民经济和社会发展进行计划管理和宏观调控的重要工具，是政府统计执行其"信息、咨询和监督"基本职能的主要手段。

统计报表制度是一个庞大的组织系统。它不仅要求各基层单位有完善的原始记录、台账和内部报表等良好的基础，而且要有一支熟悉业务的专业队伍。因此，它占用很大的人力和财力。总结历史的经验教训，要很好地发挥统计报表制度的积极作用，必须严格按照统计法规办事，实行系统内的有效监督和管理；报表要力求精简，既要防止多发、乱发、滥发报表，又要防止虚报、瞒报和漏报。这样，才能保证统计数字的质量，降低统计的社会成本。

（四）重点调查

1. 重点调查的概念和特点

重点调查是专门组织的一种非全面调查，它是在总体中选择个别的或部分重点单位进行调查，以了解总体的基本情况。所谓重点单位，是指在总体中具有举足轻重地位的单位。这些单位数量虽然少，但它们调查的标志值在总体标志总量中占有绝大比重，通过对这些单位的调查，就能掌握总体的基本情况。例如，鞍钢、武钢、首钢、包钢和宝钢等特大型钢铁企业，虽然在全国钢铁企业中只是少数，但它们的产量却占全国钢铁产量的绝大部分。对这些重大企业进行调查，能省时省力而且及时地了解全国钢铁生产的基本情况，满足调查任务的要求。

重点调查可以是一次性的，即所谓的专门调查，也可以是经常性的，如重点统计报表就是经常性的重点调查。

重点调查的优点在于：调查单位少，可以调查较多的项目指标，了解较详细的情况，取得及时的资料，使用较少的人力和时间，取得较好的效果。当调查任务只要求掌握总体的基本情况，而且总体中确实存在重点单位时，采用重点调查是比较适宜的。但必须指出，由于重点单位与一般单位的差别较大，通常不能由重点调查的结果推算整个调查对象的总体指标。

2. 重点单位的选择

重点调查的关键问题是确定重点单位。首先，选择多少重点单位，要根据调查任务确定。一般来说，选出的单位应尽可能少些，而其标志值在总体中所占比重应尽可能大些，其基本标准是所选出的重点单位的标志必须能够反映研究总体的基本情况。其次选择重点单位时，要注意重点是可以变动的，即要看到一个单位在某一问题上是重点，而在另一问题上不一定是重点；在某一调查总体上是重点，而在另一调查总体上不一定是重点；在这个时期是重点，而在另一时期不一定是重点。因此，对不同问题的重点调查，或同一问题不同的重点调查，要随着情况的变化而随时调整重点单位。当然选中的单位应是管理健全、统计基础工作较好的单位，以有利于统计调查的实施。

（五）典型调查

典型调查是专门组织的一种一次性的非全面调查，它是根据调查研究的目的和要求，在对总体进行全面分析的基础上，有意识地选择其中有代表性的典型单位进行深入细致的调查，借以认识事物的本质特征、因果关系和发展变化的趋势。所谓有代表性的典型单位，是指那些最充分、最集中地体现总体某方面共性的单位。只要客观地、正确地选择典型单位，通过对典型单位的深入细致的调查，既搜集详细的第一手数字资料，又掌握生动、具体的情况，就可以获得对总体本质特征的深刻认识，特别是对一些复杂的社会经济问题的研究，典型调查就可以了解得更深入、更具体、更详尽。

典型调查具有以下两个突出的作用。

（1）研究尚未充分发展、处于萌芽状况的新生事物或某种倾向性的社会问题。通过对典型单位深入细致的调查，可以及时发现新情况、新问题，探测事物发展变化的趋势，形成科学的预见。

（2）分析事物的不同类型，研究它们之间的差别和相互关系。例如，通过调查可以区别先进事物与落后事物，分别总结它们的经验教训，进一步进行对策研究，促进事物的转化与发展。

此外，在总体内部差别不大，或分类后各类型内部差别不大的情况下，典型单位的代表性很显著，也可用典型调查资料来补充和验证全面调查的数字。

典型调查的中心问题是如何正确选择典型单位。选择典型单位必须依据正确的理论进行全面的分析，切忌主观片面性和随意性；它不仅要求调查者有客观的、正确的态度，而且要有科学的方法。根据不同的研究目的和要求，有以下三种选择典型单位的方法。

（1）"解剖麻雀"的方法。这种选择典型单位的方法适用于总体内各单位差别不太大的情况。通过对个别代表性单位的调查，即可估计总体的一般情况。

（2）"划类选典"的方法。总体内部差异明显，但可以划分为若干个类型组，使各类型组内部差异较小。从各类型组中分别抽选一两个具有代表性的单位进行调查，即称为划类选典。这种调查既可用于分析总体内部各类型特征，以及它们的差异和联系，也可综合各种类型对总体情况做出大致的估计。

（3）"抓两头"的方法。从社会经济组织管理和指导工作的需要出发，可以分别从先进单位和落后单位中选择典型单位，以便总结经验和教训，带动中间状态的单位，推动整体的发展。

典型调查通常是为了研究某种特殊问题而专门组织的非全面的一次性调查。但是，有时为了观察事物发展变化的过程和趋势，系统地总结经验，也可对选定的典型单位连续地进行长时间的跟踪调查。例如，对新生事物或处于萌芽状态的事物的研究，就适宜采用这种定点的跟踪调查。

第四节　统计数据搜集问卷的设计

一、问卷设计的特征

调查问卷是搜集调查资料的工具，是一份精心设计的调查提纲，是一套印刷在纸上的问答题目。调查问卷的基本特征可以概括为"四易"，即易回答、易记录、易整理和易辨别真假。调查问卷的具体特征如下。

1. 主题突出，问题关联紧凑

根据调查主题，从实际出发拟题，问题目的明确，重点突出。一份好的调查问卷就是一个完整的理论体系。

2. 结构合理、通俗易懂

问题的排列应有一定的逻辑顺序，符合应答者的思维程序，一般是先易后难、先简后繁、先具体后抽象；问卷应使应答者一目了然，并愿意如实回答；语气要亲切，符合应答者的理解能力和认识能力，避免使用专业术语；对敏感性问题应采取一定的技巧调查，使问卷具有合理性和可答性，避免主观性和暗示性，以免答案失真。

3. 用语准确规范，注意被调查者的身份和思维习惯

调查问卷要充分尊重被调查对象，问题提法要有礼貌、不能唐突，要有助于回答；问题的提法、多少和排列顺序要符合应答者的思维习惯。

4. 格式整齐，编码规范

问卷格式对调查结果有直接影响，注意问卷问题的格式应整齐。调查问卷多采用事前编码技术，编码应该规范，便于资料整理加工。

二、问卷设计的程序

1. 确定主题和资料范围

根据调查目的的要求，研究调查内容、所需搜集的资料及资料来源、调查范围等，酝酿问卷的整体构思，将所需要的资料一一列出；分析哪些是主要资料，哪些是次要资料，哪些是可要可不要的资料，淘汰那些不需要的资料；再分析哪些资料需要通过问卷取得、需要向谁调查等，并确定调查地点、时间及对象。

2. 分析样本特征

分析、了解各类调查对象的社会阶层、社会环境、行为规范、观念习俗等社会特征；需求动机、潜在欲望等心理特征；理解能力、文化程度、知识水平等学识特征，以便针对其特征来拟题。

3. 拟定并编排问题

首先，构想每项资料需要用什么样的句型来提问，尽量详尽地列出问题；其次，对问题进行检查、筛选，看有无多余的、遗漏的、不适当的问题，以便进行删、补、换。

4. 进行试问试答

站在调查者的立场上试行提问，看看问题是否清楚明白，是否便于资料的记录、整理；站在应答者的立场上试行回答，看看是否能答和愿答所有的问题，问题的顺序是否符合思维逻辑，估计回答时间是否合乎要求。有必要在小范围进行实地试答，以检查问卷的质量。

5. 修改、付印

根据试答情况，进行修改，再试答，再修改，直到完全合格以后才定稿付印，制成正式问卷。

三、问卷问题的形式

1. 开放式问题

开放式问题又称无结构的问答题。在采用开放式问题时，应答者可以用自己的语言自

由地发表意见，在问卷上没有已拟定的答案。

例如，您抽香烟多久了？您喜欢看哪一类的电视节目？您认为加入 WTO 对我国政府管理体制有何影响？

应答者可以自由回答以上的问题，并不需要按照问卷上已拟定的答案加以选择，因此应答者可以充分地表达自己的看法和理由，并且比较深入，有时还可获得研究者始料未及的答案。

开放式问题也有其缺点：一是回答有难度；二是资料整理与分析有困难。

2. 封闭式问题

封闭式问题又称有结构的问答题。封闭式问题与开放式问题相反，它规定了一组可供选择的答案和固定的回答格式。答案选择分为限选和非限选两种。

例如，你购买××牌洗衣粉的主要原因是（选择最主要的两种）什么。

（1）洗衣较洁白。

（2）售价较低。

（3）任何商店都有出售。

（4）不伤手。

（5）价格与已有的牌子相同，但分量较多。

（6）朋友介绍。

封闭式问题的优点包括以下几个方面。

（1）答案是标准化的，对答案进行编码和分析都比较容易。

（2）回答者易于作答，有利于提高问卷的回收率。

（3）问题的含义比较清楚。因为所提供的答案有助于理解题意，这样就可以避免回答者由于不理解题意而拒绝回答。

封闭式问题也存在以下一些缺点。

（1）回答者不能自由发表意见或看法。

（2）回答者对题目不正确理解的，难以觉察出来。

（3）可能产生"顺序偏差"或"位置偏差"，即被调查者选择答案可能与该答案的排列位置有关。为了减少顺序偏差，可以准备几种形式的问卷，每种形式的问卷答案排列的顺序都不同。

四、问题的类型

（一）事实性问题

事实性问题是指要求应答者回答一些有关事实的问题。例如：你通常什么时候看电视？

事实性问题的主要目的在于求取事实资料，因此问题中的字眼定义必须清楚，让应答者了解后能正确回答。

在市场调查中，许多问题均属"事实性问题"。例如，应答者个人的资料如职业、收入、家庭状况、居住环境、教育程度等。这些问题又称为"分类性问题"，因为可根据所获得的资料对应答者进行分类。在问卷之中，通常将事实性问题放在后边，以免应答者在回答有关个人的问题时有所顾忌，从而影响以后的答案。

（二）意见性问题

在问卷中，往往会要求应答者回答一些有关意见或态度的问题。例如：你是否喜欢××电视节目？

意见性问题事实上即态度调查问题。应答者是否愿意表达他真正的态度，固然要考虑，而态度强度亦有不同，如何从答案中衡量其强弱，显然也是一个需要解决的问题。通常而言，应答者会受到问题所用字眼和问题排列顺序的影响，做出不同的回答。

（三）困窘性问题

困窘性问题是指应答者不愿在调查员面前作答的某些问题，如关于个人收入的问题，或不为一般社会道德所接纳的行为、态度都属于有碍声誉的问题。例如，平均说来，你每个月打几次麻将？你除了工作收入外，还有其他收入吗？

如果一定要获得困窘性问题的答案，又想避免应答者做出不真实的回答，可采用以下方法。

1. 间接问题法

采用该方法时，不直接询问而是通过间接询问了解应答者对某事项的观点。

例如：用间接问题旨在套取应答者回答认为是旁人的观点。所以在他回答后，应立即再加上问题："你同他们的看法是否一样？"

2. 卡片整理法

采用该方法时，将困窘性问题的答案分为"是"与"否"两类，调查员可暂时走开，让应答者自己取卡片投入箱中，以缓和困窘气氛。应答者在无调查员在场的情况下，选取正确答案的可能性会提高不少。

（四）断定性问题

断定性问题是指有些问题是先假定应答者已有该种态度或行为。

例如：你每天抽多少支香烟？

事实上该应答者极有可能根本不抽烟，这种问题则为断定性问题。正确处理这种问题的方法是在断定性问题之前加一条"过滤"问题。

例如：你抽烟吗？

如果应答者回答"是"，用断定问题继续问下去才有意义，否则在过滤问题后就应停止。

（五）假设性问题

假设性问题是指有许多问题是先假定一种情况，然后询问应答者在该种情况下会采取什么行动的问题。

例如：如果××晚报涨价至 2 元，你是否将改看另一种未涨价的晚报？

如果××牌洗衣粉降价 1 元，你是否愿意用它？

你是否愿意加薪？

你是否赞成公共汽车公司改善服务？

以上皆属假设性问题，应答者对这种问题多数会答"是"。这种探测应答者未来行为的问题，应答者的答案事实上没有多大意义，因为多数人都愿意尝试一种新东西，或获得一些新体验。

五、问卷的结构

调查问卷一般可以看成由三大部分组成：说明信、正文和结尾。

（一）说明信

问卷的说明信一般包括下列几个方面的内容。

（1）称呼、问候。如"××先生、女士：您好"。

（2）调查人员自我说明调查的主办单位和个人的身份。

（3）简要地说明调查的内容、目的、填写方法。

（4）说明作答的意义或重要性。

（5）说明作答所需时间。

（6）保证作答对被调查者无负面作用，并替他保守秘密。

（7）表示真诚的感谢，或说明将赠送小礼品。

说明信的语气应该是亲切、诚恳而礼貌的，简明扼要，切忌啰唆。问卷的开头是十分重要的。问卷说明信可以达到两个基本目的：一是说明调查内容与重要性；二是争取被调查者的参与。

（二）正文

问卷的正文实际上也包含了三大部分。

第一部分包括向被调查者了解最一般的问题。这些问题应该适用于所有的被调查者，并能很快、很容易地回答。在这一部分不应有任何难答或敏感的问题，以免导致被调查者拒绝作答。

第二部分是主要的内容，包括涉及调查主题的实质和细节的大量的问题。这一部分的结构组织安排要符合逻辑性，并对被调查者来说应是有意义的。

第三部分一般包括两部分内容，一是敏感或复杂的问题，以及测量被调查者的态度或特性的问题；二是人口基本状况、经济状况等。

（三）结尾

问卷的结尾一般可以加上 1~2 道开放式题目，给被调查者一个自由发表意见的机会。然后，对被调查者的合作表示感谢。

六、问卷设计应注意的问题

1. 措辞的选择

（1）用词要确切。问卷中的用词一定要保证所提问题清楚、明了。例如，"你是否经常上网？"，这里"经常"是指 1 周、1 个月或 1 年，回答者可能产生不一致的理解。

（2）用语要通俗。问卷中的问题提法应力求通俗易懂，避免专业或技术用语，保证被调查者能够统一理解所提问题。例如，"你对哪个 ISP 的服务比较满意？"。显然许多人对 ISP（网络服务供应商）这个缩写还不了解，也就无法回答问题。

2. 问题的选择及顺序

问卷中问题的顺序一般按下列规则排列。

（1）容易回答的问题放前面，较难回答的问题放稍后，困窘性问题放再后面，个人资料的事实性问题放卷尾。

（2）封闭式问题放前面，自由式问题放后面。由于自由式问题往往需要时间来考虑答案和语言的组织，放在前面会引起应答者的厌烦情绪。

（3）要注意问题的逻辑顺序，按时间顺序、类别顺序等合理排列。

3. 一项提问只包括一项内容，问题应尽可能简短

一个问题最好只问一个要点，否则被调查者可能难以回答。例如，"你喜欢看电影和电视吗？"，显然，若回答者仅喜欢其中之一就难以回答问题。

问卷中的问题应简短，如果问题过长，不仅会给被调查者理解问题带来困难，也会带来厌烦感。

4. 问题应避免诱导性、断定性

问卷中的问题不应该带有倾向性，应该保持中立。引导性问题容易使被调查者在心理上产生顺从或逆反效应，以致不假思索地回答问题，使调查者无法搜集真实资料。

断定性问题容易使被调查者难以回答问题。例如，"你一天抽几支烟"，不抽烟者无法回答。一般的处理是在这类问题前面加一个"过滤"性问题，即"你抽烟吗"，如回答"是"，该问题调查继续，否则就终止。

5. 问题界限明确，避免估算或推算

问卷中所提问题的界限要明确，如收入水平的内容应该具体明确，否则理解不一致，调查结果就不可靠。

问卷中的问题应尽可能避免被调查者通过估算或推算来作答，否则偏差较大。

第五节　统计数据搜集实训

◇ **实训目标**

（1）熟悉问卷调查方案的基本内容。

（2）掌握问卷调查方案设计的基本程序和方法。

（3）能起草调查方案。

◇ **实训内容**

拟定关于学生食堂服务质量的调查方案。

［**实训流程**］

（1）设定调查项目。

（2）选择调查方法。

（3）建立调查机构，配备调查人员。

（4）设计调查组织。

（5）确定调查进程。

（6）起草调查方案。

［**实训过程实录**］

（1）调查项目：

_____

_____

_____

（2）调查方法：

_____

_____

_____

（3）调查机构与调查人员：

_____

_____

_____

（4）调查组织：

_____

_____

_____

（5）调查进程：

_____

_____

_____

（6）调查方案：

_____

_____

_____

［实训提示］

（1）先分别确定各项内容，其中前面已经确定了的内容可直接引用，然后汇总成调查方案。

（2）调查项目要具体，用一系列问题描述。

（3）调查方法的选取要与随机抽样相适应。

（4）调查机构与调查人员自行设定，合理就行。

（5）如何组织这次调查要认真考虑，不要漏掉重要方面。

（6）要根据各阶段的工作量确定调查进程。

（7）不考虑调查费用。

练习与思考

1. 什么是统计调查？统计调查有什么要求？

2. 统计调查方案内容有哪些？

3. 如何理解确定调查项目的原则？确定调查项目应注意哪些问题？

4. 结合学生情况设计一个具有操作性的统计调查方案。

5. 如何理解重点调查？

6. 通过阅读导入案例，提升对实际统计工作的理解。

7. 请同学们组成 5 人小组，自行确定调查主题，设计问卷，并进行实际调查（有效问卷 50 份以上）。

第三章
CHAPTER3

统计数据的整理

§ **学习目标**

1. 了解统计整理的意义和程序
2. 掌握统计分组、变量数列编制的各种方法

§ **本章重点**

掌握统计分组、变量数列的编制以及关于数据特征的描述

§ **导入案例**

A公司员工产品销售量分析

A公司60名员工某月产品销售量（台）为

50	80	65	63	62	75	90	91	88	85	72	62	55	56	68	79	80
93	82	75	53	63	88	81	89	92	74	71	75	80	87	86	85	91
56	61	63	65	70	75	75	71	76	78	88	82	86	82	83	85	65
63	75	71	73	72	71	72	78	79

经过统计分组，形成A公司员工产品销售量分组表（见表3-1）。

表3-1　A公司员工产品销售量分组表

按员工月销售量（台）分组	员工人数（人）	比例（%）
50～60	5	8.33
60～70	11	18.33
70～80	21	35.00
80～90	18	30.00
90～100	5	8.33
合计	60	100.00

注：因四舍五入，合计数并不一定是100。

根据分组表可绘制统计图，如图3-1所示。

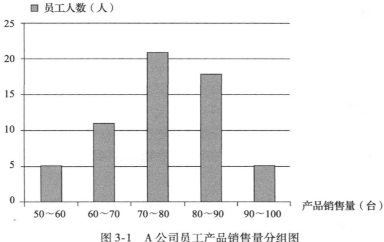

图 3-1 A 公司员工产品销售量分组图

第一节 统计数据整理能力概述

统计数据整理能力，运用能力概念进行定义，是指有效整理统计资料的知识、技能、个性特征和自我印象（如自信、高自我效能）等的集合。具体包括统计资料整理方案的设计能力、原始统计资料的整理能力、次级统计资料的整理能力、统计数据的关联分析和审核评估能力以及统计数据的表示能力。

一、统计资料整理方案的设计能力

统计调查一般取得的统计资料数量庞大，汇总整理需要众多的人员参与，为保证统计整理的质量，在进行整理之前要设计统计资料整理方案。这就需要具有设计一份能满足统计任务要求，且具有实际可操作性的统计资料整理方案的能力。它包括统计资料整理方案的总体设计和详细设计能力。

二、原始统计资料的整理能力

搜集到的原始统计资料不仅量大，而且通常是杂乱无章的，难以看出其中的规律，也无法得出科学的结论。由此，需要按照所研究的目的对这些纷繁而又大量的数据进行加工、整理，此为原始统计资料的整理。

运用能力概念定义原始统计资料的整理能力，是指有效整理统计资料的知识、技能、个性特征和自我印象（如自信、高自我效能）等的集合。其中，一个最为重要的方法就是统计分组。所以，分组能力的好坏直接关系到数据加工、整理的质量。

统计分组能力包括。

1. 分组标志选择能力

统计分组的关键是分组标志的选择。需要选择符合统计研究目的的、关键的、符合时期要求的分组标志。需要判断分组标志与统计研究目的的关联程度、重要程度，并且注意时期的具体要求。

2. 分组方法选择能力

在确定分组标志的条件下，需要选择分组方法进行统计分组。选择品质标志分组还是选择数量标志分组，是简单分组还是复合分组，存在选择的问题，需要具有分组方法的选择能力。

三、次级统计资料的整理能力

对于有些次级统计资料，可以直接采取"拿来主义"的策略，但有些还需要根据所研究的目的进行再加工。所以，又有一个次级统计资料再加工的能力问题。

次级统计资料再加工的方法主要有调整法、推算法、再分组法。

1. 调整法

例如，1997 年 3 月 14 日第八届全国人民代表大会第五次会议通过了《第八届全国人民代表大会第五次会议关于批准设立重庆直辖市的决定》，决定批准设立重庆直辖市，撤销原重庆市。重庆直辖市设立后，由国务院依据宪法和有关法律的规定，对其管辖的行政区域的建制和划分做出相应的调整。重庆市成为中国继北京、上海、天津之后的第四个直辖市。显然，要了解 1998 年以前重庆直辖市的相关数据，则需要根据现有重庆直辖市的行政管辖范围从原四川省中将其分离出来。这就需要具有调整数据的能力。

2. 推算法

例如，要研究规模以上的民营工业企业的增加值情况，而现有的《中国统计年鉴》中并没有此类数据，这就需要根据现有的能搜集到的统计数据进行推算。从登记注册类型上看，民营工业企业表现为全部规模以上工业企业—国有及国有控股工业企业—集体工业企业—港、澳、台商投资工业企业—外商投资工业企业。

3. 再分组法

再分组法即根据研究目的对原有的分组重新进行分组。

四、统计数据的关联分析和审核评估能力

统计数据的关联分析和审核评估是统计整理中的一个不能忽略的重要环节。

关联分析是指关联行业、关联产业、关联指标是否匹配的分析。如一个地区的用电量、铁路运输量与该地区的产品销售量之间的关联分析。

审核评估是指对数据来源是否可靠，数据是否准确、系统的分析。不仅要关注指标之间、统计报表内的逻辑关系平衡，还要搞清楚数据的来龙去脉，搞清楚数据增减变动的原因，搞清楚数据的含义、口径等制度规定。只有如此，才能切实提高关联分析和审核评估的能力。

五、统计数据的表示能力

统计整理后的数据如何表示，这是统计数据应用的一项重要内容。这就有统计数据表示的方式选择问题——是用统计表，还是用统计图来表示，以及选择以后的设计——统计表的设计或者是统计图的设计。所以，从能力的角度，统计数据表示能力就包括以下几点。

1. 统计数据表示方式选择能力

这需要根据数据的类型、数据的表示方式以及统计的要求等进行选择。

2. 统计表或统计图的设计能力

（1）统计表的设计能力。统计表是统计整理结果应用最广泛的表现形式。统计表的设计有统计的具体要求。设计科学的统计表可以使统计资料条理化、系统化，一目了然，方便分析。

（2）统计图的设计能力。统计图是借助点、线、面等几何图形或具体形象来显示统计整理数据的具体形式。统计图具有形象具体、简明生动、通俗易懂等特点。美观、合适的统计图可以突出统计数据的特点。

第二节　统计数据整理方案的设计

通过统计调查所获得的数据都是关于个体的有关属性与特征的表现。这些数据是分散的且无条理性的，不能概括和描述所研究现象总体的数量特征，不能直接据之分析现象总体的本质特征与统计规律。所以在对调查数据进行分析之前，必须根据分析研究的目的和要求，对其进行加工整理，使之系统化、条理化，以符合统计分析的需要。这一过程，即为统计数据的整理。通过整理可以大大简化数据，使我们更容易理解和分析。统计数据整理是统计调查和统计分析的中间环节，在整个统计研究过程中具有重要的地位。

统计数据整理是人们对社会经济现象从感性认识上升到理性认识的过渡阶段，是统计工作中的一个重要环节，既是统计调查阶段的继续和深入，又是统计分析的基础和前提。统计数据整理的质量直接影响统计分析的效果。

一般的统计调查都是大规模的，取得的统计资料数量庞大，汇总整理需要众多的人员参与，为保证统计整理的质量，在进行整理之前，要设计统计资料整理方案。所谓整理方案就是对统计整理阶段各方面工作所做的全面考虑和安排，通常以文件的形式出现。

一、确定统计数据整理的目的

统计数据整理一定要按照统计分析研究的目的要求，选择恰当的分组标志进行科学的分组，这样才能整理出统计分析所需要的综合资料。

二、确定统计数据整理的一般程序

统计数据整理是一项较为复杂的工作，其整理过程一般包括如下内容。

（一）统计资料的审核

在对统计数据进行整理时，首先要进行审核，以保证数据的质量，为进一步的整理与分析打下基础。从不同渠道取得的统计数据，其审核内容和方法有所不同，不同类型的统计数据在审核内容和方法上也有所差异。

对于通过直接调查取得的原始数据，应主要从完整性和准确性两个方面去审核。完整性审核主要是检查应调查的单位或个体是否有遗漏，所有的调查项目或指标是否填写齐全等。准确性审核主要包括两个方面：一是检查数据资料是否真实地反映了客观实际情况，内容是否符合实际；二是检查数据是否有错误，计算是否正确等。审核数据准确性的方法主要有逻辑检查和计算检查。逻辑检查主要是从定性角度审核数据是否符合逻辑，内容是否合理，各项目或数字之间有无相互矛盾的现象。计算检查是检查调查表中的各项数据在计算结果和计算方法上有无错误。

对于通过其他渠道取得的第二手数据，除了对其完整性和准确性进行审核外，还应审核数据的适用性和时效性。第二手数据可以来自多种渠道，有些数据可能是为特定目的通过专门调查而取得的，或者是已经按特定目的的需要做了加工整理。对于使用者来说，首先应弄清楚数据的来源、数据的口径以及有关的背景材料，以便确定这些数据是否符合分析研究的需要、是否需要重新加工整理等，不能盲目生搬硬套。此外，还要对数据的时效性进行审核，有些时效性较强的问题，如果所取得的数据过于滞后，就失去了研究的意义。一般来说，应尽可能使用最新的统计数据。数据经过审核后，确认适合实际需要，才有必要做进一步的加工整理。

对审核过程中发现的错误应尽可能予以纠正。调查结束后，当数据中发现的错误不能予以纠正，或者有些数据不符合调查的要求而又无法弥补时，就需要对数据进行筛选。数据筛选包括两方面内容：一是将某些不符合要求的数据或有明显错误的数据予以剔除；二是将符合某种特定条件的数据筛选出来，对不符合特定条件的数据予以剔除。

（二）统计资料的编码

随着计算机使用的普及，调查数据的整理与分析工作一般都要借助计算机来完成。调查数据包括数量标志和品质标志。计算机只能识别数字符号，所以数量标志可以直接录入计算机，而对于品质标志，则需要将其转化为数字符号，以便于计算机识别。所谓编码，就是将调查数据中的品质标志转化为数字符号的过程。数据的编码与数据的分类（分组）是紧密结合的，编码首先要进行数据的分类，然后给每个类别指派一个数字代码。

常用的编码方法有顺序编码法、分组编码法、信息组编码法和表义式方字编码法等。

编码既是一项繁重的工作，也是一项重要工作。编码的质量不仅影响数据的录入速度，而且影响数据处理的最终结果。

（三）统计分组

统计分组是整理中的一个十分重要的工作。统计分组是按照统计研究目的，选择一定的分组标准对调查资料进行分类整理，为统计分析做准备。

（四）统计资料的汇总、编制统计表

选择适当的汇总组织形式和具体方法，按分组要求对原始统计资料分组汇总，计算各组单位数和合计数，计算各组指标数值和综合指标数值。统计汇总是统计整理的中心内容。

编制统计表就是以简明扼要的表格形式表述统计汇总结果，反映社会经济现象数量方面的具体表现和有关联系。统计表已成为统计整理的有效表现形式。

三、确定资料汇总的形式

统计资料经过检查无误后需要进行汇总，需要确定资料汇总的形式。资料汇总一般可以分为手工汇总和计算机汇总两种形式。

（一）手工汇总

手工汇总是利用算盘或计算器进行的汇总，一般适用于小规模调查的资料整理。手工汇总方法包括以下几种。

1. 划记法

划记法即用点、线等符号代表每个单位，汇总时总体单位属于哪一组就在哪一组的栏内点一个点或画一条线，最终得出各组的总体单位数。实际中写"正"就是典型应用。

2. 折叠法

折叠法即将调查表中所有需要汇总的某一纵栏或横行的项目、数值全部折在边上，并一个一个地叠放在一起，将这些调查表同一纵栏或横行的项目、数目逐项汇总。

3. 卡片法

卡片法即将每个总体单位需要汇总的项目和数值摘录在事先准备好的卡片上并进行汇总。

（二）计算机汇总

计算机汇总是指利用计算机对统计调查资料进行汇总处理。这是目前广泛使用的统计资料汇总方法，特别适用于大中型统计调查资料汇总。

利用现代计算技术进行统计汇总和计算工作，是统计汇总技术的新发展，也是统计现代化的一个重要标志。

计算机汇总步骤如下。

1. 编制程序

利用计算机进行汇总和计算的过程就是执行一系列指令（程序）的过程。汇总需要进行哪些分组，需要计算哪些指标，需要编印什么表格，均要根据任务和要求把程序设计语言翻译成计算机可执行的目标程序——计算机所能"认识"的语言。规范化的汇总程序可存储起来多次使用。这种编好备用的计算机程序一般称为软件包，计算机可按照所编程序进行数据处理。目前，大型调查和经常性调查一般都要编制专用录入汇总程序。

2. 编码

编码就是把表示信息的某种符号体系转换成便于计算机或人识别和处理的另一种符号体系的过程。汇总的信息有数字信息和文字信息两种。编码是将文字信息转化为数字信息的过程。

3. 数据录入

数据录入就是录入人员通过录入设备把代码和实际数据记载到存储介质上（如磁带、磁盘），再由计算机通过它本身的装置把这些数据转变成机器可以识别的电磁信号。

4. 数据编辑

数据编辑就是按照事先规定的一套编辑审核规则，由计算机对自动输入的数据进行检查，将误差超过允许范围的数据退回去，重新审查更正，把在允许范围以内的个别误差按编辑审核规则更正。

5. 计算与制表

计算机根据事先编好的程序，对编辑检查订正后的数据进行计算和制表，自动生成所需的各种统计图表（分组表、排序表等）。

第三节 统 计 分 组

一、统计分组的概念和作用

（一）统计分组的概念

统计分组是按照统计研究的目的和要求，选择一定的分组标志，将统计总体划分为若干个组成部分的一种统计方法。统计分组对总体是一个"分"的过程,对总体单位则是一个"合"的过程。统计分组的目的是把性质相同的单位合在一起,保持各组内统计资料的一致性和组之间资料的差异性,即组内同质性,组间差异性。

统计分组将同质总体中有判别的单位区分开来,又将性质相同的总体单位组合在一起,便于通过相应的指标,对总体中所有单位在质量上、数量上和空间上存在的差异进行分析,进一步认识总体的本质特征及发展的规律性。可见统计分组不仅是统计整理的基础,也是使认识深化的重要手段,已成为统计研究中最基本的方法之一。

(二) 统计分组的作用

1. 区分社会经济现象的类型

区分社会经济现象的类型又称类型分组。社会经济现象存在复杂多样的类型,各种类型存在不同的特点和不同的发展规律,其内在的规律决定了各类型现象在规模、水平、速度、结构、比例关系等方面的数量表现有所不同或具有差异性。如将企业按所有制分为国有企业、集体企业和其他经济类型企业,将农业分为农、林、牧、渔四大类型。国民经济按三大产业分组如表3-2所示。

表3-2 我国三大产业GDP （单位:亿元）

产业	2015 年	2016 年	2017 年	2018 年
第一产业	60 862.1	63 672.8	65 467.6	64 734
第二产业	282 040.3	296 547.7	334 622.6	366 001
第三产业	346 149.7	383 365.0	427 031.5	469 575
合计	689 052.1	743 585.5	827 121.7	900 310

资料来源:《中国统计年鉴——2018》及统计公报。

2. 研究现象的内部结构

研究现象的内部结构又称结构分组。现象内部的结构表示现象内部的组成状况和比率关系。对现象内部结构进行研究,可以说明现象总体的基本性质和特征,还可以说明现象内部结构的变化过程、趋势和规律。按表3-2的资料计算各产业占我国GDP的比重,可以通过比重变化情况反映我国国民经济调整效果。表3-3反映了我国三大产业贡献率的变化情况。

表3-3 我国三大产业贡献率 （%）

产业	2015 年	2016 年	2017 年	2018 年
第一产业	4.6	4.3	4.9	-3.8
第二产业	42.4	38.2	36.3	43.6
第三产业	52.9	57.5	58.8	60.2
合计	100	100	100	100

注:1. 产业贡献率指各产业增加值与GDP增量之比。
   2. 因四舍五入,合计数不一定为100%。
资料来源:《中国统计年鉴——2018》及统计公报,2018年为测算结果。

3. 研究现象的依存关系

研究现象的依存关系又称为分析分组。社会经济现象不是孤立的,而是相互依存、相互制约的。通过现象的依存关系分析，可以说明现象间的依存关系程度和方向。表 3-4 反映了江苏省 2014 ~ 2018 年地区生产总值增长率与第二产业生产总值增长率的依存关系。在统计中，将表现事物发展变化原因的事项称为因素标志（表 3-4 中的第二产业生产总值增长率），将表现事物发展结果的标志称为结果标志（表 3-4 中的地区生产总值增长率）。

表 3-4   江苏省 2014 ~ 2018 年地区生产总值增长率与第二产业生产总值增长率

年份	地区生产总值增长率（%）	第二产业生产总值增长率（%）
2014	8.7	8.2
2015	8.6	8.5
2016	7.8	6.6
2017	7.2	6.6
2018	6.7	5.8

资料来源：《江苏统计年鉴——2018》及统计公报。

统计分组的三个方面的作用不是孤立的，而是相辅相成、互为补充和结合运用的。

二、统计分组的要求和方法

（一）统计分组的要求

进行统计分组在技术上有三个基本要求：①唯一性。要求每一次分组时只能以一个分组标志作为分组的依据，不能同时按两个或两个以上标志作为分组的依据。②周延性。要求分组后，各组单位数之和等于总体单位数。③互斥性。要求组与组之间相互排斥，存在差异性。

（二）统计分组的方法

1. 分组标志的选择

分组标志是进行统计分组时，作为将总体单位划分为各个性质不同的组的标准或依据的标志。正确选择分组标志是使统计分组作用得以发挥的关键，是使统计研究获得正确结论的前提。

统计分组的核心问题是正确选择分组标志，达到分清各组界限，反映各组性质差别的目的。选择分组标志应该遵循以下原则。

（1）目的性原则。按照统计研究的目的与任务选择分组标志。对于同一个总体，由于统计研究的目的任务不同，统计分组可以选择不同的分组标志进行分组。统计分组标志的选择具有相对性。如果研究目的是了解工业企业生产内部结构，则应以生产部门作为分组标志。

（2）关键性原则。选择能够说明总体本质的关键的重要标志作为分组标志，才能得出触及问题实质的重要分组。对于同一个研究目的，可能有多个分组标志。有的标志能够揭示总体的本质特征，是有决定意义的关键分组标志；有的则是非本质的、无足轻重的标志。例如要研究工业企业规模，反映企业规模可用很多标志分组，如职工人数、固定资产、产值、生产能力等，需要根据不同的部门，不同的生产特点、生产条件来决定。对于生产技术较先进、技术装备较高的机械冶金企业，用固定资产、生产能力等标志表示规模较合适。

（3）结合性原则。分组标志应该结合研究总体所处的具体历史条件或社会经济发展的条件进行选择。能够反映本质特征的关键分组标志具有条件性、地区性和历史性。显然某一个标志在一定的时间、地点和条件下就研究目的而言是关键的重要分组标志，但时过境迁可能就失去重要性，成为非关键标志。如在工业发展初期以工人人数作为分组标志反映工业发展规模是比较合适的，工人人数与工业企业规模成正比关系，但在工业快速发展的今天，再以工人人数反映工业企业的规模就不合适了。分组标志的选择不能一成不变，应该考虑总体所处的时间、地点、条件，才能选出具有现实意义的分组标志。

2. 分组标志的种类

根据分组标志的性质不同，统计分组可分为按品质标志分组和按数量标志分组两大类。

（1）按品质标志分组。按品质标志分组就是选择反映事物属性差异的品质标志作为分组标志，并在品质标志变异的范围内确定各组界限，将总体分为不同的组，如学生按性别、地区、民族分组，商品按用途分组。

按品质标志分组有些比较简单，有些品质标志所表现的差异比较明确和稳定，组与组之间的性质界限容易确定，如学生按性别标志分组。

按品质标志分组有时比较复杂，涉及组数多，并且组与组之间的性质界限确定比较困难。如国民经济按部门分组，人口按职业分组，产品按用途分组等。

在我国统计工作中，对重要的品质标志分组，编有标准的分类目录，如《工业部门分类目录》《工业产品目录》《主要商品目录》等，全国统一的分类标准，便于各个部门掌握和使用。

（2）按数量标志分组。按数量标志分组就是选择反映事物数量差异的数量标志作为分组标志，并在数量标志的变动范围内划定各组界限，将总体划分为性质不同的若干组成部分，如学生按年龄、消费水平、学习成绩分组。按数量标志分组的结果是形成变量数列。

3. 简单分组、复合分组和分组体系

统计分组采用的分组标志按数量多少不同可分为简单分组和复合分组。

简单分组就是对被研究总体只按一个标志进行的分组，也称单一分组。显然简单分组只能说明总体某一方面的差别情况，不能反映总体其他标志特征方面的差异，说明的问题比较简单明了。

对同一总体选择两个或两个以上的标志分别进行简单分组所构成的分组体系称为平行分组体系，如对学生可以分别按性别、年龄、学习成绩、月消费水平分组，得到以下平行分组体系，如表3-5所示。

复合分组就是对同一总体选择两个或两个以上标志进行层叠分组。复合分组的特点：第一，可以从几个不同的角度了解总体内部的判别和关系，比简单分组更能全面、深入地研究问题；第二，比简单分组更复杂，技术性更强。

表 3-5　学生平行分组体系

按性别分组	按年龄（岁）分组	按学习成绩（分）分组	按月消费水平（元）分组
男生组	18 以下	60 以下	200 以下
女生组	18 ~ 20	60 ~ 70	200 ~ 400
	20 ~ 22	70 ~ 80	400 ~ 600
	22 ~ 24	80 ~ 90	600 ~ 800
	24 以上	90 以上	800 以上

　　分组体系是将多个标志结合起来分组，包括多层、错综、重叠的组别，进而形成复合分组体系。如企业先按所有制进行分组，然后再按规模大小、是否盈利分组，形成以下复合分组体系，如图 3-2 所示。

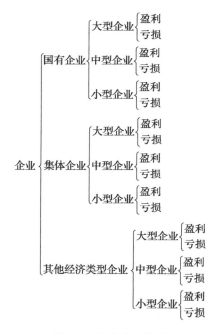

图 3-2　复合分组体系

第四节　分配数列

一、分配数列的概念和种类

　　在统计分组的基础上，将总体中所有单位按组归类整理，并按一定顺序排列形成总体中各个单位在各组间的分布，称为分配数列或次数分布。分配数列包括两个基本要素：总体按某标志所分的组和各组所分布的单位数。

　　分配数列反映总体中所有单位在各组的分布状况和分布特征，是统计整理结果的一种重要表现形式，研究这种分布特征是统计分析的一项重要内容。

　　根据分组标志选择的不同，分配数列可分为品质数列和变量数列。

品质数列是按品质标志分组形成的分配数列，也称属性分配数列。品质数列由各组名称和次数组成。各组次数可以用绝对数表示，即频数，也可用相对数表示，即频率（见表3-6）。

表3-6 某学校新生性别构成情况表

性别	学生人数（人）	比率（%）
男	800	40
女	1 200	60
合计	2 000	100
（各组名称）	（次数或频数）	（比率或频率）

变量数列是按数量标志分组形成的分配数列，可分为单项变量数列（见表3-7）和组距变量数列。变量数列包括两个基本要素：一是各组变量值，二是总体单位在各组中出现的次数。次数可以是绝对数，也可以是相对数。

表3-7 某学校招收新生年龄构成情况表

年龄（岁）	学生人数（人）	比率（%）
18	300	15
19	1 200	60
20	400	20
21	100	5
合计	2 000	100
（各组变量值）	（次数或频数）	（比率或频率）

二、变量数列的编制

（一）单项变量数列的编制

单项变量数列，又称为单项数列，即数列中每一组的变量值都只有一个，如表3-7所示。

通常在变量值能够以整数表示且个数有限的情况下编制单项数列。

单项数列实质是对研究总体的一种排列整理，能够比较真实地反映总体的分布特征。

（二）组距变量数列的编制

在变量值较多的情况下，可采用组距变量数列分组，它将全部变量值依次划分为若干个区间，并将这一区间的变量值作为一组。在组距变量数列分组中，一个组的最小值称为下限，最大值称为上限。采用组距变量数列分组需要经过以下几个步骤。

第一步：确定组数。一组数据分多少个组合适，这一般与数据本身的特点及数据的多少有关。由于分组目的之一是观察数据分布的特征，因此组数的多少应适中。若组数太少，数据的分布就会过于集中，而组数太多，数据的分布就会过于分散，这都不便于观察数据分布的特征和规律。组数的确定应以显示数据的分布特征和规律为目的。在实际分组时，可以按斯特奇斯提出的经验公式来确定组数 K，即

$$K = 1 + \frac{\lg n}{\lg 2}$$

式中 n——数据的个数。

对结果用四舍五入的办法取整数即为组数。这只是一个经验公式，实际应用时，可根据数据的多少和特点及分析的要求，参考这一标准，灵活确定组数。

第二步：确定各组的组距。组距是一个组的上限与下限之差，可根据全部数据的最大值和最小值及所分的组数来确定，即组距 =（最大值 – 最小值）÷组数。为便于计算，组距宜取 5 或 10 的倍数，而且第一组的下限应低于最小变量值，最后一组的上限应高于最大变量值。

第三步：根据分组整理成频数分布表。比如对学生考试成绩的数据进行分组，可得到下面的频数分布表，如表 3-8 所示。

表 3-8   某班级学生统计学考试成绩分组表

按成绩分组（分）	频数（人）	频率（%）
60 以下	5	10
60 ~ 70	10	20
70 ~ 80	25	50
80 ~ 90	8	16
90 以上	2	4
合计	50	100

采用组距分组时，一定要遵循"不重不漏"的原则。"不重"是指一项数据只能分在其中的某一组，不能在其他组中重复出现；"不漏"是指在所分的全部组别中每项数据都能分在其中的某一组，不能遗漏。

为解决"不重"的问题，统计分组时习惯上规定"上组限不在内"，即当相邻两组的上下限重叠时，恰好等于某一组上限的变量值不算在本组内，而算在下一组内。例如，在表 3-8 的分组中，70 这一数值不计算在"60 ~ 70"这一组内，而计算在"70 ~ 80"组中，其余类推。

对于离散变量，可以采用相邻两组组限间断的办法解决"不重"的问题。例如，对某大型商场柜台人数分组，形成如表 3-9 所示的分组表。

表 3-9   某大型商场柜台人数分组表

按人数分组（人）	柜台数（个）	频率（%）
10 ~ 19	2	6.67
20 ~ 29	7	23.33
30 ~ 39	12	40
40 ~ 49	6	20
50 ~ 59	3	10
合计	30	100

在组距分组中，如果全部数据中的最大值和最小值与其他数据相差很大，为避免出现

空白组（没有变量值的组）或个别极端值被漏掉，第一组和最后一组可以采用"××以下"及"××以上"这样的开口组，以解决"不漏"问题，如表3-8所示。

在组距分组时，如果各组的组距相等则称为等距分组，如表3-9所示的分组就是等距分组。有时，对于某些特殊现象或为了特定研究的需要，各组的组距也可以是不相等的，称为不等距分组。比如，对人口年龄的分组，可根据人口成长的生理特点分成0~6岁（婴幼儿组）、7~17岁（少年儿童组）、18~59岁（中青年组）、60岁以上（老年组）等。

等距分组由于各组的组距相等，各组频数的分布不受组距大小的影响。它同消除组距因素影响的频数密度（单位组距内分布的频数，也称次数密度）的分布是一致的，因此可直接根据绝对频数来观察频数分布的特征和规律。而不等距分组因各组组距不同，各组频数的分布受组距大小不同的影响，所以各组绝对频数的多少并不能反映频数分布的实际状况。为消除组距不同对频数分布的影响，需要计算频数密度，频数密度=频数÷组距。频数密度能准确反映频数分布的实际状况。

此外，组距分组掩盖了各组内的数据分布状况，为反映各组数据的一般水平，我们通常用组中值作为该组数据的一个代表值，组中值=（上限值+下限值）÷2；缺上限开口组组中值=上限-邻组组距÷2。但这种代表值有一个必要的假定条件，即各组数据在本组内呈均匀分布或在组中值两侧呈对称分布。如果实际数据的分布不符合这一假定，用组中值作为一组数据的代表值会有一定的误差。

三、分配数列的表示方法

（一）变量数列的表示方法

1. 列表法

列表法是用统计表格形式表述变量数列的内容，如表3-8、表3-9所示。

为了便于分析问题和计算各种指标，需要列入累计次数和累计频率。表3-10说明了累计次数和累计频率。

表3-10 某车间50名工人日加工零件数分组表

按零件数分组（个）	次数		较小制累计		较大制累计	
	工人数（人）	频率（%）	工人数（人）	频率（%）	工人数（人）	频率（%）
105~110	3	6	3	6	50	100
110~115	5	10	8	16	47	94
115~120	8	16	16	32	42	84
120~125	14	28	30	60	34	68
125~130	10	20	40	80	20	40
130~135	6	12	46	92	10	20
135~140	4	8	50	100	4	8
合计	50	100	—	—	—	—

累计次数和累计频率有两种：其一称之为较小制累计（也称为向上累计），是以变量

值最小一组的次数为始点，逐项累计各组的次数和频率；每组的累计次数或累计频率，表示小于该组变量值上限的次数或频率合计有多少。其二称为较大制累计（也称为向下累计），是以变量值最大一组的次数为始点，逐项累计各组的次数和频率；每组的累计次数或累计频率，表示大于该组变量值下限的次数或频率合计有多少。

2. 图示法

（1）直方图。直方图是用矩形的宽度和高度来表示频数分布的图形。在平面直角坐标中，横轴表示数据分组，纵轴表示频数或频率，这样，各组与相应的频数就形成了一个矩形，即直方图。比如，根据表 3-10 数据绘成的直方图如图 3-3 所示。

依据直方图可以直观地看出工人日加工零件数及人数的分布状况。

对于等距分组的数据，可以用矩形的高度直接表示频数的分布。如果是不等距分组数据，用矩形的高度来表示各组频数的分布就不再适用。这时，可以用矩形的面积来表示各组的频数分布，或根据频数密度来绘制直方图，从而准确地表示各组数据分布的特征。实际上，无论是等距分组数据还是不等距分组数据，用矩形的面积或频数密度来表示各组的频数分布都更为合适，因为这样可使直方图下的总面积等于 1。比如在等距分组中，矩形的高度与各组的频数成比例，如果取矩形的宽度（各组组距）为一个单位，高度表示比例（频率），则直方图下的总面积等于 1。在直方图中，实际上是用矩形的面积来表示各组的频数分布。

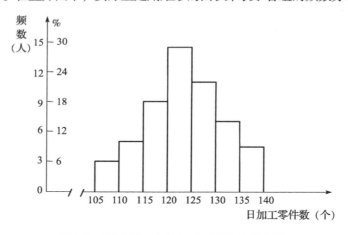

图 3-3   某车间工人日加工零件数的直方图

直方图与条形图不同，条形图是用条形的长度（横置时）表示各类别频数的多少，其宽度（表示类别）是固定的；直方图是用面积表示各组频数的多少，矩形的高度表示每一组的频数或百分比，宽度则表示各组的组距，因此其高度与宽度均有意义。此外，由于分组数据具有连续性，直方图的各矩形通常是连续排列的，而条形图是分开排列的。

（2）折线图。折线图也称频数多边形图。在直方图的基础上，把直方图顶部的中点（组中值）用直线连接起来，再把原来的直方图抹掉就是折线图。需要注意，折线图的两个终点要与横轴相交，具体的做法是将第一个直方图顶部中点与其竖边（左边）中点（该组频数一半的位置）连接到横轴，最后一个直方图顶部中点与其竖边中点（右边）连接到横轴。这样才会使折线图下所围成的面积与直方图的面积相等，从而使两者所表示的频数分布一致。例如，依据表 3-10 绘制的折线图如图 3-4 所示。

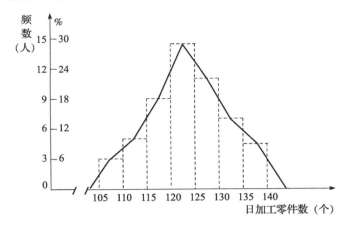

图 3-4　某车间工人日加工零件数的折线图

当数据所分的组数很多时，组距会越来越小，这时所绘制的折线图就会越来越光滑，逐渐形成一条平滑的曲线，这就是频数分布曲线。分布曲线在统计学中有着十分广泛的应用，是描述各种统计量和分布规律的有效方法。

3. 次数分布的类型

（1）钟形分布。钟形分布的特征是"两头小，中间大"，即靠近中间的变量值分布的次数多，靠近两端的变量值分布的次数少，如果将变量值与其对应的频数在直角坐标系中对应的点连接起来绘制成曲线图，便可看出其形状宛如一口钟，所以又称钟形分布（见图 3-5）。

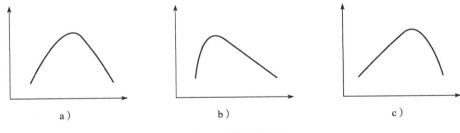

图 3-5　钟形分布图

在自然或社会经济现象中，有许多次数分布是属于钟形分布的。例如，人体体重、身高，学生的成绩，居民货币收入，单位面积的农产品产量，市场价格等的次数分布都属于钟形分布。

（2）U 形分布。U 形分布的特征是：靠近中间的变量值分布的次数少，靠近两端的变量值分布的次数多，形成"两头大，中间小"的分布特征。将这种分布绘成曲线，像英文字母"U"的形状，故称 U 形分布（见图 3-6）。

例如，人口死亡率的分布，一般是婴幼儿死亡率和老年人死亡率均较高，而中年人死亡率最低，所以人口年龄分组的死亡率是呈 U 形分布的。另外，失业人口按年龄的

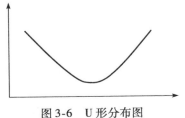

图 3-6　U 形分布图

分布等均呈 U 形分布。

（3）J 形分布。J 形分布的特征是"一边小，一边大"，即大部分变量值集中在某一端分布，有两种类型（见图 3-7）。

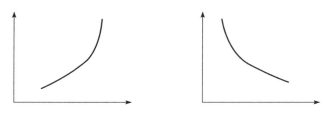

图 3-7　J 形分布图

1）正 J 形分布。正 J 形分布是次数随着变量值的增大而增多。如投资额按利润率大小分布，一般是正 J 形分布。

2）反 J 形分布。反 J 形分布是次数随着变量值的增大而减小。如成年人数量按年龄大小分组，表现出年龄越高，人数越少。

（二）品质数列的表示方法

1. 列表法

例如，为研究广告市场的状况，一家广告公司在某城市随机抽取 200 人就广告问题做了邮寄问卷调查，其中的一个问题是："您比较关心下列哪一类广告?"，备选答案有：①商品广告；②服务广告；③金融广告；④房地产广告；⑤招生招聘广告；⑥其他广告。

这里的分组标志就是"广告类型"，不同类型的广告有不同的次数（人数）。调查数据经分类整理后形成频数分布表，如表 3-11 所示。

表 3-11　某城市居民关注广告类型的频数分布表

广告类型	人数（人）	比例	频率（%）
商品广告	112	0.560	56.0
服务广告	51	0.255	25.5
金融广告	9	0.045	4.5
房地产广告	16	0.080	8.0
招生招聘广告	10	0.050	5.0
其他广告	2	0.010	1.0
合计	200	1	100

很显然，如果不做分类整理，观察 200 个人对不同广告的关注情况，既不便于理解，也不便于分析。经分类整理后，可以大大简化数据，很容易看出关注"商品广告"的人数最多，而关注"其他广告"的人数最少。

2. 图示法

（1）条形图。条形图是用宽度相同的条形的高度或长短来表示数据变动的图形。条形图可以横置或纵置，纵置时也称为柱形图。条形图有单式、复式等形式。例如，根据表 3-11 数据绘制的条形图如图 3-8 所示。

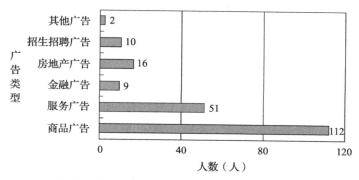

图 3-8 某城市居民关注不同类型广告的人数分布

（2）圆形图。圆形图也称饼图，是用圆形及圆内扇形的面积来表示数值大小的图形。圆形图主要用于表示总体中各组成部分所占的比例，对于研究结构性问题十分有用。在绘制圆形图时，总体中各部分所占的百分比用圆内的各个扇形面积表示，这些扇形的中心角度是按各部分百分比占 360° 的相应比例确定的。例如，关注服务广告的人数占总人数的百分比为 25.5%，那么其扇形的中心角度就应为 91.8°（=360°×25.5%），其余类推。

根据表 3-11 数据绘制的圆形图，如图 3-9 所示。

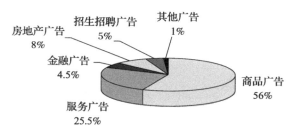

图 3-9 某城市居民关注不同类型广告的人数构成

（3）环形图。例如在一项有关住房问题的研究中，研究人员在甲、乙两个城市各抽样调查 300 户家庭，其中的一个问题是："您对您的家庭目前的住房状况是否满意?"，备选答案有：①非常不满意；②不满意；③一般；④满意；⑤非常满意。

调查结果经整理，如表 3-12 和表 3-13 所示。

表 3-12 甲城市家庭对住房状况的评价

回答类别	甲城市					
	户数（户）	百分比（%）	向上累积		向下累积	
			户数（户）	百分比（%）	户数（户）	百分比（%）
非常不满意	24	8	24	8	300	100
不满意	108	36	132	44	276	92
一般	93	31	225	75	168	56
满意	45	15	270	90	75	25
非常满意	30	10	300	100	30	10
合计	300	100	—	—	—	—

表 3-13   乙城市家庭对住房状况的评价

回答类别	乙城市					
	户数 （户）	百分比 （%）	向上累积		向下累积	
			户数 （户）	百分比 （%）	户数 （户）	百分比 （%）
非常不满意	21	7.0	21	7.0	300	100.0
不满意	99	33.0	120	40.0	279	93.0
一般	78	26.0	198	66.0	180	60.0
满意	64	21.3	262	87.3	102	34.0
非常满意	38	12.7	300	100.0	38	12.7
合计	300	100.0	—	—	—	—

环形图与圆形图类似，但又有区别。环形图中间有一个"空洞"，总体中的每一部分数据用环中的一段表示。圆形图只能显示一个总体各部分所占的比例，而环形图可以同时绘制多个总体的数据系列，每一个总体的数据系列为一个环。因此环形图可以显示多个总体各部分所占的相应比例，从而有利于进行比较研究。例如根据表 3-12 和表 3-13 数据绘制两个城市家庭对住房状况评价的环形图，如图 3-10 所示。

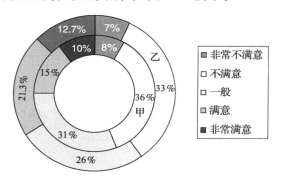

图 3-10   甲、乙两城市家庭对住房状况的评价

在图 3-10 中，外边的一个环表示的是乙城市家庭对住房状况评价各等级所占的百分比，里边的一个环则为甲城市家庭对住房状况评价各等级所占的百分比。

需要指出的是，用于品质数列的表示方法也可用于变量数列的表示，但变量数列的表示方法不能反过来用于品质数列的表示。

第五节   统   计   表

一、统计表的概念和构成

统计表是统计用数字说话的一种最常用的形式。把搜集到的数字资料进行汇总整理后，得出一些系统化的统计资料，将其按一定顺序填列在一定的表格内，这个表格就是统计表。

统计表既是调查整理的工具，又是分析研究的工具。广义的统计表包括统计工作各个阶段中所用的一切表格，如调查表、整理表、计算表等，它们都是用来提供统计资料的重要工具。

根据使用者的要求和统计数据本身的特点，可以绘制形式多样的统计表。比如，表3-14 就是一种比较常见的统计表。

表3-14　2017～2018 年江苏省人均国民经济有关指标资料　　（单位：元）

项目	2017 年	2018 年	列标题
一、地区生产总值（亿元）	85 900.94	92 595.4	
其中：第一产业	4 076.65	4 141.7	
第二产业	38 654.85	41 248.5	
第三产业	43 169.44	47 205.2	
二、一般公共预算收入（亿元）	8 171.5	8 630.2	数字资料
三、城镇常住居民可支配收入（元）	43 622	47 200	
四、农村常住居民可支配收入（元）	26 341	20 845	
五、城镇居民人均支出（元）	27 726	29 462	
六、农村居民人均支出（元）	15 612	16 567	
主词	宾	词	

行标题

资料来源：《江苏统计年鉴——2018》及统计公报。

从表3-14 可以看出，统计表一般由四个主要部分组成，即表名、行标题、列标题和数字资料，必要时可以在统计表的下方加上表外附加。表名应放在表的上方，它所说明的是统计表的主要内容。行标题和列标题通常安排在统计表的第一列和第一行，它所表示的主要是所研究问题的类别名称和指标名称，通常也被称为"类"。如果是时间数列数据，行标题和列标题也可以是时间，当数据较多时，通常将时间放在行标题的位置。表的其余部分是具体的数字资料。表外附加通常放在统计表的下方，主要包括资料来源、指标的注释和必要的说明等内容。

统计表的内容可以分为主词和宾词两个部分，如表3-14 所示。主词是统计表所要说明的总体，它可以是各个总体单位的名称，总体的各个组成是总体单位的全部。宾词是说明总体的统计指标，包括指标名称和指标数值。

二、统计表的种类

1. 简单表

表的主词未经任何分组的统计表称为简单表。简单表的主词一般按时间顺序排列，或按总体各单位名称排列。简单表通常是对调查来的原始资料初步整理所采用的形式，表3-15，即为按总体各单位名称排列的简单表。

表3-15　2017 年江苏省三大区域有关指标

指标	苏南	苏中	苏北
年末常住人口（万人）	3 347.52	1 646.51	3 035.27
土地面积（平方千米）	28 085.00	22 927.00	54 865.00
地区生产总值（亿元）	50 175.19	17 544.10	20 268.76
第一产业	919.70	908.79	2 109.73
第二产业	22 731.82	8 353.82	8 980.78
第三产业	26 523.67	8 281.49	9 178.25

资料来源：《江苏统计年鉴——2018》。

2. 分组表

表的主词按照某一标志进行分组的统计表称为分组表。利用分组表可以提示不同类型现象的特征，说明现象内部的结构，分析现象之间的相互关系等，如表 3-8 和表 3-9 所示。

3. 复合表

表的主词按照两个或两个以上标志进行复合分组的统计表称为复合表，如表 3-16 所示。复合表能更深刻、更详细地反映客观现象，但使用复合表应恰如其分，并不是分组越细越好。因为复合表中多进行一次分组，组数将成倍增加，分组太细反而不利于研究现象的特征。

表 3-16　某学校招收新生情况表

		学生人数（人）	比例（%）
按性别分	男	900	45
	女	1 100	55
按城乡分	城镇	750	37.5
	乡村	1 250	62.5

三、宾词指标设计

1. 宾词不分组设计

宾词不分组设计即宾词各指标根据说明问题的主次先后顺序排列，保持各指标之间的一定逻辑关系，如表 3-16 所示。

2. 宾词简单分组设计

宾词简单分组设计即统计指标从不同角度分别按某一标志分组，各种分组平行排列，如表 3-17 所示。

表 3-17　某学校学生性别及城乡情况

年级	学生人数（人）	性别		城乡	
		男	女	城镇	乡村
一	2 500	1 020	1 480	1 150	1 350
二	2 200	980	1 220	1 050	1 150
三	2 000	890	1 110	980	1 020
四	1 800	789	1 011	890	910
合计	8 500	3 679	4 821	4 070	4 430

3. 宾词复合分组设计

宾词复合分组设计即统计指标同时有层次地按两个或两个以上标志分组，各种分组重叠在一起，如表 3-18 所示。

表 3-18　某企业职工性别及文化程度情况

车间	职工人数		初等教育			中等教育			高等教育		
	男	女	男	女	小计	男	女	小计	男	女	小计
（甲）	（1）	（2）	（3）	（4）	（5）	（6）	（7）	（8）	（9）	（10）	（11）
第一车间	74	133	19	50	69	37	61	98	18	22	40
第二车间	115	179	32	70	102	57	85	142	26	24	50
第三车间	70	35	33	12	45	22	10	32	15	13	28
合计	259	347	84	132	216	116	156	272	59	59	118

四、统计表的设计要求

统计表的设计应符合科学、实用、简练、美观的要求。具体来说，设计统计表时要注意以下几点。

（1）统计表的各种标题，特别是总标题的表述应简明、确切地概括出表的基本内容，总标题应该表明资料所属的时间和地点；横纵各栏的排列要注意表述资料的逻辑系统，反映现象的内在联系。

（2）表内各栏应按合乎逻辑的顺序排列并加以编号。主词栏及计量单位栏用（甲）（乙）等文字编号；宾词指标各栏则用（1）（2）（3）等数字编号，如相关栏存在关系，可用如（6）=（5）/（3）表示。

（3）如果表中的全部数据都是同一计量单位，可放在表的右上角标明，若各指标的计量单位不同，则应放在每个指标后或单列出一列标明。

（4）表中的上下两条线一般用粗线，中间的其他线要用细线。通常情况下，统计表的左右两边不封口，列标题之间一般用竖线隔开，而行标题之间通常不必用横线隔开。表中的数据一般是右对齐，有小数点时应以小数点对齐，而且小数点的位数应统一。对于没有数字的表格单元，一般用"—"表示，一张填好的统计表不应出现空白单元格。

（5）在使用统计表时，必要时可在表的下方加上注释，特别要注意注明资料来源，以表示对他人劳动成果的尊重，并方便读者查阅使用。

第六节　SPSS 在统计数据整理中的应用

录入数据之后，就可以对原始数据进行整理和分析了，关于数据的整理和分析都是在数据窗口完成的。下面介绍 SPSS 统计分析软件在数据窗口的主要操作方式和菜单相应的功能。

一、数据窗口菜单栏功能操作

SPSS 数据编辑窗口主菜单如图 3-11 所示，主菜单中的具体功能如下。

（1）文件：文件操作。

（2）编辑：文件编辑。

（3）视图：视图编辑。

图 3-11　SPSS 数据编辑窗口主菜单

（4）数据：数据操作。

（5）转换：数据转换。

（6）分析：统计分析方法。

（7）直销：直销分析。

（8）图形：图形编辑。

（9）实用程序：实用程序。

（10）窗口：窗口控制。

（11）帮助：系统帮助的使用。

在统计分析过程中常用的功能主要集中在数据操作、数据转换、数据分析、统计图形的建立与编辑等操作中。

二、数据菜单及转换菜单功能

1. 数据排序

数据排序（Sort Case）即对数据按照某一个或多个变量的大小排序，这有利于对数据的总体浏览，基本操作说明如下。

执行菜单"数据"→"排序个案"命令，打开对话框，如图 3-12 所示。

2. 抽样

在统计分析中，有时不需要对所有的观测进行分析，而可能只对某些特定的对象有兴趣。利用 SPSS 的抽样（Select Case）命令可以实现这种样本筛选的功能。以 SPSS 安装配套数据文件"Growth study. sav"为例，选择年龄大于 10 的观测，基本操作说明如下。

图 3-12　排序个案对话框

打开数据文件"Growth study. sav"，执行菜单"数据"→"选择个案"命令，打开对话框，如图 3-13所示。

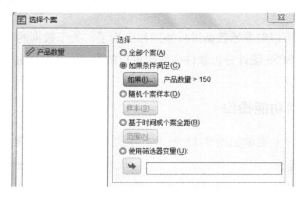

图 3-13　选择个案对话框

然后，指定抽样的方式："全部个案"不进行筛选；"如果条件满足"按指定条件进行筛选。本例设置：产品数量 >150，如图 3-14 所示。

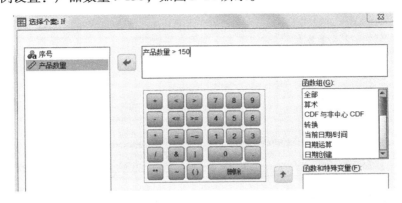

图 3-14　选择个案对话框

设置完成以后，单击"继续"按钮，进入下一步。然后需要确定未被选择的观测的处理方法，这里选择默认选项"过滤掉未选定的个案"。最后单击"确定"按钮进行筛选，结果如图 3-15 所示。

		序号	产品数量	filter_$
1		1	160.00	1
2		10	150.00	0
3		11	162.00	1
4		12	156.00	1
5		13	179.00	1
6		14	179.00	1
7		15	151.00	1
8		16	157.00	1
9		17	154.00	1
10		18	179.00	1
11		19	148.00	0
12		2	170.00	1
13		20	156.00	1
14		3	181.00	1
15		4	156.00	1
16		5	176.00	1
17		6	148.00	0
18		7	198.00	1
19		8	179.00	1
20		9	162.00	1

输出
◉ 过滤掉未选定的个案(F)
◯ 将选定个案复制到新数据集(O)
　　数据集名称(S):
◯ 删除未选定个案(L)

图 3-15　选择个案的结果

3. 增加个案的数据合并

想要将新数据文件中的观测合并到原数据文件中，在 SPSS 中实现数据文件纵向合并的方法如下。

执行菜单"数据"→"合并文件"→"添加个案"命令，如图 3-16 所示，选择需要追加的数据文件，单击"打开"按钮，弹出"添加个案"对话框，如图 3-17 所示。

图 3-16　选择个体数据来源的文件

图 3-17　选择变量

4. 增加变量的数据合并

增加变量是指把两个或多个数据文件实现横向对接。例如将不同课程的成绩文件进行合并，收集来的数据被放置在一个新的数据文件中。在 SPSS 中实现数据文件横向合并的方法如下。

执行菜单"数据"→"合并文件"→"添加变量"命令，选择合并的数据文件，单击"打开"按钮，弹出添加变量，如图 3-18 所示。

最后单击"确定"按钮执行合并命令。这样，两个数据文件就将按观测的顺序一对一地横向合并。

5. 数据拆分

在进行统计分析时，经常要对文件中的观测数据进行分组即进行数据拆分（Split File），然后按组分别对其进行分析。例如要求按性别分组，在 SPSS 中具体操作如下。

执行菜单"数据"→"分割文件"命令，打开分割文件对话框，如图 3-19 所示。选择拆分数据后，对于输出结果的排列方式，该对话框提供了 3 种选择：①对全部观测进行分析，不进行拆分；②在输出结果后将各组的分析结果放在一起进行比较；③按组排列输出结果，即单独显示每一分组的分析结果。然后选择分组变量和数据的排序方式，最后单击"确定"按钮，执行操作。

6. 计算新变量

在对数据文件中的数据进行统计分析的过程中，为了更有效地处理数据和反映事物的本质，有时需要对数据文件中的变量进行加工，继而产生新的变量。比如经常需要把几个变量加总或取加权平均数，SPSS 中通过"计算"菜单命令来产生这样的新变量，其步骤如下。

执行菜单"转换"→"计算变量"命令，打开计算变量对话框，如图 3-20 所示。

在目标变量输入框中输入生成的新变量的变量名。单击输入框下面的"类型和标签"按钮，在跳出的对话框中可以对新变量的类型和标签进行设置。之后在数字表达式输入框中输入新变量的计算表达式。例如"年龄 > 20"。然后单击"如果"按钮,弹出子对话框,如图 3-21 所示。包括所有个案:对所有的观测进行计算;如果个案满足条件则包括:仅对满足条件的观测进行计算。最后单击"继续"按钮,则可以在数据文件中看到一个新生成的变量。

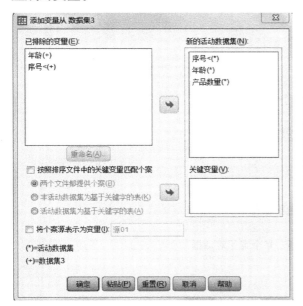

图 3-18 横向合并对话框   图 3-19 分割文件对话框

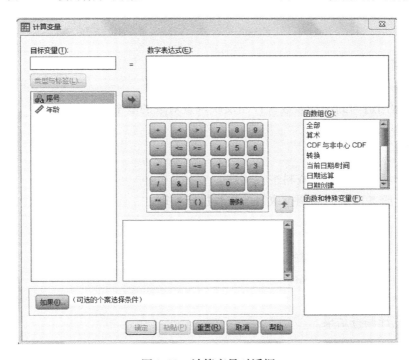

图 3-20 计算变量对话框

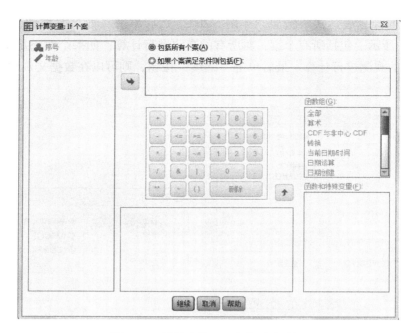

图 3-21   计算变量：If 个案子对话框

第七节   统计数据整理实训

◇ 实训目标

（1）熟悉调查资料整理的主要内容。

（2）掌握调查资料整理的基本方法。

（3）善于运用适当的统计表或统计图反映调查对象的基本情况。

◇ 实训内容

对学生食堂服务质量调查资料进行整理。

对学生食堂服务质量访问调查取得的资料进行整理。

[实训流程]

（1）对每一份调查问卷进行审核。

（2）对被调查者按性别分组。

（3）设计统计表。

（4）分组统计调查结果。

[实训过程实录]

（1）问卷审核结果记录表：

（2）各组调查问卷份数：

（3）分组统计结果：

[**实训提示**]

（1）对调查问卷进行交叉审核，剔除完全不符合要求的问卷，填写《问卷审核结果记录表》。

（2）对于不详的问题，可在该问题中增加一个"不详"的选项。

（3）每一个问题都应有一张统计表，要对应起来。

（4）统计要尽可能全面，不要漏项（年龄、收入也要统计）。

（5）对于开放性问题要仔细阅读，然后进行归纳。

练习与思考

1. 什么是统计整理？统计整理包括哪些具体内容？

2. 什么是统计分组？统计分组的原则是什么？

3. 如何准确选择统计分组标志？

4. 选择三个相关联的标志进行复合分组并设计分组表（提示：可设计四个分组表）。

5. 什么是次数分布？次数分布与变量数列是什么关系？

6. 自行搜集资料（要求三个地区十年某人均指标数据），在 Excel 中设计图表。

7. 统计表由哪几个主要部分组成？制作统计表应注意什么问题？

8. 通过阅读导入案例，你对统计数据整理有怎样的理解？

9. 某班组某课程学生考试成绩（分）如下表所示

80	80	95	66	78	96	83	65	50	88
75	85	92	60	75	91	82	63	56	80
52	56	77	85	90	84	81	68	78	83
77	55	65	82	50	83	84	67	87	84

要求：根据上面的数据进行适当分组，编制组距数列，进行次数与频率累计，绘制直方图。

10. 根据第二章练习与思考中第 7 题所调查的数据，请同学们按小组（5 人小组）运用 SPSS 软件进行统计数据整理。[要求：设计 1 份统计数据整理方案，编制品质数列、变量数列（等距），绘制统计图。]

第四章
CHAPTER4

统计数据分析载体：综合指标

§ 学习目标

1. 了解总量指标、相对指标、平均指标和标志变异指标的概念和种类
2. 掌握总量指标、相对指标、平均指标和标志变异指标的计算方法

§ 本章重点

掌握总量指标、相对指标、平均指标和标志变异指标的计算和应用

§ 导入案例

A 公司员工收入水平分析

A 公司员工收入水平分析如表 4-1 所示。

表 4-1　A 公司员工 2017 年收入分组

年收入（万元）	8 以下	8～9	9～10	10～11	11～12	12～13	13 以上
员工人数（人）	10	45	85	90	75	45	10

总量指标：员工年总收入 3 770 万元，员工总人数 360 人。

相对指标：各组员工比重：2.78%、12.50%、23.61%、25.00%、20.83%、12.50%、2.78%。

平均指标：员工年平均收入 10.47 万元，标准差 1.39 万元，离散系数 13.28%。

从以上计算数据可以看出，该公司员工人数达到一定水平，为 360 人，年支出费用（员工收入）达到 3 770 万元。员工收入水平存在一定差距（标准差 1.39 万元，离散系数 13.28%），绝大多数（69.44%）员工年收入水平在 9 万～12 万元，低收入（8 万元以下）和高收入（13 万元以上）员工比例较小（均为 2.78%，合计 5.56%）。员工年平均收入为 10.47 万元，收入水平高于常州 2017 年在岗职工收入水平（2017 年常州城镇非私营单位在岗职工年平均工资 8.47 万元），员工年收入水平良好。

资料来源：A 公司，《常州统计年鉴 2018》。

第一节　统计数据分析能力概述

统计数据分析能力，运用能力概念进行定义，是指有效分析统计资料的知识、技能、个性特征和自我印象（如自信、高自我效能）等的集合。具体包括统计资料的计算能力、计算结果的解释能力、有关结论的参谋能力、对未来的预测能力、公众关心数据的解读能力。

一、统计资料的计算能力

统计资料的计算能力是指根据相互关联的指标计算出符合统计目的的指标的能力。

例如，从表4-2看到的是乙类企业好于甲类企业，然而，事实果真如此吗？答案是否定的。这是因为销售额是一个总量指标，并不可以直接用来对比，为此需要根据从业人员和销售额这两个关联指标计算出另一个指标，这就是"人均销售额"指标。通过该指标方能得出是乙类企业好于甲类企业，还是甲类企业好于乙类企业的结论，表4-3显示了这点。

表4-3是表4-2的延续。用"销售额"除以"从业人数"得出"人均销售额"指标，其结果是甲类企业的经济效益好于乙类企业，它更加深刻地揭示了社会经济现象的本质和规律性。

表4-2　某年某市甲乙两类商业企业从业人数、商品销售额

按企业分组	从业人员（万人）	销售额（万元）
甲类企业	15	234 756
乙类企业	25	362 350
全市	40	599 951

表4-3　某年某市甲乙两类工业企业人均销售额

按企业分组	人均销售额（元）
甲类企业	15 650
乙类企业	14 494
全市	14 999

统计资料的计算可以分为三大类，即总量指标的计算、相对指标的计算和平均指标的计算。具体的计算方法在后面的章节中将做详细的介绍。

二、计算结果的解释能力

所谓计算结果的解释能力，是指对计算结果能够做出符合实际的科学的解释的能力。例如，依据表4-3所做出的解释就是一种符合实际的科学的解释，而依据表4-2所做出的解释是一种不符合实际和不科学的解释。

三、有关结论的参谋能力

除了要对计算结果能够做出符合实际的科学的解释，即具有良好的解释能力外，还需要具有良好的参谋能力，即对所做出的分析结论，不应只将其停留在对事实的说明上，还要让其成为领导或公众进行决策时的重要参考。这种为领导或公众做参谋的能力，即为参谋能力。

之所以如此，是因为所得到的结论还需要应用于实际，还需要指导工作。例如，有一家投资公司需要在表4-2中的甲类企业和乙类企业做出投资的选择，那么，它依据的是什么。显然，根据表4-3所得出的结论就可以成为该公司投资哪家企业的一种依据。所以，有必要具有相关结论的参谋能力。

四、对未来的预测能力

预测能力，即根据结果对现状做出评述，并对未来进行合理预测的能力。俗话说："预则立，不预则废。"例如，2018年上半年某地区GDP增速7.8%，二季度增速7.6%。GDP增速连续6个季度放缓。GDP增速不但创下13个季度新低，更是3年多来GDP增速首次跌破8%。那么，这一结果又显示了什么，对未来中国企业又有何影响，这需要预测。结合中国结构调整的实际，可以预见的是：国家经济政策重心的转变——由注重速度向注重结构转变；企业生产方式的转变——顺者则昌，逆者则亡。

五、公众关心数据的解读能力

公众关心数据的解读能力，即面对社会各方的热议，解答各方的疑虑和问题的能力。例如，国家统计局2018年3月份全国居民消费价格指数（CPI）和工业生产者出厂价格指数（PPI）数据显示，CPI环比下降1.1%，同比上涨2.1%；PPI环比下降0.2%，同比上涨3.1%。对于这些公众关心的数据，我们又该如何解读。

CPI环比由涨转降，同比涨幅有所回落。从环比看，CPI由上月上涨转为下降，主要受"节日因素"消退影响。一是食品价格节后回落较多，由上月上涨4.4%转为下降4.2%，影响CPI下降约0.86个百分点。其中，鲜菜和鲜果价格分别下降14.8%和2.4%；猪肉和水产品价格分别下降8.4%和3.2%；鸡蛋价格下降9.2%。上述五类生鲜食品合计影响CPI下降约0.81个百分点。二是节后集中出行减少，交通旅游价格大幅下降，飞机票、旅行社收费和长途汽车票价格分别下降18.7%、11.7%和4.7%。三是受国内成品油调价影响，汽油、柴油价格分别下降2.6%和2.9%。此外，服装换季，带动服装价格上涨0.7%；节后租房需求增加，带动居住价格上涨0.2%。从同比看，CPI涨幅比上月回落0.8个百分点。食品价格上涨2.1%，涨幅比上月回落2.3个百分点，影响CPI上涨约0.41个百分点。其中，鸡蛋、鲜菜和鲜果价格分别上涨21.1%、8.8%和7.4%，合计影响CPI上涨约0.43个百分点。非食品价格上涨2.1%，涨幅比上月回落0.4个百分点，影响CPI上涨约1.65个百分点。其中，医疗保健类价格上涨5.7%，教育服务类价格上涨2.7%，居住类价格上涨2.2%。据测算，在3月份2.1%的同比涨幅中，2017年价格变动的翘尾影响约为1.3个百分点，新涨价影响约为0.8个百分点。

PPI环比降幅略有扩大，同比涨幅有所回落。从环比看，PPI降幅比上月扩大0.1个百分点。生产资料价格下降0.2%，降幅比上月扩大0.1个百分点；生活资料价格由上月的持平转为下降 0.2%。在主要行业中，降幅扩大的有燃气生产和供应业，下降 1.7%，比上月扩大 0.8 个百分点；化学原料和化学制品制造业，下降 0.4%，扩大 0.3 个百分点。由升转降的有石油和天然气开采业，下降 4.4%；石油煤炭及其他燃料加工业，下降 2.0%；汽车制造业，下降 0.2%。黑色金属冶炼和压延加工业由降转升，上涨 0.6%。造纸和纸制品业上涨 1.3%，涨幅扩大 1.2 个百分点。

从同比看，PPI 涨幅比上月回落 0.6 个百分点。生产资料价格上涨 4.1%，涨幅比上月回落 0.7 个百分点；生活资料价格上涨 0.2%，回落 0.1 个百分点。在主要行业中，涨幅回落的有非金属矿物制品业、黑色金属冶炼和压延加工业、石油煤炭及其他燃料加工业、石油和天然气开采业、有色金属冶炼和压延加工业、化学原料和化学制品制造业，合计影响 PPI 同比涨幅回落约 0.43 个百分点。涨幅扩大的有造纸和纸制品业，上涨 9.2%，扩大 1.4 个百分点；煤炭开采和洗选业，上涨 5.8%，扩大 0.9 个百分点。据测算，在 3 月份 3.1% 的同比涨幅中，2017 年价格变动的翘尾影响约为 3.1 个百分点，新涨价影响为 0。[⊖]

总之，要切实提高由统计的计算能力、解释能力、参谋能力、预测能力和数据解读能力所构成的统计分析能力，也就是从现象看到事物内在本质和规律性的能力。

第二节　统计数据分析的基本问题

一、统计数据分析的意义

1. 统计数据分析的概念

统计数据分析是指根据统计研究的目的，运用各种统计指标和统计数据分析方法，对经过加工整理的统计资料进行分析研究，认识客观现象的状态，揭示客观现象的本质及其规律性，预测客观现象前景的活动。

2. 统计数据分析的特点

统计数据分析具有以下特点。

（1）以统计数据为依据，利用统计数据说话。

（2）定量分析和定性分析相结合。定量分析是指采用统计方法，分析研究事物的数量表现、数量关系及决定事物本质的数量界限。定性分析是指对客观事物进行逻辑推理式的分析研究，以寻求事物的本质与规律。

在统计数据分析中，把这两种分析有机地结合，用定量证明定性，用定性指导定量，使得对事物的分析既有理论依据，又有量化实证，提高了分析结合的理论性、科学性与可操作性。

（3）统计数据分析方法具有特殊性。统计数据分析方法是以总体现象的数量关系为对

　　⊖　资料来源：国家统计局网。

象的一类特殊科学研究方法的总称。从应用的角度来看，统计数据分析方法可分为经验方法和数学方法两大类。

经验方法：是指一些与初等数学知识和人们的实践经验相关联的方法，如对比分析法、分组分析法、综合指标分析法等。

数学方法：又称为数理统计方法，是以数学理论，特别是概率论为基础对客观现象进行研究的方法。研究现象貌似偶然的变动背后具有其必然的规律性。

（4）统计数据分析的对象具有综合性。

（5）统计数据分析的范围具有广泛性。统计数据分析与经济分析、会计分析、企业经营状况分析以及其他各种分析研究活动有着密切的联系，它们之间往往存在着一种相互包含的关系。经济分析、会计分析等反映的是分析对象所属的领域，但只要运用了统计方法，就可以称其为统计数据分析。

3. 统计数据分析的作用

统计数据分析具有如下作用。

（1）有助于认识社会经济的运行状况。

（2）有助于揭露社会经济运行中存在的问题。

（3）有助于探寻社会经济运行的规律。

二、统计数据分析的步骤

统计数据分析的步骤一般包括选题、撰写分析提纲、搜集和整理资料、进行分析研究并归纳分析结果、撰写统计数据分析报告。

1. 选题

选题，是指通过对客观现象的观察，或通过对统计资料的初步分析，选择出所要研究的对象，确定研究目的和范围，规划主题思想和基本内容。

（1）选题的意义。选题对于统计数据分析具有十分重要的意义。选题在人们对客观现象的认识中，是已知领域和未知领域的联结点，它既表现为已知的，是在已往认识的基础上产生的，又表现为未知的，是有待于即将开始的统计数据分析活动来解决的；它既可以反映现有认识的广度和深度，又体现了向未知领域探索的广度和深度。一个好的选题既体现了分析者的知识水平和业务素质，又可以体现统计数据分析价值之所在。

（2）选题的要求。选题要切合实际，解放思想；选题要新颖独到；选题要有针对性；选题要切实可行。

2. 撰写分析提纲

分析提纲是进行分析前的一种设想，它包括：分析目的和要求，从哪些方面进行分析，分析指标体系，分析所需的资料以及资料来源取得的方式，分析所用的方法，分析结果的表达形式等。

（1）统计数据分析指标体系的类型。统计数据分析指标体系的类型依分析对象和分析目的的不同而有所不同，有些简单甚至可以只有一个指标，有些复杂，甚至包含几十个或上百个指标。

（2）建立统计数据分析指标体系应遵守的一般原则。

1）指标体系的设计要紧扣选题。

2）要注意指标体系的全面性和系统性。全面性是指指标的选择应尽可能从不同的角度反映分析对象的全貌，系统性是指指标体系之间要具有一定的内在联系，而不是杂乱无章的罗列。

3）要讲求简洁、有效。

4）要注意指标的敏感性。

5）要注意指标的可行性。

（3）统计指标的选择方法。

一类是定性方法，另一类是定量方法。

定性方法中常用的，也是效果较好的方法是专家评判法。

定量方法中常用的方法是试算法，即通过历史资料的试算来判断指标的有效性。还有一种定量方法是通过计算相关系数来对指标进行选择，并借助于系统聚类法来实现。

3. 搜集和整理资料

统计数据分析是以统计资料为主要依据的，符合要求的统计资料是进行统计数据分析的前提条件。

一般说来，统计数据分析多利用现成统计资料，因为统计工作者具有利用现成统计资料的得天独厚的条件，但随着分析的深化，补充搜集资料也是常有的事情。

选择资料要注意的问题如下。

（1）资料的可信度。

（2）资料的一致性。

（3）资料的计量水平。根据统计资料反映研究对象具体、详细的程度，可以把它划分为不同的水平。通常，我们把计量水平从低到高划分为列名水平、顺序水平、间隔水平和比率水平。

1）列名水平。它是四种计量水平中最低的一种计量水平，表现为用一些数字或符号将资料进行简单的排列或分组。列名水平不能计量，也不涉及尺度，更不允许对这些数字进行运算。

2）顺序水平。它是比列名水平高一级的计量水平，不仅能将资料进行排列或分组，而且还能给出资料之间的等级关系，但不能说明各等级之间的差距到底有多少。

3）间隔水平。它是比顺序水平更高一级的计量水平，不仅能区分资料的等级关系，而且还能具体地计算它们之间的绝对差距。

4）比率水平。它是最高一级的计量水平。

这四种计量水平反映了对研究对象的计量由粗略到精确的过程。较高的计量水平可以反映具有较低计量水平的事物，但是较低计量水平不能反映具有较高计量水平的事物。

4. 进行分析研究并归纳分析结果

在掌握丰富资料的基础上，运用统计数据分析方法，进行系统周密的分析研究，并归纳出结果，找出事物的规律，这是统计数据分析工作中的中心环节。

5. 撰写统计数据分析报告

统计数据分析报告是对统计数据分析过程及结论进行表述的文章，是统计数据分析最终成果的主要表现形式。

三、统计数据分析要考虑的问题

要真正用统计来分析数据，首先要知道以下几个问题。

（1）要干什么。即分析这个数据是为了得到什么信息，或者是验证什么结论。

（2）分析数据是为了提交报告还是自己做参考。提交就要简练、明白，参考要求越细越好。

（3）用什么工具，用什么方法，这样有意义吗。

（4）能解释你的指标含义吗，它能支撑结论吗。

统计的分析能力不仅体现在工具上，最为重要的是体现为一种思想、一种方法。所以，一定要主动思考统计的作用，一定要自问自己想干什么，否则，即使运用了统计软件，经过了复杂的计算，所得到的东西依然是一堆数字和文字，其结果也只能是统计数据分析不被人接受。

四、统计数据分析方法

统计数据分析方法分类，如图 4-1 所示。

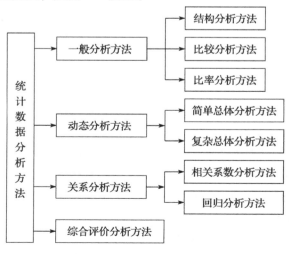

图 4-1　统计数据分析方法分类图

第三节　总量指标

一、总量指标的概念与作用

总量指标是用来反映社会经济现象在一定条件下的总规模、总水平或工作总量的统计指标。总量指标用绝对数表示，反映特定现象在一定时间上的总量状况，它是一种最基本的统计指标。

总量指标只能根据有限总体计算，其指标数值大小与研究总体范围变动在一般情况下存在正比关系。

总量指标是认识社会经济现象总体的起点，也是计算相对指标与平均指标的基础。总量指标的计算是否科学合理，直接影响其他形式指标的准确性。

二、总量指标的种类

1. 按其说明总体的内容不同分为总体标志总量与总体单位总量

总体标志总量是指统计总体各单位某一方面数量标志值的总和，反映总体某一数量特征的总量。

总体单位总量是用来反映统计总体内包含总体单位个数多少的总量指标。它用来表明统计总体的容量大小。

例如，研究某城市居民家庭消费水平，统计总体是该城市所有居民家庭，总体单位是每一位居民家庭，总体标志总量是居民家庭月（或年）消费总额，总体单位总量是居民家庭数。

对于一个已经确定的统计总体，其总体单位总量是唯一确定的，而总体标志总量却不止一个。

某一总量指标是总体单位总量还是总体标志总量不是完全固定的，而是随着统计研究目的的改变而改变的。

2. 按其反映总体的时间状况不同分为时期指标与时点指标

时期指标是反映社会经济现象在一段时间内发展变化结果的总量，其指标数值是该时期内发生数的总和，如商品销售额、产品产值等。经济学上称为流量。

时期指标具有如下特点。

（1）具有可加性。时间上相邻的时期指标相加能够得到另一更长时期的总量指标。

（2）指标数值的大小与所属时期的长短直接相关。一般来讲，时期越长，指标数值就越大。

（3）必须通过连续登记而得。时期指标数值的大小取决于整个时期内所有时间上的发展状况，只有连续登记得到的时期指标才会准确。

时点指标是反映社会经济现象在某一时刻或某一时点上的状况的总量，如人口数、商品库存额、外汇储备额等都是时点指标。

时点指标具有如下特点。

（1）不具有可加性。不同时点上的两个时点指标数值相加不具有实际意义。

（2）数值大小与登记时间的间隔长短无关。时点指标仅仅反映社会经济现象在一瞬间的数量，每隔多长时间登记一次对它没有影响。

（3）指标数值是间断计数的。时点指标没有必要进行连续登记，有的也是不可能连续进行登记的，如一国的总人口数。

三、总量指标的计量单位

总量指标的计量形式都是有名数，都有计量单位。

1. 实物单位

实物单位是根据事物的外部特征或物理属性而采用的单位。实物单位可以反映各种同类实物的总量，但不能用于不同实物类别的总量汇总。实物单位表现形式有以下几种。

（1）自然单位。按照现象自然状况来计算其数量的计量单位。如鞋以"双"为单位、桌子以"张"为单位、汽车以"辆"为单位等。

（2）度量衡单位。以统一的度量衡制度规定标准来计量实物的质量、长度、面积、容积等的单位，如吨、米、平方米、立方米等。

（3）复合单位。复合单位是两个单位的乘积，如货物周转量用"吨千米"计量，电的度数用"千瓦时"计量等。

（4）双重单位。双重单位是用两种或两种以上的单位结合起来进行计量，如起重机的计量单位是"台/吨"，货轮用"艘/千瓦/吨位"计量。

（5）标准实物单位。按照统一的折算标准来计量事物数量的一种实物单位。在某些情况下，需要把同类性质实物按规定比例折算成标准实物，然后进行汇总。如把含氮量不同的化肥都折合成含氮量为100%的标准化肥；把各种能源都折合成热量值为7 000千卡/千克的标准煤等。以实物单位计量的总量指标，叫作实物指标。

2. 价值单位

价值单位也叫货币单位，它是以货币作为价值尺度来计量社会财产和劳动成果的单位。例如国内生产总值、城乡居民储蓄额、外汇收入、财政收入都必须用货币单位来计量，常见的货币单位有人民币元、美元、欧元等。用货币单位计量的总量指标叫作价值指标。价值指标具有十分广泛的综合能力，可以将不能直接相加的各种产品或商品数量过渡到可以加总，从而能综合反映各种具有不同使用价值的产品或商品的价值总量。价值指标在国民经济管理中起着重要的作用。

3. 劳动单位

劳动单位主要反映劳动的时间数量，如工时、工日等。它是用生产工业产品所必需的劳动时间来计量生产工人的劳动成果的单位。可以用于分析劳动资源和劳动时间利用情况。

四、总量指标的计算和运用

1. 总量指标的统计方法

总量指标数值都是通过对总体单位进行全面调查登记，采用直接计数、点数或测量等方法逐步计算汇总得出的。只有在不能直接计算或不必直接计算总体的总量指标的少数情况下，才采用估计推算的方法取得有关的总量资料。

总量指标数值的计算并不是一个单纯技术性的加总问题，而必须正确规定总量指标所表示的各种社会经济现象的概念、构成内容和计算范围，确定计算方法，然后才能进行计算汇总，以取得正确反映社会经济现象的总量资料。

2. 总和记法及求和规则

在计算总量指标数值或在统计运算中，涉及一系列变量值或标志值的全部或部分相加是最常用的一种运算，需要采用简便的记法来表示其总和。代表总和的通用符号就是希腊文大写字母 Σ（Sigma），也称连加求和号，最常用的形式为 $\sum\limits_{i=1}^{n} X_i$，其中 X_i 代表各个变量值，连加求和号上下方的标号表明计算总和的 X_i 的起止点，即从 X_1 开始加到 X_n 为止。

$$\sum_{i=1}^{n} X_i = X_1 + X_2 + X_3 + \cdots + X_n$$

为方便起见，常以 Σ 作为 $\sum\limits_{i=1}^{n}$ 的简写。

以下分别介绍三个求和的规则或公式。

（1）设 X 和 Y 是两个变量，则两个变量值的和的总和等于每个变量值的总和，即

$$\Sigma(X_i + Y_i) = \Sigma X_i + \Sigma Y_i$$

因为

$$\Sigma(X_i + Y_i) = (X_1 + Y_1) + (X_2 + Y_2) + \cdots + (X_n + Y_n)$$
$$= X_1 + Y_1 + X_2 + Y_2 + \cdots + X_n + Y_n = (X_1 + X_2 + \cdots + X_n) + (Y_1 + Y_2 + \cdots + Y_n)$$
$$= \Sigma X_i + \Sigma Y_i$$

同理，可以证明两个变量值的差的总和，等于每个变量值的总和之差，即

$$\Sigma(X_i - Y_i) = (X_1 - Y_1) + (X_2 - Y_2) + \cdots + (X_n - Y_n)$$
$$= (X_1 + X_2 + \cdots + X_n) - (Y_1 + Y_2 + \cdots + Y_n)$$
$$= \Sigma X_i - \Sigma Y_i$$

依据上述结论可以推广到若干个变量值的总和，例如

$$\Sigma(X_i - Y_i - Z_i) = \Sigma X_i - \Sigma Y_i - \Sigma Z_i$$

（2）某一变量乘以常数 a 后求的总和，等于该变量值的总和乘以常数 a，即

$$\sum(aX_i) = aX_1 + aX_2 + \cdots + aX_n = a(X_1 + X_2 + \cdots + X_n) = a\sum X_i$$

（3）假设进行 n 次观测，每次所得的观测值为同一常数，则 n 次观测值的总和等于 n 乘以该常数，即

$$\sum_{i=1}^{n} a = a + a + \cdots + a = a(1 + 1 + \cdots + 1) = an$$

第四节　相 对 指 标

一、相对指标的概念和作用

相对指标是用两个有联系的指标进行对比的比值来反映社会经济现象数量特征和数量关系的综合指标。相对指标也称相对数，其数值有两种表现形式：无名数和有名数。无名数是一种抽象化的数值，是较为常见的表现形式，多以系数、倍数、成数、百分数或千分数表示。有名数主要是用来表示强度的相对指标，以表明事物的密度、强度和普遍程度等。例如，人均粮食产量用"千克/人"表示，人口密度用"人/平方千米"表示等。

相对指标在统计分析中应用广泛，是分析社会经济现象的内部关系和外部联系的基本方法之一。

相对指标的主要作用可概括为以下两个方面。

（1）利用相对指标可以综合表明有关现象之间的联系程度，反映现象和过程的比率、构成、速度、程度、密度等，可以弥补总量指标的不足，使人们清楚地了解现象的相对水平和普遍程度。例如，某企业去年实现利润 100 万元，今年实现 120 万元，则今年利润增长了 20%，这是总量指标不能说明的。

（2）相对指标将现象的绝对差异抽象化，使原来无法直接对比的指标变为可比。不同的企业由于生产规模条件不同，直接用总产值、利润比较评价意义不大，但如果采用一些相对指标，如资金利润率、资金产值率等进行比较，便可对企业生产经营成果做出合理评价。

二、相对指标的种类及计算方法

由于统计分析目的的不同，两个相互联系的指标数值在进行对比时，可以采取不同的比较标准（对比的基础），而对比所起的作用也有所不同，从而形成不同的相对指标。相对指标一般有六种形式，即计划完成程度相对指标、结构相对指标、比例相对指标、比较相对指标、强度相对指标和动态相对指标。

1. 计划完成程度相对指标

计划完成程度相对指标是社会经济现象在某一时期内实际完成数值与计划任务数值对

比的结果，一般用百分数来表示。基本计算公式为

$$计划完成程度相对指标 = \frac{实际完成数}{计划任务数} \times 100\% \qquad (4-1)$$

由于计划任务数在实际计算中可以表现为绝对数、相对数、平均数等多种形式，因此计算计划完成程度相对指标的方法也不尽相同。

（1）当计划任务数为绝对数和平均数时。

当使用绝对数和平均数计算计划完成程度相对指标时，可直接用上述计算公式。

例4-1 某企业某年第一季度产品计划产量100万件，实际完成115万件，则产量计划完成程度为

$$计划完成程度相对指标 = \frac{115}{100} \times 100\% = 115\%$$

计算结果表明，该企业超额15%完成产量计划，实际产量比计划产量增加了15万件。

例4-2 某企业劳动生产率计划达到8 000元/人，某种产品计划单位成本为100元，该企业实际劳动生产率达到9 200元/人，该产品实际单位成本为90元，其计划完成程度相对指标为

$$劳动生产率计划完成程度相对指标 = \frac{9\ 200}{8\ 000} \times 100\% = 115\%$$

$$单位成本计划完成程度相对指标 = \frac{90}{100} \times 100\% = 90\%$$

计算结果表明，该企业劳动生产率实际比计划提高了15%，而某产品单位成本实际比计划降低了10%。这里劳动生产率为正指标，单位成本为逆指标。

在检查中长期计划的完成情况时，根据计划指标的性质不同，计算可分为水平法和累计法。

1）水平法。用水平法检查计划完成程度就是根据计划末期（最后一年）实际达到的水平与计划规定的同期应达到的水平相比较，来确定全期是否完成计划。其计算公式为

$$计划完成程度相对指标 = \frac{中长期计划末期实际达到的水平}{中长期计划末期计划达到的水平} \times 100\% \qquad (4-2)$$

例4-3 某企业按五年计划规定的最后一年的产量应达到36万件，实际执行情况如表4-4所示。

表4-4 某企业五年计划完成情况 （单位：万件）

年份	第一年	第二年	第三年	第四年				第五年			
				第一季度	第二季度	第三季度	第四季度	第一季度	第二季度	第三季度	第四季度
产量	15	20.5	26.5	7.5	8	8.5	8.5	9.5	9.5	10.5	12

则该企业产量五年计划完成程度相对指标为

$$计划完成程度相对指标 = \frac{9.5 + 9.5 + 10.5 + 12}{36} \times 100\% = 115.28\%$$

计算结果表明，该企业超额 15.28% 完成产量五年计划。

采用水平法计算，只要连续一年（可以跨年度）实际完成水平达到最后一年计划水平，就算完成了五年计划，余下的时间就是提前完成计划时间。在例 4-3 中，该企业实际从五年计划的第四年第三季度到第五年第二季度连续一年时间的产量达到了计划期最后一年计划产量 36 万件的水平，完成了五年计划，那么第五年下半年这半年时间就是提前完成计划的时间。

2）累计法。累计法就是以整个计划期间实际完成的累计数与同期计划数相比较，来确定计划完成程度。计算公式为

$$计划完成程度相对指标 = \frac{中长期计划末期实际累计完成量}{中长期计划末期计划累计量} \times 100\% \qquad (4\text{-}3)$$

例 4-4 某地区计划五年固定资产投资总额 150 亿元，实际各年投资情况如表 4-5 所示。

表 4-5 某地区固定资产投资完成情况 （单位：亿元）

年份	2014 年	2015 年	2016 年	2017 年	2018 年
固定资产实际投资额	29.4	32.6	39.1	48.9	60

则该地区固定资产投资的计划完成程度相对指标为

$$计划完成程度相对指标 = \frac{29.4 + 32.6 + 39.1 + 48.9 + 60}{150} \times 100\% = 140\%$$

计算结果表明，该地区超额 40% 完成固定资产投资计划。

采用累计法计算，只要从中长期计划开始至某一时期为止，所累计完成数达到计划数，就是完成了计划。例 4-4 中，前四年投资额已完成五年计划，比计划时间提前一年。

（2）当计划数为相对数时。

当计划数为相对数时，计划完成程度相对指标计算公式为

$$计划完成程度相对指标 = \frac{实际达到的百分数}{计划规定的百分数} \times 100\% \qquad (4\text{-}4)$$

例 4-5 某企业某产品产量计划要求增长 10%，同时该种产品单位成本计划要求下降 5%，而实际产量增长了 12%，实际单位成本下降了 8%，则计划完成程度指标为

$$产量计划完成程度相对指标 = \frac{100\% + 12\%}{100\% + 10\%} \times 100\% = 101.82\%$$

$$单位成本降低计划完成程度相对指标 = \frac{100\% - 8\%}{100\% - 5\%} \times 100\% = 96.84\%$$

计算结果表明，产量计划完成程度大于 100%，说明超额完成计划；而单位成本计划完成程度小于 100%，说明实际成本比计划成本有所降低，也超额完成了成本下降计划。

2. 结构相对指标

在社会经济统计中结构相对指标应用广泛。结构相对指标就是在分组的基础上，以各

组（或部分）的单位数与总体单位总数对比，或以各组（或部分）的标志总量与总体的标志总量对比求得的比重，借以反映总体内部结构的一种综合指标。一般用百分数表示，可以用公式表述如下

$$结构相对指标 = \frac{总体某部分或组的数值}{总体全部数值} \times 100\% \tag{4-5}$$

结构相对指标就是部分与全体对比得出的比重或比率。由于对比的基础是同一总体的总数值，显然总体各部分数值之和应等于总体全部数值，各部分（或组）所占比重之和应当等于100%或1，公式分子与分母不能互换。

3. 比例相对指标

比例相对指标是反映总体中各个组成部分之间的比例关系和均衡状况的综合指标。它是同一总体中某一部分数值与另一部分数值静态对比的结果，计算公式为

$$比例相对指标 = \frac{总体中某一部分数值}{总体中另一部分数值} \times 100\% \tag{4-6}$$

如，某学校教学人员为900人，非教学人员为100人，则教学人员与非教学人员的比例可表示为9∶1。在统计分析中，有时可以用连比形式表示总体中若干个部分的比例关系，如某高校大四、大三、大二和大一学生人数分别是2 000人、2 400人、2 500人、3 000人，则比例为1∶1.2∶1.25∶1.5。

比例相对指标的数值，一般用百分数、系数或倍数的形式表示，公式中分子与分母可以互换。

比例相对指标与结构相对指标存在一定的关系，可以进行换算。如上例教学与非教学人员比例为9∶1，换算成结构相对指标则是教学人员占90%，非教学人员占10%。

4. 比较相对指标

比较相对指标就是将不同地区、单位或企业之间的同类指标数值做静态对比而得出的综合指标，表明同类事物在不同空间条件下的差异程度或相对状态。比较相对指标可以用百分数、倍数和系数表示。其计算公式可以概括如下

$$比较相对指标 = \frac{甲地区（单位或企业）某类指标数值}{乙地区（单位或企业）同类指标数值} \times 100\% \tag{4-7}$$

例4-6　两个类型相同的工业企业，甲企业全员劳动生产率为18 542元/(人·年)，乙企业全员劳动生产率为21 560元/(人·年)，则两个企业全员劳动生产率的比较情况为

$$比较相对指标 = \frac{18\ 542}{21\ 560} \times 100\% = 86\%$$

用来对比的两个性质相同的指标数值，其表现形式不一定仅限于绝对数，也可以是相对数或平均数。计算比较相对指标应注意对比指标的可比性。此外，比较基数的选择要根据资料的特点及研究目的而定。

5. 强度相对指标

强度相对指标就是在同一地区或单位内，两个性质不同而有一定联系的总量指标数值

对比得出的相对数，用来分析不同事物之间的数量对比关系，表明现象的强度、密度和普遍程度的综合指标。其计算公式可以概括为

$$强度相对指标 = \frac{某一总量指标数值}{另一个有联系而性质不同的总量指标数值} \qquad (4\text{-}8)$$

例4-7 我国土地面积为960万平方千米，第五次人口普查人口总数为129 533万人，则

$$人口密度 = \frac{129\,533}{960} = 134.93(人／平方千米)$$

又如，用铁路（公路）长度与土地面积进行对比，可以得出铁路（公路）密度。这些强度相对指标都是用来反映现象的密集程度或普遍程度的。

由于强度相对指标是两个性质不同但有联系的总量指标数值之比，所以在多数情况下，是由分子与分母原有单位组成的复合单位表示的，如人口密度用人/平方千米表示，人均钢产量用吨/人表示等。但有少数的强度相对指标因其分子与分母的计量单位相同，可以用百分数表示其指标数值。例如

$$商品流通费用率 = \frac{商品流通费用额}{商品销售额} \times 100\%$$

有少数反映社会服务行业的负担情况或保证程度的强度相对指标，其分子和分母可以互换，即采用正算法计算正指标，用倒算法计算逆指标。例如

$$劳动生产率(正指标) = \frac{产品数量(个)}{生产时间(小时)}$$

$$劳动生产率(逆指标) = \frac{生产时间(小时)}{产品数量(个)}$$

从强度相对指标数值的表现形式上看，带有"平均"的意义，例如，按人口计算的主要产品产量指标用吨（千克)/人表示；按全国人口分摊的人均国民收入用元/人表示。但究其实质，强度相对指标与统计平均数有根本的区别。平均数是同一总体中的标志总量与单位总量之比，是将总体的某一数量标志的各个变量值加以平均。如前所述，强度相对指标是两个性质不同而有联系的总量指标数值之比，它表明两个不同总体之间的数量对比关系。

6. 动态相对指标

动态相对指标就是将同一现象在不同时期的两个数值进行动态对比而得出的相对指标，借以表明现象在时间上发展变动的程度。一般用百分数表示，也称为发展速度。其计算公式如下

$$动态相对指标 = \frac{报告期指标数值}{基期指标数值} \times 100\% \qquad (4\text{-}9)$$

通常，作为比较标准的时期称为基期，与基期对比的时期称为报告期。

动态相对指标在统计分析中应用很广，本书将在时间数列中详加论述。

三、正确运用相对指标的原则

要使相对指标在统计分析中起到应有的作用，在计算和应用相对指标时应该遵循以下原则。

1. 可比性原则

相对指标是两个有关的指标数值之比，对比结果的正确性，直接取决于两个指标数值的可比性。对比指标的可比性，是指对比的指标在含义、内容、范围、时间、空间和计算方法等口径方面是否协调一致，相互适应。许多价值指标，由于价格的变动，使得各期数字在进行对比时，不能反映实际的发展变化程度，一般要按不变价格换算，以消除价格变动的影响。

2. 定性分析与定量分析相结合的原则

正确地计算和运用相对数，要注重定性分析与定量分析相结合的原则。因为事物之间的对比分析，必须是同类型的指标，只有通过统计分组，才能确定被研究现象的同质总体，以便于同类现象之间的对比分析。通过定性分析，可以确定两个指标数值的对比是否合理。

3. 相对指标和总量指标结合运用的原则

绝大多数的相对量指标都是两个有关的总量指标数值之比，用抽象化的比值来表明事物之间对比关系的程度，而不能反映事物在绝对量方面的差别。因此在一般情况下，相对指标离开了据以形成对比关系的总量指标，就不能深入地说明问题。

4. 各种相对指标综合应用的原则

为了全面而深入地说明现象及其发展过程的规律性，应该根据统计研究的目的，综合应用各种相对指标。各种相对指标的具体作用不同，都是从不同的侧面来说明所研究的问题。把几种相对指标结合起来运用，可以比较、分析现象变动中的相互关系，更好地阐明现象之间的发展变化情况。由此可见，综合运用结构相对指标、比较相对指标、动态相对指标等多种相对指标，有助于我们剖析事物变动中的相互关系及其后果。

第五节 平 均 指 标

一、平均指标的意义与作用

平均指标是表明同类社会经济现象在一定时间、地点条件下达到的一般水平的综合指标。统计中采用的平均指标有五种，即算术平均数、调和平均数、几何平均数、众数、中位数。前三种平均指标是根据总体全部单位标志值计算的，称为数值平均数；后两种是根据标志值在总体的各个单位中所处的位置计算的，称为位置平均数。

平均指标作为同类社会经济现象在一定时间、地点条件下所达到的一般水平，是以同质总体各单位的数量标志为依据，并对它们加以科学抽象提出的，可以作为同质总体各单位数量标志的代表值。平均指标反映总体分布的集中趋势，是总体分布的一个重要特征值。

平均指标在统计研究中的重要作用，主要表现在以下几个方面。

（1）概括说明总体的数量特征。平均指标是同质总体各单位数量标志的代表值，具有较强的概括性。

（2）对比同类现象在不同条件下的差异。计算平均指标可以消除总体规模对指标数值的影响，具有直接可比性。如两城市居民平均收入水平、平均消费水平，可以比较说明水平的差异性。

（3）分析现象的依存关系。如计算某种农作物平均亩产量与施肥量，可以反映农作物单产与施肥量的关系。

（4）进行估计推算。抽样调查中可以根据抽样平均指标推算总体相关指标。

二、数值平均数

（一）算术平均数

算术平均数是集中趋势测度中最重要的一种，也是所有平均数中应用最广泛的平均数。因为它的计算方法是与许多社会经济现象中个别现象与总体现象之间存在的客观数量关系相符合的。

算术平均数的基本公式

$$算术平均数 = \frac{总体标志总量（变量值总量）}{总体单位总量（变量值个数）}$$

计算算术平均数时，要求各变量值必须是同质的，分子与分母必须属于同一总体，即公式的分子是分母具有的标志值，分母是分子的承担者。由于所掌握的统计资料的不同，利用上述公式进行计算时，可分为简单算术平均数和加权算术平均数两种。

1. 简单算术平均数

简单算术平均数是根据未经分组整理的原始数据计算的均值。设一组数据为 x_1，x_2，$\cdots$ x_n，则简单算术平均数的计算公式为

$$\bar{x} = \frac{x_1 + x_2 + \cdots + x_n}{n} = \frac{\sum x}{n} \tag{4-10}$$

例 4-8 某学校学生考试成绩如表 4-6 所示，计算其平均成绩。

表 4-6 学生考试成绩表

90	77	66	78	85	63	70	52
92	75	85	50	72	80	95	96

解： 平均成绩 $\bar{x} = \dfrac{\sum\limits_{i=1}^{n} x_i}{n} = \dfrac{90 + 77 + \cdots + 95 + 96}{16} = 76.625(\text{分})$

2. 加权算术平均数

加权算术平均数是根据分组整理的数据计算的算术平均数。其计算公式为

$$\bar{x} = \frac{x_1 f_1 + x_2 f_2 + \cdots + x_n f_n}{f_1 + f_2 + \cdots + f_n} = \frac{\sum xf}{\sum f} \tag{4-11}$$

式中　f——各组变量值出现的频数。

例 4-9　计算表 4-7 中的人均日产量。

表 4-7　某企业 50 名工人加工零件均值计算表

按零件数分组	组中值 x	频数 f	xf
105 ~ 110	107.5	3	322.5
110 ~ 115	112.5	5	562.5
115 ~ 120	117.5	8	940
120 ~ 125	122.5	14	1 715
125 ~ 130	127.5	10	1 275
130 ~ 135	132.5	6	795
135 ~ 140	137.5	4	550
合计	—	50	6 160.0

解： 平均日产量 $\bar{x} = \dfrac{\sum xf}{\sum f} = \dfrac{6\,160}{50} = 123.2(\text{件})$

加权算术平均数的大小，不仅取决于研究对象的变量值，而且受各变量值重复出现的频数（f）或频率（$f/\sum f$）大小的影响，如果某一组的频数或频率较大，说明该组的数据较多，那么该组数据的大小对加权算术平均数的影响就大，反之则小。可见各组频数的多少（或频率的高低）对平均的结果起着一种权衡轻重的作用，因而这一衡量变量值相对重要性的数值称为权数。这里所谓权数的大小，并不是以权数本身值的大小而言的，而是指各组单位数占总体单位数的比重，即权数系数（$f/\sum f$）。权数系数亦称为频率，是一种结构相对指标。

在同一的变量数列中，权数采用绝对数或相对数，平均数计算结果是一样的。因为

$$\bar{x} = \frac{\sum xf}{\sum f} = \sum \left(x \frac{f}{\sum f} \right)$$

当变量数列中各组的次数相等，即各组的权数相等时，权数就不再起权衡作用，可以用简单算术平均数的计算方法计算平均数，因为 $f_1 = f_2 = \cdots = f_n$，则

$$\bar{x} = \frac{\sum xf}{\sum f} = \frac{\sum xk}{\sum k} = \frac{k \sum x}{nk} = \frac{\sum x}{n}$$

利用组中值作为本组平均值，是假定各组内的标志值分布均匀的条件下计算算术平均

数，计算结果与未分组资料的相应结果可能会有一些偏差，应用时应予以注意。在统计分析过程中，如果搜集到的是经过初步整理的次级数据，或数据要求不很精确的原始数据资料，可用此法计算均值。如果要求结果十分精确，需用原始数据的全部实际信息，如果计算量很大，可借助计算机的统计功能。

如果是计算相对数的平均数，则用符合所求的相对数本身的公式，将分子视为总体标志总量，分母视为总体单位总量。

例4-10   某季度某工业公司 18 个工业企业产值计划完成程度资料，如表 4-8 所示，计算平均产值计划完成程度。

表4-8   某工业公司产值完成情况表

产值计划完成程度（%）	组中值 x（%）	企业数（个）	计划产值 f（万元）	实际产值 xf（万元）
80 ~ 90	85	2	800	680
90 ~ 100	95	3	2 500	2 375
100 ~ 110	105	10	17 200	18 060
110 ~ 120	115	3	4 400	5 060
合计	—	18	24 900	26 175

解： 平均产值计划完成程度 $= \dfrac{\text{实际完成产值}}{\text{计划产值}} = \dfrac{\sum xf}{\sum f} = \dfrac{26\,175}{24\,900} \times 100\% = 105.12\%$

计划完成相对数的计算公式是实际完成数与计划任务数之比，因此，平均计划完成程度的计算只能是所有企业的实际完成数与其计划任务数之比，不能把各个企业的计划完成百分数简单平均。

3. 先进平均数的计算

利用先进平均数作为制定定额的一个重要方法在实际中广泛应用。先进平均数是在总体平均数的基础上，根据优于总体平均数以上的标志值计算的平均数。计算公式为

$$\bar{x}_a = \frac{\sum x_a f_a}{\sum f_a} \tag{4-12}$$

式中 $\bar{x}_a$——先进平均数；

x_a——优于总体平均数的标志值；

f_a——优于总体平均数的各组总体单位数。

根据单项数列计算先进平均数比较简单。如果根据组距数列计算则相对复杂，因为总体平均数所在位置对先进平均数有一定影响，需要用插补法按比例来补正先进平均数的近似值。

以例4-9、表4-7 为例，平均日产量为 123.2 件，显然优于总体平均数的先进部分在 120 ~ 125 这一组，首先要按比例推算该组的零件数，然后计算先进平均数，如表 4-9 所示。

表 4-9 先进平均数的计算

按零件数分组	组中值 x	频数 f	xf
123.2 ~ 125	124.1	5.04	625.464
125 ~ 130	127.5	10	1 275
130 ~ 135	132.5	6	795
135 ~ 140	137.5	4	550
合计	—	25.04	3 245.464

$$\overline{x_a} = \frac{\sum x_a f_a}{\sum f_a} = \frac{3\ 245.464}{25.04} = 129.61(件)$$

计算先进平均数时要注意数列变量的性质，优于总体平均数，有时是大于总体平均数，如工人平均日产量；有时是小于总体平均数，如单位产品成本。先进平均数可以为制定平均先进定额、加强经济管理、提高经济效益、编制计划等提供参考依据。

（二）调和平均数

1. 调和平均数的计算方法

调和平均数是各个变量值（标志值）倒数的算术平均数的倒数，又称倒数平均数，一般用 $\overline{x_H}$ 表示。

与算术平均数类似，调和平均数也有简单和加权两种形式。

简单调和平均数计算公式为

$$\overline{x_H} = \frac{n}{\dfrac{1}{x_1} + \dfrac{1}{x_2} + \cdots + \dfrac{1}{x_n}} = \frac{n}{\sum \dfrac{1}{x}} \tag{4-13}$$

简单调和平均数是在未分组情况下的计算公式。

例 4-11 某水果价格，一级 4.60 元/千克，二级 4.10 元/千克，三级 3.50 元/千克，若每个等级水果各买一元，则水果平均单价为

$$\overline{x_H} = \frac{n}{\sum\limits_{i=1}^{n} \dfrac{1}{x_i}} = \frac{3}{\dfrac{1}{4.6} + \dfrac{1}{4.1} + \dfrac{1}{3.5}} = 4(元)$$

加权调和平均数计算公式为

$$\overline{x_H} = \frac{m_1 + m_2 + \cdots + m_n}{\dfrac{m_1}{x_1} + \dfrac{m_2}{x_2} + \cdots + \dfrac{m_n}{x_n}} = \frac{\sum m}{\sum \dfrac{m}{x}} \tag{4-14}$$

加权调和平均数是在分组情况下的计算公式。

例 4-12 假定 A、B 两家公司员工的月工资资料如表 4-10 所示。试分别计算其平均工资。

表 4-10 A、B 两公司员工工资情况表

月工资 x（元）	工资总额 m（元）		员工人数 f=m/x（人）	
	A 公司	B 公司	A 公司	B 公司
800	48 000	40 000	60	50
1 000	70 000	40 000	70	40
1 600	32 000	40 000	20	25
合计	150 000	120 000	150	115

解： A 公司的平均工资为

$$\overline{x_{HA}} = \frac{\sum\limits_{i=1}^{3} m_i}{\sum\limits_{i=1}^{3} \dfrac{m_i}{x_i}} = \frac{48\,000 + 70\,000 + 32\,000}{\dfrac{48\,000}{800} + \dfrac{70\,000}{1\,000} + \dfrac{32\,000}{1\,600}} = \frac{150\,000}{150} = 1\,000（元）$$

对于 B 公司，也可以采用加权调和平均数公式来计算其平均工资

$$\overline{x_{HB}} = \frac{\sum\limits_{i=1}^{3} m_i}{\sum\limits_{i=1}^{3} \dfrac{m_i}{x_i}} = \frac{40\,000 + 40\,000 + 40\,000}{\dfrac{40\,000}{800} + \dfrac{40\,000}{1\,000} + \dfrac{40\,000}{1\,600}} = \frac{120\,000}{115} \approx 1\,043.48（元）$$

事实上，研究同一个问题时，加权调和平均数与加权算术平均数的实际意义是相同的，只是由于所掌握的资料表现不同，采用不同的计算过程而已。因为 M = xf，代入式（4-14），即

$$\overline{x_H} = \frac{\sum m}{\sum \dfrac{m}{x}} = \frac{\sum xf}{\sum \dfrac{xf}{x}} = \frac{\sum xf}{\sum f}$$

2. 由相对数或平均数计算平均数

例4-13 设某行业 150 个企业的有关产值和利润资料，如表 4-11 所示。

表 4-11 某行业产值和利润情况表

产值利润率（%）	第一季度		第二季度	
	企业数（个）	实际产值（万元）	企业数（个）	实际利润（万元）
5 ~ 10	30	5 700	50	710
10 ~ 20	70	20 500	80	3 514
20 ~ 30	50	22 500	20	2 250
合计	150	48 700	150	6 474

表 4-11 给出的是按产值利润率分组的企业个数、实际产值和实际利润资料。应该注意，产值利润是一个相对指标，而不是平均指标。为了计算全行业的平均产值利润率，必须以产值利润率的基本公式为依据

$$产值利润率 = \frac{实际利润}{实际产值} \times 100\%$$

并选择适当的权数资料和适当的平均数形式，对各组企业的产值利润率进行加权平均。容易看出，计算第一季度的平均产值利润率，应该采用实际产值加权，进行算术平均，即有

$$\begin{matrix} \text{一季度平均} \\ \text{产值利润率} \end{matrix} = \frac{\sum xf}{\sum f} = \frac{0.075 \times 5\,700 + 0.15 \times 20\,500 + 0.25 \times 22\,500}{5\,700 + 20\,500 + 22\,500}$$

$$= \frac{9\,127.5}{48\,700} \times 100\% = 18.74\%$$

而计算第二季度的平均产值利润率，则应该采用实际利润加权，进行调和平均，即有

$$\begin{matrix} \text{二季度平均} \\ \text{产值利润率} \end{matrix} = \frac{\sum m}{\sum \frac{m}{x}} = \frac{710 + 3\,514 + 2\,250}{\frac{710}{0.075} + \frac{3\,514}{0.15} + \frac{2\,250}{0.25}}$$

$$= \frac{6\,474}{41\,893.3} \times 100\% = 15.45\%$$

由上例可见，对于同一问题的研究，算术平均数和调和平均数的实际意义是相同的，计算公式也可以相互推算，采用哪一种方法完全取决于所掌握的实际资料。一般的做法是：如果掌握的是基本公式中的分母资料，则采用算术平均数；如果掌握的是基本公式中的分子资料，则采用调和平均数的计算公式。

3. 调和平均数特点

（1）调和平均数易受极端值的影响，且受极小值的影响比受极大值的影响更大。
（2）只要有一个变量值为零，就不能计算调和平均数。
（3）调和平均数应用的范围较小。

（三）几何平均数

几何平均数也称几何均值，它是 n 个变量值乘积的 n 次方根，是计算平均比率和平均速度常用的一种方法。根据统计资料的不同，几何平均数分为简单几何平均数和加权几何平均数。

1. 简单几何平均数

直接将 n 项变量连乘，然后对其连乘积开 n 次方根所得的平均数即为简单几何平均数。它是几何平均数的常用形式。计算公式为

$$\overline{x_G} = \sqrt[n]{x_1 x_2 x_3 \cdots x_n} = \sqrt[n]{\prod x} \tag{4-15}$$

式中　$\overline{x_G}$——几何平均数；

　　　$\prod$——连乘符号。

例4-14　某流水生产线有前后衔接的五道工序。某日各工序产品的合格率分别为 95%、92%、90%、85%、80%，整个流水生产线产品的平均合格率为

$$G = \sqrt[5]{0.95 \times 0.92 \times 0.90 \times 0.85 \times 0.80} = \sqrt[5]{0.534\,9} \times 100\% = 88.24\%$$

2. 加权几何平均数

与算术平均数一样,当资料中的某些变量值重复出现时,相应地,简单几何平均数就变成了加权几何平均数。计算公式为

$$\bar{x}_G = \sqrt[\Sigma f]{x_1^{f_1} x_2^{f_2} x_3^{f_3} \cdots x_n^{f_n}} = \sqrt[\Sigma f]{\prod x^f} \tag{4-16}$$

式中　f_i——各个变量值出现的次数。

例4-15　某工商银行某项投资年利率是按复利计算的。20 年的利率分配如表 4-12 所示。

表 4-12　投资年利率分组表

年限	年利率（%）	本利率 x_i（%）	年数 f_i（个）
第 1 年	5	105	1
第 2 ~ 4 年	8	108	3
第 5 ~ 15 年	15	115	11
第 16 ~ 20 年	18	118	5
合计	—	—	20

按公式计算 20 年的平均年利率为

$$\bar{x}_G = \sqrt[20]{1.05^1 \times 1.08^3 \times 1.15^{11} \times 1.18^5} \times 100\% = 114.14\%$$

即 20 年的平均年利率为 $114.14\% - 1 = 14.14\%$。

3. 几何平均数的特点

（1）受极端值的影响较算术平均数小。
（2）变量值应该大于零。
（3）仅适用于具有等比或近似等比关系的数据。

三、位置平均数

位置平均数,就是根据总体中处于特殊位置上的个别单位或部分单位的标志值来确定的代表值,它对于整个总体来说,具有非常直观的代表性,因此,常用来反映分布的集中趋势。常用的位置平均数有众数、中位数。

（一）众数

1. 众数的含义

统计上把这种在一组数据中出现次数最多的变量值叫作众数。用 M_o 表示。它主要用于定类(品质标志)数据的集中趋势,当然也适用于作为定序(品质标志)数据以及定距和定比(数量标志)数据集中趋势的测度值。

2. 众数的计算

在分组条件下才能确定众数。由品质数列和单项式变量数列确定众数比较容易，哪个变量值出现的次数最多，它就是众数。

若所掌握的资料是组距式数列，则只能按一定的方法来推算众数的近似值。计算公式为

$$下限公式: M_o = L + \frac{\Delta_1}{\Delta_1 + \Delta_2} \times d$$

$$上限公式: M_o = U - \frac{\Delta_2}{\Delta_1 + \Delta_2} \times d \tag{4-17}$$

式中　L——众数所在组下限；

　　　U——众数所在组上限；

　　　Δ_1——众数所在组次数与其下限的邻组次数之差；

　　　Δ_2——众数所在组次数与其上限的邻组次数之差；

　　　d——众数所在组组距。

例 4-16　根据表 4-7 的数据，计算 50 名工人日加工零件数的众数。

解：从表 4-7 中的数据可以看出，最大的频数值是 14，即众数组为 120～125 这一组，根据式（4-17）可得 50 名工人日加工零件的众数为

$$M_o = 120 + \frac{14 - 8}{(14 - 8) + (14 - 10)} \times 5 = 123(件)$$

$$或 M_o = 125 - \frac{14 - 10}{(14 - 8) + (14 - 10)} \times 5 = 123(件)$$

众数是一种位置平均数，是总体中出现次数最多的变量值，因而在实际工作中有时有它特殊的用途。例如，要说明一个企业中工人最普遍的技术等级，说明消费者需要的内衣、鞋袜、帽子等最普遍的号码，说明农贸市场上某种农副产品最普遍的成交价格等，都需要利用众数。但是必须注意，从分布的角度看，众数是具有明显集中趋势点的数值，一组数据分布的最高峰点所对应的数值即为众数。当然，如果数据的分布没有明显的集中趋势或最高峰点，众数也可能不存在；如果有两个最高峰点，也可以有两个众数。只有在总体单位比较多，而且明显地集中于某个变量值时，计算众数才有意义。

3. 众数的特点

（1）众数是以它在所有标志值中所处的位置确定的全体单位标志值的代表值，它不受分布数列的极大值或极小值的影响，从而增强了众数对分布数列的代表性。

（2）当分组数列没有任何一组的次数占多数，也即分布数列中没有明显的集中趋势，而是近似于均匀分布时，则该次数分配数列无众数。若将无众数的分布数列重新分组或将各组频数依序合并，又会使分配数列再现出明显的集中趋势。

（3）如果与众数组相比邻的上下两组的次数相等，则众数组的组中值就是众数值；如

果与众数组比邻的上一组的次数较多，而下一组的次数较少，则众数在众数组内会偏向该组下限；如果与众数组比邻的上一组的次数较少，而下一组的次数较多，则众数在众数组内会偏向该组上限。

（4）缺乏敏感性。这是由于众数的计算只利用了众数组的数据信息，不像数值平均数那样利用了全部数据信息。

（二）中位数

1. 中位数的含义

中位数是将数据按大小顺序排列起来，形成一个数列，居于数列中间位置的变量值就是中位数。中位数用 M_e 表示。

从中位数的定义可知，所研究的数据中有一半小于中位数，一半大于中位数。中位数的作用与算术平均数相近，也是作为所研究数据的代表值。

在数列中出现了极端变量值的情况下，用中位数作为代表值要比用算术平均数更好，因为中位数不受极端变量值的影响；如果研究目的就是反映中间水平，当然也应该用中位数。在统计数据的处理和分析时，可结合使用中位数。

2. 中位数的计算

确定中位数，必须将总体各单位的标志值按大小顺序排列，最好是编制出变量数列。这里有两种情况。

（1）对于未分组的原始资料。首先必须将标志值按大小排序，其次按 $(n+1)/2$ 确定中位数的位置，最后按下面的方式确定中位数。

$$M_e = \begin{cases} x_{\frac{n+1}{2}} & （n \text{ 为奇数}） \\ \dfrac{x_{\frac{n}{2}} + x_{\frac{n}{2}+1}}{2} & （n \text{ 为偶数}） \end{cases} \tag{4-18}$$

（2）由分组资料确定中位数。单项数列确定中位数，首先由 $\dfrac{\sum f+1}{2}$ 确定中位数的位置，其次按次数累计确定中位数。组距数列确定中位数，应先按 $\dfrac{\sum f}{2}$ 的公式求出中位数所在组的位置，然后按下限公式或上限公式确定中位数。

$$\text{下限公式：} M_e = L + \frac{(\sum f/2) - S_{m-1}}{f_m} \times d$$

$$\text{上限公式：} M_e = U - \frac{(\sum f/2) - S_{m+1}}{f_m} \times d \tag{4-19}$$

式中　M_e——中位数；

　　　L——中位数所在组下限；

　　　U——中位数所在组上限；

　　　f_m——中位数所在组的次数；

　　　$\sum f$——总次数；

d——中位数所在组的组距；

S_{m-1}——中位数所在组以下的累计次数；

S_{m+1}——中位数所在组以上的累计次数。

例 4-17　根据例 4-9 的数据，计算 50 名工人日加工零件数的中位数，如表 4-13 所示。

表 4-13　某企业 50 名工人加工零件中位数计算表

按零件数分组（个）	频数（人）	向上累计（人）	向下累计（人）
105 ~ 110	3	3	50
110 ~ 115	5	8	47
115 ~ 120	8	16	42
120 ~ 125	14	30	34
125 ~ 130	10	40	20
130 ~ 135	6	46	10
135 ~ 140	4	50	4

解：由表 4-13 可知，中位数的位置是 25（=50/2），即中位数在 120 ~ 125 这一组，$L = 120$，$S_{m-1} = 16$，$U = 125$，$S_{m+1} = 20$，$f_m = 14$，$d = 5$，根据中位数公式得

$$M_e = 120 + \frac{\frac{50}{2} - 16}{14} \times 5 = 123.21（件）$$

$$或\ M_e = 125 - \frac{\frac{50}{2} - 20}{14} \times 5 = 123.21（件）$$

3. 中位数的特点

（1）中位数是以它在所有标志值中所处的位置确定的全体单位标志值的代表值，不受分布数列的极大或极小值影响，从而在一定程度上提高了中位数对分布数列的代表性。

（2）有些离散型变量的单项式数列，当次数分布偏态时，中位数的代表性会受到影响。

（3）缺乏敏感性。

四、众数、中位数和算术平均数的比较

（一）众数、中位数和算术平均数的关系

众数、中位数和算术平均数之间的关系与次数分布数列有关。在次数分布完全对称时，众数、中位数和算术平均数都是同一数值，如图 4-2 所示；在次数分布非对称时，众数、中位数和算术平均数不再是同一数值，而具有相对固定的关系。在尾巴拖在右边的正偏态（或右偏态）分布中，众数最小，中位数适中，算术平均数最大，如图 4-3 所示；在尾巴拖在左边的负偏态（或左偏态）分布中，众数最大，中位数适中，算术平均数最小，如图 4-4 所示。

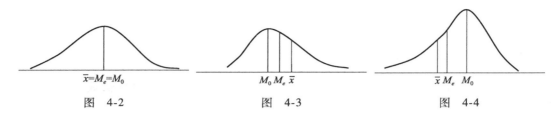

图 4-2　　　　　　　图 4-3　　　　　　　图 4-4

在统计实务中，可以利用众数、中位数和算术平均数的数量关系判断次数分布的特征。此外，可利用三者的关系进行相互之间估算。根据经验，在分布偏斜程度不大的情况下，不论右偏或左偏，三者存在一定的比例关系，即众数与中位数的距离约为算术平均数与中位数的距离的 2 倍，用公式表示为 $M_e - M_o = 2 \times (\bar{x} - M_e)$，由此可以得到三个推导公式

$$\bar{x} = \frac{3M_e - M_o}{2}$$

$$M_e = \frac{M_o - 2\bar{x}}{3}$$

$$M_o = 3M_e - 2\bar{x}$$

（二）应用平均指标的基本原则

（1）总体的同质性是计算的应用平均指标的前提条件和基本原则。因为只有在同质总体中，总体各单位才具有共同的特征，才能用一个代表值说明总体一般水平。否则只能给人们以掩盖事实真相的假象。

（2）应用算术平均数、调和平均数、几何平均数、众数和中位数时，应注意他们各自的特点与适用条件。众数、中位数是一种位置代表值，易理解，不受极端值的影响。众数不适于进一步代数运算，应用不如算术平均数广泛。

算术平均数、调和平均数和几何平均数通俗易懂，直观清晰；全部数据都要参加运算，因此它是一个可靠的具有代表性的量；具有优良的数学性质，适合于代数方法的演算。

（3）用组平均数补充总体平均数。为了正确表明总体指标的影响因素或变动的原因，总体平均数不足以说明问题，应在分组的基础上计算组平均数，补充说明总体平均数。

第六节　标志变异指标

一、标志变异指标的意义和作用

标志变异指标是反映总体各单位标志值的差别大小程度的综合指标，又称标志变动度。平均指标反映总体一般数量水平的同时，掩盖了总体各单位标志值的数量差异。标志变异指标弥补了这方面的不足，它综合反映了总体各单位标志值的差异性，从另一方面说

明了总体的数量特征。平均指标说明总体各单位标志值的集中趋势，而标志变异指标则说明标志值的分散程度或离中趋势。

测定标志变异指标是应用平均指标进行统计分析的重要方法之一。标志变异指标主要作用如下。

（1）标志变异指标可以衡量平均指标代表性。一般来讲，数据分布越分散，变异指标越大，平均指标的代表性越小；数据分布越集中，变异指标越小，平均指标的代表性越大。

（2）标志变异指标可以反映经济过程的均匀性、节奏性或稳定性。如产品质量检验，标志变异指标越小，说明产品质量比较稳定。

（3）标志变异指标可以揭示总体变量分布的离中趋势，是研究总体分布的重要特征值。标志变异指标是揭示以平均数为中心，各标志值偏离中心的程度。一般来说，标志变异指标越小，说明总体各标志值平均离中心点越近，即偏离程度越小，反之越大。

二、标志变异指标

常用的标志变异指标有全距、平均差、标准差（均方差）、离散系数。

1. 全距

全距（R）也称极差，是指总体各单位的两个极端标志值之差，即

$$R = 最大标志值 - 最小标志值$$

因此，全距可反映总体标志值的差异范围。

例 4-18 有两个学习小组的统计学考试成绩分别为

第一组（分）：60，70，80，90，100

第二组（分）：78，79，80，81，82

很明显，两个小组的考试成绩平均分都是 80 分，但是哪一组的分数比较集中呢？

如果用全距指标来衡量，则有

$$R_甲 = 100 - 60 = 40(分)$$

$$R_乙 = 82 - 78 = 4(分)$$

这说明第一组资料的标志变动度或离中趋势远大于第二组资料的标志变动度。

根据组距计算极差，是测定标志变动度的一种简单方法，但受极端值的影响，它往往不能充分反映社会经济现象的离散程度，在应用方面存在一定的局限性。

2. 平均差

平均差是总体各单位标志对其算术平均数的离差绝对值的算术平均数。它可以综合反映出总体各单位标志值的变动程度。平均差越大，则表示标志变动度越大，反之表示标志变动度越小。

在资料未分组的情况下，平均差的计算公式（简单式）为

$$A. D = \frac{\sum |x - \bar{x}|}{N} \tag{4-20}$$

采用标志值计算算术平均数的离差绝对值之和，是因为各标志值对算术平均数的离差之代数和等于零。仍以甲组学生统计学考试成绩为例，计算平均差如下

$$A. D = \frac{|60 - 80| + |70 - 80| + |80 - 80| + |90 - 80| + |100 - 80|}{5} = 12(\text{分})$$

在资料已分组的情况下，要用加权平均差公式（加权式）

$$A. D = \frac{\sum |x - \bar{x}| f}{\sum f} \tag{4-21}$$

例4-19　根据表4-14所示资料，计算某学校某年级学生统计学考试成绩平均分及平均差。

表4-14　某学校某年级学生统计学考试成绩统计表

考试成绩（分）	学生数 f（人）	组中值 X（分）	xf	$x - \bar{x}$	$\lvert x - \bar{x}\rvert f$
60 以下	15	55	825	−25	375
60 ~ 70	25	65	1 625	−15	375
70 ~ 80	35	75	2 625	−5	175
80 ~ 90	65	85	5 525	5	325
90 以上	40	95	3 800	15	600
合计	180	—	14 400	—	1 850

解：根据公式列表计算，得到

$$\bar{X} = \frac{\sum xf}{\sum f} = \frac{14\,400}{180} = 80(\text{分})$$

$$A. D = \frac{\sum |x - \bar{x}| f}{\sum f} = \frac{1\,850}{180} = 10.28(\text{分})$$

由于平均差采用了离差的绝对值，不便于运算，使其应用受到了很大限制。

3. 标准差

标准差是测度数据变异程度最重要、最常用的指标。标准差又称均方差，一般用 σ 表示。

标准差的计算按掌握资料不同分为简单平均法和加权平均法。

（1）在未分组的条件下，标准差计算公式（简单式）为

$$\sigma = \sqrt{\frac{\sum (x - \bar{x})^2}{n}}$$

$$\text{或 } \sigma = \sqrt{\frac{\sum x^2}{n} - \left(\frac{\sum x}{n}\right)^2} = \sqrt{\overline{x^2} - (\bar{x})^2} \tag{4-22}$$

（2）在分组的条件下，标准差计算公式（加权式）为

$$\sigma = \sqrt{\frac{\sum (x - \bar{x})^2 f}{\sum f}}$$

$$或 \sigma = \sqrt{\frac{\sum x^2 f}{\sum f} - \left(\frac{\sum xf}{\sum f}\right)^2} = \sqrt{\bar{x^2} - (\bar{x})^2} \qquad (4-23)$$

以表4-14资料计算

$$\sigma = \sqrt{\frac{\sum (x - \bar{x})^2 f}{\sum f}} = \sqrt{\frac{26\,500}{180}} = 12.13(分)$$

标准差也是根据全部数据计算的，它反映了每个数据与其均值相比平均相差的数值，因此它能准确地反映出数据的离散程度。标准差是实际中应用最广泛的离散程度测度值。

4. 离散系数

在应用平均差进行统计分析时，如果两个总体平均数相等，则可直接比较两个总体平均差，说明两个总体平均数的代表性大小及标志值的变异程度差异。如果两个总体平均数不相等，则应计算平均差系数，比较平均差系数对两个总体平均数代表性与标志变异程度。

平均差系数公式为

$$V_{AD} = \frac{A.D}{\bar{X}} \times 100\% \qquad (4-24)$$

当两个总体平均数相等时，可以直接比较标准差，说明两个总体平均数代表性与标志值变动差异性；如两个总体平均数不相等，是不能直接进行标准差比较的。为了消除变量值水平高低和计量单位不同对离散程度测度值的影响，需要计算标准差系数。其计算公式为

$$V_{\sigma} = \frac{\sigma}{\bar{X}} \times 100\% \qquad (4-25)$$

平均差系数和标准差系数，统称为离散系数。

第七节　平均指标、标志变异指标的 SPSS 应用

SPSS 的"描述"命令专门用于计算各种描述统计性统计量。本节利用某年国内上市公司的财务数据来介绍描述统计量在 SPSS 中的计算方法。具体操作步骤为

执行菜单"分析"→"描述统计"→"描述性"命令，如图4-5所示。

将待分析的变量移入变量列表框，例如将每股收益率、净资产收益率、资产负债率等变量进行描述性统计，以观察上市公司股权集中度情况和负债比率的高低。

选择"将标准化得分另存为变量"（保存标准化变量值）复选框，对所选择的每个变量进行

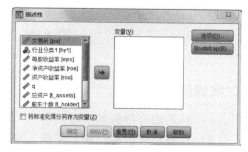

图 4-5　描述性对话框

标准化处理，产生相应的 Z 分值，作为新变量保存在数据窗口中。其变量名为相应变量名前加前缀 z。标准化计算公式为

$$Z_i = \frac{x_i - \bar{x}}{s}$$

单击"选项"按钮，如图 4-6 所示，选择需要计算的描述统计量。

在主对话框中单击"继续"按钮执行操作。

这时，在结果输出窗口中给出所选变量的相应描述统计，如表 4-15 所示。从表中可以看到，我国上市公司前两大股东持股比例之比平均约为 102.9，说明"一股独大"的现象比较严重；前五大股东持股比例之和平均约为 51.8%，资产负债率平均约为 46.78%。

另外，从偏态和峰度指标看出，前两大股东持股比例之比的分布呈现比较明显的右偏，而且比较尖峭。为了验证这一结论，可以利用"频数"命令画出变量 Z 的直方图，如图 4-7 所示。

图 4-6　描述选项的子对话框

表 4-15　描述统计量表

	个案数	均值	标准差	偏度		峰度	
				统计值	标准误	统计值	标准误
前两大股东持股比例之比	315	102.865	199.199 746	4.168	0.137	22.404	0.274
前五大股东持股比例的平方和	315	0.518 36	0.149 600 3	0.602	0.137	-0.318	0.274
资产负债率	315	0.467 7	0.167 73	-0.165	0.137	-0.414	0.274
有效个案	315						

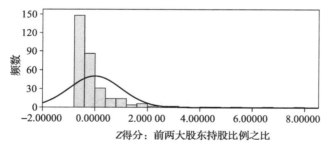

图 4-7　变量 Z 的直方图

第八节　统计指标应用实训

◇ **实训目标**

（1）熟悉综合指标的主要内容。

（2）掌握总量指标、相对指标、平均指标、标志变异指标计算和应用的基本方法。

（3）善于运用适当的综合指标反映调查对象的基本情况。

◇ 实训内容

2013～2017 年全国各省、直辖市、自治区 GDP 数据资料

地区	地区生产总值（亿元）				
	2013 年	2014 年	2015 年	2016 年	2017 年
北京	19 500.56	21 330.83	23 014.59	25 669.13	28 014.94
天津	14 370.16	15 726.93	16 538.19	17 885.39	18 549.19
河北	28 301.41	29 421.15	29 806.11	32 070.45	34 016.32
山西	12 602.24	12 761.49	12 766.49	13 050.41	15 528.42
内蒙古	16 832.38	17 770.19	17 831.51	18 128.10	16 096.21
辽宁	27 077.65	28 626.58	28 669.02	22 246.90	23 409.24
吉林	12 981.46	13 803.14	14 063.13	14 776.80	14 944.53
黑龙江	14 382.93	15 039.38	15 083.67	15 386.09	15 902.68
上海	21 602.12	23 567.70	25 123.45	28 178.65	30 632.99
江苏	59 161.75	65 088.32	70 116.38	77 388.28	85 869.76
浙江	37 568.49	40 173.03	42 886.49	47 251.36	51 768.26
安徽	19 038.87	20 848.75	22 005.63	24 407.62	27 018.00
福建	21 759.64	24 055.76	25 979.82	28 810.58	32 182.09
江西	14 338.50	15 714.63	16 723.78	18 499.00	20 006.31
山东	54 684.33	59 426.59	63 002.33	68 024.49	72 634.15
河南	32 155.86	34 938.24	37 002.16	40 471.79	44 552.83
湖北	24 668.49	27 379.22	29 550.19	32 665.38	35 478.09
湖南	24 501.67	27 037.32	28 902.21	31 551.37	33 902.96
广东	62 163.97	67 809.85	72 812.55	80 854.91	89 705.23
广西	14 378.00	15 672.89	16 803.12	18 317.64	18 523.26
海南	3 146.46	3 500.72	3 702.76	4 053.20	4 462.54
重庆	12 656.69	14 262.60	15 717.27	17 740.59	19 424.73
四川	26 260.77	28 536.66	30 053.10	32 934.54	36 980.22
贵州	8 006.79	9 266.39	10 502.56	11 776.73	13 540.83
云南	11 720.91	12 814.59	13 619.17	14 788.42	16 376.34
西藏	807.67	920.83	1 026.39	1 151.41	1 310.92
陕西	16 045.21	17 689.94	18 021.86	19 399.59	21 898.81
甘肃	6 268.01	6 836.82	6 790.32	7 200.37	7 459.90
青海	2 101.05	2 303.32	2 417.05	2 572.49	2 624.83
宁夏	2 565.06	2 752.10	2 911.77	3 168.59	3 443.56
新疆	8 360.24	9 273.46	9 324.80	9 649.70	10 881.96

［实训流程］

（1）计算各年全国 GDP，并绘制条形图。

（2）计算各省、直辖市、自治区的 GDP 比重；计算以江苏为比较对象的比较相对数；计算以上述统计表中分组为依据的各组之间的比例相对数以及东部、中部、西部三大地区之间的比例相对数、强度相对数，并绘制相关统计图。

（3）计算各年每一地区的平均 GDP、标准差以及离散系数，并对此进行说明。

（4）计算东部、中部、西部每一地区各年平均 GDP 和标准差以及离散系数，并对此进行说明。

［实训过程实录］

（1）计算结果记录表：

_____

_____

_____

（2）计算结果统计表（一览表）：

_____

_____

_____

（3）计算结果统计图：

_____

_____

_____

（4）分析结果说明：

_____

_____

_____

［实训提示］

（1）本实训加总的全国 GDP 与《中国统计年鉴——2018》中的全国 GDP 有可能不一致，可对其进行分析，并说明原因。

（2）上述统计表中各省、直辖市、自治区的分类是一种分类，而东部、中部、西部三大地区的分类也是一种分类，对此要能够加以区别。东部、中部、西部三大地区各包含哪些省、直辖市、自治区可查阅相关资料。

（3）计算强度相对数要用到其他指标，可到《中国统计年鉴——2018》中查阅（可上中国国家统计局网站）。

🔷 练习与思考

1. 简述总量指标的作用与分类。
2. 什么是相对指标？相对指标包括哪些种类？
3. 平均指标是如何分类的？
4. 标志变异指标有什么作用？常见的标志变异指标有哪些？
5. 某集团所属的三家公司 2017 年工业产值计划和实际资料如下表所示

公司名称	2017 年				计划完成（%）	2018 年实际产值（万元）	2018 年比 2017 年增长（%）
	计 划		实 际				
	产值（万元）	比重（%）	产值（万元）	（%）			
一公司					97		9
二公司		30			111		
三公司	5 376		5 800				−1
合计	16 800					24 000	

要求：填入上表所缺的数字，并写出计算过程。

6. 某制冷机公司计划在未来五年内累计生产压缩机 16 000 台，其中，最后一年产量达到 4 000 台，实际完成情况如下表所示

时间	第一年	第二年	第三年	第四年				第五年			
				第一季度	第二季度	第三季度	第四季度	第一季度	第二季度	第三季度	第四季度
产量（台）	3 000	3 300	3 600	850	950	980	1 050	1 050	1 100	1 250	1 280

要求：（1）该公司五年累计完成计划程度是多少？
（2）该公司提前多少时间完成累计产量计划？
（3）该公司提前多少时间达到最后一年计划产量？

7. 现有甲、乙两国钢产量和人口资料如下表所示

	甲国		乙国	
	2017 年	2018 年	2017 年	2018 年
钢产量（万吨）	35 000	39 000	50 000	52 050
年平均人口数（万人）	8 500	86 000	6 143	6 192

要求：通过计算动态相对指标、强度相对指标和比较相对指标，简单分析甲、乙两国钢产量的发展情况。

8. 某企业 360 名工人生产某种产品的资料如下表所示

工人按日产量分组（件）	工人数（人）	
	7 月	8 月
20 以下	30	18
20 ~ 30	78	30
30 ~ 40	108	72
40 ~ 50	90	120

（续）

工人按日产量分组（件）	工人数（人）	
	7 月	8 月
50 ~ 60	42	90
60 以上	12	30
合计	360	360

要求：分别计算 7、8 月份平均每人日产量，并简要说明 8 月份平均每人日产量变化的原因。

9. 某地甲乙两个农贸市场三种主要蔬菜价格及销售额资料如下表所示

品种	价格（元/千克）	销售额（万元）	
		甲市场	乙市场
甲	0.30	75.0	37.5
乙	0.32	40.0	80.0
丙	0.36	45.0	45.0

要求：计算比较该地区哪个农贸市场蔬菜平均价格高？并说明原因。

10. 某人将 100 万元存在入银行，20 年后取得 300 万元，如按复利计算，平均利率是多少？如按单利计算，平均利率又是多少？

11. 某班级学生考试成绩如下表所示

成绩（分）	60 以下	60 ~ 70	70 ~ 80	80 ~ 90	90 以上
人数（人）	52	23	19	20	13

要求：计算学生考试成绩的标准差系数。

12. 某地区企业产值利润相关资料如下表所示

产值利润率（%）	第一季度产值（万元）	第二季度利润（万元）
10 以下	1 559	317
10 ~ 20	3 826	726
20 ~ 30	1 137	454
合计		

要求：计算第一季度、第二季度和上半年产值利润率。

13. 某企业情况如下表所示

产品	产值（万元）			总成本（万元）		
	上期	本期计划（%）	本期实际（%）	上期	本期计划（%）	本期实际（%）
A	540	5.7	6.3	375	-6.9	-6
B	580	6.1	6.5	322	-4.3	-6.6

要求：计算产值与总成本计算完成程度，并简要分析。

14. 通过阅读导入案例，你对综合指标有怎样的理解？

15. 根据第二章练习与思考中第 7 题所调查的数据，请同学们按小组（5 人小组）运用 SPSS 软件进行描述性分析（提示：可参照本章 SPSS 的实例分析进行）。

第五章
CHAPTER5

统计数据的一般分析

§ **学习目标**

1. 了解数据分析的一般原理
2. 掌握结构分析、比较分析和比率分析的分析方法

§ **本章重点**

掌握结构分析、比较分析和比率分析的分析方法在实际中的应用

§ **导入案例**

某城市 2018 年 5 个行政区地区生产总值、人口和固定资产投资分析

表 5-1　某城市 2018 年 5 个行政区相关数据分析表

行政区	地区生产总值构成（%）	人均地区生产总值（万元/人）	固定资产投入产出率	地区产值比例（A 地区为 1）	人口比例（A 地区为 1）
A	49.91	8.64	1.92	1.00	1.00
B	22.59	10.29	1.31	0.45	0.38
C	12.71	6.74	1.49	0.25	0.33
D	11.83	6.37	1.43	0.24	0.32
E	2.97	7.69	1.40	0.06	0.07

可以看出：A 行政区在地区生产总值、人口规模上占有绝对比重，地区生产总值中近一半来自该行政区，固定资产投入产出率水平比较突出，但人均地区生产总值水平低于 B 行政区，处于第二位；B 行政区在人口规模上与 C、D 行政区相当，但地区生产总值水平明显占优，人均地区生产总值水平最高，但固定资产投入产出水平最低；C、D 地区情况相当；E 地区各方面规模较小。

第一节　结构分析

一、结构分析的基本原理

结构是指一个系统中各组成要素在时间和空间上排列的方式和秩序。结构分析是指对系统中各组成要素的构成情况及其相互之间的比例关系以及它们所呈现出的变动规律的分析。如国民生产总值中三大产业的结构及消费和投资的结构分析、经济增长中各因素作用的结构分析等。

结构分析的前提是统计分组。在统计分组的基础上，计算各组成部分所占比重，进而分析某一总体现象的内部结构特征。

结构分析的指标是结构相对数。某一总体中各个部分的结构相对数之和等于100%。

通过结构分析可以认识总体构成的特征。例如，2018年我国国内生产总值中第一产业占7%，第二产业占41%，第三产业占52%，这表明我国的产业结构正发生重大的转变。

通过结构分析可以揭示总体各个组成部分的变动趋势，研究总体结构变化过程，揭示现象总体由量变逐渐转化为质变的规律性，如图5-1所示。

图 5-1　1990 年与 2018 年中国三大产业结构图

注：图 5-1 中数据由于四舍五入原因合计不一定为 100%。

通过结构分析可以揭示现象之间的依存关系，如研究商业企业中商品销售额与流通费用的依存关系，可将各商品销售额分组并计算每个组相应的商品流通费用。例如，某市年销售额 300 万元以上的企业占 15%，每万元商品销售额中的流通费用为 6.0 元；而 300 万元以下的企业占 85%，每万元商品销售额中的流通费用为 8.6~11.2 元。这说明企业的销售规模越大流通费用越少。

二、结构分析的实际应用

1. 恩格尔系数

恩格尔系数是食品支出总额占个人消费支出总额的比重。19 世纪德国统计学家恩格尔根据统计资料，对消费结构的变化得出一个规律：一个家庭收入越少，家庭收入中（或总支出中）用来购买食物的支出所占的比例就越大，随着家庭收入的增加，家庭收入中（或总支出中）用来购买食物的支出比例则会下降。恩格尔系数的计算公式如下。

$$恩格尔系数 = \frac{食物支出金额}{总支出金额}$$

或

$$恩格尔系数 = \frac{食物支出金额}{总收入}$$

恩格尔系数是国际上通用的衡量居民生活水平高低的一项重要指标，一般随居民家庭收入和生活水平的提高而下降。推而广之，一个国家越穷，每个国民的平均收入中（或平均支出中）用于购买食物的支出所占比例就越大，随着国家的富裕，这个比例呈下降趋势。

联合国根据恩格尔系数的大小，对世界各国的生活水平有一个划分标准，即一个国家平均家庭恩格尔系数大于 60% 为贫穷，50%～60% 为温饱，40%～50% 为小康，30%～40% 属于相对富裕，20%～30% 为富足，20% 以下为极其富裕。

改革开放以来，我国城镇和农村居民家庭恩格尔系数已由 1978 年的 57.5% 和 67.7% 分别下降到 2018 年的 27.7% 和 30.1%。

恩格尔定律是指食品支出占总消费支出的比例随收入变化而变化的一定趋势。计算公式公式如下。

$$恩格尔定律(R_1) = \frac{食物支出变动百分比}{总支出变动百分比} \times 100\%$$

或
$$恩格尔定律(R_2) = \frac{食物支出变动百分比}{总收入变动百分比} \times 100\%$$

R_2 又称为食物支出的收入弹性。

恩格尔曲线：将各年的恩格尔系数绘制成曲线图，所形成的曲线称为恩格尔曲线。恩格尔曲线反映的是一种长期的趋势，而不是逐年下降的绝对倾向，它是在熨平短期的波动中求得的长期趋势，我国 20 世纪 90 年代以来呈递减趋势。（见图 5-2）。

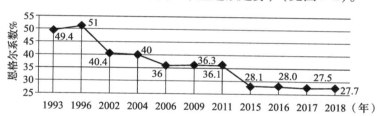

图 5-2 恩格尔曲线

2. 霍夫曼定理

工业化进程中工业结构演变的规律，是指资本资料工业在制造业中所占比重不断上升并超过消费资料工业所占比重。

霍夫曼定理又称作"霍夫曼经验定理"，这是在 20 世纪 30 年代初由德国经济学家 W. C. 霍夫曼根据工业化早期和中期的经验数据推算出来的。他把工业化某些阶段产业结构变化趋势外推到工业化后期。通过设定霍夫曼比例或霍夫曼系数得到的结论是：各国工业化无论开始于何时，一般具有相同的趋势，即随着一国工业化的进展，消费品部门与资本品部门的净产值之比逐渐趋于下降，霍夫曼比例呈现出不断下降的趋势。计算公式为

$$霍夫曼比例 = \frac{消费资料工业的净产值}{资本资料工业的净产值}$$

根据霍夫曼比例，工业化进程包括以下四个发展阶段。

第一阶段：消费资料工业发展迅速，在制造业中占有统治地位；资本资料工业则不发达，在制造业中所占比重较小，其净产值平均为资本品工业净产值的 5 倍。

第二阶段：资本资料工业发展较快，消费资料工业虽也有发展，但速度减缓，而资本资料工业的规模仍远不及消费资料工业的规模，但前者的净产值仍2.5倍于后者的净产值。

第三阶段：消费资料工业与资本资料工业在规模上大致相当。

第四阶段：资本资料工业在制造业中的比重超过消费资料工业并继续上升。整个工业化过程，就是资本资料工业在制造业中所占比重不断上升的过程，后者的净产值将大于前者。随着工业品的升级，其比例是逐步下降的。

但在现代经济中，"霍夫曼定理"并不能得到很好的印证，其主要原因如下。

首先，"霍夫曼定理"是建立在先行工业化国家早期增长模式之上的。在这些国家工业化的早期阶段，经济增长依赖于机器作业对手工劳动的替代。在这一替代过程中必然发生资本对劳动比例或资本有机构成的提高，使资本品生产的优先增长成为必然。但是，正如20世纪50年代以来索洛、库兹涅茨、舒尔茨、萨缪尔森等一大批经济学家的研究成果所揭示的，现代经济增长的主要源泉并不是资本投入，而是技术进步和效率提高。在这种情况下，资本品的优先增长就不再是必然的。

其次，霍夫曼对工业化进程中经济结构变化的研究，是在国民经济只存在工业和农业两个部门的理论框架下进行的，因此，他把资本品工业在工业中的比重的上升和居于主导地位，等同于它在整个国民经济中的比重上升和成为国民经济的主导产业。

尽管如此，这种运用结构分析的思想仍是值得我们学习的。

3. 产业结构理论

（1）配第－克拉克定理。该原理由1691年出版《政治算术》的英国经济学家威廉·配第和1940年出版《经济进步的条件》的英国经济学家科林·克拉克归纳得出，他们认为："随着时间的推移和社会在经济上变得更为先进，从事农业的人数相对于从事制造业的人数趋于下降，进而从事制造业的人数相对于从事服务业的人数趋于下降。"并且随着经济发展，即随着人均国民收入水平的提高，劳动力首先由第一产业向第二产业移动，当人均国民收入水平进一步提高时，劳动力便向第三产业移动，如图5-3和图5-4所示。

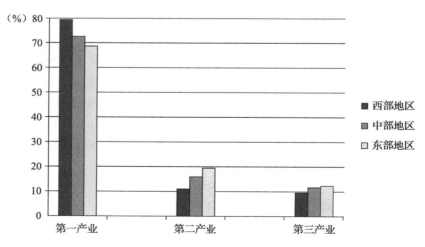

图5-3　1980年我国东、中、西部地区三大产业劳动力分布结构

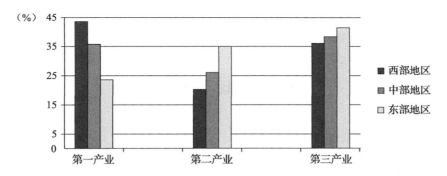

图 5-4　2017 年我国东、中、西部地区三大产业劳动力分布结构

需要注意的是，配第－克拉克定理是基于以下几个重要前提而得出的，即

1）克拉克对产业结构演进规律的探讨和分析，是通过对时间数列下国家情况的比较而进行的。

2）该定理使用劳动力的分布作为分析产业结构演进的具体指标，详细考察了经济发展过程中，劳动力在各产业中的分布状况所发生的变化。

3）克拉克的产业结构演进分析是以三大产业分类法作为前提基础的。

4）该定理引入了与最终需求相对应的收入弹性和价格弹性，以及劳动生产率的三个参数，并借助于对它们变动的分析来规范经济事实。

（2）库兹涅茨理论。该理论依据国民收入和劳动力在三大产业间的分布得出的结论。

1）农业部门所创造的国民收入在全部国民收入总量中所占比例与农业部门劳动力占全部劳动力的比重类似，均会随着经济的发展而不断下降。

2）工业部门在国民生产总值中的贡献比重呈不断上升的趋势，但工业部门的劳动力数量并不会有相同幅度的变化，它的总体趋势是大体不变或略有上升。

3）服务业部门的国民收入相对比重的发展趋势是大体不变或略有上升，但相比之下，服务业部门吸收劳动力的能力却是显而易见的，它所占的劳动力比重呈显著的上升趋势。这也说明服务业的部门劳动生产率不高。

依据国民收入和劳动力在三大产业间的分布可得出以下结论：首先，随着国家经济的不断发展，由发达国家到不发达国家（或者说由人均国民收入水平较高的国家到人均国民收入水平较低的国家），第一产业的比较劳动生产率基本上呈下降趋势，而第二产业的比较劳动生产率则出现上升的势头，第三产业呈现下降趋势。其次，越不发达国家其国民经济越以农业为主，农业的劳动力相对比重较大，这意味着在这些国家的农业部门中存在着大量的潜在剩余劳动力。

由此，可对产业结构的演进进行规律性的认识，即

1）对第一产业来说，无论是从时间数列分析还是从横截面分析，其劳动力相对比重与国民收入相对比重两个指标都处于一个连续的下降通道当中。

2）从横截面分析的角度看，第二产业的劳动力相对比重与国民收入相对比重均呈上升趋势，其比较劳动生产率呈上升趋势。

3）无论是时间数列分析还是横截面分析，第三产业的劳动力相对比重均呈现不断上

升的趋势，而其国民收入相对比重则往往呈现一种大体不变或者略有上升的情况，因此，第三产业比较劳动生产率纷纷呈现下降趋势。

第二节　比较分析

一、比较分析的基本原理

比较分析又称对比分析，是通过实际数与基准数的对比来反映实际数与基准数之间的差异，借以了解经济活动的成绩和问题的一种分析。比较的目的在于发现自己的优势，找出自己存在的差距。

比较分析的指标是比较相对数。用于比较的实际数与基准数属于同一时间不同空间上的同一指标，而当用于比较的实际数与基准数是属于同一空间不同时间上的同一指标时，则又是另一范畴了，称为动态分析。

比较分析的关键是基准数，即比较标准的选择。比较标准主要有以下几个。

（1）时间标准。时间标准即选择不同时间的指标数值作为对比标准，最常用的是与上年同期比较即"同比"，还可以与前一时期比较，此外还可以与达到历史最好水平的时期或历史上一些关键时期进行比较。但正如前述，此种比较可归类到动态分析的范畴。

（2）空间标准。空间标准即选择不同空间指标数据进行比较。主要有三种形式：第一，与相似的空间比较，如某市与某些条件相似的城市比较。第二，与先进空间比较，如我国与发达国家比较。第三，与扩大的空间标准比较，如某市平均水平与全国平均水平比较，此种比较是比较分析的主要形式。

（3）经验或理论标准。经验标准是通过对大量历史资料的归纳总结而得到的标准，如衡量生活质量的恩格尔系数。理论标准则是通过已知理论经过推理得到的标准。

（4）计划标准。计划标准即与计划数、定额数、目标数对比。市场经济并不排斥科学合理的计划，因此，计划标准对统计评价仍有一定意义。

比较分析应遵循的一个基本原则是可比性的原则。具体说就是

（1）指标的内涵和外延可比。

（2）指标的时间范围可比。

（3）指标的计算方法可比。

（4）总体性质可比。

二、比较分析的实际应用

1. 一般比较

例如，美国2017年经济总量为193 606亿美元，中国为122 377亿美元，中国的经济总量只相当于美国的63.21%；美国人均GDP为59 501美元，中国人均GDP为8 643美

元，从人均 GDP 比较，中国与美国的差距更大，人均 GDP 只相当于美国的 14.53%。所以，尽管在 2017 年，中国 GDP 已超越日本跃居全球第二，但也要看到，中国与居全球第一的美国的差距依然很大。

2. 标杆比较

用于比较的基准如果是自己最强有力的竞争对手或者是已经成为该行业领袖的公司，即通常所说的标杆对象，则这种比较称为标杆比较。采用标杆比较不是单纯地模仿，而是创造性地借鉴，通过深入的思考、研究，集众家之长，开展创新，实现自身的突破。为了更好地贯彻标杆比较，应当建立有关的数据库，并不断更新。标杆比较在美国已获得广泛的应用并取得了明显的成效。

对于比较中所发现的不足，要制订计划，不断地寻找改进措施，取人之长、补己之短，不断提高自身水平，以超过所有的竞争对手，达到和保持先进水平。

第三节　比 率 分 析

一、比率分析的基本原理

比率分析是将两个相互联系但性质不同的指标数据进行对比，求出比率，用以分析和评价社会经济活动效益的一种分析。

比率分析的指标是强度相对数。用于比较的两个指标应属于同一时间、同一空间上的性质不同但又有联系的指标。

对于企业，比率分析的目的在于计量经营能力，反映经济效益，如反映企业的获利能力比率、偿债能力比率、成长能力比率、周转能力比率等四大类财务比率指标；对于社会机构，比率分析的目的在于计量服务能力，反映社会效益，如每万人拥有的病床数等。

二、比率分析的分类

由于指标可表现为总量、增量和增速，所以在实际应用中，比率分析又有三种具体的表现形式，分别为强度分析、边际分析和弹性分析。

1. 强度分析

强度分析是比率分析的一种基本形式。常用于以下几种情况。

（1）反映国力状况的分析，如人均 GDP、人均可支配收入等。

（2）反映密集程度的分析，如人口密度等。

（3）反映普及程度的分析，如识字率、人均受教育年限等。

（4）反映公共服务能力的分析，如人均绿化面积、每平方千米商业网点分布数、每万人拥有的病床数等。

（5）反映企业经营能力或效益的分析，如企业获利能力比率，包括资产报酬率、资本报酬率、股本报酬率、股东权益报酬率、股利报酬率、每股账面价值、每股盈利、价格盈利比率、普通股利润率、价格收益率、股利分配率、销售利润率、营业比率等 13 个比率指标。

在进行强度分析时，应注意以下几点。

（1）要将各种比率有机联系起来进行全面分析，不可单独地看某种或各种比率，否则难以准确地判断现象的整体情况。

（2）要结合差额分析，这样才能对现象的历史、现状和将来有一个详尽的分析、了解，达到强度分析的目的。

2. 边际分析

边际即"额外""追加"的意思，指处在边缘上的"已经追加上的最后一个单位"，或"可能追加的下一个单位"，是一个增量。

边际分析是关于两个指标增量之比的分析，说明一个指标（通常称为自变量）每增加一个单位的投入，这个单位所引起的另一个指标（通常称为因变量）产出增量的变化。

边际分析的指标是边际值，计算公式为

$$边际值 = \frac{\Delta Y}{\Delta X} \tag{5-1}$$

式中　X——自变量；

　　　Y——因变量；

　　　Δ——增量。

边际分析法的数学原理很简单。对于离散情形，边际值为因变量变化量与自变量变化量的比值；对于连续情形，边际值为因变量关于某自变量的导数值。

边际分析广泛运用于经济行为和经济变量的分析过程，如对效用、成本、产量、收益、利润、消费、储蓄、投资、要素效率等的分析多有边际概念。

边际分析主要应用于下列方面。

（1）确定规模。规模的大小直接影响企业的生产效益。当一个企业要扩大规模时，它就要分析每增大一个单位的规模可能带来的产出的增量。科学的边际分析方法可以使企业的规模确定在一个最合理的范围内。边际分析公式为

$$\pi = MR - MC$$

式中　π——边际利润；

　　　MR——边际收益；

　　　MC——边际成本。

当 $\pi > 0$ 时，增加一个单位的产品，获得的收益增量比引起的成本增量大，说明企业还没有达到能够获得最大收益的产量规模，此时，企业应该扩大产量。

当 $\pi < 0$ 时，增加一个单位的产品，所引起的成本增量比所能获得的收益增量要大，说明企业应该减少产量。

当 $\pi = 0$ 时，企业达到最优的产量规模。

（2）价格决策。每提高（或降低）一个单位的价格，对总收益会产生什么样的影响，

这实际上也要用到边际分析方法，它可以帮助企业制定具有竞争力的价格战略。

（3）确定合理的要素投入。在确定生产中需要投入的各个要素的量时，我们需要分析每增加一个单位的某种要素时，对总的收益会产生什么影响。

（4）产品结构分析。多数企业都不只生产一个产品，各个产品生产的比例就是产品结构。确定各个产品生产多少的比例关系就可以运用边际分析方法对各个产品的边际效益进行分析。所谓边际效益，就是对一个产品的生产增加一个单位的资金投入所引起的收益的变化量。如果把资金增量投入各个产品，所能产生的边际效益是相等的，那么这个企业的产品结构就是合理的；否则，其中必定有某种产品值得扩大规模，以带来更多的收益。针对产品结构进行边际分析，可以明确哪些产品需要增加投入，哪些产品需要缩小生产规模。

在进行边际分析时应注意如下复杂因素。

（1）现实经济管理问题总是千丝万缕，存在多个变量，要争取抓住主要变量，并在各个方向上满足边际法则。

（2）决策变量与相关结果之间关系复杂，所选取的变量是否得当，必须将定量分析与定性分析相结合，并进行方程回归、曲线拟合、显著性检验等检验处理。

（3）注意所考虑问题存在各种各样的约束条件和数学工具的应用条件。

（4）注意决策问题存在的不确定性和风险。

3. 弹性分析

弹性分析是关于两个指标增速之比的分析，说明一个指标（通常称为自变量）每增长一个百分点的投入，所引起的另一个指标（通常称为因变量）产出增长百分点的变化。

弹性分析的指标是弹性系数，计算公式为

$$弹性系数 = \frac{\Delta Y/Y}{\Delta X/X} \tag{5-2}$$

式中　X——自变量；

　　　Y——因变量；

　　　Δ——增量。

例如，煤炭消费弹性系数是反映煤炭消费增长速度与国民经济增长速度之间比例关系的指标。图5-5表明，我国煤炭消费弹性系数较高。1991～2011年，我国实际GDP年增长速度达10%左右，煤炭消费量年均增长速度为11.30%，能源消费量年均增长速度为12.06%；2003～2005年由于高耗能工业的快速发展，煤炭消费弹性系数甚至大于1。

三、比率分析的实际应用

1. 杜邦分析法

杜邦分析法是利用几种主要的财务比率之间的关系，综合分析企业财务状况的一种分析方法。具体来说，它是一种用来评价公司盈利能力和股东权益回报水平，从财务角度评价企业绩效的经典方法。其基本思想是将企业权益收益率逐级分解为多项财务比率乘积，以深入分析比较企业经营业绩。由于这种分析方法最早由美国杜邦公司使用，故名杜邦分析法。

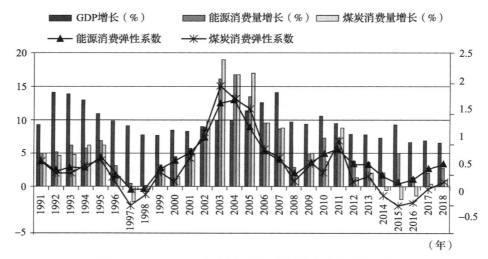

图 5-5   1991~2017 年我国煤炭和能源消费弹性系数走势

注：*左纵坐标轴表示实际 GDP 增速、煤炭消费量增速和能源消费量增速，右纵坐标轴表示煤炭消费弹性系数和能源消费弹性系数。*

杜邦分析法采用金字塔形结构，简洁明了地表达了各财务指标的钩稽关系，如图 5-6 所示。

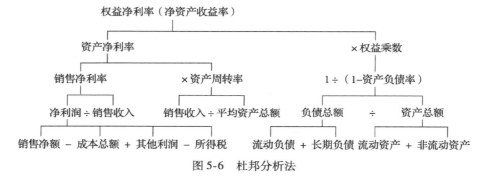

图 5-6   杜邦分析法

通过上述体系有助于企业管理层更加清晰地看到权益基本收益率的决定因素，以及销售净利润与总资产周转率、债务比率之间的相互关联关系，给管理层提供了一张明晰的考察公司资产管理效率和是否实现股东投资回报最大化的路线图。

杜邦分析法中，几种主要财务指标的关系如下。

（1）权益净利率（净资产收益率）＝资产净利率×权益乘数（总资产/总权益资本），是一个综合性最强的财务分析指标，是杜邦分析系统的核心。该指标的高低反映了投资者的净资产获利能力的大小。

（2）资产净利率＝销售净利率×资产周转率，是影响权益净利率的最重要的指标，具有很强的综合性，资产净利率取决于销售净利率和总资产周转率的高低。

（3）销售净利率＝净利润/销售收入，反映销售收入的收益水平。扩大销售收入，降低成本费用是提高企业销售利润率的根本途径，而扩大销售，同时也是提高资产周转率的必要条件和途径。

（4）资产周转率＝销售收入/平均资产总额，是反映总资产的周转速度的指标。资产周转率反映企业资产实现销售收入的综合能力。分析时，必须综合销售收入分析企业资产结构是否合理，即流动资产和长期资产的结构比率关系；同时还要分析流动资产周转率、存货周转率、应收账款周转率等有关资产使用效率指标，找出总资产周转率高低变化的确切原因。

（5）权益乘数表示企业的负债程度，反映了公司利用财务杠杆进行经营活动的程度。资产负债率高，权益乘数就大，这说明公司负债程度高，公司会有较多的杠杆利益，但风险也高；反之，资产负债率低，权益乘数就小，这说明公司负债程度低，公司会有较少的杠杆利益，但相应所承担的风险也低。

所以，权益净利率 = 销售净利率 × 资产周转率 × 权益乘数。

例5-1　某企业有关财务数据如表 5-2 所示。

表 5-2　基本财务数据　　　　（单位：万元）

年度	净利润	销售收入	平均资产总额	平均负债总额	全部成本	制造成本	销售费用	管理费用	财务费用
2017	10 284.04	411 224.01	306 222.94	205 677.07	403 967.43	373 534.53	10 203.05	18 667.77	1 562.08
2018	12 653.92	757 613.81	330 580.21	215 659.54	736 747.24	684 261.91	21 740.96	25 718.20	5 026.17

由表 5-2 计算出权益净利率、权益乘数（平均）、资产负债率（平均）、资产净利率、销售净利率、资产周转率各指标值，如表 5-3 所示。

表 5-3　财务比率

年度	2017 年	2018 年
权益净利率	10.23%	11.01%
权益乘数	3.05	2.88
资产负债率	67.2%	65.2%
资产净利率	3.36%	3.83%
销售净利率	2.5%	1.67%
资产周转率（次）	1.34	2.29

2017 年杜邦分析如图 5-7 所示。

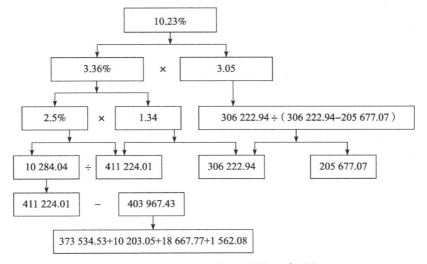

图 5-7　某企业 2017 年财务数据杜邦分析

2. 价格弹性分析

价格弹性分析是指某一种产品销量发生变化的百分比与其价格变化百分比之间的比率，是衡量价格变动所引起数量变动的敏感度指标。当弹性系数为 1 的时候，销售量的上升和价格的下降幅度是相抵的。0~1 的弹性意味着价格上升也将使得收益上升，而价格下降使得收益下降，我们说这类物品的需求是相对缺乏弹性的，或者说价格不敏感。大多数食品的需求弹性是低的，而大多数奢侈品（如香水、高档服装等）的需求弹性都相对较高。

对于经销商来说，了解其经营商品的价格弹性不仅有助于提升商品促销的投资收益，而且有助于与零售商在合作的过程中进行定价决策，帮助他们分析是否应该由自己承担持续降价的损失以及哪些促销费用可能只对零售商有利。

通常情况下，具有较高价格弹性的商品可能由以下因素所致。

（1）商品换代性强。产品差异性小，高度类似，可替代性强。这种商品由于缺乏商品特点，容易被其他的商品所替代，因此在价格促销中具有较高的价格弹性。

（2）购买频率高，价格透明度高。这种商品易于比较，消费者价格意识强；在终端市场上，经销商和零售商经常存在价格竞争。

（3）低健康风险商品。对于一些保质期长，放在家中不影响身体健康的日常用品，由于商品没有其他危害又能为消费者所使用，因此也比较容易引起消费者的购买。

（4）理智购买商品。在经济学中有一个理论叫作"信息不对称"，因为这种情况往往会引起买卖双方地位不平等，如果消费者对这一类的商品有足够的认识和辨别能力，对于商品的购买就会更加理智，也就不会因为商品的偶然促销而爆发购物冲动，大量购买该种商品。

（5）购买商品冲动效应。大部分人都会有这样的体会，当你在带别人购买某种商品的时候，往往会因为对方的购物要求而不敢擅自选择其他种类和改变购买数量，所以当你的购买决定是由他人决定的时候，那么该种商品也就很难存在购买冲动效应。

（6）品牌认知度，决定顾客忠诚度。通常情况下，知名品牌的商品由于顾客经常购买，对产品的质量和性能有较高的认知，因此该类型产品的购买弹性比较稳定，而当一些品牌认知度比较低的产品进行价格促销的时候，由于商品价格的透明度比较低，所以在价格弹性上具有较大的差异。

（7）市场份额大小。经研究发现市场份额小的产品，其市场弹性比较大。

价格弹性的范围从接近零（救命的药品）到接近无穷大（如普通商品价格稍微发生变化顾客就会转向其他商品）不等。很多品牌商品经常被零售商盲目地拿来促销，这种促销行为往往缺乏长期考虑，如品牌的忠诚度、品牌的健康形象、类别的动态等。实际上，不同品类不同属性的商品仅仅依靠价格促销可能并不能带来最好的投资回报，其他的店内促销方式，例如展示堆头、赠券、试用商品等活动有时也能提升商品的销量，采取何种方式进行促销的关键在于评估营销组合中各个因素的相对贡献。

例 5-2　用于价格和销售量的分析和估计。某国为了鼓励本国石油工业的发展，于该年年采取措施限制石油进口，估计这些措施将使可得到的石油数量减少20%，如果石油的需求价格弹性在0.8~1.4之间，问从该年起该国石油价格预期会上涨多少？

解：因为，需求的价格弹性＝需求量变动百分率÷价格变动百分率

所以，价格变动%＝需求量变动%÷需求的价格弹性

当价格弹性为0.8时，价格变动%＝20%÷0.8＝25%

当价格弹性为1.4时，价格变动%＝20%÷1.4＝14.3%

所以，预期该年该国石油价格上涨幅度为14.3%~25%。

价格弹性对有些经济决策是很有用的。例如，怎样给出口物资定价？如果出口的目的在于增加外汇收入，那么对价格弹性大的物资应规定较低的价格，而对弹性小的物资应规定较高的价格。又例如，为了提高生产者的收入，人们往往对农产品采取提价的办法，对电视机、洗衣机、手表等高级消费品采取降价的办法，这是因为前者弹性小，后者弹性大。

第四节 一般分析的 SPSS 应用

利用"Transform"（转换）菜单中的相关命令。

1. SPSS 操作详解

步骤一：打开 SPSS 软件，打开计算变量对话框，执行菜单栏中的"文件"→"转换"→"计算"命令，弹出"计算变量"对话框，如图5-8所示。

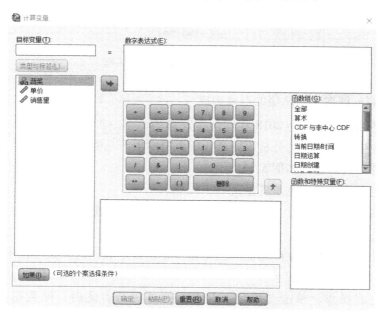

图5-8 计算变量对话框

步骤二：定义新变量及其类型，在"目标变量"文本框中用户需要定义目标函数名，它可以是一个新变量名，也可以是已经定义的变量名。单击下方的"类型与标签"按钮，弹出类型和标签对话框，如图5-9所示。

步骤三：输入计算表达式，将计算表达式输入"数值表达式"文本。如果用户需要调用函数，可以从右侧的"函数组"列表中选择，系统提供了数学函数、逻辑函数、日期函数等。

步骤四：条件样本选择。

单击"如果"按钮，弹出的对话框如图5-10所示。

步骤五：单击"继续"按钮，此时操作结束。

图5-9 类型和标签对话框

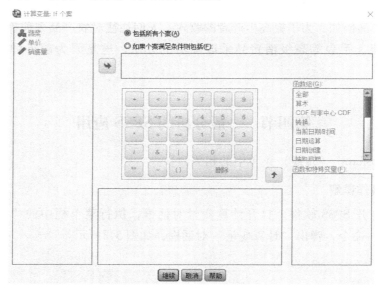

图5-10 计算变量：If个案对话框

2. 实例内容：国内生产总值的产业构成

某数据文件为我国1978 ~ 2018年国内生产总值、第一产业生产总值、第二产业生产总值和第三产业生产总值，请分析不同产业所占国内生产总值的变动情况。

步骤一：打开对话框，如图5-11所示。

步骤二：定义第一产业比重变量。

在"目标变量"文本框中定义目标函数名为"a"，它表示第一产业生产总值所占总产值的比重。

步骤三：计算第一产业生产总值所占比重，在"数字表达式"文本框中输入计算表达式"第一产业/国内生产总值"。

步骤四：完成操作，单击"确定"按钮，操作完成。此时，原数据文件新增加了"a"变量。

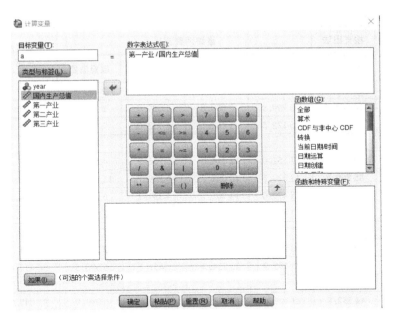

图 5-11　计算变量对话框

第五节　一般分析应用实训

◇ **实训目标**

（1）熟悉一般分析的主要内容。

（2）掌握结构分析、比较分析、比率分析的基本方法。

（3）善于运用一般分析反映调查对象的基本情况。

◇ **实训内容**

2017 年各地区按支出法计算的地区生产总值和最终消费支出（按当年价格计算），如表 5-4 所示。

表 5-4 按当年价格计算。

表 5-4　2017 年各地区支出法地区生产总值和最终消费支出　　　　（亿元）

地区	按支出法计算的地区生产总值	最终消费支出				资本形成总额	货物和服务净流出
		合计	农村居民	城镇居民	政府消费		
北京	28 014.9	16 842.1	10 724.0	767.5	5 350.6	10 946.3	226.5
天津	18 549.2	8 424.2	5 440.5	637.6	2 346.0	10 467.2	−342.2
河北	34 016.3	16 055.7	8 425.2	3 486.2	4 144.4	19 083.2	−1 122.5
山西	15 528.4	8 756.4	4 893.7	1 800.7	2 062.0	7 154.7	−382.7
内蒙古	16 096.2	8 463.4	4 660.9	1 374.8	2 427.8	10 298.3	−2 665.5

（续）

地区	按支出法计算的地区生产总值	最终消费支出				资本形成总额	货物和服务净流出
		合计	农村居民	城镇居民	政府消费		
辽宁	23 409.2	13 777.3	8 947.9	1 927.0	2 902.5	10 127.5	−495.5
吉林	14 944.5	5 799.9	3 009.8	1 089.0	1 701.1	9 980.1	−835.5
黑龙江	15 902.7	10 122.5	5 402.1	1 753.0	2 967.4	9 735.0	−3 954.9
上海	30 633.0	17 551.0	12 214.0	756.2	4 580.9	12 193.1	888.9
江苏	85 869.8	43 020.8	25 082.7	6 809.7	11 128.4	37 353.4	5 495.7
浙江	51 768.3	25 479.0	14 702.1	4 334.2	6 442.7	22 764.5	3 524.8
安徽	27 018.0	13 498.9	7 843.3	2 827.1	2 828.5	13 723.4	−204.3
福建	32 182.1	13 150.9	7 617.0	2 491.4	3 042.5	18 509.3	521.9
江西	20 006.3	10 223.2	5 412.5	2 553.2	2 257.5	10 025.1	−242.1
山东	72 634.2	35 185.9	20 854.3	7 431.1	6 900.5	36 412.6	1 035.7
河南	44 552.8	23 129.6	12 051.6	4 978.1	6 099.9	31 047.7	−9 624.5
湖北	35 478.1	17 171.8	9 728.5	3 026.0	4 417.3	20 853.6	−2 547.3
湖南	33 902.7	18 076.0	9 639.0	3 644.9	4 792.1	17 585.4	−1 758.8
广东	89 705.2	45 129.0	28 712.2	5 384.9	11 031.9	39 657.5	4 918.8
广西	18 523.3	10 505.4	5 522.1	2 325.0	2 658.4	9 364.5	−1 346.6
海南	4 462.5	2 781.8	1 464.5	464.9	852.4	2 815.7	−1 135.0
重庆	19 424.7	9 290.6	5 838.4	1 181.3	2 270.9	10 380.7	−246.6
四川	36 980.2	19 365.7	9 518.1	5 323.1	4 524.5	18 021.2	−406.7
贵州	13 540.8	7 506.4	3 897.4	1 935.2	1 673.8	9 356.5	−3 322.0
云南	16 376.3	10 506.1	5 265.0	2 334.8	2 906.3	15 487.0	−9 616.7
西藏	1 310.9	1 045.1	215.0	155.5	674.6	1 376.1	−1 110.4
陕西	21 898.8	9 675.3	5 419.1	1 649.6	2 606.6	14 414.8	−2 191.3
甘肃	7 459.9	5 148.3	2 664.0	1 054.3	1 430.1	3 804.6	−1 493.0
青海	2 624.8	1 815.4	736.9	337.0	741.6	3 897.0	−3 087.6
宁夏	3 443.6	2 113.2	1 080.9	347.6	684.7	3 806.9	−2 476.5
新疆	10 882.0	7 272.1	2 867.2	1 185.2	3 219.7	10 852.1	−7 242.2

资料来源：《中国统计年鉴——2018》。

[实训流程]

（1）计算全国及各地区最终消费支出、资本形成总额、货物和服务净流出占支出法 GDP 的比重。

（2）计算全国及各地区最终消费支出中，居民消费、政府消费的比重以及两者的比例。

（3）计算全国及各地区居民消费中，农村居民和城镇居民消费的比重以及两者的比例。

（4）计算全国及各地区农村居民和城镇居民消费占支出法 GDP 的比重，并分析其影响因素。

［实训过程实录］

（1）计算结果记录表：

_____
_____
_____

（2）计算结果统计表（一览表）：

_____
_____
_____

（3）计算结果结构分析图：

_____
_____
_____

（4）分析结果说明：

_____
_____
_____

［实训提示］

计算货物和服务净流出占支出法 GDP 的比重，其值可以为正数，也可以为负数。正数和负数分别说明了什么？试说明其原因。

练习与思考

1. 简述统计数据分析的意义、步骤。
2. 简述统计数据分析方法。
3. 现有某城市甲、乙两地区生产总值和人口资料如下表所示

	甲地区		乙地区	
	2017 年	2018 年	2017 年	2018 年
生产总值（亿元）	5 100	5 980	8 670	9 236
年平均人口数（万人）	560	585	618	622

要求：通过计算相关指标来简单分析甲、乙两地区的发展情况。

4. 通过阅读导入案例，你对一般分析有怎样的理解？
5. 根据第二章练习与思考中第 7 题所调查的数据，请同学们按小组（5 人小组）运用 SPSS 软件进行一般分析（提示：可参照本章 SPSS 的实例分析进行）。

第六章
CHAPTER6

统计数据的动态分析

§ 学习目标

1. 了解时间数列、统计指数的概念、特点和分类
2. 掌握水平指标、速度指标、统计指数的计算，掌握长期趋势、季节指数的测定

§ 本章重点

掌握水平指标、速度指标、统计指数、长期趋势的计算和在实际中的应用

§ 导入案例

企业产品产量与利润水平分析

A 企业 2017 ~ 2018 年甲乙两种产品产量与单位产品利润资料。

甲产品产量：7.8 万台、8.5 万台，利润：5 150 元/台、5 100 元/台；

乙产品产量：28 万件、40 万件，利润：520 元/件、540 元/件。

（1）比较甲乙产品相关数据（见表 6-1）。

表 6-1　甲乙产品相关数据计算表

产品	年均产量（万台）	单位产品年均利润（元）	年均总利润（万元）	产量增长（%）	单位产品利润增长（%）	总利润增长（%）
甲产品	8.15	5 123.93	41 760.03	8.97	−0.97	7.91
乙产品	34	531.76	18 079.84	42.86	3.85	48.36

甲乙产品中，甲产品从单位产品年均利润（5 123.93:531.76 = 9.64:1）、年均总利润（41 760.03:18 079.84 = 2.31:1）看，相对乙产品均更为重要；但是，随着乙产品产量大幅提高、单位产品利润上升，乙产品的地位在上升，总利润中乙产品利润由 2017 年的 26.60% 上升至 2018 年的 33.26%。

（2）综合甲乙产品。根据指数体系方法，计算可得下列关系。

$$118.67\% = 117.99\% \times 100.58\%$$

$$10\ 220\ 万元 = 9\ 845\ 万元 + 375\ 万元$$

甲乙产品利润总额上升 18.67%，是两个产品产量上升 17.99%、单位产品利润水平上升 0.58% 的结果，显然两个产品产量的增长对总利润增长具有绝对的贡献。总利润增加 10 220 万元，其中产量贡献 9 845 万元、单位产品利润贡献 375 万元，产量贡献也是比较大的。

资料来源：A 企业。

第一节　简单总体分析：时间数列分析

一、时间数列的概念和分类

时间数列分析是一种广泛应用的数量分析方法，主要用于描述和探索现象随时间发展变化的数量规律性。时间数列分析通常分传统的时间数列分析与现代的时间序列分析两种，前者研究各种时间数列指标的对比分析以及长期趋势、季节变动、循环变动的分析；后者则主要研究 AR 模型、MA 模型和 ARMA 模型。本节主要讨论传统的时间数列分析。

任何事物都处于不断的运动和发展变化中，为探索现象发展变化的规律性，我们需要观察现象随时间变化的数量特征。我们把某种现象发展变化的指标数值按一定时间顺序排列起来形成的数列，称为时间数列，如表 6-2 所示。

表 6-2　中国国内生产总值等时间数列表

年份	国内生产总值（亿元）	第三产业占 GDP 比重（%）	年末总人口（万人）	城镇居民人均可支配收入（元）
2010	411 265.2	44.1	134 091	21 033.4
2011	484 753.2	44.2	134 735	23 979.2
2012	539 116.5	45.3	135 404	24 564.7
2013	590 422.4	46.7	136 072	26 467
2014	644 791.1	47.8	136 782	28 843.9
2015	686 449.6	50.2	137 462	31 194.8
2016	740 598.7	51.6	138 271	33 616.2
2017	824 828.4	51.6	139 008	36 396.2
2018	900 309	52.2	139 538	39 251

资料来源：《中国统计年鉴——2018》及统计公报。

构成时间数列包含两个基本要素：现象所属的时间及与时间所对应的指标值。现象所属的时间可以是年份、季度、月份或其他任何时间形式。现象的指标值根据表现形式不同，有绝对数、相对数和平均数。

因此，从指标表现形式上看，时间数列可分为绝对数时间数列、相对数时间数列和平均数时间数列。如表 6-2 所示，国内生产总值、年末总人口是绝对数时间数列，第三产业占 GDP 比重是相对数时间数列，城镇居民人均可支配收入是平均数时间数列。正确区分时间数列的类型对序时平均数的计算有重要的意义。

绝对数时间数列是由一系列同类的总量指标按时间先后顺序排列起来形成的序列，它是时间数列中最基本的形式，反映现象在不同时间上所达到的发展水平。绝对数时间数列又可以分为时期数列和时点数列，时期数列中的观察值反映现象在一段时期内的活动总量，其数值可直接相加；而时点数列中的观察值反映现象在某一时点上的总量，其数值相加无意义。

相对数时间数列是由一系列同类的相对指标按时间先后顺序排列起来形成的序列，反映现象之间相互关系的发展过程。

平均数时间数列是由一系列同类的平均指标按时间先后顺序排列起来形成的序列，反映现象一般水平的发展趋势和发展规律。两者都是绝对数时间数列的派生序列。

下面对三种类型的时间数列做简单的分析介绍。

二、动态总体水平分析：发展水平和增减水平

1. 发展水平

在时间数列中，用 $t_i (i = 1, 2, \cdots, n)$ 表示现象所属的时间，$a_i (i = 1, 2, \cdots, n)$ 表示现象在不同时间上的指标值，即现象在某一时间上所达到的一种数量状态，也称为现象在时间 t_i 上的发展水平。若指标的时间范围为 $t_1, t_2, \cdots, t_n$，相应的指标值表示为 $a_1, a_2, \cdots, a_n$，其中 a_1 称为最初发展水平，a_n 称为最末发展水平。若将整个指标时期内的各指标值与某个特定时期 t_0 作比较时，时间 t 可表示为 $t_0, t_1, \cdots, t_n$，相应的指标值表示为 $a_0, a_1, \cdots, a_n$，其中，a_0 称为基期水平，a_n 称为报告期水平。

2. 增减水平

时间数列中不同时期发展水平之差称为增减水平，用来反映现象在观察期内增长或降低的绝对数量。计算公式为

$$增长量 = 报告期发展水平 - 基期发展水平 \tag{6-1}$$

由于所选基期不同，增减水平可分为逐期增减量和累积增减量。

逐期增减量是报告期水平与其前一期水平之差，说明本期较上期增减的绝对数量，其计算公式表示如下

$$a_1 - a_0, a_2 - a_1, \cdots, a_i - a_{i-1} \quad (i = 1, 2, \cdots, n) \tag{6-2}$$

累积增减量是报告期水平与某一固定基期水平之差，说明报告期与某一固定时期相比增减的绝对数量，其计算公式表示如下

$$a_1 - a_0, a_2 - a_0, \cdots, a_i - a_0 \quad (i = 1, 2, \cdots, n) \tag{6-3}$$

逐期增减量与累积增减量之间存在一定的关系：各逐期增减量的和等于相应时期的累积增减量，其计算公式如下

$$\sum_{i=1}^{n} (a_i - a_{i-1}) = a_n - a_0 \tag{6-4}$$

两相邻时期累积增减量之差等于相应时期的逐期增减量，其计算公式如下

$$a_i - a_0 - (a_{i-1} - a_0) = a_i - a_{i-1} \tag{6-5}$$

具体计算实例如表6-3所示。

表6-3 2012 ~ 2018 年全国国内生产总值 （单位：亿元）

年份	2012	2013	2014	2015	2016	2017	2018
国内生产总值	539 116.5	590 422.4	644 791.1	686 449.6	740 598.7	824 828.4	900 309
逐期增长量	—	51 305.9	54 368.7	41 658.5	54 149.1	84 229.7	75 480.6
累积增长量	—	51 305.9	105 674.6	147 333.1	201 482.2	285 711.9	361 192.5

三、动态平均水平分析：平均发展水平和平均增减水平

平均发展水平是现象在时间 $t_i (i = 1, 2, \cdots, n)$ 上取值的平均数，又称序时平均数或动态平均数。它可以概括性地描述出现象在一段时期内所达到的一般水平。序时平均数作为一种平均数，与静态平均数有相同点，即它们都抽象了现象的个别差异，以反映现象总体的一般水平。但两者又有明显的区别，主要表现在：序时平均数抽象的是现象在不同时间上的数量差异，因而它能够从动态上说明现象在一定时期内发展变化的一般趋势，一般根据时间数列计算；静态平均数抽象的是总体各单位某一数量标志值在同一时间上的差异，因此，它是从静态上说明现象总体各单位的一般水平，一般根据变量数列计算。

1. 绝对数时间数列序时平均数

绝对数时间数列序时平均数的计算方法是最基本的，它是计算相对数或平均数时间数列序时平均数的基础。绝对数时间数列有时期数列和时点数列之分，序时平均数的计算方法也有所区别。

（1）时期数列序时平均数。其计算公式如下

$$\bar{a} = \frac{a_1 + a_2 + \cdots + a_n}{n} = \frac{\sum a}{n} \tag{6-6}$$

式中 $\bar{a}$——序时平均数；

n——指标值的个数。

例6-1 对表6-2中的国内生产总值序列，计算年度平均国内生产总值。

解：根据时期数列序时平均数公式计算，年度平均国内生产总值为

$$\bar{a} = \frac{\sum a}{n} = \frac{5\ 822\ 534.1}{9} = 646\ 948.23 (亿元)$$

（2）时点数列序时平均数。在社会经济统计中一般是将 1 天看作 1 个时点，即以 "1天" 作为最小时间单位。这样时点数列可认为有连续时点和间断时点数列之分，而间断时点数列又有间隔相等与间隔不等之别。其序时平均数的计算方法略有不同，分述如下。

1）连续时点数列序时平均数。在统计工作中，对于逐日排列的时点资料，视其为连续时点资料。这样的连续时点数列，其序时平均数按时期数列序时平均数的公式计算，即

$$\bar{a} = \frac{\sum a}{n} \tag{6-7}$$

例如，存款（贷款）平均余额指标，通常就是由报告期内每日存款（贷款）余额之和除

以报告期日历数而求得的。

另一种情形是，资料登记的时间单位仍然是 1 天，但实际上只在指标值发生变动时才记录一次。此时需采用加权算术平均数的方法计算序时平均数，权数是每一指标值的持续天数。计算公式如下

$$\bar{a} = \frac{\sum af}{\sum f} \tag{6-8}$$

例 6-2 某种商品 5 月的库存量记录如表 6-4 所示，计算 5 月份平均日库存量。

表 6-4 某种商品 5 月库存资料

日期	1~4	5~10	11~20	21~26	27~31
库存量（台）	50	55	40	35	30

解：该商品 5 月份平均日库存量为

$$\bar{a} = \frac{\sum af}{\sum f} = \frac{50 \times 4 + 55 \times 6 + 40 \times 10 + 35 \times 6 + 30 \times 5}{4 + 6 + 10 + 6 + 5} = 42(台)$$

2）间断时点数列序时平均数。实际统计工作中，很多现象并不是逐日对其时点数据进行统计，而是隔一段时间（如 1 个月、1 个季度、1 年等）对其期末时点数据进行登记的。这样得到的时点数列称为间断时点数列。如果每隔相同的时间登记一次，所得数列称为间隔相等的间断时点数列；如果每两次登记时间的间隔不尽相同，所得数列称为间隔不等的间断时点数列。

当其时点资料是以月度、季度、年度为时间间隔单位，我们已不可能像连续时点资料那样求得准确的时点平均数。在这种情况下，我们可以根据资料所属时间的间隔特点，选用不同的计算公式。对于间隔相等的资料，采用"首末折半"；对于间隔不等的资料，采用"间隔加权"的方法计算序时平均数。

例 6-3 某商业企业 2018 年第二季度某种商品的库存量如表 6-5 所示，试求该商品第二季度月平均库存量。

表 6-5 某商业企业 2018 年第二季度某商品库存量

时间	3 月末	4 月末	5 月末	6 月末
库存量（百件）	66	72	64	68

解：4 月平均库存量 $= \dfrac{66 + 72}{2} = 69(百件)$

5 月平均库存量 $= \dfrac{72 + 64}{2} = 68(百件)$

6 月平均库存量 $= \dfrac{64 + 68}{2} = 66(百件)$

第二季度平均库存量 $= \dfrac{69 + 68 + 66}{3} = 67.67(百件)$

为简化计算过程，上述计算步骤可表示如下

$$第二季度平均库存量 = \frac{\dfrac{66+72}{2} + \dfrac{72+64}{2} + \dfrac{64+68}{2}}{3} = \frac{\dfrac{66}{2} + 72 + 64 + \dfrac{68}{2}}{3}$$

$$= 67.67（百件）$$

根据上述计算过程可推导出计算公式为

$$\bar{a} = \frac{\dfrac{a_1+a_2}{2} + \dfrac{a_2+a_3}{2} + \cdots + \dfrac{a_{n-1}+a_n}{2}}{n-1} = \frac{\dfrac{a_1}{2} + a_2 + \cdots + a_{n-1} + \dfrac{a_n}{2}}{n-1} \tag{6-9}$$

该公式形式上表现为首末两项指标值折半，故称为"首末折半法"。这种方法适用于间隔相等的间断时点数列序时平均数的计算。

例6-4　表6-6列示了我国2005～2018年年末人口资料，计算年平均人口数。

表6-6　我国2005～2018年年末人口数统计表

年份	2005	2007	2009	2013	2014	2018
年末总人口（万人）	130 756	132 129	133 450	136 072	136 782	139 538

解：对资料进行指标分析，属间隔不等的间断时点资料，采用"间隔加权"方法。

$$\bar{a} = \frac{\dfrac{(a_1+a_2)}{2}f_1 + \dfrac{(a_2+a_3)}{2}f_2 + \cdots + \dfrac{(a_{n-1}+a_n)}{2}f_{n-1}}{f_1 + f_2 + \cdots + f_{n-1}} \tag{6-10}$$

$$= \frac{\dfrac{130\,756+132\,129}{2}\times2 + \dfrac{132\,129+133\,450}{2}\times2 + \dfrac{133\,450+136\,072}{2}\times}{13}$$

$$\qquad 4 + \dfrac{136\,072+136\,782}{2}\times1 + \dfrac{136\,782+139\,538}{2}\times4$$

$$= (131\,442.5 \times 2 + 132\,789.5 \times 2 + 134\,761 \times 4 + 136\,427 \times 1 + 138\,160 \times 4)/13$$

$$= (262\,885 + 265\,579 + 539\,044 + 136\,427 + 552\,640)/13 = \frac{1\,756\,575}{13}$$

$$= 135\,121.15（万人）$$

2. 相对数或平均数时间数列序时平均数

由相对数或平均数时间数列计算序时平均数，不能直接根据该相对数或平均数数列中各项指标值简单地平均计算，而应当先分别计算构成该相对数或平均数数列的分子数列和分母数列的序时平均数，再对比求得。其计算公式表示如下

$$\bar{c} = \frac{\bar{a}}{\bar{b}} \tag{6-11}$$

例6-5　某企业2018年第四季度职工人数资料如表6-7所示，计算工人占职工人数的平均比重。

表6-7　某企业2018年四季度职工人数资料

	9月末	10月末	11月末	12月末
工人人数（人）	342	355	358	364
职工人数（人）	448	456	469	474
工人占职工比重（%）	76.34	77.85	76.33	76.79

解：$\bar{c} = \dfrac{\bar{a}}{\bar{b}} = \dfrac{\dfrac{a_1}{2} + a_2 + a_3 + \cdots + \dfrac{a_n}{2}}{\dfrac{b_1}{2} + b_2 + b_3 + \cdots + \dfrac{b_n}{2}}$

$= \dfrac{\dfrac{342}{2} + 355 + 358 + \dfrac{364}{2}}{\dfrac{448}{2} + 456 + 469 + \dfrac{474}{2}} \times 100\% = 76.91\%$

例6-6　某企业下半年劳动生产率资料如表6-8所示，计算平均月劳动生产率和下半年平均职工劳动生产率。

表6-8　某企业下半年劳动生产率资料

	6月	7月	8月	9月	10月	11月	12月
（a）总产值（万元）	87	91	94	96	102	98	91
（b）月末职工人数（人）	460	470	480	480	490	480	450
（c）劳动生产率（元/人）	1948	1957	1979	2000	2103	2021	1957

解：从表6-8中可以看到，劳动生产率的分子总产值是时期指标，分母职工人数是时点指标，计算平均月劳动生产率应用下列公式

$$\bar{c} = \frac{\bar{a}}{\bar{b}} = \frac{\sum a}{\dfrac{b_1}{2} + b_2 + b_3 + \cdots + \dfrac{b_n}{2}}$$

代入表中资料

$$\bar{c} = \frac{91 + 94 + 96 + 102 + 98 + 91}{\dfrac{460}{2} + 470 + 480 + 480 + 490 + 480 + \dfrac{450}{2}} = 2003.5\,(\text{元／人})$$

若计算下半年平均职工劳动生产率，则有两种计算形式。一种是用下半年平均月劳动生产率乘以月份个数 n，即 $n\bar{c} = 2003.5 \times 6 = 12021$（元/人）；另一种则采用下列公式计算

$$\bar{c} = \frac{\sum a}{(b_1/2 + b_2 + b_3 + \cdots + b_n/2)/(n-1)}$$

代入表中资料

$$\bar{c} = \frac{87 + 91 + 94 + 96 + 102 + 98 + 91}{(460/2 + 470 + 480 + 480 + 490 + 480 + 450/2)/(7-1)} = 12021\,(\text{元／人})$$

平均增减水平是指标期各逐期增减量的序时平均数，用于描述现象在指标期内平均每期增减的数量。它可以根据逐期增减量求得，也可以根据累积增减量求得。其计算公式如下

$$平均增减水平 = \frac{\sum_{i=1}^{n}(a_i - a_{i-1})}{n} = \frac{a_n - a_0}{n} \qquad (6\text{-}12)$$

式中 n——逐期增减量个数。

例6-7 以表6-3资料，计算国内生产总值平均增长量。

解：$\begin{array}{l}国内生产总值 \\ 平均增长量\end{array} = \dfrac{51\,305.9 + 54\,368.7 + 41\,658.5 + 54\,149.1 + 84\,229.7 + 75\,480.6}{6}$

$\qquad\qquad\qquad\quad = 60\,198.75(亿元)$

四、动态总体速度分析：发展速度和增长速度

1. 发展速度

发展速度是报告期发展水平与基期发展水平之比，用于描述现象在指标期内相对的发展变化程度。

由于采用的基期不同，发展速度可以分为环比发展速度和定基发展速度。环比发展速度是报告期水平与前一时期水平之比，说明现象逐期发展变化的程度；定基发展速度是报告期水平与某一固定时期水平之比，说明现象在整个指标期内总的发展变化程度。

设时间数列的指标值为 a_i（$i = 1, 2, \cdots, n$），发展速度为 R，环比发展速度和定基发展速度的计算公式分别如下

$$环比发展速度：R_i = \frac{a_i}{a_{i-1}} \quad (i = 1, 2, \cdots, n) \qquad (6\text{-}13)$$

$$定基发展速度：R_i = \frac{a_i}{a_0} \quad (i = 1, 2, \cdots, n) \qquad (6\text{-}14)$$

环比发展速度与定基发展速度之间存在着重要的数量关系，即

（1）指标期内各个环比发展速度的连乘积等于相应时期的定基发展速度

$$\prod \frac{a_i}{a_{i-1}} = \frac{a_n}{a_0} \quad (\prod 为连乘符号)$$

（2）两个相邻的定基发展速度，用后者除以前者，等于相应时期的环比发展速度

$$\frac{a_i}{a_0} \div \frac{a_{i-1}}{a_0} = \frac{a_i}{a_{i-1}}$$

利用上述关系，可以根据一种发展速度去推算另一种发展速度。

2. 增长速度

增长速度又称增减率，是增减水平与基期水平之比，用于说明报告期水平较基期水平的相对增减程度。它可以根据增减水平求得，也可以根据发展速度求得。其基本计算公式如下

$$增长速度 = \frac{增减水平}{基期水平} = \frac{报告期水平 - 基期水平}{基期水平} = 发展速度 - 1 \qquad (6\text{-}15)$$

从上式可以看出，增长速度等于发展速度减 1，但各自说明的问题是不同的。发展速度说明报告期水平较基期发展到多少；而增长速度说明报告期水平较基期增减多少（扣除了基数）。当发展速度大于 1 时，增长速度为正值，表示现象的增长程度；当发展速度小于 1 时，增长速度为负值，表示现象的降低程度。

由于采用的基期不同，增长速度也可分为环比增长速度和定基增长速度。前者是逐期增减量与前一时期水平之比，用于描述现象逐期增减的程度，后者是累积增减量与某一固定时期水平之比，用于描述现象在指标期内总的增减程度。

设增长速度为 G，环比增长速度和定基增长速度的计算公式如下

$$环比增长速度：G_i = \frac{a_i - a_{i-1}}{a_{i-1}} = \frac{a_i}{a_{i-1}} - 1 \quad (i = 1, 2, \cdots, n) \tag{6-16}$$

$$定基增长速度：G_i = \frac{a_i - a_0}{a_0} = \frac{a_i}{a_0} - 1 \quad (i = 1, 2, \cdots, n) \tag{6-17}$$

需要指出，环比增长速度与定基增长速度之间没有直接的换算关系。在由环比增长速度推算定基增长速度时，可先将各环比增长速度加 1 后连乘，再将结果减 1，即得定基增长速度。

例6-8 以表 6-2 中的国内生产总值资料为例，计算如表 6-9 所示。

表6-9   国内生产总值计算表

年份		2012	2013	2014	2015	2016	2017	2018
国内生产总值（亿元）		539 116.5	590 422.4	644 791.1	686 449.6	740 598.7	824 828.4	900 309
增减量（亿元）	逐期（亿元）	—	51 305.9	54 368.7	41 658.5	54 149.1	84 229.7	75 480.6
	累积（亿元）	—	51 305.9	105 674.6	147 333.1	201 482.2	285 711.9	361 192.5
发展速度（%）	环比	—	109.52	109.21	106.46	107.89	111.37	109.15
	定基	—	109.52	119.60	127.33	137.37	153.00	167.00
增减速度（%）	环比	—	9.52	9.21	6.46	7.89	11.37	9.15
	定基	—	9.52	19.60	27.33	37.37	53.00	67.00

五、动态平均速度分析：平均发展速度和平均增长速度

1. 平均发展速度

平均发展速度是各个时期环比发展速度的平均数，用于描述现象在整个指标期内平均发展变化的程度。

计算平均发展速度的常用方法是水平法。水平法又称几何平均法，它是根据各期的环比发展速度采用几何平均法计算出来的。其计算公式如下

$$\overline{R} = \sqrt[n]{\frac{a_1}{a_0} \times \frac{a_2}{a_1} \times \cdots \times \frac{a_n}{a_{n-1}}} = \sqrt[n]{\frac{a_n}{a_0}} \tag{6-18}$$

式中 $\overline{R}$——平均发展速度；

n——环比发展速度的个数，它等于指标数据的个数减 1。

例6-9　已知国内生产总值2013～2018年的环比发展速度（未考虑价格因素）如表6-9所示，计算平均发展速度。

解：$\overline{R} = \sqrt[6]{109.52\% \times 109.21\% \times 106.46\% \times 107.89\% \times 111.37\% \times 109.15\%}$

　　　$= \sqrt[6]{167.01\%} = 108.92\%$

从水平法计算平均发展速度的公式中可以看出，$\overline{R}$ 实际上只与序列的最初指标值 a_0 和最末指标值 a_n 有关，而与其他各指标值无关，这一特点表明，水平法旨在考察现象在最后一期所达到的发展水平。因此，如果我们所关心的是现象在最后一期应达到的水平，采用水平法计算平均发展速度比较合适。

2. 平均增长速度

平均增长速度说明现象逐期增长的平均程度。平均增长速度（$\overline{G}$）与平均发展速度仅相差一个基数，即

$$\overline{G} = \overline{R} - 1 \tag{6-19}$$

平均增长速度为正值，表明现象在某段时期内逐期平均递增的程度，又称平均递增率；若为负值，表明现象在某段时间内逐期平均递减的程度，又称平均递减率。

3. 速度指标的分析与应用

对于大多数时间数列，特别是有关社会经济现象的时间数列，我们经常利用速度来描述其发展的数量特征。尽管速度在计算与分析上都比较简单，但在实际应用中，有时也会出现误用乃至滥用速度的现象。因此，在应用速度分析实际问题时，应注意以下几方面的问题。

（1）当时间数列中的指标值出现0或负数时，不宜计算速度。

例如，假如某企业连续5年的利润额分别为5万元、2万元、0万元、-3万元、-2万元，对这一序列计算速度，要么不符合数学公理，要么无法解释其实际意义。在这种情况下，适宜直接用绝对数进行分析。

（2）在有些情况下，不能单纯就速度论速度，要注意速度与基期绝对水平的结合分析。我们先看一个例子。

例6-10　假定有两个生产条件基本相同的企业，各年的利润额及有关的速度值如表6-10所示。

表6-10　甲、乙两个企业的有关资料

年份	甲企业		乙企业	
	利润额（万元）	增长率（％）	利润额（万元）	增长率（％）
2017	500	—	60	—
2018	600	20	84	40

如果不看利润额的绝对值，仅就速度对甲、乙两个企业进行分析评价，可以看出乙企业的利润增长速度比甲企业高出1倍。如果就此得出乙企业的生产经营业绩比甲企业要好

得多这样的结论，就是不切实际的。因为速度是一个相对值，它与对比的基期值的大小有很大关系。大的速度背后，其隐含的增长绝对值可能很小；小的速度背后，其隐含的增长绝对值可能很大。这就是说，由于对比的基点不同，可能会造成速度数值上的较大的差异，进而造成速度上的虚假现象。上述例子表明，两个企业的生产起点不同，基期的利润额不同，才造成了两者速度上的较大差异。从利润的绝对额来看，两个企业的速度每增长1%所增加的利润绝对额是不同的。在这种情况下，我们需要将速度与绝对水平结合起来进行分析，通常要通过计算增长1%绝对值来弥补速度分析中的局限性。

增长1%绝对值表示速度每增长1%而增加的绝对数量，其计算公式如下

$$增长\ 1\%\ 绝对值 = \frac{逐期增长量}{环比增长速度 \times 100} \times \frac{前期水平}{100}$$

根据表6-10的资料计算，甲企业速度每增长1%，增加的利润额为5万元，而乙企业则为0.6万元，甲企业远高于乙企业。这说明甲企业的生产经营业绩不是比乙企业差，而是比乙企业更好。

第二节   复杂总体分析：指数分析

在第一节中我们介绍了简单总体分析，也就是单一的一类事物随着时间变化和发展的水平分析和速度分析，但是在经济发展过程中，往往要对几种经济对象形成的总体，也称为复杂总体进行分析。在本节中，我们将介绍复杂总体的分析方法——指数分析。

一、指数的概念和分类

统计指数的概念有广义和狭义两种。广义的统计指数是泛指社会经济现象数量变动的比较指标，即用来表明同类现象在不同空间、不同时间、实际与计划对比变动情况的相对数。狭义的统计指数仅指反映不能直接相加的复杂社会经济现象在数量上综合变动情况的相对数。例如，要说明一个国家或一个地区商品价格综合变动情况，由于各种商品的经济用途、规格、型号、计量单位等不同，不能直接将各种商品的价格简单对比，为了解决这种复杂经济总体各要素相加的问题，就要编制统计指数综合反映它们的变动情况。

统计指数编制最早是物价指数。18世纪中叶，由于金银大量流入欧洲，引起大面积商品价格的飞涨，并造成了社会的不安定，于是有了反映物价变动的要求，这就是物价指数产生的历史背景。我们知道大米的价格由原来的每千克2元增加到每千克3元，则价比$3/2 = 150\%$，即大米的价格上涨了50%，从广义上说，这就是指数，由于反映的是价格变化，所以也称作物价指数。但问题是大部分的商品都涨价了，并且上涨的幅度又各不相同，如果我们计算所有商品的价比来说明价格的变化，显然庞大的数据会让我们眼花缭乱，无法对价格变化有一个清楚的认识。如何用一个数字来说明所有商品的价格变化呢？这就是指数的任务了。

指数作为一种对比性的统计指标具有相对数的形式，通常表现为百分数。从对比性质

来看，指数通常是不同时间现象水平的对比，它表明现象在时间上的变动情况（动态）。此外，指数还可以是不同空间（如不同国家、地区、部门、企业等）现象水平的对比，或者是现象的实际水平与计划（规划或目标）水平的对比，这些可以看成是动态对比指数方法的拓展。可见，指数在经济分析上具有十分广阔的应用领域。

指数的种类很多，可以按不同的标志做不同的分类。

1. 指数按其反映对象范围的不同可分为个体指数和总指数

个体指数是指说明个别事物（如某种商品或产品等）数量变动的相对数。个体指数通常记作 K。例如

$$个体产品产量指数 \ K_q = \frac{Q_1}{Q_0}$$

$$个体物价指数 \ K_p = \frac{P_1}{P_0}$$

式中　Q——产量；

　　　P——商品或产品的单价；

　下标 1——报告期；

　下标 0——基期。

可见，个体指数就是动态相对数，就是发展速度。

总指数是指说明度量单位不相同的多种事物数量综合变动的相对指数。例如，工业总产量指数、零售物价总指数等。总指数与个体指数有一定的联系，可以用个体指数计算相应的总指数。用个体指数简单平均求得的总指数，称为简单指数；用个体指数加权平均求得的总指数，称为加权指数。

2. 指数按其所反映的社会经济现象特征不同可分为数量指标指数和质量指标指数

数量指标指数简称数量指数，是指反映现象的规模、水平变化的指数。例如，商品销售量指数、工业产品产量指数等。

质量指标指数简称质量指数，是指综合反映生产经营工作质量变动情况的指数。例如，物价指数、产品成本指数等。

3. 指数按其采用基期的不同可分为定基指数和环比指数

定基指数是指将不同时期的某种指数按时间先后顺序排列，形成指数数列，在同一个指数数列中各个指数都以某一个固定时期作为基期的指数。

环比指数是指各个指数都是以报告期的前一期作为基期的指数。

4. 指数按其对比内容的不同可分为动态指数和静态指数

动态指数是指由两个不同时期的同类经济变量值对比形成的指数，说明现象在不同时间上发展变化的过程和程度。

静态指数是指包括空间指数和计划完成情况指数两种。空间指数（地域指数）是将不同空间（如不同国家、地区、部门、企业等）的同类现象进行比较的结果，反映现象在不

同空间的差异程度。计划完成程度指数是由同一地区、单位的实际指标值与计划指标值对比形成的指数，反映计划的执行情况或完成与未完成的程度。

动态指数是出现最早、应用最多的指数，也是理论上最为重要的统计指数。静态指数则是动态指数在实际应用中的扩展。指数方法论主要论述动态指数。

5. 指数按照常用的计算总指数的方法或形式的不同可分为综合指数和平均指数

综合指数是指从数量上表明不能直接相加的社会经济现象的总指数。

平均指数是指以个体指数为基础，采取平均形式编制的总指数。

了解了各种不同类指数的含义和作用后，下面将介绍常用指数的编制方法。

二、综合指数分析

综合指数是指数的一种主要形式，它是按照加权综合的方法计算出两个综合的总量，并进行对比的结果。综合指数有数量指标综合指数和质量指标综合指数两种。

1. 数量指标综合指数

数量指标综合指数是用来反映总体规模变动情况的指数，如商品销售量综合指数、产品产量综合指数等。

例 6-11　某超市三种商品的销售价格和销售量情况，如表 6-11 所示。

表 6-11　某超市三种商品的价格和销售量

商品名称	计量单位	销售量		单价（元）		销售额（元）			
		2017 年	2018 年	2017 年	2018 年	$p_0 q_0$	$p_1 q_1$	$p_0 q_1$	$p_1 q_0$
大米	千克	1 200	1 500	1.2	1.3	1 440	1 950	1 800	1 560
面粉	千克	1 500	2 000	1	1.1	1 500	2 200	2 000	1 650
色拉油	千克	500	600	3.2	3.5	1 600	2 100	1 920	1 750
合计	—	—	—	—	—	4 540	6 250	5 720	4 960

由于三种商品的销售量不能直接相加，必须通过同度量因素——价格 p 使之转化为能够相加的销售额指标。为了分析销售量（指数化指标）这一因素的变动，必须假设价格因素没有变动，即假定报告期和基期的价格相同。计算数量指标综合指数时，有三种可能采用的价格：报告期价格、基期价格和固定时期价格（不变价格）。采用不同时期价格作为同度量因素，所得的结果也就不同，具有不同的经济意义。

（1）以基期价格作为同度量因素，即用 p_0 作为权数。商品销售量综合指数计算公式如下

$$\overline{K_q} = \frac{\sum p_0 q_1}{\sum p_0 q_0} \tag{6-20}$$

该公式是由德国学者拉斯佩尔（Laspeyres）于 1864 年提出的，称为拉氏数量指数或 L式数量指数。

以表 6-11 的资料为例计算销售量综合指数为

$$\overline{K_q} = \frac{\sum p_0 q_1}{\sum p_0 q_0} = \frac{5\,720}{4\,540} \times 100\% = 125.99\%$$

计算结果表明，三种商品销售量报告期比基期平均增长 25.99%。

分子与分母的差额为

$$\sum p_0 q_1 - \sum p_0 q_0 = 5\,720 - 4\,540 = 1\,180(元)$$

表示由于销售量增加，使商品销售额增加 1 180 元。

（2）以报告期价格作为同度量因素，即用 p_1 作为权数，说明在报告期价格水平的条件下，销售量的综合变动方向和程度。商品销售量综合指数计算公式为

$$\overline{K_q} = \frac{\sum p_1 q_1}{\sum p_1 q_0} \tag{6-21}$$

该公式是由德国经济学家帕舍（H. Paasche）于 1874 年提出的，这一指数被称为帕氏数量指数，或简称为 P 式数量指数。

仍以表 6-11 资料为例计算销售量综合指数为

$$\overline{K_q} = \frac{\sum p_1 q_1}{\sum p_1 q_0} = \frac{6\,250}{4\,960} \times 100\% = 126.01\%$$

计算结果表明，三种商品销售量报告期比基期平均增长 26.01%。

分子与分母的差额为

$$\sum p_0 q_1 - \sum p_0 q_0 = 6\,250 - 4\,960 = 1\,290(元)$$

表示由于销售量增加，使商品销售额增加 1 290 元。

（3）以不变价格作为同度量因素，即用 p_n 作为权数，说明在报告期价格水平的条件下，销售量的综合变动方向和程度。商品销售量综合指数公式为

$$\overline{K_q} = \frac{\sum p_n q_1}{\sum p_n q_0} \tag{6-22}$$

不变价格不能脱离实际太远，经过一定时期以后，不变价格须做相应的变换。我国对于主要工业产品曾经编制和使用过 1952 年、1957 年、1970 年、1980 年和 1990 年不变价格。

需要注意的是，在实际应用中，在编制或计算数量指标指数时，一般选择质量指标作同度量因素，并将其固定在基期，即用下列公式计算。

数量指标指数：$\overline{K_q} = \dfrac{\sum p_0 q_1}{\sum p_0 q_0}$

分子与分母的差额：$\sum p_0 q_1 - \sum p_0 q_0$

2. 质量指标综合指数

质量指标综合指数是说明经济工作质量变动的指数，如商品销售价格指数、产品成本指数等。尽管价格水平是以货币为计量单位的，但由于各种商品（或产品）的价格反映不同使用价值的实物量的价格水平，显然价格直接相加没有实际意义，各种商品价格是不能同度量的。在编制质量指标综合指数时，同样要解决同度量因素及所属的时期两个问题。

为了分析价格（指数化指标）这一因素的变动，必须假设销售量因素没有变动，即假定报告期和基期的销售量相同。计算价格指标综合指数时，有三种可能采用的销售量：报告期销售量、基期销售量和固定时期销售量。采用不同时期销售量作为同度量因素，所得的结果也就不同，具有不同的经济意义。

续例 6-11

（1）以基期销售量作为同度量因素，即用 q_0 作为权数，商品价格综合指数计算公式为

$$\overline{K_q} = \frac{\sum p_1 q_0}{\sum p_0 q_0} \tag{6-23}$$

以表 6-11 资料为例计算价格综合指数为

$$\overline{K_q} = \frac{\sum p_1 q_0}{\sum p_0 q_0} = \frac{4\,960}{4\,540} \times 100\% = 109.25\%$$

计算结果表明，三种商品价格报告期比基期平均增长 9.25%。

分子与分母的差额为

$$\sum p_1 q_0 - \sum p_0 q_0 = 4\,960 - 4\,540 = 420(元)$$

表示由于价格上涨，使商品销售额增加 420 元。

（2）以报告期销售量作为同度量因素，即用 q_1 作为权数，说明在报告期销售量的条件下，价格的综合变动方向和程度。商品价格综合指数计算公式为

$$\overline{K_p} = \frac{\sum p_1 q_1}{\sum p_0 q_1} \tag{6-24}$$

以表 6-11 资料为例计算价格综合指数为

$$\overline{K_q} = \frac{\sum p_1 q_1}{\sum p_1 q_0} = \frac{6\,250}{5\,720} \times 100\% = 109.27\%$$

计算结果表明，三种商品价格报告期比基期平均增长 9.27%。

分子与分母的差额为

$$\sum p_1 q_1 - \sum p_0 q_1 = 6\,250 - 5\,720 = 530(元)$$

表示由于价格上涨，使商品销售额增加 530 元。

（3）以固定时期销售量作为同度量因素，即用 q_n 作为权数，说明在报告期价格水平的条件下，销售量的综合变动方向和程度。商品价格综合指数计算公式为

$$\overline{K_p} = \frac{\sum p_1 q_n}{\sum p_0 q_n} \tag{6-25}$$

需要注意的是，在实际应用中，在编制或计算质量指标指数时，一般选择数量指标作为同度量因素，并将其固定在报告期，即用下列公式计算

质量指标指数：$\overline{K_p} = \dfrac{\sum p_1 q_1}{\sum p_0 q_1}$

分子与分母的差额：$\sum p_1 q_1 - \sum p_0 q_1$

3. 综合指数法的特点

从以上关于用综合指数法编制总指数的方法和原理可知，它具有如下三个特点。

（1）借助同度量因素进行综合对比。在分析复杂社会经济现象综合变动时，不同度量单位的事物不能直接相加，但有时又需要把它们作为一个总体来研究，必须把它们加总起来，这是运用综合指数法首先要解决的问题。

众所周知，人们从事社会生产活动，创造了各种各样的产品，这些不同的产品具有不同的使用价值、不同外形和不同的计量单位，是不能同度量的事物。作为使用价值不同的产品或商品是不能同度量的，但所有的产品或商品都是人们从事社会劳动的成果，都是人类劳动的结晶，都具有一定的价值，而价值对于任何产品或商品流通来说都是相同的，是能同度量的。价格是价值的货币表现，因此在编制指数时，就可用不同的产品或商品流通的量乘以它们相应的价格，借助价格这一同度量因素，使不能同度量的使用价值转化为能同度量的价值量。这样就可以把两个时期的价值量进行综合对比了。

（2）同度量因素的时期要固定。运用综合指数法编制总指数时，人们只关心一个因素的变动程度。例如，工业产品产量总指数只反映各种工业产品产量的总变动；零售价格总指数只反映多种商品零售价格的总变动。这就要求编制指数时，把新加入的媒介因素作为同度量因素加以固定，来测定人们所关心的因素的变动。

（3）用综合指数法编制总指数，使用的是全面资料，不存在代表性误差。例如，用综合指数法编制产品产量指数，要求使用报告期和基期的全部产品产量资料，即利用全面统计资料。全面统计资料只存在登记误差，而不存在代表性误差。

三、平均指数分析

平均指数是以某一时期的总量为权数对个体指数加权平均计算出来的。其中，作为权数的总量通常是两个变量的乘积，它可以是价值总量，如商品销售额（销售价格与销售量的乘积）、工业总产值（出厂价格与生产量的乘积）；也可以是其他总量，如农产品总产量（单位面积产量与收获面积的乘积）等。而其中的个体指数是个体质量指数或个体数量指数。

1. 加权算术平均指数

由于这一平均指数在计算形式上采用了算术平均形式，故称为加权算术平均指数。

设基期总量权数为 $p_0 q_0$，个体质量指数为 $K_p = \dfrac{p_1}{p_0}$，个体数量指数为 $K_q = \dfrac{q_1}{q_0}$

加权平均质量指数的一般计算公式为

$$\overline{K_p} = \frac{\sum K_p p_0 q_0}{\sum p_0 q_0} \tag{6-26}$$

加权平均数量指数的一般计算公式为

$$\overline{K_q} = \frac{\sum K_q p_0 q_0}{\sum p_0 q_0} \tag{6-27}$$

例 6-12　设某企业生产三种产品的有关资料，如表 6-12 所示。试计算三种产品的单位成本总指数和产量总指数。

表 6-12　某企业生产三种产品的有关资料

商品名称	计量单位	总成本（万元）		个体成本指数 (p_1/p_0)	个体产量指数 (q_1/q_0)
		基期（$p_0 q_0$）	报告期（$p_1 q_1$）		
甲	件	200	220	1.14	1.03
乙	台	50	50	1.05	0.98
丙	箱	120	150	1.20	1.10

解：根据加权平均质量指数的计算公式得三种产品的单位成本总指数为

$$\overline{K_p} = \frac{\sum K_p p_0 q_0}{\sum p_0 q_0} = \frac{1.14 \times 200 + 1.05 \times 50 + 1.20 \times 120}{200 + 50 + 120} = \frac{424.5}{370} \times 100\% = 114.73\%$$

根据加权平均数量指数的计算公式得三种产品的产量总指数为

$$\overline{K_q} = \frac{\sum K_q p_0 q_0}{\sum p_0 q_0} = \frac{1.03 \times 200 + 0.98 \times 50 + 1.10 \times 120}{200 + 50 + 120} = \frac{387}{370} \times 100\% = 104.59\%$$

计算结果表明，报告期与基期相比，该企业三种产品的单位成本平均提高了 14.73%，三种产品的产量平均提高了 4.59%。

2. 加权调和平均指数

加权调和平均指数是以报告期总量为权数对个体指数加权平均计算出来的。

设报告期总量权数为 $p_1 q_1$，个体质量指数为 $K_p = \dfrac{p_1}{p_0}$，个体数量指数为 $K_q = \dfrac{q_1}{q_0}$，加权调和质量指数的一般计算公式为

$$\overline{K_p} = \frac{\sum p_1 q_1}{\sum \dfrac{1}{K_p} p_1 q_1} \tag{6-28}$$

加权调和数量指数的一般计算公式为

$$\overline{K_q} = \frac{\sum p_1 q_1}{\sum \dfrac{1}{K_q} p_1 q_1} \tag{6-29}$$

续例 6-12　仍以表 6-12 的资料为例，以报告期总成本为权数计算三种产品的单位成本总指数和产量总指数。

解：根据加权调和质量指数的计算公式得三种产品的单位成本总指数为

$$\overline{K_p} = \frac{\sum p_1 q_1}{\sum \dfrac{1}{K_p} p_1 q_1} = \frac{220 + 50 + 150}{\dfrac{220}{1.14} + \dfrac{50}{1.05} + \dfrac{150}{1.20}} = \frac{420}{365.60} \times 100\% = 114.88\%$$

根据加权调和数量指数的计算公式，得三种产品的产量总指数为

$$\overline{K_q} = \frac{\sum p_1 q_1}{\sum \dfrac{1}{K_q} p_1 q_1} = \frac{220 + 50 + 150}{\dfrac{220}{1.03} + \dfrac{50}{0.98} + \dfrac{150}{1.10}} = \frac{420}{400.97} \times 100\% = 104.74\%$$

计算结果表明，报告期与基期相比，该企业三种产品的单位成本平均提高了 14.88%，三种产品的产量平均提高了 4.74%。

四、指数体系和因素分析

1. 指数体系的概念

社会经济现象之间的相互联系、相互影响的关系是客观存在的。有些社会经济现象之间的联系可以用经济方程式表现出来，如：

商品销售额 = 商品销售量 × 商品销售价格

生产总成本 = 产品产量 × 单位产品成本

上述的这种关系，按指数形式表现时，同样也存在这种对等关系，即

商品销售额指数 = 商品销售量指数 × 商品销售价格指数

生产总成本指数 = 产品产量指数 × 单位产品成本指数

在统计分析中，将一系列相互联系、彼此间在数量上存在推算关系的统计指数所构成的整体称为指数体系。

上述指数体系，按编制综合指数的一般原理，可写成计算公式为

$$\frac{\sum q_1 p_1}{\sum q_0 p_0} = \frac{\sum q_1 p_0}{\sum q_0 p_0} \times \frac{\sum q_1 p_1}{\sum q_1 p_0} \tag{6-30}$$

从上面所举的例子中可发现，统计指数体系一般具有以下特征。

（1）具备三个或三个以上的指数。

（2）体系中的单个指数在数量上能相互推算。例如，已知销售额指数、销售量指数，则可推算出价格指数；已知价格指数、销售量指数，则可推算出销售额指数。

（3）现象总变动差额等于各个因素变动差额的和。

2. 指数体系的作用

指数体系主要有以下三方面的作用。

（1）指数体系是进行因素分析的根据，即利用指数体系可以分析复杂经济现象总变动中各因素变动的影响方向和程度。

（2）利用各指数之间的联系进行指数间的相互推算。例如，我国商品销售量总指数往往就是根据商品销售额总指数和价格总指数进行推算的，即

商品销售量指数 = 商品销售额指数 ÷ 商品销售价格指数

（3）用综合指数法编制总指数时，指数体系也是确定同度量因素时的根据之一。因为，指数体系是进行因素分析的根据，要求各个指数之间在数量上要保持一定的联系。因此，编制产品产量指数时，如用基期价格作为同度量因素，那么编制产品价格指数时就必须用报告期的产品产量作为同度量因素；如果编制产品产量指数用报告期价格作为同度量因素，那么编制产品价格指数时就必须用基期的产品产量作为同度量因素。

3. 因素分析

利用指数从数量上分析复杂经济现象变动中各个因素变动影响的方法称为指数因素分

析法。对于社会经济现象复杂总体的变动，当确定其是两个或两个以上因素乘积的函数时，可以开展因素分析。对两个因素进行分析称两因素分析，对两个以上因素进行分析称多因素分析。

因素分析法的基本要点如下。

（1）确定因素分析的前提。根据被研究现象各因素之间的客观内在联系，建立指数体系。

（2）进行假定。在分析一个因素变动时，必须假定其他因素不变。

（3）合理排列。按照被研究现象内在规律，合理进行各因素的顺序排列。

（4）因素分析结果。从相对数分析，要求总变动指数等于各因素指数之积；从绝对数角度分析，要求总变动绝对额等于各个因素变动影响绝对额之和。

因素分析的步骤如下。

（1）总变动分析。从相对数角度分析总变动方向与程度，从绝对数角度分析总变动增减绝对值。

（2）影响因素分析。从相对数角度分析各影响变动方向与程度，从绝对数角度分析各影响因素变动对总变动影响的增减绝对值。

4. 因素分析的应用

（1）总量指标两因素分析。复杂总体总量指标的变动（总指数），可用如下公式表达

$$总指数 = \frac{\sum q_1 p_1}{\sum q_0 p_0}$$

总指数可分解为数量指标综合指数和质量指标综合指数两因素的乘积。指数体系如下

$$\frac{\sum q_1 p_1}{\sum q_0 p_0} = \frac{\sum q_1 p_0}{\sum q_0 p_0} \times \frac{\sum p_1 q_1}{\sum p_0 q_1}$$

绝对额关系如下

$$\sum q_1 p_1 - \sum q_0 p_0 = \left(\sum q_1 p_0 - \sum q_0 p_0 \right) + \left(\sum p_1 q_1 - \sum p_0 q_1 \right)$$

例 6-13　某工业企业生产三种使用价值和计量单位都不同的产品，报告期和基期总产值及有关资料，如表 6-13 所示。

表 6-13　某工业企业基期、报告期产值情况表

产品名称	计量单位	产品产量		出厂价格（元）		基期总产值（元）	报告期总产值（元）	假设总产值（元）
		基期	报告期	基期	报告期			
甲	乙	q_0	q_1	p_0	p_1	$q_0 p_0$	$q_1 p_1$	$q_1 p_0$
A	吨	6 000	5 000	110	100	660 000	500 000	550 000
B	台	10 000	12 000	50	60	500 000	720 000	600 000
C	件	40 000	41 000	20	20	800 000	820 000	820 000
合计	—	—	—	—	—	1 960 000	2 040 000	1 970 000

从表 6-13 资料可以看出，该企业总产值的动态指数为

$$\overline{K_{\text{总}}} = \frac{\sum q_1 p_1}{\sum q_0 p_0} = \frac{2\,040\,000}{1\,960\,000} \times 100\% = 104.08\%$$

报告期总产值比基期增加

$$\sum q_1 p_1 - \sum q_0 p_0 = 2\,040\,000 - 1\,960\,000 = 80\,000(元)$$

这个结果是由产品产量和价格两个因素的变动共同引起的。

其中，产品产量指数为

$$\overline{K_q} = \frac{\sum q_1 p_0}{\sum q_0 p_0} = \frac{1\,970\,000}{1\,960\,000} \times 100\% = 100.51\%$$

产品产量增加使总产值增加的绝对额为

$$\sum q_1 p_0 - \sum q_0 p_0 = 1\,970\,000 - 1\,960\,000 = 10\,000(元)$$

产品出厂价格指数为

$$\overline{K_p} = \frac{\sum p_1 q_1}{\sum p_0 q_1} = \frac{2\,040\,000}{1\,970\,000} \times 100\% = 103.55\%$$

出厂价格提高使总产值增加的绝对额为

$$\sum p_1 q_1 = \sum p_0 q_1 = 2\,040\,000 - 19\,700\,000 = 70\,000(元)$$

用相对数表示：$104.08\% = 100.51\% \times 103.55\%$

用绝对额表示：$80\,000$ 元 $= 10\,000$ 元 $+ 70\,000$ 元

综上所述，该工业企业报告期的工业总产值比基期增长了 4.08%，增加额为 80 000元，是由于产品产量和出厂价格两因素发生变动共同引起的，其中产品产量增长 0.51%，使总产值增加 10 000 元，出厂价格增长 3.55%，使总产值增加 70 000 元。

（2）复杂总体的多因素分析。工业企业三种产品总产值的变动，既受产量变动影响，又受出厂价格影响。假如我们把产量因素再分解为职工平均人数和全员劳动生产率，该企业总产值的变动，分解为三个因素进行分析。

开展复杂总体多因素分析时，要按如下两个原则进行。

首先，把影响复杂总体变动的各个因素，按照数量指标在前、质量指标在后的顺序进行排列。

其次，当分析某一因素对复杂总体变动的影响时，未被分析的后面诸因素要固定在基期水平，而已被分析过的前面诸因素，则要固定在报告期水平。

例6-14　以表6-14 的资料为例，说明复杂总体的多因素分析方法。

表6-14　某单位基期、报告期产量及价格情况表

产品名称	计量单位	产品产量				出厂价格（元）	
		职工平均人数（人）		全员劳动生产率			
		基期	报告期	基期	报告期	基期	报告期
甲	乙	a_0	a_1	b_0	b_1	c_0	c_1
A	吨	1 200	1 000	5	5	110	100
B	台	1 000	1 000	10	12	50	60
C	件	800	1 000	50	41	20	20

解：从表 6-14 可以看出，该企业总产值受到职工平均人数（a）、全员劳动生产率（b）和出厂价格（c）三个因素共同影响。指数体系为

$$\frac{\sum a_1 b_1 c_1}{\sum a_0 b_0 c_0} = \frac{\sum a_1 b_0 c_0}{\sum a_0 b_0 c_0} \times \frac{\sum a_1 b_1 c_0}{\sum a_1 b_0 c_0} \times \frac{\sum a_1 b_1 c_1}{\sum a_1 b_1 c_0} \quad (6\text{-}31)$$

绝对额关系为

$$\sum a_1 b_1 c_1 - \sum a_0 b_0 c_0$$
$$= \left(\sum a_1 b_0 c_0 - \sum a_0 b_0 c_0 \right) + \left(\sum a_1 b_1 c_0 - \sum a_1 b_0 c_0 \right) + \left(\sum a_1 b_1 c_1 - \sum a_1 b_1 c_0 \right) \quad (6\text{-}32)$$

根据表 6-14 整理计算的总产值资料如表 6-15 所示。

表 6-15　某企业基期、报告期总产值计算表

产品名称	工业总产值（万元）			
	基期	报告期	按报告期平均人数计算的基期总产值	按基期价格计算的报告期总产值
	$a_0 b_0 c_0$	$a_1 b_1 c_1$	$a_1 b_0 c_0$	$a_1 b_1 c_0$
A	66	50	55	55
B	50	72	50	60
C	80	82	100	82
合计	196	204	205	197

该企业工业总产值指数为

$$\overline{K_{总}} = \frac{\sum a_1 b_1 c_1}{\sum a_0 b_0 c_0} = \frac{204}{196} \times 100\% = 104.08\%$$

报告期工业总产值相比基期增加额为

$$\sum a_1 b_1 c_1 - \sum a_0 b_0 c_0 = 204 - 194 = 8（万元）$$

其中，职工平均人数指数为

$$\overline{K_a} = \frac{\sum a_1 b_0 c_0}{\sum a_0 b_0 c_0} = \frac{205}{194} \times 100\% = 104.59\%$$

影响绝对额为

$$\sum a_1 b_0 c_0 - \sum a_0 b_0 c_0 = 205 - 196 = 9（万元）$$

全员劳动生产率指数为

$$\overline{K_b} = \frac{\sum a_1 b_1 c_0}{\sum a_1 b_0 c_0} = \frac{197}{205} \times 100\% = 96.10\%$$

影响绝对额为

$$\sum a_1 b_1 c_0 - \sum a_1 b_0 c_0 = 197 - 205 = -8（万元）$$

出厂价格变动影响为

$$\overline{K_c} = \frac{\sum a_1 b_1 c_1}{\sum a_1 b_1 c_0} = \frac{204}{197} \times 100\% = 103.55\%$$

影响绝对额为

$$\sum a_1 b_1 c_1 - \sum a_1 b_1 c_0 = 204 - 197 = 7（万元）$$

用相对数表示：$104.08\% = 104.59\% \times 96.10\% \times 103.55\%$

用绝对额表示：8 万元 =9 万元 – 8 万元 +7 万元

综上所述，该企业工业总产值由基期的 196 万元增加到报告期的 204 万元，增加了 8 万元，增长率为 4.08%，这一结果是由于职工平均人数、全员劳动生产率和产品出厂价格三个因素共同引起的。其中，平均人数增长 4.59%，使总产值增加 9 万元；全员劳动生产率下降 3.9%，使总产值减少 8 万元；出厂价格增长 3.55%，使总产值增加 7 万元。

三个因素分析弥补了两因素分析的不足，前面我们对该企业总产值变动情况做产量和价格两因素分析时，看到企业增加的 8 万元总产值中，有 1 万元是由于产量增长所致，另外 7 万元是由于价格上涨引起的，给人的印象是两个因素都是增长的，这就把产量增长的真相掩盖了，容易给决策者制造假象，放松对生产的管理和经济核算。通过多因素分析，再把产量进一步分解为职工平均人数和全员劳动生产率，就可看到，全厂职工平均人数报告期比基期是增加的，但劳动生产率却有所下降，产量影响的 1 万元产值是职工平均人数增加使总产值增加 9 万元和劳动生产率下降使总产值减少 8 万元所致。问题揭示清楚，便于企业加强管理，提高经济效益。

5. 平均指标指数的因素分析

（1）平均指标指数的含义。从综合指数的定义上可以看出，当一个总量指标可以分解成两个因素的乘积时，就可以计算每一个因素的变动对总量的影响，这就是综合指数的含义。同样地，对于平均指标来讲，也可以用上述方法进行分析，因为平均指标也能够分解成两个影响因素。例如，当研究某企业职工工资水平的变动时，其计算公式为

$$\bar{x} = \frac{\sum xf}{\sum f}$$

式中　x——每组的工资额；

　　　f——各组的职工人数。

上式还可以写成如下形式

$$\bar{x} = \sum x \frac{f}{\sum f}$$

式中　$f/\sum f$——各组职工的比重，即频率。

上式说明，平均工资实际上受两个因素的影响，一个是各组职工的工资水平，另一个是每组职工所占的比重。因此，类似于综合指数的定义，我们按照如下方式定义有关平均指标指数。

可变构成指数：

$$\overline{K_{可}} = \frac{\bar{x}_1}{\bar{x}_0} \tag{6-33}$$

固定结构指数：

$$\overline{K_{固}} = \frac{\sum x_1 f_1}{\sum f_1} : \frac{\sum x_0 f_1}{\sum f_1} \tag{6-34}$$

结构变动指数:

$$\overline{K_{\text{结}}} = \frac{\sum x_0 f_1}{\sum f_1} : \frac{\sum x_0 f_0}{\sum f_0} \tag{6-35}$$

（2）因素分析方法。由上述方法定义的有关平均指标指数，构成如下指数体系。

从相对量角度:

$$\overline{x}_1 : \overline{x}_0 = \left(\frac{\sum x_1 f_1}{\sum f_1} : \frac{\sum x_0 f_1}{\sum f_1} \right) \times \left(\frac{\sum x_0 f_1}{\sum f_1} : \frac{\sum x_0 f_0}{\sum f_0} \right) \tag{6-36}$$

即，可变指数＝固定结构指数×结构变动指数

从绝对量角度:

$$\overline{x}_1 - \overline{x}_0 = \left(\frac{\sum x_1 f_1}{\sum f_1} - \frac{\sum x_0 f_1}{\sum f_1} \right) \times \left(\frac{\sum x_0 f_1}{\sum f_1} - \frac{\sum x_0 f_0}{\sum f_0} \right) \tag{6-37}$$

即，平均指标的增加额＝由于变量水平的变动引起的平均指标的增加额＋由于结构的变动引起的平均指标的增加额

例6-15 已知某企业基期和报告期职工的月工资情况，如表6-16所示。

表6-16　某企业职工月工资情况

工人类别	月工资额（元）		职工人数（人）		工资总额（元）		
	基期（x_0）	报告期（x_1）	基期（f_0）	报告期（f_1）	（$x_0 f_0$）	（$x_1 f_1$）	（$x_0 f_1$）
工种 A	700	780	48	40	33 600	31 200	28 000
工种 B	750	810	50	60	37 500	48 600	45 000
工种 C	800	830	80	80	64 000	66 400	64 000
合计	—	—	178	180	135 100	146 200	137 000

首先计算平均工资指数，来说明平均工资的变动情况。

报告期的平均工资:

$$\overline{x}_1 = \frac{\sum x_1 f_1}{\sum f_1} = \frac{146\,200}{180} = 812.2（元）$$

基期的平均工资:

$$\overline{x}_0 = \frac{\sum x_0 f_0}{\sum f_0} = \frac{135\,100}{178} = 759.0（元）$$

可变构成指数:

$$\overline{K_{\text{可}}} = \frac{\overline{x}_1}{\overline{x}_0} = \frac{812.2}{759.0} \times 100\% = 107.0\%$$

$$\overline{x}_1 - \overline{x}_0 = 812.2 - 759.0 = 53.2（元）$$

其中，

固定结构指数:

$$\overline{K_{\text{固}}} = \frac{\sum x_1 f_1}{\sum f_1} : \frac{\sum x_0 f_1}{\sum f_1} = \frac{146\,200 \div 180}{137\,000 \div 180} = \frac{812.2}{761.1} \times 100\% = 106.7\%$$

$$\frac{\sum x_1 f_1}{\sum f_1} - \frac{\sum x_0 f_1}{\sum f_1} = 812.2 - 761.1 = 51.1（元）$$

结构变动指数：

$$\overline{K_{结}} = \frac{\sum x_0 f_1}{\sum f_1} : \frac{\sum x_0 f_0}{\sum f_0} = \frac{137\,000 \div 180}{135\,100 \div 178} \times 100\% = 100.3\%$$

$$\frac{\sum x_0 f_1}{\sum f_1} - \frac{\sum x_0 f_0}{\sum f_0} = 761.1 - 759.0 = 2.1(元)$$

上述指数之间的关系如下。

从相对量角度：

$$106.7\% \times 100.3\% = 107.02\%$$

从绝对量角度：

$$51.1 + 2.1 = 53.2(元)$$

上述计算结果表明，从相对量角度来看，报告期职工平均工资比基期上升了 7.0%，是由于工资水平提高了 6.7% 和结构变动使平均工资上升 0.3% 两个因素共同作用的结果；从绝对量角度来看，每组平均工资提高使总的平均工资上升了 51.1 元，每组结构变动使总的平均工资上升了 2.1 元，这两个因素共同作用的结果，导致总的平均工资共增加 53.2 元。

第三节　总体趋势分析：时间数列预测

第二节中介绍了传统时间数列的水平分析法和速度分析法，但是编制时间数列，进行时间数列分析，除了考察现象发展过程中的水平和速度之外，还需要用数学模型来对时间数列做一些在定性认识基础上的定量分析，找出制约现象发展的基本因素或主要原因。时间数列的变动主要受以下四大因素的变动影响。

（1）长期趋势（T）。长期趋势是指社会经济现象按一定方向不断长期发展变化的趋势。

（2）季节变动（S）。季节变动是指社会经济现象随着季节的更替而发生的有固定规律性的变动。

（3）循环变动（C）。循环变动又称波浪式变动，是指反复高低变化的一种变动。

（4）偶然变动（I）。偶然变动又称不规则变动，是指由于自然或社会的偶然因素引起的社会经济现象的变动。

若以 Y 代表时间数列的各项数值，则上述因素对时间数列的影响可用下面两个数学模型来表示。

$$加法模型: Y = T + S + C + I$$
$$乘法模型: Y = T \cdot S \cdot C \cdot I$$

其中，最常用的是乘法模型。乘法模型的基本假设是，四个因素是由不同的原因造成的，但相互之间存在一定的关系，它们对事物的影响是相互的，因此时间数列中各指标值表现为各种因素的乘积。利用乘法模型可以将四个因素很容易地从时间数列中分离出来，因而乘法模型在时间数列分析中被广泛应用。本节介绍的时间数列构成分析方法，均以乘法模型为例。

一、指数平滑法及其应用

长期趋势是时间数列的主要构成要素，它是指现象在较长时期内持续发展变化的一种趋向或状态。通过对时间数列长期趋势变动的分析，可以掌握现象活动的规律性，并对其未来的发展趋势做出判断或预测。测定长期趋势的分析方法有许多，如时距扩大法、半数平均法、部分平均法、移动平均法、指数平滑法、最小二乘法等。由于指数平滑法较常用，故主要介绍指数平滑法。通过这种方法的介绍，可熟悉测定长期趋势的基本方法及各自的特点。

指数平滑法是指用过去时间数列值的加权平均数作为趋势值，它是加权移动平均法的一种特殊情形。其基本形式是根据本期的实际值 Y_t 和本期的趋势值 $\hat{Y}_t$，分别给予不同权数 α 和 $1-\alpha$ 计算加权平均数作为下期的趋势值 $\hat{Y}_{t+1}$。基本指数平滑法模型的计算公式为

$$\hat{Y}_{t+1} = \alpha Y_t + (1 - \alpha) \hat{Y}_t \qquad (6-38)$$

式中　$\hat{Y}_{t+1}$——时间数列 $t+1$ 期趋势值；

Y_t——时间数列 t 期的实际值；

$\hat{Y}_t$——时间数列 t 期的趋势值；

α——平滑系数 $(0 < \alpha < 1)$。

若利用指数平滑法进行预测，从基本计算公式中可以看出，只需一个 t 期的实际值 Y_t，一个 t 期的趋势值 $\hat{Y}_t$ 和一个 α 值，所用数据量和计算量都很少，这是移动平均法所不能及的。

例 6-16　某公司某年前 8 个月的销售额资料如表 6-17 所示，用指数平滑法进行长期趋势分析。已知 1 月份的趋势值为 150.8 万元，α 分别取 0.2 和 0.8。

表 6-17　某公司某年各月销售额预测表　　　　　　　　（单位：万元）

月份	实际销售额	一次指数平滑预测数	
		$\alpha = 0.2$	$\alpha = 0.8$
1	154	150.80	150.80
2	148	$0.2 \times 154 + (1 - 0.2) \times 150.8 = 151.44$	$0.8 \times 154 + (1 - 0.8) \times 150.8 = 153.36$
3	142	$0.2 \times 148 + (1 - 0.2) \times 151.44 = 150.75$	$0.8 \times 148 + (1 - 0.8) \times 153.36 = 149.07$
4	151	$0.2 \times 142 + (1 - 0.2) \times 150.75 = 149.00$	$0.8 \times 142 + (1 - 0.8) \times 149.07 = 143.41$
5	145	149.40	149.48
6	154	148.52	145.90
7	157	149.62	152.38
8	151	151.10	156.08
9	—	151.08	152.02

可得，10 月份的趋势值为 151.08 万元（$\alpha = 0.2$）或 152.02（$\alpha = 0.8$）

一次指数平滑法比较简单，但也存在问题，从例 6-16 中也可看出，α 值和初始值的确定是关键，它们直接影响趋势值误差的大小。通常对于 α 值和初始值可按以下方法确定。

1. α 值的确定

在选择 α 值时，一个总的原则是使趋势值与实际值之间的误差最小。从理论上讲，α 值取 0~1 之间的任意数均可。具体如何选择，要视时间数列的变化趋势来定。

（1）当时间数列呈较稳定的水平趋势时，α 值应取小一些，如 0.1~0.3，以减小修正幅度，同时各期指标值的权数差别不大，预测模型能包含更长时间数列的信息。

（2）当时间数列波动较大时，宜选择居中的 α 值，如 0.3~0.5。

（3）当时间数列波动很大，呈现明显且迅速上升或下降的趋势时，α 值应取大些，如 0.6~0.8，以使预测模型灵敏度高些，能迅速跟上数据的变化。

（4）在实际预测中，可取几个 α 值进行试算，比较预测误差，选择误差小的那个 α 值。

实际中，也可采用求概率的方法求得 α 值。具体过程如下。

首先，讨论时间数列随机变量的概率分布。设时间数列随机变量为 Y，其取值为 Y_i（$i = 1, 2, \cdots, t, t+1$）。由于绝大多数的时间数列随机变量往往可以表示成大量独立随机变量的总和，且总和中的每一个单独的随机变量对于总和又不起主要作用，如产品产量，可看成是大量的单独生产工人的产品产量的总和，因此，根据李雅普诺夫中心极限定理，可以认为时间数列随机变量近似地服从正态分布，即 $Y \sim N(\mu, \sigma^2)$。

其次，讨论时间数列随机变量的取值情况。与其他随机变量不同的是，对于时间数列随机变量来说，其取值表现为两种状态，一种是实际值，表现为 $Y_1, Y_2, \cdots, Y_t$；另一种是趋势值，表现为 $\hat{Y}_{t+1}$。显然，就所要研究的问题而言，我们还是更为关心趋势值的取值情况。那么，其取值情况到底怎样呢？这可以从指数平滑法预测的基本计算公式来观察。指数平滑法预测的基本公式为

$$\hat{Y}_{t+1} = \alpha Y_t + (1 - \alpha) \hat{Y}_t$$

式中　$\hat{Y}_{t+1}$——时间数列 $t+1$ 期趋势值；

　　　Y_t——时间数列 t 期的实际值；

　　　$\hat{Y}_t$——时间数列 t 期的趋势值；

　　　α——平滑系数（$0 < \alpha < 1$）。

从以上基本计算公式可以看出指数平滑法的递推性质，它可以从实际值资料的第 1 期开始，不断地递推下去，直到推出所需要的预测值为止，即

$\hat{Y}_{t+1} = \alpha Y_t + (1 - \alpha) \hat{Y}_t$

$= \alpha Y_t + [\alpha(1 - \alpha)Y_{t-1} + (1 - \alpha)(1 - \alpha)\hat{Y}_{t-1}]$

$= \alpha Y_t + \alpha(1 - \alpha)Y_{t-1} + \alpha(1 - \alpha)^2 Y_{t-2} + \alpha(1 - \alpha)^3 Y_{t-3} + \cdots + \alpha(1 - \alpha)^{t-1} Y_1 + (1 - \alpha)^t Y_1$

所以，当 $\alpha = 1$ 时，$\hat{Y}_{t+1} = Y_t$；当 $\alpha = 0$ 时，$\hat{Y}_{t+1} = Y_1$。换句话说，$\hat{Y}_{t+1}$ 的取值在 Y_t 与 Y_1 之间，或 $Y_1 \leqslant \hat{Y}_{t+1} \leqslant Y_t$，或 $Y_t \leqslant \hat{Y}_{t+1} \leqslant Y_1$。

很明显，我们不只是要研究时间数列随机变量可能取哪些值，更重要的是要研究它以多大的概率取这些值或某一范围内的值。因此，将随机变量的取值与所对应的概率相联

系，用概率表示，则有

$$P(Y_1 \leqslant \hat{Y}_{t+1} \leqslant \hat{Y}_t) = \alpha$$

或

$$P(Y_t \leqslant \hat{Y}_{t+1} \leqslant \hat{Y}_1) = \alpha$$

最后，讨论 α 的计算方法。由前面的讨论已知，$Y \sim N(\mu, \sigma^2)$，则根据正态分布的性质，必有 $\dfrac{\hat{Y}_{t+1} - \mu}{\sigma} \sim N(0, 1)$。为此，可按照标准正态分布概率的计算方法，求出概率 α，即

$$P(Y_1 \leqslant \hat{Y}_{t+1} \leqslant Y_t) = P\left(\frac{Y_1 - \mu}{\sigma} \leqslant \frac{\hat{Y}_{t+1} - \mu}{\sigma} \leqslant \frac{Y_t - \mu}{\sigma}\right) = \Phi\left(\frac{Y_t - \mu}{\sigma}\right) - \Phi\left(\frac{Y_1 - \mu}{\sigma}\right) = \alpha$$

或

$$P(Y_t \leqslant \hat{Y}_{t+1} \leqslant Y_1) = P\left(\frac{Y_t - \mu}{\sigma} \leqslant \frac{\hat{Y}_{t+1} - \mu}{\sigma} \leqslant \frac{Y_1 - \mu}{\sigma}\right) = \Phi\left(\frac{Y_1 - \mu}{\sigma}\right) - \Phi\left(\frac{Y_t - \mu}{\sigma}\right) = \alpha$$

对于上式中 $\Phi\left(\dfrac{Y_t - \mu}{\sigma}\right)$、$\Phi\left(\dfrac{Y_1 - \mu}{\sigma}\right)$ 的值，可查正态分布表得到，从而最终求得 α 值，也就是平滑系数。

例 6-17　某地区第 1~9 年的粮食产量资料，如表 6-18 所示。

表 6-18　某地区第 1~9 年粮食产量表　　（单位：万吨）

年份	1	2	3	4	5	6	7	8	9
粮食产量	52.4	67.9	79.3	89.8	91.6	100.3	112.1	118	123

经计算：$\overline{Y} = \dfrac{1}{t}\sum\limits_{i=1}^{t} Y_i = 92.71$，$S^2 = \dfrac{1}{t-1}\sum\limits_{i=1}^{t}(Y_i - \overline{Y})^2 = 491.18$，即 $\mu = 92.71$，$\sigma = 22.16$。

取初始值 $Y_1 = 52.4$，而 $Y_t = 123$，所以

$$P(Y_1 \leqslant \hat{Y}_{t+1} \leqslant Y_t) = P(52.4 \leqslant Y_{t+1} \leqslant 123)$$

$$= P\left(\frac{52.4 - 92.71}{22.16} \leqslant \frac{Y_{t+1} - 92.71}{22.16} \leqslant \frac{123 - 92.71}{22.16}\right)$$

$$= \Phi(1.37) - \Phi(-1.82) = \Phi(1.37) + \Phi(1.82) - 1 = \alpha$$

查正态分布表可得：$\Phi(1.37) = 0.91466$，$\Phi(1.82) = 0.96485$。

因此：$\alpha = \Phi(1.37) + \Phi(1.82) - 1 = 0.91466 + 0.96485 - 1 = 0.87951$。

最后，取整数得 $\alpha = 0.9$，从而最终得到平滑系数（α）为 0.9。

对运用上述方法所取得的平滑系数（α）的效果状况，我们可以通过估计标准误差来判断。分别取 $\alpha = 0.8$、$\alpha = 0.1$、$\alpha = 0.3$、$\alpha = 0.5$，则依据这些平滑系数并运用指数平滑法所得的趋势预测值如表 6-19 第 2、第 4、第 6、第 8 列所示。$\alpha = 0.9$ 时的趋势预测值如表 6-19 第 10 列所示。而第 3、第 5、第 7、第 9、第 11 列则分别为各平滑系数的实际值与趋势值的离差平方和。

表6-19 估计标准误差计算表

年份 t	粮食产量 Y_t	$\alpha=0.8$		$\alpha=0.1$		$\alpha=0.3$		$\alpha=0.5$		$\alpha=0.9$	
		$\hat{Y}_t$	$(Y_t-\hat{Y}_t)^2$	$\hat{Y}_t$	$(Y_t-\hat{Y}_t)^2$	$\hat{Y}_t$	$(Y_t-\hat{Y}_t)^2$	$\hat{Y}_t$	$(Y_t-\hat{Y}_t)^2$	$\hat{Y}_t$	$(Y_t-\hat{Y}_t)^2$
甲	(1)	(2)	(3)	(4)	(5)	(6)	(7)	(8)	(9)	(10)	(11)
1	52.4										
2	67.9	52.4	240.25	52.4	240.25	52.40	240.25	52.4	240.25	52.4	240.25
3	79.3	64.8	210.25	53.95	642.62	57.05	495.06	60.15	366.72	66.35	167.70
4	89.8	76.4	179.56	56.49	1 109.89	63.73	679.91	69.73	403.01	78.01	139.12
5	91.6	87.12	20.07	59.82	1 010.19	71.55	402.10	79.76	140.13	88.62	8.88
6	100.3	90.70	92.08	62.99	1 391.67	77.56	516.96	85.68	213.71	91.30	80.96
7	112.1	98.38	188.22	66.73	2 058.86	84.38	768.16	92.99	365.17	99.40	161.28
8	118	109.36	74.72	71.26	2 184.36	92.70	640.14	102.55	238.85	110.83	51.41
9	123	116.27	45.28	75.94	2 214.97	100.29	515.78	110.27	161.99	117.28	32.68
Σ			1 050.42		10 852.82		4 258.36		2 129.81		882.29
SY			11.46		36.83		23.07		16.32		10.50

由表6-19最后一行 SY 可得，当 $\alpha=0.9$ 时的估计标准误差最小。因此，我们可以选择 α 值取0.9来进行该地区粮食产量的预测；同时，该结果也从另一方面证明了运用概率方法求平滑系数具有较好的客观性、科学性和有效性。

2. 初始值的确定

如果资料总项数 N 大于50，则经过长期平滑链的推算，初始值的影响变得很小了，为了简便起见，可用第一期水平作为初始值。但是如果 N 小到15或20，则初始值的影响较大，可以选用最初几期的平均数作为初始值。

指数平滑法适用于预测呈长期趋势变动和季节变动的评估对象。指数平滑法可分为一次指数平滑法和多次指数平滑法。本节中介绍的是一次指数平滑法的应用。

二、时间数列趋势预测方法及其应用

所谓趋势形态，亦称倾向性形态。其特征是：在一定时期内商品需求量或供应量呈直线上升或下降趋势。一般表现为一种长期趋势，例如，国民收入的增长和市场购买力的增长，肉、禽、蛋、水产品消费量的逐年增长，一般穿、用方面的各种商品需求量的增长等，基本上都呈直线上升的趋势；而有些商品（如电视机、电冰箱、电风扇、洗衣机等耐用消费品）在一定时期内呈直线上升趋势，达到饱和以后又呈下降趋势的变动形态，但也表现出一种长期趋势。对于这种形态，预测时，可采用趋势型模式预测分析方法进行预测。其主要方法包括移动平均法、指数平滑法、回归分析法等。运用这些方法的关键是要掌握大量历史资料，找出其变化规律，用它演变的规律来判断未来。前面提到并介绍了指数平滑法，下面就介绍移动平均法和回归分析法。

（一）移动平均法

移动平均法是将观察期的数据按时间先后顺序排列，然后由远及近，以一定的跨越期进行移动平均，求得平均值，并以此为基础确定预测值的方法。每次移动平均总是在上次移动平均的基础上，去掉一个最远期的数据，增加一个紧跟跨越期后面的新数据，保持跨越期不变，每次只向前移动一步，逐项移动求移动平均值，故称为移动平均法。

移动平均法包括一次移动平均法、二次移动平均法和加权移动平均法等。

（1）一次移动平均法。一次移动平均法是对时间数列的数据按一定跨越期进行移动，逐个计算其移动平均值，取最后一个移动平均值作为预测值的方法。

一次移动平均法是直接以本期（t 期）移动平均值作为下期（$t+1$ 期）预测值的方法。它有三个特点：①预测值是离预测期最近的一组历史数据（实际值）平均的结果；②参加平均的历史数据的个数（即跨越期数）是固定不变的；③参加平均的一组历史数据是随着预测期的向前推进而不断更新的，每当吸收一个新的历史数据参加平均时，就剔除原来一组历史数据中离预测期最远的那个历史数据。

若时间数列中不含有季节和循环变动，Y_1，Y_2，…，Y_N 为各期观察值，一次移动平均法的计算公式为

$$M_t^{(1)} = \frac{Y_t + Y_{t-1} + \cdots + Y_{t-N+1}}{N} \tag{6-39}$$

式中　$M_t^{(1)}$——现象第 t 期的一次移动平均数；

　　　Y_t——现象第 t 期的观察值；

　　　N——移动平均的项数，又称为步长。

一次移动算术平均法的预测公式为

$$\hat{Y}_{t+1} = M_t^{(1)}$$

以第 t 期的一次移动平均数作为第 $t+1$ 期的预测值。

例 6-18　某公司 A 商品 2010~2017 年销售量如表 6-20 第（1）栏所示，试用一次移动平均法预测其 2018 年的销售量。

表 6-20　某公司 A 商品销售量及一次移动平均计算表　（单位：百件）

年份	t	销售量	移动简单算术平均预测值 $\hat{Y}_t$	
		Y_1	$N=3$	$N=5$
（甲）	（乙）	（1）	（2）	（3）
2010	1	1 143	—	—
2011	2	1 058	—	—
2012	3	1131	—	—
2013	4	1 057	1 110. 7	—
2014	5	1 192	1 082. 0	—
2015	6	1 099	1 126. 7	1 116. 2
2016	7	1 094	1 116. 0	1 107. 4
2017	8	1 162	1 128. 3	1 114. 6
2018			1 118. 3	1 120. 8

解：分别取 $N=3$ 和 $N=5$

$$\hat{Y}_{t+1} = M_t^{(1)} = \frac{Y_t + Y_{t-1} + Y_{t-2}}{3} \text{ 和 } \hat{Y}_{t+1} = M_t^{(1)} = \frac{Y_t + Y_{t-1} + Y_{t-2} + Y_{t-3} + Y_{t-4}}{5}$$

将计算结果分别列于表 6-20 第（2）栏和第（3）栏。

预测 2018 年 A 商品销售量

$N=3$ 时：$\hat{Y}_9 = M_8^{(1)} = \dfrac{1\ 162 + 1\ 094 + 1\ 099}{3} = 1\ 118.3$（百件）

$N=5$ 时：$\hat{Y}_9 = M_8^{(1)} = \dfrac{1\ 162 + 1\ 094 + 1\ 099 + 1\ 192 + 1\ 057}{5} = 1\ 120.8$（百件）

N 取哪个值时，预测结果较为准确呢？计算两种情况下的均方误差（MSE）。

$N=3$ 时：$MSE = \dfrac{1}{5} \sum\limits_{t=4}^{8} (Y_t - \hat{Y}_t)^2 = \dfrac{17\ 363}{5} = 3\ 472.6$

$N=5$ 时：$MSE = \dfrac{1}{3} \sum\limits_{t=6}^{8} (Y_t - \hat{Y}_t)^2 = \dfrac{2\ 722.2}{3} = 907.4$

计算结果表明：$N=5$ 时，MSE 较小，因此可选取 $N=5$ 预测，2018 年 A 商品销售量为 1 120.8 百件。

一次移动算术平均法主要适用于大体呈水平趋势变动的时间数列的分析预测。

若时间数列中存在着明显地上升或下降趋势，由于将第 t 期及以前各期观察值的平均数作为第 $t+1$ 期的预测值，这不可避免地会产生滞后误差。一次移动平均法仅能向前预测一期，不能进行向前两期及以上的预测。

（2）二次移动平均法。二次移动平均法是指在对时间数列进行一次移动平均的基础上，再次进行移动平均，并通过建立直线趋势分析模型，对现象未来的趋势水平进行分析预测。这种方法适用于大体呈线性上升或线性下降的时间数列的分析预测。

二次移动简单算术平均数的计算公式为

$$M_t^{(2)} = \frac{M_t^{(1)} + M_{t-1}^{(1)} + \cdots + M_{t-N+1}^{(1)}}{N} \tag{6-40}$$

在实际应用中，为减轻计算工作量，二次移动平均数的计算，可遵照如下递推公式

$$M_t^{(2)} = M_{t-1}^{(1)} + \frac{M_t^{(1)} - M_{t-N}^{(1)}}{N} \tag{6-41}$$

在计算 $M_t^{(1)}$、$M_t^{(2)}$ 时，所使用的移动平均项数相同。

直线趋势模型进行预测

$$\begin{cases} a_t = 2M_t^{(1)} - M_t^{(2)} \\ b_t = \dfrac{2}{N-1}(M_t^{(1)} - M_t^{(2)}) \end{cases} \tag{6-42}$$

式中　$\hat{Y}_{t+T}$——第 $t+T$ 期的预测值；

　　　T——超前预测期，即预测期距离第 t 期的时间长度；

　　　a_t——截距；

　　　b_t——斜率。

公式表明，现象从第 t 期开始呈线性趋势变动。

例 6-19　某公司 2010～2018 年某产品销售额数据，如表 6-21 第（2）栏所示，试采

用二次移动平均法预测2019年该公司的销售额。

表6-21　某公司2010~2018年某产品销售额及二次移动平均值计算表

（单位：百元）

年份	t	Y_t	$M_t^{(1)}$	$M_t^{(2)}$	$\hat{Y}_t$	$(Y_t - \hat{Y}_t)^2 / \hat{Y}_t$
（甲）	（1）	（2）	（3）	（4）	（5）	（6）
2010	1	114 333	—	—	—	—
2011	2	115 823	—	—	—	—
2012	3	117 171	115 776	—	—	—
2013	4	118 517	117 170	—	—	—
2014	5	119 850	118 513	117 153	—	—
2015	6	121 121	119 829	118 504	121 232	0.009 3
2016	7	122 389	121 120	119 821	122 479	0.007 5
2017	8	123 626	122 379	121 109	123 718	0.003 9
2018	9	124 810	123 608	122 369	124 917	0.011 4
Σ	—	—	—	—	—	0.020 7

解： 经判断某公司2010~2018年某产品销售额大体呈线性趋势变动，因此可以采用二次移动平均法建立模型进行预测，

取 $N = 3$：所计算各期的一次、二次移动平均数，结果分别列于表6-21第（3）（4）栏。

将 $M_9^{(1)}$、$M_9^{(2)}$ 代入，则

$$a_9 = 2 \times 123\ 608 - 122\ 369 = 124\ 847$$

$$b_9 = \frac{2}{3-1}(123\ 608 - 122\ 369) = 1\ 239$$

于是，所建立的趋势模型为

$$\hat{Y}_{11+T} = 124\ 847 + 1\ 239T$$

预测某公司2019年某产品销售额，则 $9 + T = 10$，$T = 1$，

$$\hat{Y}_{12} = 124\ 847 + 1\ 239 \times 1 = 126\ 086（百元）$$

（3）加权移动平均法。加权移动平均法是对时间数列各个数据给予不同权数，计算出加权后的移动平均值，并以最后加权移动平均值为基础确定预测值的方法。权数的确定与前面所说加权平均法一样，对距预测期近的观察值给予较大权数，对距预测期远的观察值给予较小的权数，借以调节各观察值对预测值的影响作用，使市场预测值能更好地反映客观实际的变化趋势。

加权移动平均法的公式为

$$M_t^{(1)} = \frac{W_1 Y_t + W_2 Y_{t-1} + \cdots + W_n Y_{t-n+1}}{W_1 + W_2 + \cdots + W_n} \tag{6-43}$$

式中　W_i——权数，且 $W_1 > W_2 > \cdots > W_n$；

　　　n——移动跨越期。

如例 5-18 所示，试用一次加权移动平均法预测其 2012 年的销售量。

计算过程如下。

计算 $M_t^{(1)}$，并将 $M_t^{(1)}$ 作为 $\hat{Y}_{t+1}$。

$N=3$ 时：取 $W_1=3$，$W_2=2$，$W_3=1$，则

$$\hat{Y}_{t+1} = M_t^{(1)} = \frac{1}{6}(3Y_t + 2Y_{t-1} + Y_{t-2})$$

计算结果列于表 6-22 第（2）栏

$N=5$ 时，取 $W_1=5$，$W_2=4$，$W_3=3$，$W_4=2$，$W_5=1$，则

$$\hat{Y}_{t+1} = M_t^{(1)} = \frac{1}{15}(5Y_t + 4Y_{t-1} + 3Y_{t-2} + 2Y_{t-3} + Y_{t-4})$$

计算结果列于表 6-22 第（3）栏。

表 6-22　某公司 A 商品销售量及加权移动平均计算表　　（单位：百件）

年份	t	销售量	移动加权算术平均预测值 $\hat{Y}_t$	
		Y_1	$N=3$	$N=5$
（甲）	（乙）	（1）	（2）	（3）
2010	1	1 143	—	—
2011	2	1 058	—	—
2012	3	1 131	—	—
2013	4	1 057	1 108.7	—
2014	5	1 192	1 081.8	—
2015	6	1 099	1 136.8	1 122.7
2016	7	1 094	1 123.0	1 116.9
2017	8	1 162	1 112.0	1 112.5
2018			1 128.8	1 128.3

预测 2018 年 A 商品的销售量

$N=3$ 时，$\hat{Y}_{t+1} = M_t^{(1)} = \frac{1}{6}$（$3 \times 1\,162 + 2 \times 1\,094 + 1\,099$）$= 1\,128.8$（百件）

$N=5$ 时，$\hat{Y}_{t+1} = M_t^{(1)} = \frac{1}{15}$（$5 \times 1\,162 + 4 \times 1\,094 + 3 \times 1\,099 + 2 \times 1\,192 + 1\,057$）$=$ 1 128.3（百件）

N 在两种取值下的均方误差为

$N=3$ 时，$MSE = \frac{1}{5} \sum_{t=4}^{8} (Y_t - \hat{Y}_t)^2 = \frac{19\,578.5}{5} = 3\,915.7$

$N=5$ 时，$MSE = \frac{1}{5} \sum_{t=6}^{8} (Y_t - \hat{Y}_t)^2 = \frac{3\,539.6}{3} = 1\,179.9$

计算结果表明：$N=5$ 时，MSE 较小，可将其计算的 2017 年移动平均数作为 2018 年的预测值，即 1 128.3（百件）。

应用加权移动平均法，最好采用几种不同的权数方案，求出它们对应的加权移动平均数，再比较它们的预测误差，从中选择预测误差最小的加权移动平均数作为预测值。

（二）回归分析法

回归分析法是在相关分析的基础上，根据变量间质的规定性，通过建立回归方程对变量间数量变化的一般关系进行测定的一种统计分析方法。回归分析的任务有两个：一是依据经济理论和研究目的具体确定哪个变量作为因变量，哪个或哪些变量作为自变量，两者之间的关系不能倒置。二是利用大量的相关资料，建立因变量和自变量之间关系的数学表达式即回归模型，以便为推算、分析提供依据。

1. 一元线性回归预测

对于直线趋势模型

$$\hat{Y}_t = a + bt \tag{6-44}$$

依据最小平方法原理，则

$$Q = \sum (Y_t - a - bt)^2 = \min$$

根据微分学中的极值原理，分别求 Q 关于参数 a 和 b 的一阶偏导数，并令其等于零，即

$$\frac{\partial Q}{\partial a} = -2 \sum (Y_t - a - bt) = 0$$

$$\frac{\partial Q}{\partial b} = -2 \sum (Y_t - a - bt)(-t) = 0$$

将上式整理，可得标准方程组

$$\begin{cases} \sum Y_t = na + b \sum t \\ \sum tY_t = a \sum t + bt^2 \end{cases} \tag{6-45}$$

解上述方程组，求得参数 a、b 的估计值

$$\begin{cases} b = \dfrac{n \sum tY_t - (\sum t)(\sum Y_t)}{n \sum t^2 - (\sum t)^2} \\ a = \dfrac{\sum Y_t}{n} - b \dfrac{\sum t}{n} \end{cases} \tag{6-46}$$

关于时间 t 的取值，通常是根据各观察值在时间数列中的位次来确定，即令 $t = 1$，2，$\cdots$，n。

例 6-20 某公司 2008～2018 年某商品的销售量数据见表 6-23 第（1）栏，试用最小平方法配合趋势模型预测 2019 年该商品的销售量（概率 95%）。

表 6-23　我国化肥销售量直线趋势模型数据计算表　（单位：百吨）

年份	销售量（Y_t）	t	$t \sum Y_t$	t^2
甲	（1）	（2）	（3）	（4）
2008	1 999.3	1	1 999.3	1
2009	2 141.5	2	4 283.0	4
2010	2 357.1	3	7 071.3	9
2011	2 590.8	4	10 363.2	16

（续）

年份	销售量（Y_t）	t	$t\sum Y_t$	t^2
甲	（1）	（2）	（3）	（4）
2012	2 805.1	5	14 025.5	25
2013	2 930.2	6	17 581.2	36
2014	3 151.9	7	22 063.3	49
2015	3 317.9	8	26 543.2	64
2016	3 593.7	9	32 343.3	81
2017	3 827.9	10	38 279.0	100
2018	3 890.7	11	42 797.7	121
Σ	32 606.1	66	217 350.0	506

解： 经判断，该商品各期销售量的一阶差分大体相同，因此，可配合直线趋势分析预测模型

$$\hat{Y}_t = a + bt$$

将表 6-23 中有关计算数据代入，有

$$b = \frac{11 \times 217\,350 - 66 \times 32\,606.1}{11 \times 506 - 66^2} = 197.395$$

$$a = \frac{36\,606.1}{11} - 197.395 \times \frac{66}{11} = 1\,779.824$$

于是，所求直线趋势模型为

$$\hat{Y}_t = 1\,779.824 + 197.395t$$

将历史各期的 t 值分别代入直线趋势模型，可得各年的拟合值。

估计标准误差

$$S_Y = \sqrt{\frac{\sum(Y_t - \hat{Y}_t)^2}{n-2}} = \sqrt{\frac{17\,212.5}{11-2}} = 43.732$$

$1-\alpha = 95\%$，$n-2=9$，查 t 分布表，$t_{\alpha/2}(n-1) = 2.262$

预测 2019 年该商品的销售量，$t_{12} = 12$，则

点预测值

$$\hat{Y}_{12} = 1\,779.824 + 197.395 \times 12 = 4\,148.6(\text{百吨})$$

区间预测值

$$\hat{Y}_{12} \pm t_{\alpha/2}(n-2) \cdot S_y \cdot \sqrt{1 + \frac{1}{n} + \frac{(t_0 - \bar{t})^2}{\sum t^2 - n\bar{t}^2}}$$

$$= 4\,148.6 \pm 2.262 \times 43.732 \times \sqrt{1 + \frac{1}{11} + \frac{(12-6)^2}{506 - 11 \times 6^2}}$$

$$= 4\,148.6 \pm 117.8$$

即有 95% 的把握可以认为，2019 年该商品的销售量为 4 030.8 ~ 4 266.4。

2. 多元线性回归预测：二次曲线趋势模型

二次曲线趋势模型为

$$\hat{Y}_t = a + bt - ct^2 \tag{6-47}$$

式中 a，b，c——待定参数。

依据最小平方法原理和微分求极值原理，分别对 a，b，c 求一阶偏导数，且令其等于零，则

$$\frac{\partial Q}{\partial b} = 2\sum (Y_t - a - bt - ct^2)(-1) = 0$$

$$\frac{\partial Q}{\partial b} = 2\sum (Y_t - a - bt - ct^2)(-t) = 0$$

$$\frac{\partial Q}{\partial b} = 2\sum (Y_t - a - bt - ct^2)(-t)^2 = 0$$

将上述各式整理，得到如下标准方程组

$$\sum Y_t = na + b\sum t + c\sum t^2$$

$$\sum tY_t = a\sum t + b\sum t^2 + c\sum t^3 \tag{6-48}$$

$$\sum t^2 Y_t = a\sum t^2 + b\sum t^3 + c\sum t^4$$

计算有关数据，代入以上方程组，可解得参数 a，b，c 的估计值。

进行区间预测时，可使用如下近似公式

$$\hat{Y} \pm t_{\alpha/2}(n-3) \cdot S_y \cdot \sqrt{1 + \frac{1}{n}} \tag{6-49}$$

其中

$$S_Y = \sqrt{\frac{\sum (Y_t - \hat{Y}_t)^2}{n-3}} \tag{6-50}$$

3. 非线性回归预测估计

（1）指数曲线模型。具体为

$$\hat{Y}_t = ab^t$$
$$\ln \hat{Y}_t = \ln a + (\ln b)t \tag{6-51}$$

令 $z_t = \ln \hat{Y}_t$，$A' = \ln a$，$B' = \ln b$，则

$$z_t = A' + B't$$

这样，可根据前述直线趋势分析预测模型参数的估计方法，估计出参数 A'、B' 的值。

（2）双曲线模型。具体为

$$\hat{Y}_t = a + b\frac{1}{t} \tag{6-52}$$

式中 a，b——待定参数。

令 $x = \frac{1}{t}$，则将双曲线模型形式转化为直线趋势模型形式，即

$$\hat{Y}_t = a + bx$$

按照直线趋势模型参数估计方法估计出 a，b 的值。

（3）修正指数曲线模型。具体为

$$Y_t = k + ab^t \tag{6-53}$$

式中　Y_t——第 t 期产品销售量；

k、a、b——模型参数；$b>0$ 且 $b\neq1$；k 代表销售量趋势值的渐近线。

由于这一曲线比指数曲线模型多了一个常数 k，故称为修正指数曲线。修正指数曲线中参数的估计采用三段求和法。

三段求和法的基本步骤如下。

首先，将时间数列分为项数相等的三段，每段的项数为 r（$r=n/3$，n 为时间数列总项数）。若原序列项数不能被 3 整除，须删去序列最初一期或两期数据。

其次，时间 t 的取值由远及近分别为 0，1，…，$r-1$；r，…，$2r-1$；$2r$，…，$3r-1$。

再次，分别求出序列每段数据的和，第一、二、三段数据的和分别用 $\Sigma_1 Y_t$、$\Sigma_2 Y_t$、$\Sigma_3 Y_t$ 表示。

最后，利用每段的和计算模型参数的值。

修正指数曲线中参数的估计过程为

$$
\begin{cases}
\Sigma_1 Y_t = \displaystyle\sum_{t=0}^{r-1}(k+ab^t) = rk + a\dfrac{b^r-1}{b-1} & (1) \\[3mm]
\Sigma_2 Y_t = \displaystyle\sum_{t=r}^{2r-1}(k+ab^t) = rk + ab^r\dfrac{b^r-1}{b-1} & (2) \\[3mm]
\Sigma_3 Y_t = \displaystyle\sum_{t=2r}^{3r-1}(k+ab^t) = rk + ab^{2r}\dfrac{b^r-1}{b-1} & (3)
\end{cases}
\tag{6-54}
$$

解以上方程组，得参数的估计值

$$
\begin{cases}
b = \sqrt[r]{\dfrac{\Sigma_3 Y_t - \Sigma_2 Y_t}{\Sigma_2 Y_t - \Sigma_1 Y_t}} \\[4mm]
a = (\Sigma_2 Y_t - \Sigma_1 Y_t) \times \dfrac{b-1}{(b^r-1)^2} \\[4mm]
k = \dfrac{1}{r}\left(\Sigma_1 Y_t - a\dfrac{b^r-1}{b-1}\right)
\end{cases}
\tag{6-55}
$$

例6-21　某地区电冰箱需求资料如表 6-24 所示，试预测其 2019 年该地区的需求量情况和需求达到饱和状态的时间。

表6-24　某地区电冰箱需求资料　　　　（单位：万台）

年份	2003	2011	2012	2013	2014	2015	2016	2017	2018
需求量	256	390	498	586	656	714	762	800	830

解：由资料可以看出，该公司电冰箱需求量虽然是呈上升趋势，但每年增量的环比系数分别为：0.81，0.81，0.80，0.83，0.83，0.79，0.79，大体相同，因而可以用修正指数曲线拟合。取 $n=9$，$r=3$，$t=0$，1，2，…，8，便可计算得到

$$\Sigma_1 Y_t = 1\ 142 \qquad \Sigma_2 Y_t = 1\ 956 \qquad \Sigma_3 Y_t = 2\ 392$$

代入参数估计公式，得

$$b = \sqrt[3]{\frac{2\ 392 - 1\ 956}{1\ 956 - 1\ 142}} = 0.813$$

$$a = (1\ 956 - 1\ 142) \times \frac{0.813 - 1}{(0.813^3 - 1)^2} = -709.46$$

$$k = \frac{1}{3} \times \left[1\ 142 - \frac{0.813^3 - 1}{0.813 - 1} \times (-709.46) \right] = 966.4$$

故所求得的修正指数曲线模型为

$$Y_t = 966.4 - 709.46 \times 0.813^t$$

以 $t=9$ 代入模型便可能得出 2019 年的需求量为

$$\hat{Y}_9 = 966.4 - 709.46 \times 0.813^9 = 856.4 (万台)$$

在 $t=23$ 时，$\hat{Y}_t = 964$，与饱和需求量 966.4 万台相近，即在 2033 年左右，该地区电冰箱需求基本上达到饱和状态。

（4）罗吉斯曲线模型。具体为

$$Y_t = \frac{1}{k + ab^t} \tag{6-56}$$

适用条件：如果序列各期数值倒数的一阶差分近似等比变化，那么该序列宜配合罗吉斯曲线。

当 $k>0$，$a>0$，$0<b<1$ 时，由于 $\ln b < 0$，所以 $Y_t' > 0$，此时 Y_t 为增函数，且在点 $\left(\dfrac{\ln k - \ln a}{\ln b}, \dfrac{1}{2k} \right)$ 处曲线由上凹变为向下凹，表明 Y_t 的增长率由逐渐增大变为逐渐减小。

在产品市场生命周期分析预测中，罗吉斯曲线主要用于反映成长期和成熟期两个阶段的产品销售变动情况。曲线的拐点为产品市场生命由成长期向成熟期变化的转折点。

用三段求和法，得到罗吉斯曲线模型中的参数估计公式为

$$\begin{cases} b = \sqrt[r]{\dfrac{\Sigma_3 \dfrac{1}{Y_t} - \Sigma_2 \dfrac{1}{Y_t}}{\Sigma_2 \dfrac{1}{Y_t} - \Sigma_1 \dfrac{1}{Y_t}}} \\[2mm] a = \left(\Sigma_2 \dfrac{1}{Y_t} - \Sigma_1 \dfrac{1}{Y_t} \right) \dfrac{b - 1}{(b^r - 1)^2} \\[2mm] k = \dfrac{1}{r} \left(\Sigma_1 \dfrac{1}{Y_t} - a \dfrac{b^r - 1}{b - 1} \right) \end{cases} \tag{6-57}$$

例 6-22　某地区彩电销售资料如表 6-25 所示，试预测其 2019 年的销售量和饱和销售量。

表 6-25　某地区彩电销售资料　　　　（单位：万台）

年份	2007	2008	2009	2010	2011	2012	2013	2014	2015	2016	2017	2018
销售量	31.2	44.0	63.6	88.8	118	150.4	183.2	213.6	239.2	259.2	274.4	285.2

解：通过计算得到该地区彩电各期销售量倒数的一阶差分环比系数分别为：0.75，0.64，0.62，0.66，0.65，0.65，0.64，0.64，0.66，0.65，它们大体相同，因此可以建立罗吉斯曲线模型。

$n = 12$，则 $r = 4$；$t = 0,1,2,\cdots,11$；便可计算得到

$$\Sigma_1 \frac{1}{Y_t} = 0.081\,78 \qquad \Sigma_2 \frac{1}{Y_t} = 0.025\,28 \qquad \Sigma_3 \frac{1}{Y_t} = 0.015\,19$$

代入式（6-57），则

$$b = \sqrt[4]{\frac{0.015\,19 - 0.025\,28}{0.025\,28 - 0.081\,78}} = 0.65$$

$$a = (0.025\,28 - 0.081\,78) \times \frac{0.65 - 1}{(0.65^4 - 1)^2} = 0.029\,3$$

$$k = \frac{1}{4} \times \left(0.081\,78 - \frac{0.65^4 - 1}{0.65 - 1} \times 0.029\,3 \right) = 0.003\,3$$

故所求得的罗吉斯曲线模型为

$$Y_t = \frac{1}{0.003\,3 + 0.029\,3 \times 0.65^t}$$

以 $t = 13$ 代入模型，便可以计算出该地区于 2019 年的销售量

$$Y_{13} = \frac{1}{0.003\,3 + 0.029\,3 \times 0.65^{13}} = 293.4（万台）$$

饱和值 $\dfrac{1}{k} = \dfrac{1}{0.003\,3} = 303$（万台）

（5）龚伯兹曲线模型。具体为

$$Y_t = ka^{b^t} \tag{6-58}$$

适用条件：如果序列各期数值对数的一阶差分近似等比变化，那么该序列宜配合龚伯兹曲线。

在产品市场生命周期预测中，用于反映成长期和成熟期前半期的产品销售情况。k 为曲线的上渐近线，其经济意义为市场饱和状态下的产品需求量或销售量，曲线拐点 $\left(\dfrac{\ln[-(\ln a)^{-1}]}{\ln b},\ \dfrac{k}{e} \right)$ 为产品销售由成长期进入成熟期的转折点。

参数估计公式如下

$$\begin{cases} b = \sqrt[r]{\dfrac{\Sigma_3 \ln Y_t - \Sigma_2 \ln Y_t}{\Sigma_2 \ln Y_t - \Sigma_1 \ln Y_t}} \\[3mm] \ln a = (\Sigma_2 \ln Y_t - \Sigma_1 \ln Y_t)\dfrac{b-1}{(b^r-1)^2} \\[3mm] \ln k = \dfrac{1}{r}\left(\Sigma_1 \ln Y_t - \dfrac{b^r-1}{b-1}\ln a\right) \end{cases} \tag{6-59}$$

例6-23　某地区洗衣机销售资料如表6-26所示，试预测其2019年的销售量和饱和销售量。

表6-26　某地区洗衣机销售资料　　　　　（单位：万台）

年份	2007	2008	2009	2010	2011	2012	2013	2014	2015	2016	2017	2018
销售量	18	20.4	25.5	30.9	36.6	40.2	43.5	46.5	48.9	51	52.8	54.3

解：通过计算发现，该地区洗衣机各年销售量对数的一阶差分大体相同，因此可以配合龚伯兹曲线。

$n = 12$；$r = 4$；$t = 0$，1，2，$\cdots$，11，且

$$\Sigma_1 \ln Y_t = 12.5754，\quad \Sigma_2 \ln Y_t = 14.9062，\quad \Sigma_3 \ln Y_t = 15.7764$$

将其代入参数估计公式，则

$$b = \sqrt[4]{\frac{15.7764 - 14.9062}{14.9062 - 12.5754}} = 0.7817$$

$$\ln a = \left[(14.9062 - 12.5754)\times\frac{0.7817-1}{(0.7817^4-1)^2}\right] = -1.2957$$

$$\ln k = \left[\frac{1}{4}\times\left(12.5754 - \frac{0.7817^4-1}{0.7817-1}\times(-1.2957)\right)\right] = 4.0738$$

$$a = 0.2737，\quad k = 58.7775$$

故得出龚伯兹曲线的数学模型为

$$Y_t = 58.7775 \times 0.2737^{0.7817^t}$$

预测2019年销售量，将 $t = 12$ 代入以上模型，则

$$Y_t = 58.7775 \times 0.2737^{0.7817^{12}} = 54.9(万台)$$

由于 $K = 58.7775$，所以该地区洗衣机的饱和销售量为58.7775万台。

第四节　动态分析的 SPSS 应用

在描述时间序列数据的变化规律和行为时，它允许模型中包含趋势变动、季节变动、循环变动和随机波动等综合因素影响，具有较高的预测精度，可以把握过去数据变动模式，有助于解释预测变动规律。

假设有一个时间序列数据集，如某男装销售收入，一个产品分类销售公司会根据过去10年的销售数据来预测其男装生产线的月销售收入情况。

首先定义数据的时间序列，如图6-1所示。

图 6-1　创建时间序列

数据集中共有 10 年 120 个历史销售数据，然后需要定义时间序列数据的开始时间、时间间隔及周期，如图 6-2 所示。

定义了时间序列的时间标记后，数据集自动生成四个新的变量：Year（年份）、Quarter（季度）、Month（月份）和 Date（时间标签）。

接下来为了找到适当的模型，先绘制时间序列，如图 6-3、图 6-4 所示。时间序列的可视化检查通常可以很好地指导并帮助进行选择。另外，需要弄清以下几点。

图 6-2　定义时间序列的日期

图 6-3　绘制时间序列图

第一，此序列是否存在整体趋势。如果是，趋势是显示持续存在还是显示将随时间而消逝。

第二，此序列是否显示季节变化。如果是，那么这种季节的波动是随时间而加剧还是持续稳定存在。

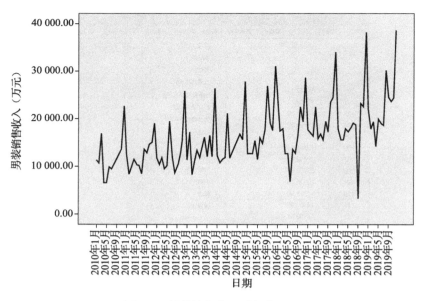

图 6-4   男装销售收入时间序列图

如图 6-4 所示，此序列显示整体上升趋势，即序列值随时间而增加。上升趋势若将持续，则为线性趋势。此序列还有一个明显的季节特征，即年度高点在 12 月。季节变化显示随上升序列增长的趋势，表明是乘法季节模型而不是加法季节模型。

此时，对时间序列的特征有了大致的了解，可以尝试构建预测模型。时间序列预测模型的建立是一个不断尝试和选择的过程。SPSS 提供了三大类预测方法：①专家建模器；②指数平滑法；③ARIMA，如图 6-5 所示。

图 6-5   时间序列预测方法

三种方法中指数平滑法有助于预测存在趋势和或季节的序列，此处数据同时体现上述两种特征。创建最适当的指数平滑模型包括两个要点。第一，确定模型类型（此模型是否需要包含趋势和或季节）；第二，获取最适合选定模型的参数，如图6-6所示。

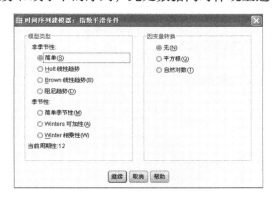

图6-6 指数平滑法预测时间序列

1. 简单模型预测（无趋势也无季节）

首先采用最为简单的建模方法，就是简单模型。不断尝试的目的是熟悉各种预测模型，了解模型在什么时候不适合数据，这是成功构建模型的基本技巧。因而，先不讨论模型的检验，只是直观地看一下预测模型的拟合情况，确定了预测模型后再讨论检验和预测值。

如图6-7所示，虽然简单模型确实显示了渐进的上升趋势，但并不是期望的结果，它既没有考虑季节性变化，也没有周期性呈现，直观地讲基本上与线性预测没有差异，因此，拒绝此模型。

模型统计量

模型		模型拟合统计量	Ljung-Box Q(18)			离群值数
	预测变量数	平稳的R^2	统计量	DF	Sig.	
男装销售收入	0	0.305	73.391	17	0.000	0

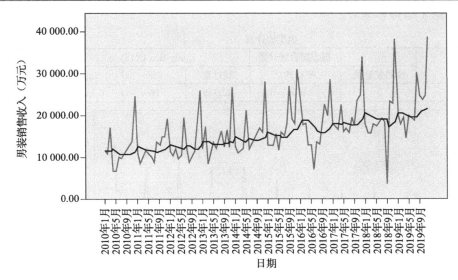

图6-7 简单指数平滑模型拟合图

2. Holt 线性趋势预测

Holt 线性指数平滑法，一般选择针对等级的平滑系数 $\alpha = 0.1$，针对趋势的平滑系数 $\gamma = 0.2$，拟合结果如图6-8所示。

模型统计量

模型	模型拟合统计量		Ljung-Box Q(18)			离群值数
	预测变量数	平稳的R^2	统计量	DF	Sig.	
男装销售收入	0	0.773	73.532	16	0.000	0

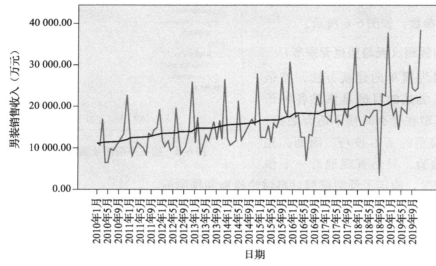

图 6-8　Holt 线性趋势预测拟合图

3. 简单季节性模型

如图 6-9 所示，当考虑了季节性变化后，简单季节性预测模型较好地拟合了数据的大趋势，也就是考虑了趋势和季节。

模型统计量

模型	模型拟合统计量		Ljung-Box Q(18)			离群值数
	预测变量数	平稳的R^2	统计量	DF	Sig.	
男装销售收入	0	0.687	22.375	16	0.131	0

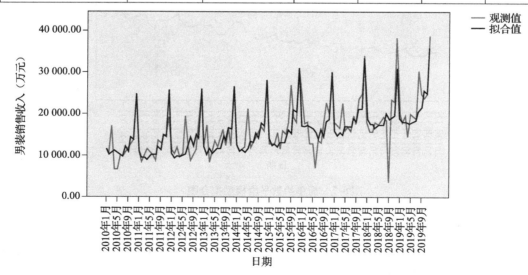

图 6-9　简单季节性模型预测拟合图

4. Winters 相乘法预测模型

如图 6-10 所示，此时，数据集的时间跨度为 10 年，并且包含 10 个季节峰值（出现在每年 12 月份），简单季节模型和 Winters 模型都捕捉到了这 10 个峰值与实际数据中的 10 个年度峰值完全匹配的预测结果。这也说明无论采用指数平滑的哪一类模型，只要考虑了季节因素，都可以得到较好的结果，不同的季节性指数平滑方法只存在一些细微差异。

模型统计量

模型	预测变量数	模型拟合统计量		Ljung-Box Q(18)			离群值数
		平稳的 R^2	统计量	DF	Sig.	
男装销售收入	0	0.687	24.443	15	0.058	0

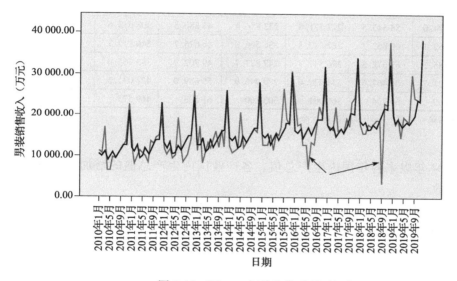

图 6-10 Winters 相乘法模型预测拟合图

第五节 动态分析应用实训

◇ 实训目标

（1）熟悉动态分析的主要内容。

（2）掌握时间数列分析、指数分析、总体趋势分析的基本方法。

（3）善于运用动态分析反映调查对象的基本情况。

◇ 实训内容

国内生产总值。

本表按当年价格计算。

年份	国内生产总值（亿元）						人均国内生产总值（元）
	总计	第一产业	第二产业	工业	建筑业	第三产业	
2004	161 840. 2	20 904. 3	74 286. 9	65 776. 8	8 720. 5	66 648. 9	12 487
2005	187 318. 9	21 806. 7	88 084. 4	77 960. 5	10 400. 5	77 427. 8	14 368
2006	219 438. 5	23 317. 0	104 361. 8	92 238. 4	12 450. 1	91 759. 7	16 738
2007	270 232. 3	27 788. 0	126 633. 6	111 693. 9	15 348. 0	115 810. 7	20 505
2008	319 515. 5	32 753. 2	149 956. 6	131 727. 6	18 807. 6	136 805. 8	24 121
2009	349 081. 4	34 161. 8	160 171. 7	138 095. 5	22 681. 5	154 747. 9	26 222
2010	413 030. 3	39 362. 6	191 629. 8	165 126. 4	27 259. 3	182 038. 0	30 876
2011	489 300. 6	46 163. 1	227 038. 8	195 142. 8	32 926. 5	216 098. 6	36 403
2012	540 367. 4	50 902. 3	244 643. 3	208 905. 6	36 896. 1	244 821. 9	40 007
2013	595 244. 4	55 329. 1	261 956. 1	222 337. 6	40 896. 8	277 959. 3	43 852
2014	643 974. 0	58 343. 5	277 571. 8	233 856. 4	44 880. 5	308 058. 6	47 203
2015	689 052. 1	60 862. 1	282 040. 3	236 506. 3	46 626. 7	346 149. 7	50 251
2016	743 585. 5	63 672. 8	296 547. 7	247 877. 7	49 702. 9	383 365. 0	53 935
2017	827 121. 7	65 467. 6	334 622. 6	279 996. 9	55 689. 0	427 031. 5	59 660
2018	900 309	64 734	366 001	305 160	61 808	469 575	64 644

资料来源：《中国统计年鉴——2018》及统计公报。

［实训流程 ］

（1）计算 2004 年以来各年国内生产总值、各产业国内生产总值的增加量（逐年、累计）、平均增加量。

（2）计算 2004 年以来各年国内生产总值、各产业国内生产总值以及人均国内生产总值指数（环比、定基）。

（3）分析 2004 年以来各年国内生产总值指数与三大产业国内生产总值指数之间的关系。

（4）分析 2004 年以来各年人均国内生产总值指数的影响因素。

［实训过程实录］

（1）计算结果记录表：

_____

_____

_____

（2）计算结果统计表（一览表）：

_____

_____

_____

（3）计算结果因素分析表：

_____

_____

_____

（4）分析结果说明：

_____

_____

_____

🔷 练习与思考

1. 编制时间数列需遵循什么原则？
2. 统计指数有什么分类和作用？
3. 统计指数有什么性质？
4. 简述平均指数体系分析过程。
5. 一次指数平滑法与二次指数平滑法运用中有什么区别？
6. 某企业某种产品产值的有关资料如下表所示：

年份	2013	2014	2015	2016	2017	2018
产值（万元）	15 000					
逐期增长量（万元）	—	1 500				1 480
累计增长量（万元）	—					
环比发展速度（%）	—		108			
定基发展速度（%）	—			8		
环比增长速度（%）	—					
定基增长速度（%）	—					
增长1%增加产值（万元）	—					350

要求：将表格中的数字填满。

7. 某企业职工人数情况如下表所示：

月份	1	2	3	4	5	6	7
月初职工人数（人）	972	975	944	823	849	974	867
月初女职工人数（人）	451	415	351	330	451	454	425

要求：（1）计算该企业第一季度、第二季度和上半年女职工所占的平均比重；

（2）如果没有5月份全部数据，计算该企业上半年女职工所占的平均比重。

8. 某企业职工人数与产值情况如下表所示：

月份	1	2	3	4	5	6	7
月初职工人数（人）	940	837	917	861	927	813	928
产值（万元）	1 223	1 255	1 254	1 553	1 371	1 254	1 439

要求：（1）计算该企业第一季度、第二季度和上半年职工人均月产值；

（2）计算该企业第一季度、第二季度和上半年职工人均产值；

（3）如果没有2月份职工人数，计算上半年职工人均月产值和上半年职工人均产值。

9. 某企业产品的单位成本第1年比第0年降低2%，第2年比第1年降低5%，第3年比第2年降低3%，第4年比第3年降低1.5%，试以第0年为基期，计算1年至4年该企业单位成本总的降低速度和平均降低速度。

要求：写出公式和计算过程，结果保留四位小数。

10. 某商店三种商品销售资料如下表所示：

商品名称	计量单位	销售量		价格	
		基期	报告期	基期	报告期
甲	千克	300	360	42	45
乙	件	200	200	30	36
丙	套	1 400	1 600	20	28

要求：从相对数和绝对数两方面分析该商店三种商品销售额报告期比基期的增长情况，并分析其中由于销售量及价格变动造成的影响。

11. 几种商品相关资料如下表所示：

（单位：万元）

商品	基期总产值	报告期总产值	产量变动率（%）	价格变动率（%）
A	400	460	6.1	8.39
B	376	400	-6	13.17
C	312	350	5	6.84

要求：计算产量、价格总指数并分别说明对总产值的影响额。

12. 已知两种商品的销售资料如下表所示：

商品名称	计量单位	销售额（万元）		报告期比基期销售量增长（%）
		基期	报告期	
甲	千克	5 000	8 880	23
乙	件	4 500	4 200	7
合计	—	9 500	13 080	—

要求：（1）计算销售量和价格总指数；

（2）计算由于销售量和价格变动而增加（减少）的销售。

13. 已知三种产品销售额和价格变动资料如下表所示：

商品名称	计量单位	销售额（万元）		报告期比基期价格增长（%）
		基期	报告期	
甲	千克	5 000	8 880	5
乙	件	4 500	4 200	-10
丙	吨	9 500	13 080	20
合计	—	19 000	26 160	—

要求：（1）计算销售量和价格总指数；

（2）计算由于销售量和价格变动而增加（减少）的销售。

14. 某企业工人数和月工资水平资料如下表所示:

工人组别	工人数（人）		平均工资水平（元）	
	基期	报告期	基期	报告期
老工人	300	340	14 500	15 000
新工人	700	660	8 500	9 000

要求:（1）计算平均工资指数;

（2）分析平均工资总变动中，工人数变动以及工资水平变动的影响程度和影响绝对值。

15. 某企业原材料消耗情况如下表所示:

产品名称	计量单位	产量（人）		单位产品原材料消耗		原材料价格（元）	
甲	乙	a_0	a_1	b_0	b_1	c_0	c_1
A	吨	5 200	6 100	15	15	80	750
B	台	8 500	9 200	110	112	56	60
C	件	460	800	150	141	20	25

要求: 从相对数和绝对数方面分析原材料消耗总额变动及影响因素影响情况。

16. 已知某企业商品最近几年各季度的销售量资料如下表所示:

年份	1 季度	2 季度	3 季度	4 季度
1	13	18	5	8
2	14	18	6	10
3	16	22	8	12
4	19	25	15	17

要求:（1）用同期平均法计算季节指数;

（2）用移动平均趋势剔除法计算季节指数。

17. 某企业第 1 ~ 第 9 年的产品销售额资料如下表所示:

年份	1	2	3	4	5	6	7	8	9
销售额（万元）	80	83	87	89	95	101	107	115	125

要求:（1）用三年移动平均法计算趋势值;

（2）用最小平方法配合线性趋势方程，并计算第 10 年的趋势值。

18. 通过阅读导入案例，你对动态分析有怎样的理解?

19. 根据第二章练习与思考中第 7 题所调查的数据，请同学们按小组（5 人小组）运用 SPSS 软件进行动态分析。（提示:可参照本章 SPSS 的实例分析进行）。

第七章
CHAPTER7

统计数据的关系分析

§ **学习目标**

1. 了解相关关系的分类、特点
2. 了解回归分析的特点和应用条件
3. 掌握相关分析的分析方法
4. 掌握回归模型的构建方法

§ **本章重点**

掌握相关分析和回归分析在实际中的应用

§ **导入案例**

某鸡饲料生产公司分析肉鸡体重与蛋氨酸数量之间的关系

某鸡饲料生产公司运用回归分析模拟肉鸡体重（用 y 表示）与饲料中加入的蛋氨酸数量（用 x 表示）之间的关系。最初，他们建立了下面这一估计的简单线性回归方程

$$y = 0.21 + 0.42x$$

这个估计的回归方程证明了统计的重要性；然而，余下的分析表明曲线模型可以更好地表示这两者间的关系。

进一步的研究显示，虽然少量的蛋氨酸能提高肉鸡体重，但在某一点上，体重水平将下降，使增加的蛋氨酸仅有微小的收益或者根本没有收益，事实上，当蛋氨酸数量超过营养需要量时，肉鸡体重就倾向于下降。下面的估计多元回归方程被用于模拟肉鸡体重与蛋氨酸数量之间的曲线关系

$$y = 0.189 + 1.32x_1 - 0.506x_2$$

运用回归分析的结果，该公司确定了家禽饲料中最适宜的蛋氨酸含量水平。

在这一章中，我们将通过说明如何建立曲线模型，就像该公司应用的那种曲线模型，来扩展回归分析和讨论。此外，我们还将介绍各种帮助我们选择自变量的方法，从而得到最佳的估计回归方法。

第一节　统计数据的相关关系分析

一、相关分析的概念、种类

（一）相关分析的概念

现实世界中的各种现象之间相互联系、相互制约、相互依存，某些现象发生变化时，另一现象也随之发生变化。我们要研究这些现象之间的依存关系，找出它们之间的变化规律，对经搜集、整理过的统计数据进行数据分析，为客观、科学的统计提供依据。

现象间的依存关系大致可以分成两种类型：一类是函数关系，另一类是相关关系。

1. 函数关系

函数关系是指现象之间存在一种严格的确定性的依存关系，表现为某一现象发生变化，另一现象也随之发生变化，而且有确定的值与之相对应。例如，银行的 1 年期存款利率为年息 2.25%，存入的本金用 x 表示，到期本息用 y 表示，则 $y=(1+2.25\%)x$（不考虑利息税），这就是函数关系。

2. 相关关系

相关关系是指客观现象之间确实存在的，但数量上不是严格对应的依存关系。在相关关系中，现象之间在数量变化上存在一定的依存关系，但这种关系不是确定的。由于偶然因素的影响，当某一现象在数量上发生变化时，另一现象并不按某一确定的法则发生变化，而是在一定的范围内发生波动。通过大量观察，仍然可以发现现象之间具有内在的变化规律。例如，成本的高低与利润的多少有密切关系，但某一确定的成本与相对应的利润却是不确定的。这是因为，影响利润的因素除了成本外，还有价格、供求平衡、消费嗜好等因素以及其他偶然因素的影响。

相关关系与因果关系有着较密切的联系。在相关关系中，有许多相关现象之间存在单向因果关系。单向因果关系有直接单向因果关系和间接单向因果关系之分。例如，单位成本与总费用之间就是直接单向因果关系，单位成本是原因，总费用是结果。学生的家庭条件与学生的学习成绩之间就是间接单向因果关系。对于存在单向因果关系的两个现象，往往把引起其他现象变化的因素称为自变量；另一个现象的变化是自变量变化的结果，它是不确定的值，称为因变量。例如，单位成本与总费用，前者为自变量，后者为因变量。

在相关关系中，有许多相关现象之间存在双向因果关系。双向因果关系有直接双向因果关系和间接双向因果关系之分。例如，工资和物价在一定条件下是一种间接双向因果关系。工资上涨引起需求增加，在供应不变的条件下，需求增加必然引起物价上涨；反之，亦可能成立。

（二）相关关系类型

现象之间的相关关系从不同的角度可以区分为不同类型。

1. 按相关关系涉及变量（或因素）不同可分为单相关和复相关

单相关又称一元相关，是指两个变量之间的相关关系，如广告费支出与产品销售量之间的相关关系。单相关是一种简单的相关形式，是相关和回归分析的基础。在社会经济现象中，单相关是很少存在的，因为一个现象一般会与其他许多现象存在相关关系。

复相关又称多元相关，是指三个或三个以上变量之间的相关关系，如商品销售额与居民收入、商品价格之间的相关关系。复相关是社会经济现象中普遍存在的一种关系形式。在相关分析中，涉及变量的多少常常与统计研究目的、科学技术发展水平和人们认识社会的能力有关。

2. 按相关关系形式不同可分为线性相关和非线性相关

线性相关又称直线相关，是指当一个变量变动时，因变量大致地围绕一条直线发生变动，从图形上看，其观察点的分布近似地表现为一条直线。例如，人均消费水平与人均收入水平通常呈线性关系。

非线性相关又称曲线相关，是指一个变量变动时，另一个变量也随之发生变动，但这种变动不是均等的，从图形上看，其观察点的分布近似地表现为一条曲线，如抛物线、指数曲线等。例如，工人加班加点，使产量在一定数量界限内增加，但一旦超过一定限度，产量反而可能下降，这就是一种非线性关系。

3. 按相关关系变化的方向不同分为正相关和负相关

正相关是指当一个变量的值增加或减少时，另一个变量的值也随之增加或减少。例如，工人劳动生产率提高，产品产量也随之增加；居民的消费水平随个人可支配收入的增加而增加。

负相关是指当一个变量的值增加或减少时，另一个变量的值反而减少或增加。例如，商品流转额越大，商品流通费用越低；利润随单位成本的降低而增加。

4. 按相关关系程度不同可分为完全相关、不完全相关和不相关

完全相关是指当一个变量的数量完全由另一个变量的数量变化所确定时，两者之间即为完全相关。例如，在价格不变的条件下，销售额与销售量之间的正比例函数关系即为完全相关，此时相关关系便成为函数关系，因此也可以说函数关系是相关关系的一个特例。

不完全相关是指两个变量的关系介于完全相关和不相关之间。由于完全相关和不相关的数量关系是确定的或相互独立的，因此统计学中相关分析的主要研究对象是不完全相关。

不相关又称零相关，是指当变量之间彼此互不影响，其数量变化各自独立时，变量之间即为不相关。例如，股票价格的高低与气温的高低在一般情况下是不相关的。

二、线性相关关系的测定

线性相关关系可以通过编制相关表、绘制相关图和计算相关系数来测定。

(一) 相关表

相关表是一种统计表，它是直接根据现象之间的原始资料，将一变量的若干变量值按从小到大的顺序排列，并将另一变量的值与之对应排列形成的统计表。

例7-1 某企业年广告费投入和月平均销售额的数据，如表7-1所示。

表7-1 广告费投入与月平均销售额相关表 　　　　　（单位：万元）

年广告费投入	月均销售额	年广告费投入	月均销售额
12.5	21.2	34.4	43.2
15.3	23.9	39.4	49.0
23.2	32.9	45.2	52.8
26.4	34.1	55.4	59.4
33.5	42.5	60.9	63.5

从表中可以直观地看出，随着广告投入的增加，销售量增加，两者之间存在一定的正相关关系。

(二) 相关图

相关图又称散点图，它是用直角坐标系的 x 轴代表自变量，y 轴代表因变量，将两个变量间相对应的变量值用坐标点的形式描绘出来，用以表明相关点分布状况的图形。根据表7-1的资料可以绘制相关图，如图7-1所示。

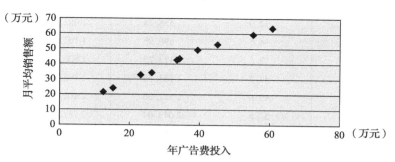

图7-1 年广告费投入与月平均销售额的相关图

从相关图可以直观地看出，年广告费投入与月平均销售额之间相关密切，且有线性正相关关系。

(三) 线性相关系数

相关表和相关图可反映两个变量之间的相互关系及其相关方向，但无法确切地表明两个变量之间相关的程度。线性相关系数是用以反映变量之间相关关系密切程度的统计指标。线性相关系数有多种计算方法。其中应用最广泛的是皮尔森（Pearson）相关系数 r，其计算公式为

$$r = \frac{\sum (x - \bar{x})(y - \bar{y})}{\sqrt{\sum (x - \bar{x})^2 \sum (y - \bar{y})^2}} \tag{7-1}$$

在许多情况下，相关系数的计算可以同回归系数计算结合起来，于是又有相关系数如下公式

$$r = \frac{n \sum xy - \sum x \sum y}{\sqrt{n \sum x^2 - (\sum x)^2} \sqrt{n \sum y^2 - (\sum y)^2}} \tag{7-2}$$

相关系数的值为 $-1 \sim +1$，即 $-1 \leqslant r \leqslant +1$，其性质如下。

（1）当 $r > 0$ 时，表示两变量正相关；$r < 0$ 时，两变量为负相关。

（2）当 $|r| = 1$ 时，表示两变量为完全线性相关，即为函数关系。

（3）当 $r = 0$ 时，表示两变量间无线性相关关系。

（4）当 $0 < |r| < 1$ 时，表示两变量存在一定程度的线性相关。且 $|r|$ 越接近于 1，两变量间线性关系越密切；$|r|$ 越接近于 0，表示两变量的线性相关越弱。

（5）一般可按四级划分：$|r| < 0.3$，表明现象之间不存在线性相关关系；$0.3 \leqslant |r| < 0.5$ 为低度线性相关关系；$0.5 \leqslant |r| < 0.8$ 为显著（中等）线性相关关系；$0.8 \leqslant |r| < 1$ 为高度线性相关关系。

根据表 7-1 的资料，可计算相关系数，如表 7-2 所示。

表 7-2   相关系数计算表

序号	年广告费投入（万元）x	月均销售额（万元）y	x^2	y^2	xy
1	12.5	21.2	156.25	449.44	265.00
2	15.3	23.9	234.09	571.21	365.67
3	23.2	32.9	538.24	1 082.41	763.28
4	26.4	34.1	696.96	1 162.81	900.24
5	33.5	42.5	1 122.25	1 806.25	1 423.75
6	34.4	43.2	1 183.36	1 866.24	1 486.08
7	39.4	49.0	1 552.36	2 401.00	1 930.60
8	45.2	52.8	2 043.04	2 787.84	2 386.56
9	55.4	59.4	3 069.16	3 528.36	3 290.76
10	60.9	63.5	3 708.81	4 032.25	3 867.15
合计	346.2	422.5	14 304.52	19 687.81	16 679.09

$$
\begin{aligned}
r &= \frac{n \sum xy - \sum x \sum y}{\sqrt{n \sum x^2 - (\sum x)^2} \sqrt{n \sum y^2 - (\sum y)^2}} \\
&= \frac{10 \times 16\,679.09 - 346.2 \times 422.5}{\sqrt{10 \times 14\,304.52 - 346.2^2} \sqrt{10 \times 19\,687.81 - 422.5^2}} \\
&= 0.994\,2
\end{aligned}
$$

相关系数为 0.994 2，说明广告投入费与月平均销售额之间有高度的线性正相关关系。

三、等级相关系数

在统计研究中，有些社会现象无法以精确数量来表现其数量特征，只能以等级或次序来表现，如事态轻重、质量优劣、价格高低等。在相关关系分析中，人们常用等级相关系数来描述两个定序变量即等级序列之间的相关关系。在等级相关关系中，斯皮尔曼（C. Spearman）等级相关系数的运用最为普遍。

斯皮尔曼等级相关系数的计算公式为

$$r_s = 1 - \frac{6 \sum d^2}{n(n^2 - 1)} \tag{7-3}$$

式中　n——等级项数；

　　　d——每对等级的差量。

r_s 的取值范围为 $[-1, 1]$。若 $|r_s| = 1$，表明两个定序变量之间完全相关；若 $|r_s| = 0$，表明两个定序变量之间完全不相关；若 $0 < r_s < 1$，表明两个定序变量之间为正相关；若 $-1 < r_s < 0$，表明两个定序变量之间为负相关；$|r_s|$ 越接近于 1，两个定序变量间相关关系越密切。

例7-2　某调查公司调查 1 000 名消费者，对 12 个品牌的手机价格和外观进行百分制打分，结果如表 7-3 所示。

表 7-3　手机价格与外观质量评分表

手机品牌编号	1	2	3	4	5	6	7	8	9	10	11	12
价格（元）	1 200	1 600	1 300	3 000	3 500	800	1 000	900	1 800	2 000	4 000	5 000
外观质量评分（分）	88	80	85	93	91	80	85	78	90	89	94	90

等级相关系数计算前，必须先编制等级相关表，如表 7-4 所示。我们规定最低价格和最低外观质量为 1 级。若遇相同评分时，取原有等级的平均数作为该等级数。

表 7-4　手机价格与外观质量等级相关表

手机品牌编号	1	2	3	4	5	6	7	8	9	10	11	12
价格（元）	4	6	5	9	10	1	3	2	7	8	11	12
外观质量评分（分）	6	2.5	4.5	11	10	2.5	4.5	1	8.5	7	12	8.5
等级的差量 d	-2	3.5	0.5	-2	0	-1.5	-1.5	1	-1.5	1	-1	3.5

$$r_s = 1 - \frac{6 \sum d^2}{n(n^2 - 1)} = 1 - \frac{6 \times 42.5}{12 \times (12^2 - 1)} = 0.851 4$$

计算结果表明，手机价格与外观质量之间存在高度的相关关系，即价格越高，外观质量评分越高。

需要注意的是，上述等级相关系数 r_s 只是针对样本而言的。在总体范围内，手机价格和外观质量之间高度的相关关系是否普遍存在，需要对 r_s 进行显著性检验。

四、复相关系数

线性相关系数只能说明两个变量之间的线性相关程度。社会经济现象中现象之间的关系往往是多元的、复杂的，一个现象的变动常常要受许多因素的影响，并且这些因素之间可能存在相互交错的关系。如企业的增加值，除了与固定资产原值相关外，还与企业劳动生产率、劳动者报酬、生产税、产品价格等因素有关。

研究目的涉及多个变量，需要了解一个因变量与多个自变量之间的相关关系的程度，需要计算复相关系数。

复相关系数是反映一个因变量与多个自变量之间数量变化关系密切程度的指标。

结合回归分析，复相关系数计算公式为

$$r_y = \sqrt{\frac{\sum (\hat{y} - \bar{y})^2}{\sum (y - \bar{y})^2}} \tag{7-4}$$

式中　　$\hat{y}$——因变量回归值；

　　　　y——实际观察值；

　　　　$\bar{y}$——y 的均值。

第二节　统计数据的一元线性回归分析

一、回归分析的概念

"回归"一词是英国生物学家高尔顿（F. Galton）在研究人体身高的遗传问题时首先提出的。根据遗传学的观点，子辈的身高受父辈影响，把 X 记为父辈身高，Y 记为子辈身高。虽然，子辈身高一般受父辈影响，但同样身高的父亲，其子身高并不一致，因此，X 和 Y 之间存在一种相关关系。一般而言，父辈身高高者，其子辈身高也高，以此推论，祖祖辈辈遗传下来，身高必然向两极分化，而事实上并非如此，显然有一种力量将身高拉向中心，即子辈的身高有向中心回归的特点。"回归"一词即源于此。虽然这种向中心回归的现象只是特定领域里的结论，并不具有普遍性，但从它所描述的关于 X 为自变量，Y 为不确定的因变量，这种变量间的关系看，和我们现在的回归含义是相同的。不过，现代回归分析虽然沿用了"回归"一词，但内容已有很大变化，它是一种应用于许多领域的广泛的分析研究方法，在经济理论研究和实证研究中也发挥着重要的作用。

回归分析通过一个变量或一些变量的变化解释另一变量的变化。其主要内容和步骤是，首先根据理论和对问题的分析判断，将变量分为自变量和因变量；其次，设法找出合适的数学方程式（回归模型）描述变量间的关系；由于涉及的变量具有不确定性，接着还要对回归模型进行统计检验；最后，利用回归模型，根据自变量去估计、预测因变量。

回归有不同种类，按照自变量的个数分，有一元回归和多元回归。只有一个自变量的叫一元回归，有两个或两个以上自变量的叫多元回归；按照回归曲线的形态分，有线性

（直线）回归和非线性（曲线）回归。实际分析时应根据客观现象的性质、特点、研究目的和任务选取回归分析的方法。

二、相关分析与回归分析的关系

相关分析是回归分析的基础和前提，回归分析则是相关分析的深入和继续。相关分析需要依靠回归分析来表现变量之间数量相关的具体形式，而回归分析则需要依靠相关分析来表现变量之间数量变化的相关程度。只有当变量之间存在高度相关关系时，进行回归分析寻求其相关的具体形式才有意义。在具体应用过程中，只有把相关分析和回归分析结合起来，才能达到研究和分析的目的。

两者的区别主要体现在以下三个方面。

（1）在相关分析中涉及的变量不存在自变量和因变量的划分问题，变量之间的关系是对等的；而在回归分析中，则必须根据研究对象的性质和研究分析的目的，对变量进行自变量和因变量的划分。因此，在回归分析中，变量之间的关系是不对等的。

（2）在相关分析中所有的变量都必须是随机变量；而在回归分析中，自变量是给定的，因变量才是随机的，即将自变量的给定值代入回归方程后，所得到的因变量的估计值不是唯一确定的，而会表现出一定的随机波动性。

（3）相关分析主要是通过一个指标即相关系数来反映变量之间相关程度的大小，由于变量之间是对等的，因此相关系数是唯一确定的。而在回归分析中，对于互为因果的两个变量（如人的身高与体重，商品的价格与需求量），则有可能存在多个回归方程。

三、一元线性回归模型

一元线性回归模型，其表达形式为

$$y_c = a + bx \tag{7-5}$$

式中　y_c——因变量的估计值（回归理论值）；

　　　a——待定参数，是回归直线的起始值（截距），即 x 为 0 时 y_c 的值，从数学意义上理解，它表示在没有自变量 x 的影响时，其他各种因素对因变量 y 的平均影响；

　　　b——待定参数，是回归系数（直线的斜率），表示自变量 x 每变动 1 个单位时，因变量 y 平均变动 b 个单位。

一元线性回归方程中的待定参数是根据数据资料求出的。其计算公式为

$$\begin{cases} b = \dfrac{n\sum xy - \sum x \sum y}{n\sum x^2 - (\sum x)^2} \\ a = \bar{y} - b\bar{x} \end{cases} \tag{7-6}$$

当 a、b 求出后，一元线性回归方程 $y_c = a + bx$ 便可确定了。

以表 7-2 中数据为例，计算 a、b 得到

$$\begin{cases} b = \dfrac{n\sum xy - \sum x\sum y}{n\sum x^2 - (\sum x)^2} = \dfrac{10 \times 16\,679.01 - 346.2 \times 422.5}{10 \times 14\,304.52 - 346.2} = 0.885 \\ a = \bar{y} - b\bar{x} = 422.5/10 - 0.885 \times 346.2/10 = 11.611 \end{cases}$$

$$y_c = 11.611 + 0.885x$$

如果我们相信，应用最小二乘法估计的回归方程能满意地描述 x、y 之间的关系，那么对于一个已知的 x 值，去预测 y 的值将是合理的。

四、一元回归估计标准误差

回归方程的一个重要作用在于根据自变量的已知值估计因变量的理论值（估计值）。而理论值 y_c 与实际值 y 之间存在着差距，这就产生了推算结果的准确性问题。如果差距小，说明推算结果的准确性高；反之，则低。为此，分析理论值与实际值的差距很有意义。为了度量 y 的实际水平和估计值离差的一般水平，可计算估计标准误差。估计标准误差是衡量回归直线代表性大小的统计分析指标，它说明观察值围绕着回归直线的变化程度或分散程度。

一元回归估计标准误差通常用 S_y 代表估计标准误差，其计算公式为

$$S_y = \sqrt{\frac{\sum (y - y_c)^2}{n - 2}} \tag{7-7}$$

估计标准误差是给定 x 值时，y 实际观察值对其估计值 y_c 的平均离差。当 $S_y = 0$，表示 y 和 y_c 完全一致，从散点图上看，所有的观察点全部落在回归直线上。显然 S_y 数值越小，说明估计值的代表性越高，观察点越靠近回归直线，其离散程度越小；反之则不然。

一元回归估计标准误差含义比较明确，但计算过程比较烦琐。在建立线性回归模型后，可以有下列公式

$$S_y = \sqrt{\frac{\sum y^2 - a\sum y - b\sum xy}{n - 2}} \tag{7-8}$$

仍以表 7-2 的资料为例，结合 $y_c = 11.611 + 0.885x$ 说明估计平均误差的计算方法。可列出计算表，如表 7-5 所示。

表 7-5　估计平均误差计算表

序号	年广告费投入（万元）x	月均销售额（万元）y	$\hat{y}$	$(y - \hat{y})^2$
1	12.5	21.2	22.67	2.17
2	15.3	23.9	25.15	1.57
3	23.2	32.9	32.14	0.57
4	26.4	34.1	34.98	0.77
5	33.5	42.5	41.26	1.54
6	34.4	43.2	42.06	1.31
7	39.4	49.0	46.48	6.35
8	45.2	52.8	51.61	1.41
9	55.4	59.4	60.64	1.54
10	60.9	63.5	65.51	4.03
合计	346.2	422.5	422.50	21.26

将计算表的有关资料代入式（7-7）得

$$S_y = \sqrt{\frac{\sum (y - y_c)^2}{n - 2}} = \sqrt{\frac{21.26}{10 - 2}} = 1.458 (万元)$$

计算结果表明，估计标准差是 1.458 万元。

如果用在建立线性回归模型后的公式计算，则有

$$S_y = \sqrt{\frac{\sum y^2 - a\sum y - b\sum xy}{n - 2}} = \sqrt{\frac{19\ 687.81 - 11.611 \times 422.5 - 0.885 \times 16\ 679.09}{10 - 2}}$$
$$= 1.627 (万元)$$

五、一元线性回归估计

拟合的回归直线方程经检验具有意义，就可以进行回归估计。回归估计是回归模型在统计中的重要应用。

（1）点估计。利用表 7-2 的资料，建立回归方程为 $y_c = 11.611 + 0.885x$。我们可以用回归方程来对给定某一特定 x 值时 y 的值进行点估计，或者预测某一特定 x 值的 y 值。例如，假定广告费用是 70 万元时，运用回归方程，我们可以得到

$$y_c = 11.611 + 0.885 \times 70 = 73.561 (万元)$$

因此，当广告投入 70 万元时，月平均销售额的点估计值是 73.561 万元。

（2）区间估计。对于预测问题，除了知道点估计的预测值外，还希望知道预测的精度，因为点估计不能给出与估计有关的任何准确信息。例如，研究产量与制造费用的关系，可建立回归方程 $y = a + bx$，当已知产量 $x = x_0$ 时，要预测制造费用，即计算出点估计值 $\hat{y}_0$，而仅知道这一数值意义不大，我们往往更希望能给出一个预测值的变动范围，即进行区间估计。而这一预测值范围比只给 $\hat{y}_0$ 更可信。这个问题也就是对于给定的显著水平 α，找一个区间 (T_1, T_2)，使对应于某特定的 x_0 的实际值 y_0 以 $1 - \alpha$ 的置信概率被区间 (T_1, T_2) 所包含。

当样本量 n 较大，或 $|x_0 - \bar{x}|$ 较小时，我们可用近似的预测区间。置信概率为 $(1 - \alpha)$ 的预测区间为：

$$(\hat{y}_0 - tS_y, \quad \hat{y}_0 + tS_y) \tag{7-9}$$

对于表 7-2 的资料，结合上述一元回归估计标准差和当 x 为 70 万元时点估计值的计算结果，现以 $1 - \alpha = 0.95$ 的置信水平进行区间估计，则

$$\hat{y}_0 - tS_y = 73.561 - 1.96 \times 1.458 = 70.703 (万元)$$
$$\hat{y}_0 + tS_y = 73.561 + 1.96 \times 1.458 = 76.419 (万元)$$

在置信水平为 95% 的条件下，预测区间为 $(70.703, 76.419)$。

第三节　统计数据的多元线性回归分析

上一节主要介绍了涉及一个自变量和一个因变量的简单线性回归模型。实际生活中，

客观现象非常复杂，现象之间的联系方式和性质各不相同。影响因变量变化的自变量往往不止一个，而是多个，因此有必要对一个因变量与多个自变量联系起来进行分析。本节将重点介绍多元线性回归模型（multiple liner regression）及其基本假设、回归模型未知参数的估计及其性质、回归方程及回归系数的显著性检验等。

一、多元线性回归模型

（一）多元线性回归模型的一般形式

$$Y = \beta_0 + \beta_1 x_1 + \beta_2 x_2 + \cdots + \beta_p x_p + \varepsilon \tag{7-10}$$

式中　β_0，β_1，$\cdots$，β_p——$p+1$ 个未知参数，称为回归系数；

$\qquad\qquad$ Y——被解释变量（因变量）；

$\qquad$ x_1，x_2，$\cdots$，x_p——p 个可以精确测量并可控制的一般变量，称为解释变量（自变量）。

$p=1$ 时，式（7-10）即为上一节分析的一元线性回归模型，$p \geqslant 2$ 时，我们就称式（7-11）为多元线性回归模型，这里 ε 是随机误差。与一元线性回归模型一样，对随机误差项我们常假定其期望值为零、方差为 σ^2 的正态分布 $N(0, \sigma^2)$。

对一个实际问题，如果我们获得 n 组观测数据（x_{i1}，x_{i2}，$\cdots$，x_{ip}；y_i），$i=1$，2，$\cdots$，n，把这些观测值代入式（7-10）可得样本（形式的）多元线性回归模型

$$\begin{cases} y_1 = \beta_0 + \beta_1 x_{11} + \beta_2 x_{12} + \cdots + \beta_p x_{1p} + \varepsilon_1 \\ y_2 = \beta_0 + \beta_1 x_{21} + \beta_2 x_{22} + \cdots + \beta_p x_{2p} + \varepsilon_2 \\ \qquad\qquad\qquad\qquad \vdots \\ y_n = \beta_0 + \beta_1 x_{n1} + \beta_2 x_{n2} + \cdots + \beta_p x_{np} + \varepsilon_n \end{cases} \tag{7-11}$$

写成矩阵形式为

$$Y = X\beta + \varepsilon \tag{7-12}$$

其中：$Y = \begin{bmatrix} y_1 \\ y_2 \\ \vdots \\ y_n \end{bmatrix}$；$X = \begin{bmatrix} 1 & x_{11} & x_{12} & \cdots & x_{1p} \\ 1 & x_{21} & x_{22} & \cdots & x_{2p} \\ \vdots & \vdots & \vdots & & \vdots \\ 1 & x_{n1} & x_{n2} & \cdots & x_{np} \end{bmatrix}$；$\beta = \begin{bmatrix} \beta_0 \\ \beta_1 \\ \vdots \\ \beta_p \end{bmatrix}$；$\varepsilon = \begin{bmatrix} \varepsilon_1 \\ \varepsilon_2 \\ \vdots \\ \varepsilon_n \end{bmatrix}$

（二）多元线性回归模型的基本假定

为了对模型参数进行估计和推断，常常要对回归模型做如下基本假定。

（1）解释变量 x_1，x_2，$\cdots$，x_p 是确定性变量，不是随机变量，且要求矩阵 X 中的自变量列之间不相关，样本容量的个数应大于解释变量的个数。

（2）随机误差项具有零均值和同方差，即

$$E(\varepsilon_i) = 0, \quad i = 1,2,\cdots,n$$

$$\text{cov}(\varepsilon_i, \varepsilon_j) = \begin{cases} \sigma^2, i = j \\ 0, i \neq j \end{cases} \quad i, j = 1, 2, \cdots, n \tag{7-13}$$

（3）正态分布的假设条件

$$\varepsilon_i \sim N(0, \sigma^2) \quad i, = 1, 2, \cdots, n$$

由上述假定和多元正态分布的性质可知：Y 服从 n 维正态分布，且 $Y \sim N(X\beta, \sigma^2 I)$

我们以二元线性回归模型为例，在建立彩电销售量的预测模型时，把彩电的销售量用 Y 表示，用 x_1 表示彩电的平均价格，x_2 表示消费者可支配收入，则可建立二元线性回归模型

$$Y = \beta_0 + \beta_1 x_1 + \beta_2 x_2 + \varepsilon$$
$$E(Y) = \beta_0 + \beta_1 x_1 + \beta_2 x_2 \tag{7-14}$$

式（7-14）的第二式对 x_2 求偏导得，$\dfrac{\partial E(Y)}{\partial x_2} = \beta_2$，即 β_2 可解释为彩电的价格 x_1 保持不变时，消费者收入 x_2 每变动（增加或减少）一个单位，对彩电的平均销售量 $E(Y)$ 的影响程度。一般来说，随着消费者收入的增加，彩电的需求是增加的，因此 β_2 应该为正。

二、多元线性回归模型的参数估计

多元线性回归方程未知参数 β_0，β_1，$\cdots$，β_p 的估计与一元线性回归方程的参数估计原理一样，所选择的估计方法应该使估计值 $\hat{y}$ 与观测值 y 之间的残差在所有样本点上达到最小，即 Q 达到最小。所以求 β_0，β_1，$\cdots$，β_p，使得

$$Q(\beta_0, \beta_1, \cdots, \beta_p) = \sum_{i=1}^{n} (y_i - \beta_0 - \beta_1 x_{i1} - \beta_p x_{ip})^2 = \min$$

即

$$\sum_{i=1}^{n} (y_i - \hat{y}_i)^2 = \sum_{i=1}^{n} e_i^2 = e, \quad e = (Y - X\hat{B})'(Y - X\hat{B})$$

$$\min \sum_{i=1}^{n} (y_i - \beta_0 - \beta_1 x_{i1} - \beta_p x_{ip})^2$$

由多元函数求极值点的方法可求得回归系数的最小二乘估计值为

$$\hat{B} = (X'X)^{-1}X'Y \tag{7-15}$$

另外，未知参数 σ^2 的一个无偏估计为 $\hat{\sigma}^2 = \dfrac{\sum\limits_{i=1}^{n}(y_i - \hat{y}_i)^2}{n - p - 1} = \dfrac{SSE}{n - p - 1}$，实际就是残差平方和（$MSE$）。

三、对多元线性回归方程的评价

（一）拟合优度检验

在多元线性回归分析中，总离差平方和的分解公式依然成立：总偏差（SST）= 回归偏

差（SSR）+剩余偏差（SSE）。我们可以用判定系数，或称可决系数，来评价多元线性回归模型的拟合程度，即

$$R^2 = \frac{SSR}{SST} = \frac{\sum(\hat{y}_i - \bar{y})^2}{\sum(y_i - \bar{y})^2} \tag{7-16}$$

由判定系数的定义可知，R^2 的大小取决于回归偏差 SSR 在总偏差 SST 中的比重。在样本量一定的条件下，总离差平方和与自变量的个数无关，而残差平方和则会随着方程中自变量个数的增加而减小。因此 R^2 是自变量个数的非递减函数。在一元线性回归方程中，由于所有方程中包含的变量个数都相同，判定系数便可以直接作为评价一元线性回归方程拟合程度的尺度，而在多元线性回归方程中，各回归方程所包含的变量个数未必相同，以它的大小作为衡量拟合程度的尺度是不合适的，因此，在多元线性回归分析中，通常采用"修正自由度判定系数"来判定现行多元回归方程的拟合优度

$$R_a^2 = 1 - (1 - r^2) \times \frac{n-1}{n-p-1} \tag{7-17}$$

式中　p——解释变量的个数；

　　　n——样本容量。

可以看出：对于给定的 R^2 值和 n 值，p 值越大，R_a^2 越小。在进行回归分析时，一般总是希望以尽可能少的自变量去达到尽可能高的拟合程度。R_a^2 作为综合评价这方面情况的一个指标显然比 R^2 更为合适。但要注意：当 n 为小样本，解释变量数很大时，R_a^2 为负。

同样我们可以导出多元回归模型标准误的计算公式

$$S_{y(x_1 x_2 \cdots x_p)} = \sqrt{\frac{\sum(y_i - \hat{y}_i)^2}{n-p-1}} \tag{7-18}$$

这里的 $n-p-1$ 是自由度，因为 p 元回归模型有 $p+1$ 个参数，求解该回归方程时将失去 $p+1$ 个自由度。后面在构建预测区间时，要用到这个指标。

（二）多元线性回归模型的显著性检验

多元线性回归模型的显著性检验包括两个方面的内容：一是对整个回归方程的显著性检验（F 检验），另一个是对各回归系数的显著性检验（t 检验）。在一元线性回归方程的检验当中，这两个检验是等价的，但在多元线性回归模型的检验中两者却不同。

1. 整个回归模型的显著性检验步骤

（1）提出假设：$H_0: \beta_1 = \beta_2 = \cdots = \beta_p$；$H_1: \beta_i, i = 1, 2, \cdots, p$，不全为 0。

（2）根据表 7-6 构建 F 统计量。

表 7-6　多元线性回归模型的方差分析表

方差来源	平方和	自由度	均方和	F 统计值
回归	SSR	p	$MSR = \dfrac{SSR}{p}$	
残差	SSE	$n-p-1$	$MSE = \dfrac{SSE}{n-p-1}$	$F = \dfrac{MSR}{MSE}$
合计	SST	$n-1$		

（3）给定显著性水平 α，查 F 分布表，得临界值 $F_\alpha(p, n-p-1)$。

（4）若 $F \geqslant F_\alpha(p, n-p-1)$，则拒绝 H_0，接受备择假设，说明总体回归系数 β_i 不全为零，即回归方程是显著的；反之，则认为回归方程不显著。

2. 回归系数的显著性检验步骤

（1）提出假设：$H_0: \beta_i = 0$；$H_1: \beta_i \neq 0$（$i = 1, 2, \cdots, p$）。

（2）t 检验的计算公式为：$t_{\beta_i} = \dfrac{\hat{\beta_i}}{S_i}$，其中 $S_i = \sqrt{\mathrm{Var}(\hat{\beta_i})} = \sqrt{c_{ii}}\,\hat{\sigma}$ 是回归系数标准差，c_{ii} 是 $(X^T X)^{-1}$ 中第 $i+1$ 个主对角线元素。t 值应该有 p 个，对每一个 $i = 1, \cdots, p$ 可以计算一个 t 值。

（3）给定显著性水平 α，确定临界值 $t_{\alpha/2}(n-p-1)$。

（4）若 $|t_{\beta_i}| \geqslant t_{\alpha/2}(n-p-1)$，则拒绝 H_0，接受备择假设，即总体回归系数 $\beta_i \neq 0$。

有多少个回归系数，就要做多少次 t 检验。

类似于一元线性回归方程，通过检验后的多元线性模型也可以用来进行预测。下面我们举例说明。

例7-3　10 个地区某种商品的需求量与其价格以及消费者收入的资料，如表 7-7 所示，推算价格在 4 000 元、消费者收入为 1 700 万元时，该商品的需求量。

表 7-7　10 个地区某商品的需求量与相关资料

地区编号	需求量 y（吨）	价格 x_1（百元）	收入 x_2（万元）	x_1^2	x_2^2	$x_1 x_2$	$x_1 y$	$x_2 y$
1	5 919	23. 56	762	555. 07	580 644	17 952. 72	139 451. 64	4 510 278
2	6 545	24. 44	912	597. 31	831 744	22 289. 28	159 959. 80	5 969 040
3	6 236	32. 07	1 067	1 028. 48	1 138 489	34 218. 69	199 988. 52	6 653 812
4	6 470	32. 46	1 116	1 053. 65	1 245 456	36 225. 36	210 016. 20	7 220 520
5	6 740	31. 15	1 190	970. 32	1 416 100	37 068. 50	209 951. 00	8 020 600
6	6 440	34. 14	1 292	1 165. 54	1 669 264	44 108. 88	219 861. 60	8 320 480
7	6 800	35. 3	1 434	1 246. 09	2 056 356	50 620. 20	240 040. 00	9 751 200
8	7 240	38. 7	1 596	1 497. 69	2 547 216	61 765. 20	280 188. 00	11 555 040
9	7 571	39. 63	1 800	1 570. 54	3 240 000	71 334. 00	300 038. 73	13 627 800
10	7 068	46. 68	1 930	2 179. 02	3 724 900	90 092. 40	329 934. 24	13 641 240
合计	67 029	338. 13	13 099	11 863. 73	18 450 169	465 675. 23	2 289 429. 73	89 270 010

解：二元线性回归分析模型的一般形式为

$$y_c = a + b_1 x_1 + b_2 x_2 \tag{7-19}$$

式中　a——截距，表示当 x_1 和 x_2 的值为 0 时 y 的值；

b_1 和 b_2——偏回归系数。

二元线性回归模型中的参数同样用最小二乘法进行估计。参数估计为

$$\begin{cases} \sum y = na + b_1 \sum x_1 + b_2 \sum x_2 \\ \sum x_1 y = a \sum x_1 + b_1 \sum x_1^2 + b_2 \sum x_1 x_2 \\ \sum x_2 y = a \sum x_2 + b_1 \sum x_1 x_2 + b_2 \sum x_2^2 \end{cases} \tag{7-20}$$

将表 7-7 数据代入式（7-20），可得

$$\begin{cases} 67\ 029 = 10a + 338.\ 13b_1 + 13\ 099b_2 \\ 2\ 289\ 429.\ 73 = 338.\ 13a + 11\ 863.\ 73b_1 + 465\ 675.\ 23b_2 \\ 89\ 270\ 010 = 13\ 099a + 465\ 675.\ 23b_1 + 18\ 450\ 169b_2 \end{cases}$$

解方程组得 $\begin{cases} a = 6\ 265.\ 553 \\ b_1 = 2.\ 863\ 4 \\ b_2 = -97.\ 992\ 5 \end{cases}$

根据分析表所提供的数据显示

二元线性回归模型为　$y = 6\ 265.\ 553 - 97.\ 992\ 5x_1 + 2.\ 863\ 4x_2$　$r_a^2 = 0.\ 873\ 6$

F 统计量为 32.089 5，其对应的概率为 0.003，即若 $\alpha = 0.05$，则拒绝 H_0，方程是有意义的。

$t_{\beta_1} = -3.\ 054\ 1$（对应概率为 0.018 5）；$t_{\beta_2} = 4.\ 883\ 4$（对应概率为 0.001 8），即若 $\alpha = 0.05$，两个 t 检验都拒绝 H_0，也就是说，回归系数 $\hat{\beta}_1$ 和 $\hat{\beta}_2$ 是有意义的。

当 $x_1 = 40$，$x_2 = 1\ 700$ 时，代入方程可得：$y = 7\ 213.\ 633$（吨）

第四节　SPSS 在关系分析中的应用

回归分析是处理两个及两个以上变量间线性依存关系的统计方法。在线性回归分析中，可根据需要选用不同筛选自变量的方法（如逐步法、向前法、向后法等）。以家庭住房支出与年收入的回归模型为例，考虑家庭年收入对住房支出的影响，建立的模型如下

$$y_i = \alpha + \beta x_i + \varepsilon_i \tag{7-21}$$

式中　y_i——住房支出；

　　　x_i——年收入。

线性回归分析的基本步骤及结果分析如下所示。

1. 绘制散点图

打开数据文件，执行"图形"→"旧对话框"→"散点/点状"命令，如图 7-2 所示。

选择"简单分布"选项，单击"定义"按钮，打开子对话框，选择 X 变量和 Y 变量，如图 7-3 所示。单击"确定"按钮，提交系统运行，结果如图 7-4 所示。

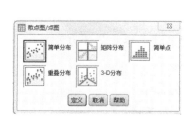

图 7-2　散点图/点图对话框

图 7-3　简单散点图子对话框

如图（7-4）所示，我们可直观地看出住房支出与年收入之间存在线性相关关系。

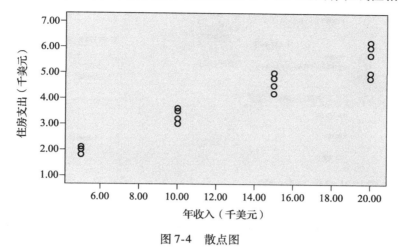

图 7-4　散点图

2. 简单相关分析

执行"分析"→"相关"→"双变量"命令，打开对话框，将变量"住房支出"与"年收入"移入"变量"列表框，单击"确定"按钮运行，结果如表 7-8 所示。

表 7-8　住房支出与年收入相关系数表

Correlations

		住房支出（千美元）	年收入（千美元）
住房支出（千美元）	皮尔逊相关系数	1	0.966 **
	双侧检验的显著性水平	.	0.000
	N	20	20
年收入（千美元）	皮尔逊相关系数	0.966 **	1
	双侧检验的显著性水平	0.000	.
	N	20	20

注：** 为在 0.01 显著性水平下相关系数显著。

从表中可得到两变量之间的皮尔逊相关系数为 0.966，双尾检验概率 p 值为 $0.000 < 0.05$，故变量之间显著相关。根据住房支出与年收入之间的散点图与相关分析显示，住房支出与年收入之间存在显著的正相关关系。在此前提下进一步进行回归分析，建立一元线性回归方程。

3. 线性回归分析

步骤 1：执行菜单"分析"→"回归"→"线性"命令，打开线性回归分析对话框（见图 7-5）。将变量住房支出 y 移入因变量列表框中，将年收入 x 移入自变量列表框中。在方法框中选择"进入"选项，表示所选自变量全部进入回归模型。

步骤 2：单击"统计量"按钮，如图 7-6 所示，然后在"统计量"子对话框中设置要输出的统计量。这里选中估计、模型拟合度复选框。

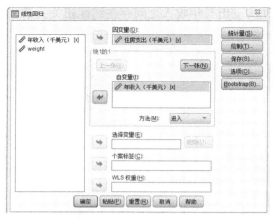

图 7-5　线性回归分析对话框

图 7-6　统计量子对话框

- 估计：输出有关回归系数的统计量，包括回归系数、回归系数的标准差、标准化的回归系数、t 统计量及其对应的 p 值等。
- 置信区间：输出每个回归系数的 95% 的置信度估计区间。
- 协方差矩阵：输出解释变量的相关系数矩阵和协差阵。
- 模型拟合度：输出可决系数、调整的可决系数、回归方程的标准误差、回归方程 F 检验的方差分析。

步骤 3：单击"绘制"按钮，在图子对话框中的标准化残差图选项栏中选中正态概率图复选框，以便对残差的正态性进行分析，如图 7-7 所示。

步骤 4：单击"保存"按钮，在保存子对话框中残差选项栏中选中未标准化复选框，这样可以在数据文件中生成一个变量名为 res_1 的残差变量，以便对残差进行进一步分析，如图 7-8 所示。

图 7-7　图子对话框

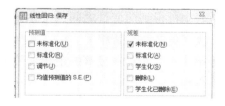

图 7-8　保存子对话框

其余保持 SPSS 默认选项。在主对话框中单击"确定"按钮，执行线性回归命令，其结果如下。

表 7-9 给出了回归模型的拟合优度（R Square）、调整的拟合优度（Adjusted R Square）、估计标准差（Std. Error of the Estimate）以及 Durbin-Watson 统计量。从结果来看，回归的可决系数和调整的可决系数分别为 0.934 和 0.93，即住房支出 90% 以上的变动都可以被该模型解释，拟合优度较高。

表 7-9 回归模型拟合优度评价及 DW 检验结果
模型摘要

模型	R	R^2	调整后的 R^2	估计值标准误
1	0.966（a）	0.934	0.930	0.373 02

a. 常数项：年收入（千美元）
b. 自变量：住房支出（千美元）

表 7-10 给出了回归模型的方差分析表，可以看到，F 统计量为 252.722，对应的 p 值为 0，所以，拒绝模型整体不显著的原假设，即该模型的整体是显著的。

表 7-10 方差分析表

模型	平方和	自由度	均方和	F 统计值	伴随概率
回归	35.165	1	35.165	252.722	0.000（a）
残差	2.505	18	0.139		
合计	37.670	19			

a. 常数项：年收入（千美元）
b. 自变量：住房支出（千美元）

表 7-11 给出了回归系数、回归系数的标准差、标准化的回归系数值以及各个回归系数的显著性 t 检验。从表中可以看到无论是常数项还是解释变量 x，其 t 统计量对应的 p 值都小于显著性水平 0.05，因此，在 0.05 的显著性水平下都通过了 t 检验。变量 x 的回归系数为 0.237，即年收入每增加 1 千美元，住房支出就增加 0.237 千美元。

表 7-11 回归系数估计及其显著性检验

模型	未标准化系数		标准化系数	t 统计量	伴随概率
	Beta 系数	标准误	Beta 系数		
常数项	0.890	0.204		4.356	0.000
自变量	0.237	0.015	0.966	15.897	0.000

a. 自变量：住房支出（千美元）

为了判断随机扰动项是否服从正态分布，观察图 7-9 所示的标准化残差的 P-P 图，可以发现，各观测的散点基本上都分布在对角线上，据此可以初步判断残差服从正态分布。

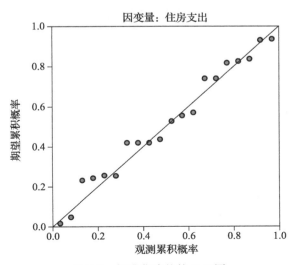

图 7-9 标准化残差的 P-P 图

　　为了判断随机扰动项是否存在异方差，根据被解释变量 y 与解释变量 x 的散点图，如图 7-9 所示，随着解释变量 x 的增大，被解释变量的波动幅度明显增大，说明随机扰动项可能存在比较严重的异方差问题，应该利用加权最小二乘法等方法对模型进行修正。

练习与思考

1. 什么是相关关系？相关关系有哪些种类？
2. 简述相关分析与回归分析的区别和联系。
3. 简述回归分析的内容和步骤。
4. 某地人均收入（x）与人均消费（y）连续五年的统计资料如下表所示

人均收入 x（万元）	4.4	5.7	6.5	7.6	8.6
人均消费 y（万元）	3	3.5	4.9	5.1	6.6

要求：

（1）计算一元线性相关系数。

（2）建立回归直线方程。

（3）计算回归标准差。

（4）以 95% 概率估计人均收入为 9 万元的人均消费的区间范围。

5. 在其他条件不变的情况下，某种商品的外观评分（y）与该商品的价格（x）有关，现对给定时期内的价格与外观评分进行观察，得到如下所示的一组数据

价格 x（元）	900	600	800	950	1 200	1 100	980	1 000	1 020	700
外观评分 y（分）	85	80	82	86	90	88	86	87	88	82

要求：计算等级相关系数。

6. 某公司所属 8 个企业的产品销售资料如下表所示

企业编号	1	2	3	4	5	6	7	8
产品销售额（万元）	170	220	390	430	480	650	950	1 000
销售利润（万元）	18.1	21.5	28.0	32.0	36.5	50.0	74.0	89.0

要求：

（1）计算产品销售额与利润额之间的相关系数。

（2）确定利润额对产品销售额的直线回归方程。

（3）确定产品销售额为 1 200 万元时利润额的估计值。

7. 10 个地区有关资料如下表所示

地区	1	2	3	4	5	6	7	8	9	10
年平均销售额 Y（百万元）	6.9	7.5	7.2	7.4	7.7	7.4	7.8	8.2	8.5	8.0
平均价格 X_1（元）	3.3	3.4	4.2	4.2	4.1	4.4	4.6	4.8	4.9	5.6
当地年平均收入 X_2（百元）	8.8	10.1	11.6	12.1	12.9	13.9	15.3	16.9	19.0	20.3

要求：

（1）建立二元线性回归方程。

（2）计算多元回归标准差。

（3）概率为 95% 价格为 5 元，当地年均收入为 2 500 元时，年均销售额区间范围是多少？

8. 通过阅读导入案例，你对关系分析有怎样的理解？

9. 根据第二章练习与思考中第 7 题所调查的数据，请同学们按小组（5 人小组）运用 SPSS 软件进行回归分析（提示：可参照本章 SPSS 的实例分析进行）。

第八章
CHAPTER8

统 计 推 断

§ **学习目标**

1. 了解抽样推断的基本原理
2. 掌握抽样误差、区间估计的计算方法

§ **本章重点**

掌握区间估计与抽样技术在实际中的应用

§ **导入案例**

抽样在消费维权中的应用

中国消费者协会的主题是"健康·维权"。想象你是中国消费者协会的官员，负责治理缺斤短两的不法行为。假如你知道可口可乐公司生产的一种瓶装雪碧，包装上标明净含量是 500ml，在市场上随机抽取了 50 瓶，测得其平均含量为 499.5ml，标准差为 2.63ml。你拿着这些数据可以做两件事：一是你做一个估计，该种包装的雪碧平均含量在 498.77 ~ 500.23ml，然后向消协写份报告；二是你做一个裁决：说"可口可乐公司有欺骗消费者的行为"的证据不足。前者是参数估计，后者是假设检验。本章首先集中说明统计推断中的常用术语，然后主要介绍参数估计的基本原理，点估计和区间估计的方法，以及必要样本容量的测算。

第一节 统计推断能力概述

一、统计抽样方案设计能力

统计抽样设计是抽样调查工作的第一个工作阶段，是根据统计研究对象的性质和研究目的，对统计工作的各个方面和各个环节的通盘考虑和安排。抽样设计的结果表现为抽样设计方案。

所谓抽样设计，就是依据调查目的，在给定的人力、物力、财力等的条件下，在从一定总体中抽取样本资料以前，预先确定抽样程序和方案，在保证所抽取的样本有充分代表性的前提下，力求取得最经济、最有效的结果。

（1）定义目标总体。目标总体是指抽样设计者根据调查目的界定的调查研究对象的集合体。调查目的和范围对定义目标总体具有关键性的作用。目标总体是对整个研究具有重大意义的群体，它们之所以有重要的地位，是因为我们可以从它们身上搜集到对研究有关键用途的信息。另外，还有一些因素可能也会影响我们界定目标总体，如研究的主题、时间等。

（2）决定抽样框。目标总体选定后就需要由抽样框执行了。抽样框是抽样调查前在可能条件下做出的抽样单位一览表或一览图，即由抽样单位构成的名录。抽样框既可以是一份包含所有抽样单位的名单，也可以是一张地图或其他适当的形式，如电话簿的列表、餐厅的菜单、包含公司所有客户名单的数据库或电子数据库的目录等。

抽样框是组织抽样调查的重要依据，调查者必须对其抱有严谨的态度，认真地搜集和编制。因为抽样框一旦有重复和遗漏，必然会直接影响样本的选取，从而影响整个抽样工作的质量。

（3）抽样调查的组织形式和抽样方法的选择。为了控制抽样误差，提高抽样效果，需要根据调查任务及调查对象的具体情况，从各种抽样调查的组织形式及抽样方式中有针对性地进行选择，以便使样本能充分地反映总体，并便于组织实施，节约人力、物力和时间。

传统的抽样调查的组织形式分为两大类：随机抽样与非随机抽样。随机抽样并不是指随便乱抽样，随机抽样时样本会依据总体出现的概率高低而被多抽到或少抽到，如简单随机抽样、系统抽样、分层随机抽样、整群抽样、多阶段随机抽样等；非随机抽样是指不按照概率抽取样本，而由抽样者主观抽取，如便利抽样法、判断抽样法和配额抽样法等。

（4）对主要目标的精度提出要求。例如，在收视率的调查中，平均收视率的误差不超过3%等。

（5）选择抽样方案的类型。例如，在收视率调查中采用多级抽样，而在各级中又采用分层抽样等组织形式，最后一级采用等距抽样方式等。

（6）给出估计式。根据抽样方案的类型、对主要目标量的精确度要求及置信度等，确定样本量，并给出总体目标量的估计式（点估计或区间估计）和抽样误差的估算式。

（7）制定实施方案的具体办法和步骤。

二、抽样调查组织能力

在抽样方案确定的条件下抽样调查组织实施是一项重要工作。通过抽样调查才能取得样本的资料，为抽样推断提供重要基础。

抽样调查一般程序如下。

（1）确定抽样调查总体。根据抽样设计的要求，明确抽样调查的全部对象及范围。只有明确调查总体才能从中进行正确的抽样，并保证样本符合要求，才能有的放矢，取得真实、可靠、全面的调查资料。

（2）确定抽样框。抽样框根据其划分标准的不同，可以在不同层面上进行构建，从而使抽样框呈现不同等级。不同等级的抽样框可以用于各级抽样。

目前实践中有三种常用的抽样框：地图块、居委会块、居民户。

（3）选择调查样本。选择调查样本就是在调查总体中选定具体的需要对其进行调查的部分调查单位。选择样本可能是随机抽样，也可能是非随机抽样。

（4）实施调查。在选定样本的基础上运用不同的调查方法对选取的样本进行调查，取得反映样本的资料。一般情况下不能随意改变样本单位数量，以保证样本资料的准确性和客观性。

三、抽样推断能力

（1）抽样误差的测算与控制。用抽样指标来估计全及指标是否可行，关键问题在于抽样误差。抽样误差大小表明抽样效果的好坏，如果误差超过了允许的限度，抽样调查就失去了价值。抽样估计前需要对抽样误差进行测算和控制。

（2）抽样推断。抽样调查的目的在于由样本指标推断全及指标。抽样推断的方法主要有点估计和区间估计。

第二节　统计抽样推断的一般问题

统计抽样推断是统计学研究的重要内容，它包括两大核心内容：参数估计（Parameter Estimation）和假设检验（Hypothesis Testing）。两者都是根据样本资料运用科学的统计理论和方法。参数估计是对所要研究的总体参数，进行合乎数理逻辑的推断；假设检验是对先前提出的某个陈述，进行检验并判断真伪。本节主要介绍进行统计参数估计所须具备的能力和知识基础。

统计推断是以概率论基本理论之一的极限定理为基础的，极限定理就是采用极限的方法得出随机变量概率分布的一系列定理的总称，其内容广泛，其中的大数定律和中心极限定理为抽样估计提供了主要的数学依据。

一、抽样推断的概念与作用

1. 抽样推断的概念

抽样推断是按照随机原则从总体中抽取一部分单位进行观察，并运用数理统计的原理，以被抽取的那部分单位的数量特征为代表，根据观察结果来推断，对总体做出数量上的推断分析。

抽样可分为随机抽样和非随机抽样两种。随机抽样是根据大数定律的要求，在抽取推断单位时，应保证总体中各个单位都有同样的机会被抽中。一般所讲的抽样推断，大多数是指这种随机抽样。非随机抽样就是由推断者根据自己的认识和判断，选取若干个有代表性的单位，根据这些单位进行观察的结果来推断全体，如民意测验等。

抽样推断既是搜集统计资料的方法，又是对现象总体做出具有一定可靠性的估计推断的方法，在统计调查分析中均得到广泛应用。

2. 抽样推断的特点

（1）遵循随机原则选择调查单位。抽样推断必须非常客观、毫无偏见地从总体中抽取调查单位，也就是严格按照随机原则抽取推断单位，不受推断人员任何主观意图的影响，否则会带上个人偏见，被选择的部分单位的标志值可能偏高或偏低，失去对总体数量特征的代表性。

（2）与全面推断相比较，抽样推断能节省人力、费用和时间，而且比较灵活。抽样推断的推断单位比全面推断少得多，因而既能节约人力、费用和时间，又能比较快地得到推断的结果，这对许多工作都是很有利的。

由于推断单位少，有时可以增加推断内容。因此，有的国家在人口普查的同时也进行人口抽样推断，一般项目通过普查取得资料，另一些项目则通过抽样推断取得资料。这样，既节省了推断费用和时间，又丰富了推断内容。

（3）抽样推断会产生抽样误差，抽样误差可以计算，并且可以加以控制。抽样推断只涉及总体中的一部分单位，样本指标值与总体指标值之间存在一定的抽样误差。抽样误差数值的大小可以事先通过一定资料和公式测定计算，也可以采取有效措施对误差范围进行控制，保证抽样推断达到一定的可靠程度。

抽样推断是必不可少的一种推断方法，但抽样推断难以提供各种详细分类的统计资料。例如，它只能提供说明整个总体情况的统计资料，而不能提供说明各级状况的详细的统计资料，这就难以满足各级领导和管理部门的要求。

3. 抽样推断的作用

抽样推断在其广泛的适用范围内，日益发挥其重要作用。

（1）对某些不可能进行全面调查又需要了解其全面情况的社会经济现象，必须应用抽样推断。例如，灯泡耐用时间试验，电视机抗震能力试验，罐头食品的卫生检查，人体白血球数量的化验等，都是有破坏性的，不可能进行全面调查推断，只能使用抽样推断。

（2）有些总体从理论上讲可以进行全面推断，但实际上办不到。例如，了解某森林区有多少棵树，职工家庭生活状况如何等。从理论上讲这是有限总体，可以进行全面推断，但实际上缺少可操作性，也不必要。对这类情况的了解一般采取抽样推断方法。

（3）抽样推断可以用来检验和修正全面调查资料。全面推断的推断单位多、涉及面广，参加推断汇总的人员也多、水平不一，因而发生登记误差和计算性误差的可能性就大。在全面调查结束后，选择一定范围进行抽样推断，可以检验全面调查资料的质量，可以用抽样推断结果对全面资料进行修正，进一步提高全面调查资料的准确性。

（4）抽样推断方法可以用于工业生产过程中的质量控制。抽样推断不但广泛地用于生产结果的核算和估计，而且也有效地应用于对成批或大量连续生产的工业产品在生产过程中进行质量控制，检查生产过程是否正常，并及时提供有关信息，便于采取措施，预防废品的出现。

（5）利用抽样推断的方法，可以对于某种总体的假设进行检验，来判断这种假设的真伪，以决定取舍。例如，新教学法的采用、新工艺新技术的改革、新医疗方法的使用等是否收到明显效果，须对未知的或不完全知道的总体做出一些假设，然后利用抽样推断的方法，根据实验材料对所做的假设进行检验，做出判断。

随着抽样理论的发展、抽样技术的进步、抽样方法的完善和统计队伍业务水平的提高，抽样推断方法将在社会经济生活中得到愈加广泛的运用。

二、抽样推断中的几个基本概念

（一）全及总体和抽样总体

1. 全及总体

全及总体简称总体，是指所要认识对象的全体，总体是由具有某种共同性质的许多单位组成的集合体。例如，我们要研究某城市职工的生活水平，则该城市全部职工即构成全及总体。

全及总体的单位数通常用大写的英文字母 N 来表示。作为全及总体，单位数 N 即使有限，但总是很大，大到几千、几万、几十万、几百万。例如，人口总体、棉花纤维总体、粮食产量总体等。对于无限总体的认识只能采用抽样的方法，而对于有限总体的认识，理论上虽可以应用全面推断来搜集资料，但实际上往往由于不可能或不经济而借助抽样的方法以求得对有限总体的认识。

2. 抽样总体

抽样总体简称样本，是指从全及总体中随机抽取出来，代表全及总体部分单位的集合体。抽样总体的单位数通常用小写的英文字母 n 表示。一般说来，$n \geq 30$ 称为大样本，$n < 30$ 称为小样本。社会经济现象的抽样推断多取大样本。对于全及总体单位数 N 来说，n 是个很小的数，它可以是 N 的几十分之一、几百分之一、几千分之一、几万分之一。以很小的样本来推断很大的总体，这是抽样推断的一个特点。

全及总体是唯一确定的，抽样总体则是随机的，一个全及总体可能抽取很多个抽样总体，全部样本的可能数目和每一样本的容量有关，也和随机抽样的方法有关。不同的样本容量和取样方法，样本的可能数目也有很大的差别。

（二）全及指标和抽样指标

1. 全及指标

根据全及总体各个单位的标志值或标志特征计算的、反映总体某种属性的综合指标，称为全及指标。由于全及总体是唯一确定的，根据全及总体计算的全及指标也是唯一确定的。

不同性质的总体，需要计算不同的全及指标。对于变量总体，由于各单位的标志可以用数量来表示，所以可以计算总体平均数、总体方差 σ^2 和总体标准差 σ。其计算公式为

$$\overline{X} = \frac{\sum X}{N} \qquad \sigma^2 = \frac{\sum (X - \overline{X})^2}{N} \qquad \sigma = \sqrt{\frac{\sum (X - \overline{X})^2}{N}}$$

$$\overline{X} = \frac{\sum XF}{\sum F} \qquad \sigma^2 = \frac{\sum (X - \overline{X})^2 F}{\sum F} \qquad \sigma = \sqrt{\frac{\sum (X - \overline{X})^2 F}{\sum F}}$$

对于属性总体，由于各单位的标志只能用一定的文字加以描述，所以，就应该计算结构相对指标，称为总体成数，用大写的英文字母 P 表示，说明总体中具有某种标志的单位数在总体中所占的比重。变量总体也可以计算成数，即总体单位数在规定的某变量值以上或以下的比重，视同具有或不具有某种属性的单位数比重。

设总体 N 个单位中，有 N_1 个单位具有某种属性，N_0 个单位不具有某种属性，$N_1 + N_0 = N$，P 为总体中具有某种属性的单位数所占的比重，Q 为不具有某种属性的单位数所占的比重。全及总体成数指标有总体成数 P、总体成数方差 σ^2 和总体成数标准差 σ。其计算公式为

$$P = \frac{N_1}{N} \qquad\qquad Q = \frac{N_0}{N} = \frac{N - N_1}{N} = 1 - P$$

$$\sigma^2 = P(1 - P) \quad \sigma = \sqrt{P(1 - P)}$$

2. 抽样指标

由抽样总体各个标志值或标志特征计算的综合指标称为抽样指标。

变量样本总体有抽样平均数 $\overline{x}$、样本平均数方差 S^2 和样本平均数标准差 S。其计算公式为

$$\overline{x} = \frac{\sum x}{n} \qquad S^2 = \frac{\sum (x - \overline{x})^2}{n} \qquad S = \sqrt{\frac{\sum (x - \overline{x})^2}{n}}$$

$$\overline{x} = \frac{\sum xf}{\sum f} \qquad s^2 = \frac{\sum (x - \overline{x})^2 f}{\sum f} \qquad s = \sqrt{\frac{\sum (x - \overline{x})^2 f}{\sum f}}$$

设样本 n 个单位中有 n_1 个单位具有某种属性，n_0 个单位不具有某种属性，$n_1 + n_0 = n$，p 为样本中具有某种属性的单位数所占的比重，q 为不具有某种属性的单位数所占的比重。属性抽样总体指标有抽样成数、样本成数方差 S^2 和样本成数标准差 S。其计算公式为

$$p = \frac{n_1}{n}$$

$$q = \frac{n_0}{n} = \frac{n - n_1}{n} = 1 - p$$

$$S^2 = p(1 - p)$$

$$S = \sqrt{p(1 - p)}$$

由于一个全及总体可以抽取许多个样本，样本不同，抽样指标的数值也就不同，所以抽样指标的数值不是唯一确定的，是随机变量。

（三）重置抽样与不重置抽样

1. 重置抽样

重置抽样，又称有放回的抽样，是指从全及总体 N 个单位中随机抽取一个容量为 n 的样本，每次抽中的单位经登录其有关标志表现后又放回总体中重新参加下一次的抽选。每次从总体中抽取一个单位，可看作一次试验，连续进行 n 次试验就构成了一个样本。因此，重置抽样的样本是经 n 次相互独立的连续试验形成的。每次试验均在相同的条件下完全按照随机原则进行。

2. 不重置抽样

不重置抽样又称无放回的抽样，是指从全及总体 N 个单位中随机抽取一个容量为 n 的样本，每次抽中的单位登录其有关标志表现后不再放回总体中参加下一次的抽选。经过连续 n 次不重置抽选单位构成样本，实质上相当于一次性同时从总体中抽中 n 个单位构成样本。上一次的抽选结果会直接影响下一次抽选，因此，不重置抽样的样本是经 n 次相互联系的连续试验形成的。

（四）抽样框与样本数

1. 抽样框

抽样框又称抽样结构，是指对可以选择作为样本的总体单位列出名册或排序编号，以确定总体的抽样范围和结构。设计出了抽样框后，便可采用抽签的方式或按照随机数表来抽选必要的单位数。若没有抽样框，则不能计算样本单位的概率，从而也就无法进行概率选样。

2. 样本数

样本数又称样本的可能数目，是指从总体 N 个单位中随机抽选 n 个单位构成样本，通常有多种抽选方法，每一种抽选方法实际上是 n 个总体单位的一种排列组合，一种排列组合便构成一个可能的样本，n 个总体单位的排列组合总数，称为样本的可能数目。

三、抽样推断理论基础

（一）大数法则

大数法则又叫大数定律，说明由大量相互独立的随机变量构成的总体，其中每个变量虽有各种不同的表现，但对这些大量的变量加以综合平均，就可以消除由偶然因素引起的个别差异，从而使总体单位的某一标志的规律性及其共同特征能在一定的数量和质量上表现出来。

大数法则的理论研究成果众多，我们以切比雪夫大数定律的一特殊情况为例：设 X_1，X_2，X_3，…，X_n 为独立的随机变量序列，服从同一分布，且具有相同的期望值 $E(X_i) = \mu$

以及方差 σ^2，则对于任意的正数 ε，有

$$\lim_{n \to \infty} P \left(\left| \frac{1}{n} \sum_{i=1}^{n} X_i - \mu \right| < \varepsilon \right) = 1 \tag{8-1}$$

可见大数法则从数量关系角度阐明了样本和总体之间的内在联系，证明了随着抽样容量 n 的增加，能够以接近 1 的概率期望抽样平均数与总体平均数的偏差为任意小。

（二）中心极限定理

有些随机变量表现为大量独立随机变量之和，例如，任意指定时刻城市用电量是大量用电量的总和。中心极限定理就是研究随机变量之和在什么条件下渐近地服从正态分布。

设 X_1，X_2，X_3，$\cdots$，X_n 是相互独立同分布的随机变量，且它们的数学期望为 μ，方差为 σ^2，则 $\sum_{i=1}^{n}$ 也是一个随机变量，当 n 很大时，它的分布渐近服从数学期望和方差分别为 $n\mu$ 和 $n\sigma^2$ 的正态分布 $N(n\mu, n\sigma^2)$。由上述定理，可以得到以下推论。

不论总体是什么分布，只要数学期望 μ 和方差 σ^2 存在，从这个总体中随机互相独立地抽取容量为 n 的样本，则这个样本均值 $\bar{x} = \frac{1}{n} \sum_{i=1}^{n} x_i$ 是个随机变量，当 n 足够大时（一般 $n \geq 30$），样本均值近似服从数学期望为 μ，方差为 $\frac{\sigma^2}{n}$ 的正态分布 $N\left(\mu, \frac{\sigma^2}{n}\right)$。

如果用 X 表示 n 次重复独立试验中事件 A 发生的次数，p 为每次试验中事件 A 发生的概率，则 X 服从二项分布 $B(n, p)$。根据中心极限定理，当 n 很大，而 p 又不太接近 0 或 1 时，正态分布为二项分布提供了很好的近似。一般只要 $n > 50$，且 np 和 $n(1-p)$ 都大于 5 时，我们把 X 看成近似服从正态分布 $N[np, p(1-p)]$，或者做变量代换得到 $\frac{X - np}{\sqrt{np(1-p)}}$，使其近似服从标准正态分布 $N(0, 1)$。

中心极限定理是大样本统计推断的理论基础。样本均值也是一种随机变量之和的分布，根据中心极限定理，只要在样本容量 n 充分大时，不论总体的变量分布是否属于正态分布，其抽样平均数也趋近于正态分布，即随着 $n \to \infty$，$\bar{x} \sim N(\mu, \sigma^2/n)$，这就为抽样推断提供了重要的理论依据。正因为如此，在抽样推断中，正态分布得到了广泛应用。

四、统计推断的基本要求

抽样估计的任务就是根据抽样指标（如抽样平均数或成数）来估计全及指标（如平均数或成数），但是样本指标作为统计量是一个随机变量，抽取的样本不同，便有不同的统计量。判断一种统计量的好坏，仅从某一个试验结果来衡量是不可能的，显然需要进行多次试验来判断统计量的优良性。一般来说，用样本指标估计全及指标，只要满足三个要求就可以认为是合理值估计或优良估计。

1. 无偏性

在多次反复估计中，要求各个抽样指标的平均数应该等于全及指标，即从平均数意义

上，抽样指标的估计是没有偏误的，这一要求称为无偏性。

如果样本统计量的数学期望值等于所估计的总体参数的值，该样本统计量称作总体参数的无偏估计量。样本无偏统计量的所有可能值的期望值或均值等于被估计的总体参数。其计算公式为

$$E(\bar{x}) = E\left(\frac{\sum x}{n}\right) = \frac{\sum E(\bar{x})}{n} = \bar{X} \tag{8-2}$$

2. 有效性

一个无偏估计量如果相较于其他无偏估计量具有较小的方差，则该估计量就满足有效性的要求。估计量的方差是表示估计量对总体参数的离散程度指标。各个可能抽样平均数与总体平均数的方差，平均说来要比总体中各个变量与总体平均数的方差要小。抽样平均数具有较小的方差，所以用抽样平均数估计总体平均数更为有效。

3. 一致性

当样本的单位数无限增大时，抽样指标就充分靠近全及指标，抽样指标和未知的全及总体指标之间的绝对离差为任意小的可能性也趋于必然，即

$$\lim_{n \to \infty} P(|\bar{x} - \bar{X}| < \alpha) = 1 \tag{8-3}$$

第三节 统计抽样推断的误差及控制

一、抽样误差

（一）抽样误差的概念

当总体指标未知时，往往要安排一次抽样推断，然后用抽样推断所获得的抽样指标的观察值作为总体指标的估计值。这种处理方法是存在一定误差的，我们把抽样指标与所要估计的总体指标之间的差值称为抽样误差。抽样误差的大小能够说明抽样指标估计总体指标是否可行、抽样效果是否理想等推断性问题。

抽样误差既是一种随机性误差，也是一种代表性误差。说其是代表性误差，是因为利用总体的部分资料推算总体时，不论样本选取有多么公正，设计多么完善，总还是一部分单位而不是所有单位，产生误差是无法避免的。说其是随机性误差，是指按随机性原则抽样时，由于抽样的不同，会得到不同的抽样指标值，由此产生的误差值各不相同。抽样误差中的代表性误差是抽样推断本身所固有的、无法避免的误差，但随机性误差则可利用大数定律精确地计算并能够通过抽样设计程序加以控制。

（二）影响抽样误差的因素

1. 抽样单位数的多少

由于总体内各单位之间总存在着差异，在其他条件不变的情况下，大量观察总比小量

观察易于发现总体规律或特征，因此样本容量越大越能代表总体特征，抽样误差就越小。反之，样本容量越小，抽样误差就可能越大。

2. 总体各单位标志值的差异程度

总体内各单位标志的差异程度越小，或总体的标准差越小，在其他条件给定的情况下，抽样误差就越小。反之，抽样误差就越大。

3. 抽样方法

抽样方法不同，抽样误差也不同。一般说来，重复抽样的误差比不重复抽样的误差要大。

4. 抽样的组织形式

选择不同的抽样组织形式，也会有不同的抽样误差。

（三）抽样平均误差

1. 样本平均数的平均误差

（1）当抽样方式为重复抽样时，样本标志值 x_1，x_2，$\cdots$，x_n 是相互独立的，样本变量 x 与总体变量 X 同分布。其计算公式为

$$\mu_{\bar{x}}^2 = \frac{\sigma^2}{n} \tag{8-4}$$

它说明在重复抽样的条件下，抽样平均误差与总体标准差成正比，与样本容量的平方根成反比。

（2）当抽样方式为不重复抽样时，样本标志值 x_1，x_2，$\cdots$，x_n 不是相互独立的，其计算公式为

$$\mu_{\bar{x}} = \sqrt{\frac{\sigma^2}{n}\left(\frac{N-n}{N-1}\right)} \tag{8-5}$$

当总体单位数 N 很大时，这个计算公式可近似表示为

$$\mu_{\bar{x}} = \sqrt{\frac{\sigma^2}{n}\left(1 - \frac{n}{N}\right)} \tag{8-6}$$

与重复抽样相比，不重复抽样平均误差是在重复抽样平均误差的基础上，再乘以 $\sqrt{(N-n)/(N-1)}$，而 $\sqrt{(N-n)/(N-1)}$ 总是小于1，所以不重复抽样的平均误差也总是小于重复抽样的平均误差。

在计算抽样平均数平均误差时，通常得不到总体方差的数值，一般可以用样本方差来代替总体方差。

2. 抽样成数的平均误差

总体成数 P 可以表现为总体是非标志的平均数。即 $E(X) = P$，它的标准差 $\sigma = \sqrt{P(1-P)}$。

（1）在重复抽样下，其计算公式为

$$\mu_p = \sqrt{\frac{P(1 - P)}{n}}$$ (8-7)

（2）在不重复抽样下，其计算公式为

$$\mu_p = \sqrt{\frac{\sigma^2}{n}\Big(\frac{N - n}{N - 1}\Big)} = \sqrt{\frac{P(1 - P)}{n}\Big(\frac{N - n}{N - 1}\Big)}$$ (8-8)

当总体单位数 N 很大时，这个公式可近似表示为

$$\mu_p = \sqrt{\frac{P(1 - P)}{n}\Big(1 - \frac{n}{N}\Big)}$$ (8-9)

在计算抽样成数平均误差时，通常得不到总体方差的数值，一般可以用样本方差来代替总体方差。

（四）抽样极限误差

抽样极限误差又称置信区间和抽样允许误差范围，是指在一定的把握程度（P）下保证样本指标与总体指标之间的抽样误差不超过某一给定的最大可能范围，记作 Δ。作为样本的随机变量——抽样指标值（$\bar{x}$ 或 p），是围绕以未知的唯一确定的全及指标值（$\overline{X}$ 或 P）为中心上下波动，它与全及指标值可能会产生正或负离差，这些离差均是抽样指标的随机变量，因而难以避免，只能将其控制在预先要求的误差范围（$\Delta_{\bar{x}}$ 或 Δ_p）内。

$$|\bar{x} - \overline{X}| \leqslant \Delta_{\bar{x}} \quad \bar{x} - \Delta_{\bar{x}} \leqslant \bar{x} \leqslant \overline{X} + \Delta_{\bar{x}}$$ (8-10)

$$|p - P| \leqslant \Delta_p \quad P - \Delta_p \leqslant p \leqslant P + \Delta_p$$ (8-11)

上述两个不等式虽然表明抽样指标的误差的可能范围，表明抽样指标落在全及总体数值的上限和下限的一定范围，但不符合抽样推断和估计的要求，因为全及指标数值（平均数或成数）是未知的，需要推断和估计。由于 $\Delta_{\bar{x}}$ 和 Δ_p 是预先给定的抽样方案中所允许的误差范围，所以利用 $\Delta_{\bar{x}}$ 和 Δ_p 可以反过来估计未知的全及指标可能取值的范围。由上述两个绝对值不等式可得

$$\bar{x} - \Delta_{\bar{x}} \leqslant \overline{X} \leqslant \bar{x} + \Delta_{\bar{x}}$$

$$p - \Delta_p \leqslant P \leqslant p + \Delta_p$$ (8-12)

（五）抽样估计的概率度、精度和可靠程度

1. 抽样估计的概率度

抽样极限误差 Δ 是单个样本值与总体指标值之间的绝对离差，而抽样平均误差 μ 是所有可能样本值与总体指标值之间的平均离差，用抽样极限误差与抽样平均误差相比，从而使由单一样本值得到的抽样极限误差标准化，称为抽样标准极限误差，但通常称其为概率度（t）或相对误差范围。其计算公式为

$$t = \frac{\Delta_{\bar{x}}}{\mu_{\bar{x}}} = \frac{|\bar{x} - \overline{X}|}{\sigma/\sqrt{n}}$$

$$t = \frac{\Delta_p}{\mu_p} = \frac{|p - P|}{\sqrt{\dfrac{P(1 - P)}{n}}} \tag{8-13}$$

由此可知，标准正态分布变量 t 服从标准正态概率分布。

2. 抽样估计的精度

为了比较不同现象总体的抽样误差程度，必须消除总体规模大小悬殊的影响，通常还需计算抽样误差系数，抽样误差系数记作 Δ'，反映了抽样误差的相对程度。其计算公式为

$$\Delta'_{\bar{x}} = \frac{\Delta_{\bar{x}}}{\bar{x}} \quad \Delta'_p = \frac{\Delta_p}{p} \tag{8-14}$$

则抽样估计精度（A）公式为

$$\begin{aligned} A_{\bar{x}} &= 1 - \Delta'_{\bar{x}} \\ A_p &= 1 - \Delta'_p \end{aligned} \tag{8-15}$$

3. 抽样估计的可靠程度

抽样误差的可能范围是估计的准确性问题，而保证抽样指标落在抽样误差的可能范围之内则是估计的可靠性问题。所以抽样估计可靠程度又称置信度。具体地说，置信区间是以一定的概率把握程度确定总体指标所在的区间。置信度是总体指标落在某个区间的概率把握程度。

抽样估计的可靠程度即概率用 P 表示，P 是 t 的函数。而 $p = F(t)$ 表明概率分布是概率度 t 的函数。确定抽样估计的可靠程度，就是要确定抽样平均数（$\bar{x}$）或抽样成数（p）落在置信区间 $(\bar{x} - \Delta_{\bar{x}}, \ \bar{x} + \Delta_{\bar{x}})$ 或 $(P - \Delta_p \quad P + \Delta_p)$ 中的概率 P。$F(t)$ 的函数形式为

$$P(\,|\bar{x} - \overline{X} \leqslant t\mu_x|\,) = F(t) \tag{8-16}$$

$$P(\,|p - P \leqslant t\mu_p|\,) = F(t) \tag{8-17}$$

由此可知，t 增大，Δ 也增大，即 $t\mu$ 增大，这表明所要求的误差范围增大，说明从总体中随机抽取一个样本，其样本值落在这个较大的置信区间内的可能性或把握性 P 越大；反之，t 减小，Δ 也减小，即 $t\mu$ 减小，这表明所要求的误差范围减小，说明从总体中随机抽取一个样本，其样本值落在这个较小的置信区间内的可能性或把握性越小。

应用标准正态分布概率表，可以得出抽样指标落在置信区间内的置信度。

$F(1) = P\{\,|\bar{x} - \overline{X}| \leqslant 1\mu_{\bar{x}}\} = 68.27\%$ $F(1.96) = P\{\,|\bar{x} - \overline{X}| \leqslant 1.96\mu_{\bar{x}}\} = 95\%$

$F(2) = P\{\,|\bar{x} - \overline{X}| \leqslant 2\mu_{\bar{x}}\} = 95.45\%$ $F(3) = P\{\,|\bar{x} - \overline{X}| \leqslant 3\mu_{\bar{x}}\} = 99.73\%$

$F(4) = P\{\,|\bar{x} - \overline{X}| \leqslant 4\mu_{\bar{x}}\} = 99.994\%$ $F(5) = P\{\,|\bar{x} - \overline{X}| \leqslant 5\mu_{\bar{x}}\} = 99.9999\%$

二、抽样估计

抽样估计是指对总体平均数 $\overline{X}$ 和总体成数 P 推断估计的问题。抽样估计的直接目的，首先是为了推断 $\overline{X}$、P；然后，再结合总体单位数 N 去推算总体的有关标志总量。总体指

标的估计有点估计和区间估计两种方法。

（一）点估计

点估计又称定值估计，它是以抽样得到的样本指标作为总体指标的估计量，并以样本指标的实际值直接作为总体未知参数的估计值的一种推断方法。点估计的方法有矩估计法、顺序统计量法、最大自然法、最小二乘法等。这里仅介绍最为简单、直观，又常用的矩估计法。

矩估计法是指用样本的矩去估计总体的矩，从而获得有关参数的估计量。

在统计学中，矩是指以期望为基础而定义的数字特征，如数学期望、方差、协方差等。矩可分为原点矩和中心矩。

设 X 为随机变量，对任意正整数 k，称 $E(X^k)$ 为随机变量 X 的 k 阶原点矩，记为

$$m_k = E(X^k)$$

当 $k = 1$ 时，

$$m_1 = E(X) = \mu$$

可见，一阶原点矩为随机变量 X 的数学期望。

我们把 $C_k = E[X - E(X)]^k$ 称为以 $E(X)$ 为中心的 k 阶中心矩。

显然，当 $k = 2$ 时，

$$C_2 = E[X - E(X)]^2 = \sigma^2$$

可见二阶中心矩为随机变量 X 的方差。

例 8-1 已知某种灯泡的寿命 $X \sim N(\mu, \sigma^2)$，其中，μ，σ^2 都是未知的，今随机抽取 4 只灯泡，测得寿命（单位：小时）分别为 1 502，1 453，1 367，1 650，试估计 μ 和 σ。

解：因为 μ 是全体灯泡的平均寿命，$\bar{x}$ 为样本的平均寿命，很自然地会想到用 $\bar{x}$ 去估计 μ；同理，用 S 去估计 σ。由于

$$\bar{x} = \frac{1}{4}(1\,502 + 1\,453 + 1\,367 + 1\,650) = 1\,493(小时)$$

$$S^2 = \frac{(1\,502 - 1\,493)^2 + (1\,453 - 1\,493)^2 + (1\,367 - 1\,493)^2 + (1\,650 - 1\,493)^2}{4 - 1}$$

$$= 14\,068.7(小时)$$

$$S = 118.61(小时)$$

故 μ 及 σ 的估计值分别为 1 493 小时和 118.61 小时。

矩估计法简便、直观，比较常用，但是矩估计法也有其局限性。首先，它要求总体的 k 阶原点矩存在，若不存在则无法估计；其次，矩估计法不能充分地利用估计时已掌握的有关总体分布形式的信息。

（二）区间估计

区间估计就是以一定的概率保证估计包含总体参数的一个值域，即根据样本指标和抽

样平均误差推断总体指标的可能范围。用样本指标来估计总体指标，要达到100%的准确而没有任何误差，几乎是不可能的，所以在估计总体指标时就必须同时考虑估计误差的大小。在进行抽样推断时，应该根据研究目的和任务以及研究对象的标志变异程度，科学地确定允许的误差范围。它包括两部分内容：一是这一可能范围的大小；二是总体指标落在这个可能范围内的概率。

区间估计必须同时具备三个要素，即估计值、抽样极限误差和概率保证程度。抽样误差范围决定抽样估计的准确性，概率保证程度决定抽样估计的可靠性，两者密切联系，但同时又是一对矛盾，所以，对估计的精确度和可靠性的要求应慎重考虑。

区间估计的计算公式为

$$\bar{x} - \Delta_{\bar{x}} \leqslant \bar{X} \leqslant \bar{x} + \Delta_{\bar{x}} \quad 或 \quad \bar{x} - tu_{\bar{x}} \leqslant \bar{X} \leqslant \bar{x} + tu_{\bar{x}}$$

$$p - \Delta_p \leqslant P \leqslant p + \Delta_p \quad 或 \quad \bar{x} - tu_p \leqslant \bar{X} \leqslant \bar{x} + tu_p \tag{8-18}$$

例8-2 某企业对某批电子元件耐用性能进行检验，随机抽取100件做耐用测试，测得结果如表8-1所示。

表8-1 某批电子元件耐用性能测试统计表

耐用时间（小时）	组中值	零件数（件）
1 500 以下	1 450	2
1 500 ~ 1 600	1 550	5
1 600 ~ 1 700	1 650	10
1 700 ~ 1 800	1 750	38
1 800 ~ 1 900	1 850	25
1 900 ~ 2 000	1 950	15
2 000 以上	2 050	5
合计	—	100

要求：

（1）以95.45%的概率，估计该批产品平均耐用时间的区间范围。

（2）如果耐用时间在1 600小时以下为不合格产品，以95%的概率估计该批产品合格率的区间范围。

要求（1）的计算步骤如下。

步骤一，求样本指标（$\bar{x}$ 和 $S_{\bar{x}}$）：

$$\bar{x} = \frac{\sum xf}{\sum f} = 1\ 794(小时)$$

$$S_{\bar{x}}^2 = \frac{\sum (x - \bar{x})^2 f}{\sum f} = 15\ 864(小时)$$

$$S_{\bar{x}} = 125.95(小时)$$

步骤二，计算抽样平均数的平均误差：

$$\mu_{\bar{x}} = \frac{S_{\bar{x}}}{\sqrt{n}} = \frac{125.95}{\sqrt{100}} = 12.595(小时)$$

步骤三，$F(t) = 95.45\%$，查概率表得 $t = 2$，$\Delta_{\bar{x}} = 2 \times 12.595 = 25.19$（小时）

步骤四，计算总体平均数的上、下限：

$$下限 \quad \bar{x} - \Delta_{\bar{x}} = 1\,794 - 25.19 = 1\,768.81（小时）$$

$$上限 \quad \bar{x} + \Delta_{\bar{x}} = 1\,794 + 25.19 = 1\,819.19（小时）$$

由以上计算结果，估计该批产品的平均耐用时间在 1 768.81～1 819.19 小时，有 95.45% 的概率保证程度。

要求（2）的计算步骤如下。

步骤一，计算样本指标：

$$p = (100 - 7) \div 100 \times 100\% = 93\%$$

$$\sigma_p^2 = p(1 - p) = 0.93 \times (1 - 0.93) = 0.065\,1$$

步骤二，计算抽样成数的平均误差：

$$\mu_p = \sqrt{\frac{p(1 - p)}{n}} \times 100\% = \sqrt{\frac{0.065\,1}{100}} \times 100\% = 2.55\%$$

步骤三，根据 $F(t) = 95\%$，查概率表得 $t = 1.96$，$\Delta_p = 1.96 \times 2.55\% = 5.00\%$

步骤四，计算总体合格率的上下限：

$$下限 \quad p - \Delta_p = 93\% - 5\% = 88\%$$

$$上限 \quad p + \Delta_p = 93\% + 5\% = 98\%$$

由以上计算结果，估计该批产品的合格率在 88%～98%，有 95% 的概率保证程度。

第四节　概率抽样推断及应用

抽样有多种组织方式，不同的组织方式计算抽样平均误差的公式也有所不同，本节介绍常用的四种概率抽样组织方式，并举例说明各种方式的参数估计。

一、简单随机抽样

简单随机抽样又称纯随机抽样，是指按随机原则直接从总体 N 个单位中抽取 n 个单位作为样本，全及总体各单位被抽中的概率是相等的抽样方式。简单随机抽样是抽样中最基本的方式，适用于均匀总体，即具有某种特征的单位均匀分布在总体中。

简单随机抽样随机抽取样本单位的具体做法，一般是先对全及总体单位进行编号，然后利用抽签法、摇号法或随机数字表法抽取样本单位。

简单随机抽样从理论上来说最符合抽样的随机原则，但实际应用中存在一定的局限性，如全及总体单位数量比较大时，对全及总体单位进行编号是比较困难的。

第二节中关于抽样误差与抽样估计方面的基本原理，都是从简单随机抽样组织方式出发的，其中涉及的抽样平均误差公式和抽样极限误差公式均是简单随机抽样方式的抽样误差公式。

在简单随机抽样总体平均值的区间估计里，置信区间是由下式确定的，即

$$\overline{X} \pm t\frac{\sigma}{\sqrt{n}} \tag{8-19}$$

从图8-1中可以看到，从估计量 x 的取值到点 $t\dfrac{\sigma}{\sqrt{n}}$ 的距离实际上为置信区间长度的 $\dfrac{1}{2}$。这段距离表示在一定置信水平 $1-\alpha$ 下，用样本均值估计总体均值时所允许的最大绝对误差即允许误差 Δ。显然，若以 x 的取值为原点，则允许误差 Δ 的计算公式为

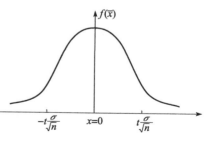

图 8-1　允许误差示意图

$$\Delta_x = t\frac{\sigma}{\sqrt{n}}$$

该公式反映了允许误差 Δ、可靠性系数 t、总体标准差 σ 与样本容量之间的相互制约关系。只要这四个因素中的任意三个因素确定，另一个因素也就确定了。

在重复抽样条件下，把允许误差 Δ 的计算公式 $\Delta = t\dfrac{\sigma}{\sqrt{n}}$ 变形整理，则得到样本容量的计算公式为

$$n = \frac{t^2\sigma^2}{\Delta_x^2} \tag{8-20}$$

在不重复抽样的条件下，抽样允许误差为 $\Delta_{\bar{x}} = \left|\overline{X} - \mu\right| = t\sqrt{\dfrac{\sigma^2}{n}\left(1 - \dfrac{n}{N}\right)}$，因此变形后得到不重复抽样条件下的样本容量计算公式为

$$n = \frac{t^2\sigma^2 N}{\Delta_{\bar{x}}^2 N + t^2\sigma^2} \tag{8-21}$$

例8-3　某食品厂要检验本月生产的 10 000 袋某产品的重量，根据以往的资料，这种产品每袋重量的标准差为 25 克。如果要求在 95.45% 的置信度下，平均每袋重量的误差不超过 5 克，应抽查多少袋产品？

解：由题意可知 $N=10\ 000$，$\sigma=25$ 克，$\Delta_{\bar{x}}=5$ 克，根据置信度 $1-\alpha=95.45\%$，有 $t=2$。在重复抽样的条件下

$$n = \frac{t^2\sigma^2}{(\Delta_{\bar{x}})^2} = \frac{2^2 \times 25^2}{5^2} = 100(袋)$$

在不重复抽样条件下

$$n = \frac{t^2\sigma^2 N}{\Delta_{\bar{x}}^2 N + t^2\sigma^2} = \frac{2^2 \times 25^2 \times 10\ 000}{5^2 \times 10\ 000 + 2^2 \times 25^2} = 99(袋)$$

计算结果表明，在其他条件相同的情况下，重复抽样所需要的样本容量大于不重复抽样所需要的样本容量。

在计算样本容量时，必须知道总体的方差，而在实际抽样推断前，往往总体的方差是未知的。在实际操作时，可以用过去的资料，若过去曾有若干个方差，应该选择最大的，

以保证抽样估计的精确度；也可以进行一次小规模的推断，用推断所得的样本方差来替代总体的方差。

简单随机抽样总体成数估计时，样本容量的确定方法与估计总体均值是一样的，设 $\Delta_p = |P-p|$ 为允许误差，在 $1-\alpha$ 的置信度下，在重复抽样条件下有

$$\Delta_p = |P-p| = t\sqrt{\frac{P(1-P)}{n}} \tag{8-22}$$

解上面的方程可得在重复抽样条件下的样本容量的计算公式如下

$$n = \frac{t^2 P(1-P)}{\Delta_p^2} \tag{8-23}$$

同理可得在不重复抽样条件下的样本容量计算公式为

$$n = \frac{t^2 P(1-P)N}{\Delta_p^2 N + t^2 P(1-P)} \tag{8-24}$$

在估计成数时，计算样本容量时需要总体的成数，但是总体的成数通常是未知的，在实际的抽样推断时，可先进行小规模的试推断求得样本的成数来代替，也可用历史的资料，如果有若干个成数可供选择，则应选择最靠近 50% 的成数，使样本成数的方差最大，以保证估计的精确度。

例 8-4　为了检查某企业生产的 10 000 个显像管的合格率，需要确定样本的容量。根据以往经验合格率为 90%、91.7%。如果要求估计的允许误差不超过 0.027 5，置信水平为 95.45%。求应该抽取多少个显像管？

解：根据资料，我们应该选择 $P = 0.9$ 计算样本容量，根据置信水平 0.954 5，有 $\mu_{a/2} = 2$，$\Delta_p = |P-p| = 0.027\,5$，在重复抽样条件下，样本容量为

$$n = \frac{t^2 P(1-P)}{\Delta_p^2} = \frac{2^2 \times 0.9 \times (1-0.9)}{(0.027\,5)^2} = 476.03 \approx 477(\text{个})$$

在不重复抽样条件下，样本容量为

$$n = \frac{t^2 P(1-P)N}{\Delta_p^2 N + t^2 P(1-P)} = \frac{2^2 \times 0.9 \times (1-0.9) \times 10\,000}{0.027\,5^2 \times 10\,000 + 2^2 \times 0.9 \times (1-0.9)} = 454.40 \approx 455(\text{个})$$

从计算的结果可以看出，重复抽样应该抽 477 个检验，而不重复抽样应该抽 455 个，可见，在相同条件下，重复抽样需要的样本容量更大。

二、分层抽样

在抽样调查实践中，经常遇到的情况是：在动手设计抽样方案之前，我们对所要研究的总体构成已经有了某种程度的了解。例如，已知总体单位分属于不同类型的子总体，已知与调查标志相关的一些辅助标志等。此时，我们可以而且应该利用这种事先获得的有关信息来改进抽样方案设计，以提高抽样推断的精度。分层抽样就是这样一种组织方法。

分层抽样又叫类型抽样，它是先将总体各单位按某一有关标志分成若干个类型组，然

后按照一定比例再从各类型组中随机抽取样本单位。例如，在职工家庭生活调查中，可先将全部职工按部门分为工业、商业、文教、卫生等部门，然后再从这些部门中按一定比例抽选基本单位和职工户。采用这种抽样方法可以提高样本的代表性，减少抽样误差。对于那些总体情况复杂、各单位之间差异较大、单位数量较多的抽样调查问题，一般都可以采用分层抽样的方法进行抽样调查。

由于各个类型组的单位数一般是不相等的，从各个类型组中抽取多少样本单位有两种不同的确定方法。一种是按各组标志值变动的大小来确定，没有统一的抽样比例；另一种是按比例抽样，即保持每组样本单位数与样本容量之比等于各组总体单位数与全及总体单位数之比。

例如，设总体由 N 个单位组成，把总体分成 k 组，使 $N + N_1 + N_2 + \cdots + N_k$，若样本的总容量为 n，则从第 i 组抽取的样本单位数 n_i 应满足

$$\frac{n_i}{n} = \frac{N_i}{N} \tag{8-25}$$

所以各组抽取的样本单位数应为

$$n_i = \frac{N_i}{N} \cdot n \tag{8-26}$$

并且有

$$\sum_{i=1}^{k} n_i = \sum_{i=1}^{k} \frac{nN_i}{N} = \frac{n}{N} \sum_{i=1}^{k} N_i = n \tag{8-27}$$

即各组抽取的样本单位数之和等于样本总容量。

在类型比例的条件下，可以给出抽样平均数（或抽样成数）和抽样误差的计算公式。设从第 i 组抽取的样本是：x_{i1}，x_{i2}，$\cdots$，x_{in}，于是，第 i 组的抽样平均数为

$$\overline{x}_i = \frac{1}{n_i} \sum_{i=1}^{n_i} x_{ij} \tag{8-28}$$

样本总体的平均数为

$$\overline{x} = \frac{1}{n} \sum_{i=1}^{k} n_i \overline{x}_i \tag{8-29}$$

同理，样本总体方差的平均数为

$$\overline{s^2} = \frac{1}{n} \sum_{i=1}^{k} n_i s_i^2 \tag{8-30}$$

重复抽样误差公式为

$$\mu_{\overline{x}} = \sqrt{\frac{\overline{s^2}}{n}} \tag{8-31}$$

不重复抽样误差公式为

$$\mu_{\overline{x}} = \sqrt{\frac{\overline{s^2}}{n}\left(1 - \frac{n}{N}\right)} \tag{8-32}$$

例8-5 某地有 10 000 名劳动力，其中：从事农业劳动的有 7 000 人，从事工业劳动

的有 3 000 人，现按两类人数的比例抽取 100 人，计算各相关指标，如表 8-2 所示，请以 95%的置信水平推断该地人均收入的区间。

表 8-2　各组平均收入与标准差

类型	全部人数 N_i	抽样人数 n_i	样本平均数 $\bar{x}_i$	样本标准差 s_i
从事农业	7 000	70	750	25
从事工业	3 000	30	1 000	30

解： 由于该例题中抽样总体仅占全及总体的 1%，故可采用重复抽样公式来计算。具体计算为

$$\bar{x} = \frac{1}{n}\sum_{i=1}^{k} n_i \bar{x}_i = \frac{1}{100}(70 \times 750 + 30 \times 1\,000) = 825(元)$$

$$\overline{s^2} = \frac{1}{n}\sum_{i=1}^{k} n_i s_i^2 = \frac{1}{100}(70 \times 25^2 + 30 \times 30^2) = 707.5(元)$$

$$\mu_{\bar{x}} = \sqrt{\frac{\overline{s^2}}{n}} = \sqrt{\frac{707.5}{100}} = 2.65(元)$$

因为 $F(z) = 95\%$，所以 $z = 1.96$　　　$\Delta_{\bar{x}} = z\mu_{\bar{x}} = 1.96 \times 2.65 = 5.19(元)$

$$\bar{x} - \Delta_{\bar{x}} \leqslant \mu \leqslant \bar{x} + \Delta_{\bar{x}}$$

$$825 - 5.19 \leqslant \mu \leqslant 825 + 5.19$$

$$819.81 \leqslant \mu \leqslant 830.19$$

故有 95%的把握说，该地人均收入在 819.81 ~ 830.19 元。

三、系统抽样

系统抽样又叫等距抽样或机械抽样。它是先把总体所有单位按某一标志排队，并根据总体单位数与样本单位数的比例计算出抽样距离和间隔，随机确定一个起始点作为第一个样本单位，以后每隔相等的距离和间隔抽取样本单位。

对总体单位排队时所采用的标志，可以是与调查项目有关的，也可以是与调查项目无关的，前者称为有关标志排队法，后者称为无关标志排队法。例如，对某校学生学习情况进行调查，如按身高排队就是无关标志排队，如按考试分数排队就是有关标志排队。按无关标志排队的机械抽样，其抽样平均误差与简单随机抽样十分接近，一般都采用简单随机抽样的平均抽样误差公式代替计算。而采用有关标志排队时，其抽样平均误差一般要小于简单随机抽样的平均误差。

在实际进行抽样时必须注意到，机械抽样在排定顺序且第一个样本单位的位置确定后，其余单位的位置也就随之确定。因此，要避免抽样间隔和现象本身的周期性节奏相重合引起系统性的影响，如工业产品质量抽查，产品抽查时间间隔不宜和上下班时间一致，防止发生系统性偏差。

采用系统抽样进行统计推断时，要对总体进行参数估计，并且抽选样本可以借助计算

机完成。首先在 Excel 中执行菜单 "工具" → "数据分析" → "抽样" 命令，打开对话框，在图 8-2 所示的抽样分析工具对话框中的 "抽样方法" 中的第一项 "周期"，就是帮助我们进行机械抽样的，只要输入抽样的间隔，计算机就会为我们提供抽到的数据。

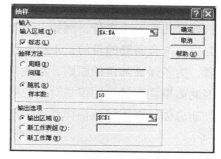

图 8-2　抽样对话框

四、整群抽样

整群抽样是将总体所有单位划分为若干个群（组），然后以群（组）为单位从中随机抽取部分群（组），对抽中的群（组）内所有单位进行全面调查的抽样组织形式。如调查某县小学教育情况，我们可以从该县中随机抽取若干个小学，然后对抽中的小学进行全面调查。整群抽样与前面三种抽样组织方法相比，抽样单位扩大了，即抽取的基本单位不再是总体单位而是群（组）。

我们把整群抽样与简单随机抽样相比较，把群看作总体单位，则整群抽样就成了简单随机抽样，故整群抽样的误差公式可以通过简单随机抽样的误差公式导出。把一个总体分成 R 个群，然后在 R 个群中随机抽取 r 个群，设群间方差为 δ^2，由于整群抽样都是采用不重复抽样的方法，故抽样平均误差公式为

$$\mu_{\bar{x}} = \sqrt{\frac{\delta^2}{r}\left(1 - \frac{r}{R}\right)} \tag{8-33}$$

例 8-6　某连续生产企业为掌握某月某种产品的一等品率，确定抽出 5% 的产品，即在全月连续生产的 720 小时中，每隔 20 小时抽取 1 小时的全部产品进行调查。调查结果一等品率为 80%，群间方差为 7%，请以 95.45% 的置信度对一等品率进行区间推断。

解： 根据题目提供的信息；$R = 720$，$r = 720 \times 5\% = 36$，$\delta^2 = 7\%$

$$\mu_p = \sqrt{\frac{\delta^2}{r}\left(1 - \frac{r}{R}\right)} = \sqrt{\frac{0.07}{36}\left(1 - \frac{36}{720}\right)} = 4.3\%$$

因为 $F(z) = 95.45\%$，所以 $z = 2$　　$\Delta_p = z\mu_p = 2 \times 4.3\% = 8.6\%$

$$p = \Delta_p \leqslant \pi \leqslant p + \Delta_p$$

$$80\% - 8.6\% \leqslant \pi \leqslant 80\% + 8.6\%$$

$$71.4\% \leqslant \pi \leqslant 88.6\%$$

故有 95.45% 的把握说，一等品率的置信区间为 71.4% ~ 88.6%。

整群抽样的最大优点是实施方便，从而节省了大量调查费用。但整群抽样的单位比较集中，影响了抽样单位在全及总体中分布的均匀性，因而抽样误差比简单随机抽样来得大。在实践中，整群抽样一般比其他方法要多抽一些单位，以便降低抽样误差。

第五节　非概率抽样推断及应用

非概率抽样不是按照概率均等的原则，而是根据人们的主观经验或其他条件来抽取样

本。因而，其样本的代表性往往较小，误差有时相当大，而且这种误差又无法估计，用这样的样本推断总体是极不可靠的。但是非概率抽样也有其优势，在很大情况下，严格的随机抽样几乎无法进行，例如，调查对象的总体边界不清而无法制作抽样框。此外，有些研究为了符合研究的目的，不得不按照需要从总体中抽取少数有代表性的个体作为样本。再者，为了保证随机的原则，对抽样的操作过程要求严格，实施起来比较麻烦，费时费力，因此如果调查的目的仅是对问题的初步探索，获得研究的线索和提出假设，而不是由样本推断总体，采用随机抽样就不一定是必需的。以下介绍几种常用的非概率抽样方法。

一、方便抽样

方便抽样是指研究者根据现实情况，以自己方便的形式抽取偶然遇到的人作为调查对象，或者仅仅选择那些离得最近的、最容易找到的人作为调查对象。例如，为了调查某市的交通情况，研究者到离他们最近的公共汽车站，把当时正在那里等车的人选作调查对象。其他类似的方便抽样还有，在街口拦住过往行人进行调查；在图书馆阅览室对正在阅读的读者进行调查；在商店门口、展览大厅、电影院等公众场所向进出往来的顾客、观众进行调查；利用报纸杂志向读者进行调查；老师以他所教的班级的学生作为调查样本的调查等。

二、主观抽样

主观抽样是指调查者根据研究的目标和自己主观的分析，来选择和确定调查对象的方法。研究者依据主观判断选取可以代表总体的个体作为样本。样本的代表性取决于研究者对总体的了解程度和判断能力。

它是"有目的"地选择样本。比如，在问卷设计阶段，为检验问题设计得是否得当，常有意地选择一些观点悬殊的人作为调查对象，又如，研究者专找那些偏离总体平均水平者作为调查对象，其目的是研究什么使他们发生偏离。它的作用在于发现问题，提出假设，而不在于对总体做出概括。

主观抽样多用于无法确定总体边界或总体规模小、调查所涉及的范围较窄，或调查时间、人力等条件有限而难以进行大规模抽样的情况。在编制物价指数时，有关产品项目的选择和样本地区的决定等，常采用主观抽样。

三、滚雪球抽样

当我们无法了解总体情况时，可以从总体中的少数成员入手，对他们进行调查，向他们询问还知道哪些符合条件的人；再去找那些人并询问他们知道的人。如同滚雪球一样，我们可以找到越来越多具有相同性质的群体成员。例如，要研究退休老人的生活，可以清晨到公园去结识几位散步的老人，再通过他们结识其朋友，不用很久，你就可以交上一大批老年朋友。但是这种方法偏误也很大，那些不爱活动、不爱去公园、不爱和别人交往、喜欢一个人在家里活动的老人，你就很难把雪球滚到他们那里去，而他们却代表着另外一种退休后的生活方式。

如果总体不大，有时用不了几次就会接近饱和状况，即后来访问的人再介绍的都是已经访问过的人。但是很可能最后仍有许多个体无法找到，还有些个体因某些原因被提供者故意漏掉不提，这两者都可能具有某些值得注意的性质，因而可能产生偏误。

滚雪球抽样是在特定总体的成员难以找到时最适合的一种抽样方法，譬如对无家可归者、流动劳工及非法移民等的样本就十分适用。

四、配额抽样

配额抽样与分层抽样中的比例抽样相似，也是按调查对象的某种属性或特征将总体中所有个体分成若干类或层，然后在各层中抽样，样本中各层（类）所占比例与他们在总体中所占比例一样。

进行定额抽样时，研究者要尽可能地依据那些有可能影响研究变量的各种因素来对总体分层，并找出具有各种不同特征的成员在总体中所占的比例。然后依据这种划分以及各类成员的比例去选择调查对象，使样本中的成员在上述各种因素、各种特征方面的构成和在样本的比例上尽量接近总体情形。

例如，假设某高校有 2 000 名学生，其中男生占 60%，女生占 40%；文科学生和理科学生各占 50%；一年级学生占 40%，二年级、三年级、四年级学生分别占 30%、20% 和 10%。现要用定额抽样方法，依上述三个变量抽取一个规模为 100 人的样本。依据总体的构成和样本规模，我们可得下列定额，如表 8-3 所示。

表 8-3　配额抽样样本组成表

男生（60）								女生（40）							
文科（30）				理科（30）				文科（20）				理科（20）			
年级	一	二	三	四	一	二	三	四	一	二	三	四	一	二	三	四
人数（人）	12	9	6	3	12	9	6	3	8	6	4	2	8	6	4	2

搜集数据的方法有多种，可以采用统计报表、典型调查、重点调查或抽样调查。我国的统计调查以抽样为主，所以我们在这里介绍一下如何用 Excel 进行抽样。

使用 Excel 进行抽样，首先要对各个总体单位进行编号，编号可以按随机原则，也可以按有关标志或无关标志，具体可参见本书有关抽样的章节，编号后，将编号输入工作表。

例 8-7　假定有 100 个总体单位，每个总体单位给一个编号，共有 1～100 个编号，输入工作表后如图 8-3 所示。

输入各总体单位的编号后，可按以下步骤操作。

步骤一：单击工具菜单，选择数据分析选项（若无数据分析选项，可在工具菜单下选择加载宏，在弹出的对话框中选择分析工具库，便可出现数据分析选项），打开数据分析对话框，从中选择抽样，如图8-4所示。

步骤二：单击抽样选项，点击"确定"按钮，弹出抽样对话框，如图8-5所示。

图8-3　总体各单位编号表

图8-4　数据分析对话框

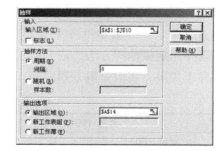

图8-5　抽样对话框

步骤三：在输入区域框中输入总体单位编号所在的单元格区域，在本例是 \$A \$1: \$J \$10，系统将从 A 列开始抽取样本，然后按顺序抽取 B ~ J 列。如果输入区域的第一行或第一列为标志项（横行标题或纵列标题），可单击标志复选框。

步骤四：在抽样方法项下，有周期和随机两种抽样模式。

周期模式即所谓的等距抽样，采用这种抽样方法，须将总体单位数除以要抽取的样本单位数，求得取样的周期间隔。如我们要在 100 个总体单位中抽取 12 个，则在"间隔"框中输入8。

随机模式适用于纯随机抽样、分类抽样、整群抽样和阶段抽样。采用纯随机抽样，只须在"样本数"框中输入要抽取的样本单位数即可；若采用分类抽样，必须先将总体单位按某一标志分类编号，然后在每一类中随机抽取若干单位，这种抽样方法实际是分组法与随机抽样的结合；整群抽样也要先将总体单位分类编号，然后按随机原则抽取若干类作为样本，对抽中的类的所有单位全部进行调查。可以看出，此例的编号输入方法，只适用于等距抽样和纯随机抽样。

步骤五：指定输出区域，在这里我们输入 $A $14，单击"确定"按钮后，即可得到抽样结果，如图 8-6 所示。

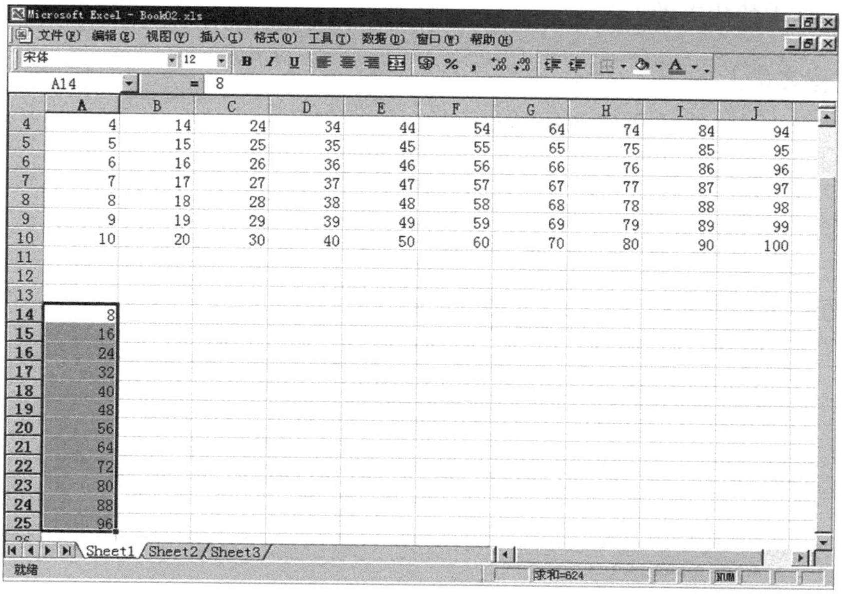

图 8-6 等距抽样结果

第六节 抽样推断应用实验

◇ 实训目标

（1）认识随机抽样的特点和使用情形。
（2）随机抽样基本程序和方法。
（3）学会评价样本的代表性。

◇ 实训内容

关于学生食堂服务质量的随机抽样调查

学生食堂是专门为学生提供膳食服务的机构。学生食堂的饭菜质量和卫生状况对学生的生活和健康有重要影响，是每个学校的领导、教师、学生以及学生家长都十分关心的问题。为了帮助食堂提高饭菜质量和服务质量，改善卫生状况，我们从全校学生中选取一部分学生进行调查，听取他们的意见。

[实训流程]

（1）获取本校学生名册并进行适当统计整理。

（2）确定调查样本容量。

（3）确定抽样方法。

（4）进行抽样，选定样本。

（5）评价样本的代表性。

[实训过程实录]

（1）本校学生总人数、班级数和男女比例：

_____

_____

_____

（2）调查样本容量及其与学生总人数之比：

_____

_____

_____

（3）抽样方法：

_____

_____

_____

（4）样本的构成情况：

_____

_____

_____

（5）样本代表性评价：

_____

_____

_____

[实训提示]

（1）学生名册中包含所有在籍学生，也就是调查总体。每个学生都有学号，但学号不连续，要通过适当整理使之连续。

（2）调查样本的容量应根据学生总人数确定，两者比例要适当。

（3）可以选择几种不同的抽样方法，然后对比抽样结果。

（4）评价样本代表性时应运用几个指标，如男女生比例、各系（或专业）学生比例、学生来源地比例等，比较样本指标与总体指标，如果两者接近，就说明样本代表性较好。

［实验案例］　全国电视观众抽样调查方案设计及数据搜集

一、调查目的、范围和对象

1. 调查目的

准确获取全国电视观众群体规模、构成以及分布情况；获取这些观众的收视习惯以及他们对电视频道和栏目的选择倾向、收视人数、收视率与喜爱程度，为改进电视频道和栏目、开展电视观众行为研究提供新的依据。

2. 调查范围

全国31个省、自治区、直辖市（港澳台除外）中所有电视信号覆盖区域。

3. 调查对象

全国城乡家庭户中的13岁以上可视居民以及4~12岁的儿童，包括有户籍的正式住户也包括所有临时的或其他的住户，只要已经在本居（村）委会内居住满6个月或预计居住6个月以上，都包括在内。不包括住在军营内的现役军人、集体户及无固定住所的人口。

二、抽样方案设计的原则与需要考虑的具体问题、特殊要求及相应的处理方法

1. 设计原则

抽样设计按照科学、效率、便利的原则。首先，作为一项全国性抽样调查，整体方案必须是严格的概率抽样，要求样本对全国及某些指定的城市或地区有代表性。其次，抽样方案必须保证有较高的效率，即在相同样本量的条件下，方案设计应使调查精度尽可能高，也即目标量估计的抽样误差尽可能小。最后，方案必须有较强的可操作性，不仅便于具体抽样的实施，也要求便于后期的数据处理。

2. 需要考虑的具体问题、特殊要求及相应的处理方法

（1）城乡区分。城市与农村的电视观众的收视习惯与爱好有很大的区别。理所当然地应分别研究，以便于对比。最方便的处理是将他们作为两个研究域进行独立抽样，但代价是，这样做的样本点数量较大，调查的地域较为分散，相应的费用也就较高。另一种处理方式是在第一阶抽样中不考虑区分城乡，统一抽取抽样单元（例如区、县），在其后的抽样中再区分城、乡。这样做的优点是样本点相对集中，但数据处理较为复杂。综合考虑各种因素，本方案采用第二种处理方式。

在样本区、县中，以居委会的数据代表城市，以村委会的数据代表农村。

（2）抽样方案的类型与抽样单元的确定。全国性抽样必须采用多阶抽样，而多阶抽样中设计的关键是各阶抽样单元的选择，其中尤以第一阶抽样单元最为重要。本项调查除个别直辖市及城市外，不要求对省、自治区进行推断，从而可不考虑样本对省的代表性。在这种情况下，选择区、县作为初级抽样单元最为适宜。因为全国区、县的总数量很大，区、县样本量也会比较大，因而第一阶的抽样误差比较小。另外对区、县的分层也可分得更为精细。

本抽样方案采用分层五阶抽样。各阶抽样单元确定如下。

第一阶抽样：区（地级市以上城市的市辖区）、县（包括县级市等）；

第二阶抽样：街道、乡、镇；

第三阶抽样：居委会、村委会；

第四阶抽样：家庭户；

第五阶抽样：个人。

　　为提高抽样效率，减少抽样误差，在第一阶抽样中对区、县采用按地域及类别分层。在每一层内前三阶抽样均采用按与人口成正比的不等概率系统抽样（PPS系统抽样），而第四阶抽样采用等概率系统抽样，即等距抽样；第五阶抽样采用简单随机抽样。

　　（3）自我代表层的设立。根据要求，本次调查需要对北京、上海两个直辖市以及广州、成都、长沙与西安四个省会城市进行独立分析，因而在处理上将这些城市（包括下辖的所有区、县）每个都作为单独的一层处理。为方便起见，以下把这样的层称为自我代表层。考虑到在这样处理后，全国其他区县在分层中的一些具体问题以及各地的特殊情况，将天津市也作为自我代表层处理。另外，鉴于西藏自治区情况特殊，所属区县与其他省（自治区）的差别很大，因此也将它作为自我代表层处理。这样自我代表层共有8个，包括以下城市与地区：北京市、天津市、上海市、广州市、成都市、长沙市、西安市、西藏自治区。

　　三、样本区、县的抽选方法

　　1. 全国区、县的调查总体

　　根据2001年的全国行政区划资料，全国（港澳台除外）共有787个市辖区，此外有5个地级市（湖州、东莞、中山、三亚、嘉峪关）不设市辖区，若将它们每个都视同一个市辖区，则共有792个区；全国共有1 674个县（包括自治县及旗、自治旗、特区与林区等）、400个县级市，县级行政单位的总数为2 074个，这中间包括福建省的金门县，不能进行调查，因此除金门县以外的所有2 865个区、县（792个区及2 073个县）构成此次调查的调查总体。

　　2. 区、县分层

　　为便于调查后的资料分类汇总及提高精度，应将全国区、县进行分层。分层可以按多种标志进行，从理论而言，分层标志应选取与调查指标相关程度较高的那些变量。在本次调查中也就是应选取与观众收视行为、习惯与爱好等密切相关的变量。关于这方面已有一些相应的研究结果，例如，观众的年龄、性别、文化程度、职业、居住地的生活习惯与气候等。不过我们注意到不可能按观众的个体来分类，只能按观众居住的区、县来分类。而对于区、县，许多表示人口特征（除人口总数）及经济文化发展指标（除所在省的人文发展指数及县的人均GPT）的资料都无法得到，经过多方研究，我们对区县的分层按以下两种标志进行。

　　（1）地域。我国幅员广大，各地经济、社会、文化与气候的地域差异极大，而所有这些因素都与电视观众的收视行为密切相关。我们首先将所有县按所在省（自治区、直辖市）的地理位置分成3个大层13个子层，各省括号内的数字为它们的人文发展指数（Human Development Index，简称HDI）在全国的排位。地域分层如表8-4所示。

表8-4　全国区、县的地域分层

大层	所含省、直辖市、自治区
第一大层（东部地区）	子层10：上海（1）、北京（2）、天津（3）（每个都作为自我代表层） 子层11：辽宁（5）、山东（9） 子层12：江苏（7）、浙江（6） 子层13：福建（8）、广东（4）、海南（13）
第二大层（中部地区）	子层21：黑龙江（10）、吉林（12） 子层22：河北（11）、河南（18）、山西（16） 子层23：安徽（20）、江西（23） 子层24：湖北（14）、湖南（17）

（续）

大层	所含省、直辖市、自治区
第三大层（西部地区）	子层31：内蒙古（21）、新疆（15）、宁夏（26） 子层32：陕西（25）、甘肃（28）、青海（29） 子层33：重庆（22）、四川（24） 子层34：广西（19）、云南（27）、贵州（30） 子层30：西藏（31）（自我代表层）

需要说明的是，以上划分的层还考虑了其他一些因素，各省按联合国制定的标准计算的人文发展指数仅是考虑因素之一。例如，按人文发展指数，广西（第19位）实际上可划在第二大层（中部地区），但考虑到国家西部大开发的范围将广西划入西部地区，我们的划分应与它一致，这样便于资料的汇总发布，又如海南，根据人文发展指数（第13位）放在第一大层稍稍有些勉强，但是根据它的地理位置以及它以旅游为主业，就观众行为而言，与广东、福建划在同一子层内是合理的。

（2）区、县类别。同一大层的各市辖区与所隶属的城市的规模、在城市中的地理位置（市区或郊区）和居民成分构成（非农业人口占总人口的比例）有较大差异，各县也因经济文化发达程度有较大差异。我们将各大层中所有的区、县除已划为自我代表层的以外（如下称抽样总体），分成以下5类，每类组成1个小层，即一类区、二类区、县级市、一类县、二类县。

全国抽样总体中所有区县共分成55（=11×5）个小层。其中区的划分标准为区中非农业人口占总人口的比例，比例高于标准的为一类区，比例低于标准的为二类区；县的划分标准为人均国内生产总值，高的为一类县，低的为二类县。区县划分类别的标准在三大层中各不相同，具体标准如下。

a. 区类别的划分标准。

东部地区与中部地区：非农人口在总人口中的比例大于或等于80%为一类区，小于80%为二类区；西部地区：非农人口在总人口中的比例大于或等于70%为一类区，小于70%为二类区。

b. 县类别的划分标准。

东部地区：人均GDP在5 000元以上为一类县；5 000元以下为二类县。中部地区：人均GDP在4 000元以上为一类县；4 000元以下为二类县。西部地区：人均GDP在3 000元以上为一类县；3 000元以下为二类县。

3. 自我代表层的区、县情况

根据最新行政区划，自我代表层中的7个城市所辖的区、县构成情况，如表8-5所示。

表8-5　自我代表城市的辖区、县构成

城市	一类区	二类区	直辖市中的县 及其他县级市	县	总计
北京市	8	5	5	—	18
天津市	7	7	4	—	18
上海市	9	7	3	—	19
广州市	5	5	2	—	12

（续）

城市	一类区	二类区	直辖市中的县及其他县级市	县	总计
成都市	5	2	4	8	19
长沙市	2	3	1	3	9
西安市	4	4	0	5	13

西藏包括1个地级市（拉萨市，下辖一个城关区）、一个县级市（日喀则市）及71个县。

4. 抽样总体区县情况

按区县分层的划分标准，全国除自我代表层以外的抽样总体各小层的区、县数及人口在（抽样总体）总人口中的比例如表8-6与表8-7所示。

表8-6　抽样总体中各小层的区县数

地域子层	一类区	二类区	县级市	一类县	二类县	合计
东部地区11	43	62	47	19	68	239
东部地区12	30	47	53	31	37	198
东部地区13	24	41	51	59	42	217
中部地区21	56	26	40	36	32	190
中部地区22	39	67	56	140	148	450
中部地区23	26	34	19	31	95	205
中部地区24	20	44	39	42	69	214
西部地区31	27	8	34	91	61	221
西部地区32	11	16	15	51	131	224
西部地区33	5	42	14	55	85	201
西部地区34	19	27	30	74	175	325
合计	300	414	398	629	943	2 684

表8-7　抽样总体各小层人口占总人口的比例　（%）

地域子层	一类区	二类区	县级市	一类县	二类县	合计
东部地区11	1.351 2	2.276 6	3.172 8	0.767 2	3.629 5	11.197 2
东部地区12	0.699 2	1.648 7	3.883 2	1.410 5	2.280 9	9.922 6
东部地区13	0.508 3	1.218 7	3.443 7	2.349 7	1.715 0	9.235 4
中部地区21	1.020 0	0.502 3	1.770 9	1.103 5	1.003 7	5.400 4
中部地区22	0.926 3	1.912 8	2.785 8	4.529 1	6.359 3	16.513 3
中部地区23	0.527 2	1.180 0	1.068 2	1.163 7	4.938 5	8.877 6
中部地区24	0.610 6	1.592 8	2.541 5	2.275 7	3.251 9	10.272 6
西部地区31	0.434 3	0.221 9	0.731 9	1.226 5	1.369 2	3.983 8
西部地区32	0.297 6	0.551 3	0.425 7	0.723 3	3.056 7	5.054 6
西部地区33	0.145 4	2.113 2	0.958 1	1.871 5	3.896 1	8.984 3
西部地区34	0.362 9	0.947 8	1.325 4	2.649 9	5.272 2	10.558 2
合计	6.883 1	14.166 2	22.107 2	20.070 5	36.773 0	100.000 0

5. 区、县的抽样方法及样本量

抽样总体中各层（指小层，下同）内对区、县的抽样采用按人口的 PPS 系统抽样，样本量一般为 2；少数人口较多的小层样本量定为 3。样本量的具体分配如表 8-8 所示。样本区、县总量为 121 个。

表 8-8 各小层的区县样本量的分配

地域子层	一类区	二类区	县级市	一类县	二类县	合计
东部地区 11	2	3	3	2	2	12
东部地区 12	2	2	3	2	2	11
东部地区 13	2	2	3	2	2	11
中部地区 21	2	2	2	2	2	10
中部地区 22	2	2	3	3	3	13
中部地区 23	2	2	2	2	3	11
中部地区 24	2	2	2	2	2	10
西部地区 31	2	2	2	2	2	10
西部地区 32	2	2	2	2	3	11
西部地区 33	2	2	2	2	3	11
西部地区 34	2	2	2	2	3	11
合计	22	23	26	23	27	121

四、抽样总体中样本区、县内的抽样方法

1. 样本区内的抽样

每个一类样本区内采用街道（镇）、居委会、家庭户及个人的 4 阶抽样；每个二类样本区内采用街道（乡、镇）、居（村）委会、家庭户及个人的 4 阶抽样，样本量皆为 90。具体方法如下。

（1）对街道（乡、镇）的抽样。样本区内对街道（乡、镇）抽样采用按人口的 PPS 系统抽样，每个样本区抽 3 个街道（乡、镇），其中一类区不抽乡。

（2）对居委会的抽样。样本街道、镇（乡）内对居（村）委会的抽样采用按人口的 PPS 系统抽样，每个样本街道、镇、乡各抽两个居（村）委会（其中一类区不抽村委会）。为操作方便，这里的人口数也可用户数。

（3）对家庭户的抽样。样本居（村）委会内对家庭户的抽样采用随机起点的等概率系统抽样，即等距抽样。每个居（村）委会固定抽取 15 户。在抽样时，必须首先清点居（村）委会管辖范围内的实际家庭户数，且规定排列的顺序。

（4）样本户内具体调查对象的确定。对每个被抽中的样本户，在 13 岁以上（含 13 岁）的成员中，完全随机地确定一名成员作为具体调查对象。为确保家庭成员中的每一个这样的成员都有相等的概率被抽中，采用二维随机表来确定，如表 8-9 所示。

表 8-9 确定户内调查对象的二维随机表

序号	姓名	性别	年龄	1	2	3	4	5	6	7	8	9	10	11	12
1				1	1	1	1	1	1	1	1	1	1	1	1
2				2	1	2	1	2	2	2	1	1	2	1	2

（续）

序号	姓名	性别	年龄	1	2	3	4	5	6	7	8	9	10	11	12
3				3	2	1	1	3	2	2	1	3	1	2	3
4				4	1	3	2	2	3	1	4	3	2	4	1
5				5	4	1	2	3	4	1	2	3	5	4	2
6				6	3	1	5	2	4	3	5	1	4	6	2
7				7	1	4	3	6	2	5	2	5	7	4	3
8				8	4	5	7	1	2	6	3	7	5	3	1
9				9	5	1	4	3	8	2	7	6	5	2	8
10				10	3	5	9	4	1	7	2	8	6	9	4
11				11	6	1	5	10	4	9	8	3	2	7	6
12				12	7	2	9	4	11	6	1	8	3	10	5

2. 样本县（县级市）内的抽样

每个样本县内采用乡（镇）、村（居）委会、家庭户及个人的4阶抽样，样本量为60。具体方法如下。

（1）对乡、镇的抽样。确定县城所在的镇（城关镇）为必调查镇，对其余乡（镇）采用按人口的 PPS 系统抽样，再抽2个乡（镇），每个样本县共调查3个乡（镇）。

（2）对村（居）委会的抽样。在每个城关镇中按人口 PPS 抽样抽取两个样本居（村）委会。对其他两个样本乡、镇内，也用同样的方法抽两个村委会。为操作方便，这里的人口数也可用户数。

（3）对家庭户的抽样。样本村（居）委会内对家庭户的抽样与样本居委会内对家庭户的抽样完全相同，仍采用随机起点的等概率系统抽样，即等距抽样。每个村（居）委会固定抽取10户。

（4）具体调查对象的确定。在样本户中确定具体对象的方法也可用二维随机表来确定。

3. 儿童样本的确定

在城乡每个样本户中，除抽取一位13岁以上的观众作为调查对象外，如果还有4～12岁的儿童，则需要抽取1位进行儿童观众的调查。如果符合年龄条件的人多于1位，则仍按二维随机表的方法确定。

对于自我代表的7个城市中，为保证儿童的样本量，对每个样本户，调查所有满足年龄的儿童。

五、自我代表层中的抽样方法

1. 自我代表城市的抽样方法

每个需要进行推断的城市皆作为自我代表层，在层内也进行分层抽样，层的划分标准与其他子层中的区、县标准基本相同。只不过不再对县分类，且将县级市（仅长沙市有一个）也作为一般县处理。这样每个城市皆分为一类区、二类区及县三层。考虑到上海市浦东新区的特殊性（既包括完全城市化的市区，也包含相当广泛的农村），将该区作为自我代表层处理。

考虑到在一个城市范围内的调查，交通比较方便，故为提高效率，根据每个城市的实际情况，保证（或适当增加）样本区的数量，减少每个样本区、县内的样本量。每个样本区县规定都抽两个街道（乡、镇），每个样本街道、乡、镇抽两个居（村）委会。样本区内每个居（村）委会样本量仍为 15 户，样本县（县级市）内每个村（居）委会样本量仍为 10 户。

如果有可能，对一类区也可不对区进行抽样，直接对街道进行抽样。

根据每个必调查城市所属的区县数，确定样本区、县数如表 8-10 所示（表中的数字为样本区、县数，括号中的数字为每个区、县的样本户数）。

表 8-10　自我代表城市的样本量

城市	一类区	二类区	县	总样本量
北京市	4(60)	2(60)	2(40)	440
天津市	3(60)	2(60)	2(40)	380
上海市	4(60)	3(60)[①]	2(40)	500
广州市	3(60)	2(60)	2(40)	380
成都市[②]	3(60)	2(60)	2(40)	380
长沙市	2(60)	3(60)	2(40)	380
西安市[②]	4(45)	2(60)	2(40)	380
总计	1 320	960	560	2 840

①其中浦东新区在商业区抽 1 个街道，在农业区抽 1 个镇。

②成都、西安两市由于一类区数量较少，故对一类区进行全数调查，其中西安市每个一类区中抽 1 个街道，每个街道抽 3 个居委会。若有条件在每个区中直接抽 3 个居委会最好。

2. 西藏的抽样方法

西藏的抽样也采用分层抽样法，其中拉萨市城关区抽 4 个居委会，日喀则市除城关镇外，再抽两个乡镇，共 6 个居（村）委会。以上两市均作为自我代表层，每层各抽取 60 户；其余 71 个县则采用按人口的 PPS 抽样抽两个县，每个县调查 40 户。西藏自治区总样本量为 200 户。

六、总样本量与抽样误差的估计

1. 总样本量

根据前述抽样设计，本方案 13 岁以上观众总的样本量为

（1）自我代表层共 2 840 + 200 = 3 040（户），其中区样本为 2 400 户，县样本为 640 户。

（2）抽样总体分 11 个子层，55 个小层，样本区县共 121 个，其中样本区 45 个，样本县（县级市）76 个。每个样本区抽 90 户，故区样本为 4 050 户；每个样本县抽 60 户，县样本共 4 560 户，共计 8 610 户。

（3）全国总样本量为 11 650 户，其中区样本为 6 390 户，县样本为 5 260 户。

2. 抽样误差的估计

本方案的设计效应 deff 估计为 2.0，相当于简单随机抽样的样本量 $n_0 = 5\,825$，在 95% 置信度下比例型目标量的绝对误差限 d，经计算约为 1.28% 。

七、目标量的估计及其方差估计

根据方案设计，小层内样本是近似自加权的，因此层目标量的估计及其方差估计较为简单；而地区（大层）与全国目标量的估计则可用表 8-7 中的人口比例为权，加权并汇总自我代表层得出，相应的方差估计也随之可得。

练习与思考

1. 什么是抽样误差？影响抽样误差的因素有哪些？

2. 抽样推断的特点和作用有哪些？

3. 区间估计的步骤有哪些？

4. 随机抽样有哪些组织形式？

5. 某班级学生考试成绩如下表所示

成绩（分）	60 以下	60 ~ 70	70 ~ 80	80 ~ 90	90 以上
人数（人）	52	23	19	20	13

要求：

（1）以 95.45% 概率估计学生考试成绩区间范围。

（2）如抽样比例为 5%，在不重复抽样条件下以 95.45% 概率估计学生考试成绩区间范围。

6. 在 500 个抽样产品中，有 95% 为一级产品，试测定抽样平均误差，并用 95% 的概率估计全部产品一级率的范围。

7. 某地区 2019 年播种小麦 10 000 亩，随机抽查 100 亩，测得单产为 1 000 斤，标准差为 60 斤，现要求用抽样情况推断 10 000 亩的以下情况。

（1）抽样平均亩产的抽样平均误差；

（2）在 95% 的概率条件下，平均亩产的可能范围；

（3）在 95.45% 的概率条件下，10 000 亩小麦总产量的可能范围。

8. 某厂从 100 000 件产品中随机抽取 100 件产品进行质量检验，结果废品率如下表所示

废品率（%）	产品数（件）
1 ~ 2	30
2 ~ 3	60
3 ~ 4	10

要求：

（1）当概率为 95% 时，估计废品率的可能范围；

（2）当概率为 95.45% 时，如果限定废品率不超过 2.5%，应抽检多少产品？

9. 对某型号产品 10 000 件进行耐用时间检测，根据以往抽样测定，求得耐用时间标准差为 50 小时，合格率的标准差是 25%，试计算：

（1）概率为 95%，产品耐用时间的意味着范围不超过 9 小时，需要抽取多少产品进行检测？

（2）95.45% 的概率条件下，合格率的极限误差不超过 5%，需要抽取多少件产品进行检测？

（3）在不重复抽样条件下，在同时满足（1）（2）的要求下，需要抽取多少件产品进行检测？

10. 通过阅读导入案例，你对抽样推到有怎样的理解？

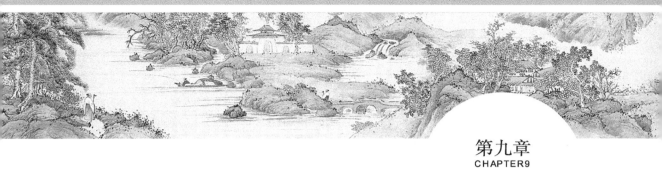

综合评价

§ 学习目标

1. 了解综合评价的一般原理
2. 掌握综合评价指标处理方法、综合评价常规方法
3. 掌握灰色关联度评价法、模糊综合评价方法和主成分分析法

§ 本章重点

掌握综合评价方法在实际中的应用

§ 导入案例

全国健康城市评价指标体系（2018 版）

表 9-1　全国健康城市评价指标体系

一级指标	二级指标	三级指标
健康环境	1. 空气质量	（1）环境空气质量优良天数占比
		（2）重度及以上污染天数
	2. 水质	（3）生活饮用水水质达标率
		（4）集中式饮用水水源地安全保障达标率
	3. 垃圾废物处理	（5）生活垃圾无害化处理率
	4. 其他相关环境	（6）公共厕所设置密度
		（7）无害化卫生厕所普及率（农村）
		（8）人均公园绿地面积
		（9）病媒生物密度控制水平
		（10）国家卫生县城（乡镇）占比
健康社会	5. 社会保障	（11）基本医保住院费用实际报销比
	6. 健身活动	（12）城市人均体育场地面积
		（13）每千人拥有社会体育指导员人数比例
	7. 职业安全	（14）职业健康检查覆盖率

（续）

一级指标	二级指标	三级指标
健康社会	8. 食品安全	（15）食品抽样检验3批次/千人
	9. 文化教育	（16）学生体质监测优良率
	10. 养老	（17）每千名老年人口拥有养老床位数
	11. 健康细胞工程	（18）健康社区覆盖率
		（19）健康学校覆盖率
		（20）健康企业覆盖率
健康服务	12. 精神卫生管理	（21）严重精神障碍患者规范管理率
	13. 妇幼卫生服务	（22）儿童健康管理率
		（23）孕产妇系统管理率
	14. 卫生资源	（24）每万人口全科医生数
		（25）每万人口拥有公共卫生人员数
		（26）每千人口医疗卫生机构床位数
		（27）提供中医药服务的基层医疗卫生机构占比
		（28）卫生健康支出占财政支出的比重
健康人群	15. 健康水平	（29）人均预期寿命
		（30）婴儿死亡率
		（31）5岁以下儿童死亡率
		（32）孕产妇死亡率
		（33）城乡居民达到《国民体质测定标准》合格以上的人数比例
	16. 传染病	（34）甲乙类传染病发病率
	17. 慢性病	（35）重大慢性病过早死亡率
		（36）18~50岁人群高血压患病率
		（37）肿瘤年龄标化发病率变化幅度
健康文化	18. 健康素养	（38）居民健康素养水平
	19. 健康行为	（39）15岁以上人群吸烟率
		（40）经常参加体育锻炼人口比例
	20. 健康氛围	（41）媒体健康科普水平
		（42）注册志愿者比例

资料来源：国家卫生健康委办公厅。

第一节　综合评价的基本问题

一、综合评价的意义

由于统计对象的各个方面总是处于相互联系、相互依存、相互作用之中，因此，要正确评价统计对象的整体状况，就必须从各个角度、不同侧面去描述和分析，这就形成种类繁多的单项评价指标。这些单项评价指标在评价统计对象时都有各自重要的不可替代的作用。但是，我们知道，任何单项指标往往只能反映统计对象的一个侧面，而不可能全面反映事物的整体情况。例如，在考核一个企业营销状况时，人们可以从不同角度提出各种考核指标，如反映企业营销状况的指标、反映营销盈利能力的指标、反映营销效率的指标、反映营销社会效益的指标等，这些指标多是从一个方面而且只能从一个方面反映企业统计对象的优劣。比如反映企业营销状况的指标只能从企业营销状况方面反映企业的统计对象水平。实际情况是，企业营销状况的指标高（低），并不代表企业营销盈利能力、营销效率、营销社会效益等其他效益指标数值的高（低）。同样，反映营销效率的指标也只是从营销资源的利用角度体现企业统计对象水平的大小，也无法说明其他统计对象的高低。这说明，单项指标具有一定的局限性。

因此，为了克服单项指标的不足，人们试图用单项指标所构成的整体，即指标体系来评价统计对象。显然，这种用指标体系评价统计对象的方法能够在一定程度上克服单项指标的局限性，提高评价的全面性和科学性。但是，在评价的整体性上却大大退步了。因为各个指标同时使用，经常会发生不同指标间相互矛盾的情况，因而不能对统计对象做时间和空间上的整体对比。例如，在比较甲乙两个企业同一时期经济效益的优劣时，往往会遇到这样的情况：甲企业有几项效益指标好于乙企业，同时，乙企业又有另几项效益指标好于甲企业，这时就无法判断甲乙两企业的经济效益究竟孰优孰劣。同样，在比较分析同一企业不同时期的经济效益的发展变化时，也常常会遇到类似的情况。正是指标体系的这一不足，促使人们进一步发展了各种综合评价方法，这就是把反映统计对象各个指标的信息综合起来，变成一个综合指标，凭此反映统计对象的整体状况。综合评价既解决了评价指标的整体问题，又克服了单项指标的片面性。

从以上分析可以看出，综合评价就是将多个描述统计指标的信息加以综合而对统计对象做出整体评价。它的基本作用在于弥补单项指标和指标体系的不足，以便于被统计对象在不同时间或空间的整体比较和排序。

二、综合评价的一般步骤

随着社会经济的发展和管理水平的现代化，人们不断提出新的评价方法。尽管各种综合评价方法的特点各异，但基本步骤大体相同。主要步骤有以下几点。

1. 选取评价指标，建立统计对象评价体系

综合评价的结果是否客观、准确，首先取决于被综合的评价指标是否准确、全面。因此，评价指标的选择是综合评价中的重要基础工作。

从方法上分，评价指标的选取有定性和定量两大类。

（1）评价指标选取的定性方法。在选择评价指标时应注意如下几点。

首先，要明确综合评价的目的和目标。要弄清评价主题是什么，评价的是事物的哪一个方面等。例如，在企业的营销效益综合评价中，应围绕"营销"这一评价主题或目标选择评价指标，而不能把其他一些指标（比如人均收入水平等）也作为营销的评价指标。明确这一点非常重要，它能保证最终的评价结果符合综合评价的目的要求。

其次，对评价目的进行定性分析，找出影响评价目标的各层次因素，建立评价指标体

系。一般来说，至少应从三个层次对评价目标进行因素分析。第一个层次是总目标层，它说明的是综合评价最终所要达到的目标；第二个层次是中间层，它是对总目标层的主要因素的分解，是具体的评价指标的类综合；第三个层次是指标层，它由反映评价目标的各个方面的评价指标所构成。营销效益综合评价指标体系的层次结构如图9-1所示。

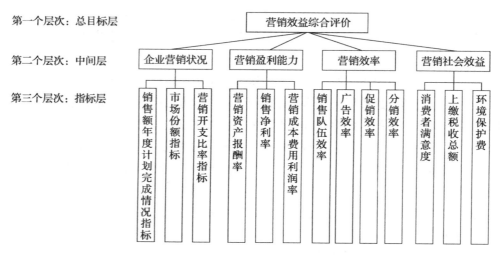

图9-1　营销效益综合评价指标体系的层次结构

再次，在建立综合评价指标体系时应兼顾如下几个原则。

1）全面原则。为保证综合评价结果客观、准确，在建立指标体系时应该尽可能多地选择可以概括反映被评价事物各个层面的基本特征的评价指标，以便最终确定指标体系时有筛选余地。

2）可比性原则。选取评价指标时应注意指标的口径范围和核算方法的纵向可比和横向可比的原则。在对同一事物不同时期的评价中应注意纵向可比，而对同一时期不同事物之间的评价中应注意横向可比。

3）可操作性原则。选取的评价指标不仅应符合综合评价的目的，更应有数据的支持，也就是说，评价指标的数据应容易取得，否则建立的指标体系就只能束之高阁，无法实现综合评价的目的，从而也就无助于指导实际工作。

最后，在选取指标时，还应注意与所采用的综合评价方法相协调。在本章后续内容中将会看到，有些综合评价方法本身能够消除指标之间的相互干扰和替代，这时选取指标应注意全面性；而另一些评价方法却要求评价指标之间尽可能不相关，这时就应该注意指标的代表性。

（2）评价指标选取的定量方法。为了全面反映被评价对象的情况，评价者总希望所选取的评价指标越多越好。但是过多的评价指标不仅会增加评价工作的难度，而且会因评价指标间的相互联系造成评价信息的相互重叠、相互干扰。因此，需要从初步构建的评价指标体系中选取一部分有代表性的评价指标来简化原有的指标体系。解决这一问题有两条途径：一是从指标体系去定性分析各评价指标间的关系，从而选出一些指标来代替原始的指标体系；另一条途径是用数理统计的方法，根据指标间的关系去定量选取代表性指标。当然，应尽量把两种方法结合起来。选取部分有代表性的数理统计方法较多，这里介绍几种常用的方法。

第一种方法是极小广义方差法。它是根据条件广义方差极小的原则来选取代表性指标的。按这种方法，从 p 个指标中选取一个代表性指标的基本思路是：如果 p 个指标的总变动性由它们的协方差矩阵的行列式值（称为广义方差）来表示，则从 p 个指标中去掉某个指标后剩下的 $p-1$ 个指标的广义方差（此时实际上是条件广义方差）就反映了在剔除该指标后剩下的 $p-1$ 个指标变动的程度。如果这一条件广义方差很小，就表示剔除该指标后余下的 $p-1$ 个指标几乎不怎么变化了，也就表示该指标具有"代表"性。因此，从这个观点出发，使条件广义方差最小的那个指标最具有代表性，这个指标就为我们所选取的代表性指标之一。重复这一过程，就可以选取若干个有代表性的评价指标。

第二种方法是极大不相关法。它的基本思路是：把 p 个指标中那些可以由其他指标"代替"的指标剔除掉，剩下的便是彼此不能代替的、并能全面反映原有 p 个的指标信息。其大致的步骤是：逐个计算每个指标与除去该指标后余下的 $p-1$ 个指标间的复相关系数，那么使这 $p-1$ 个复相关系数最大的那个指标在很大程度上可以被余下的 $p-1$ 个指标提供评价信息所决定，因此应剔除这个指标。重复这一过程，直至留下若干个相关性较小的指标为止。

第三种方法是主成分分析法。它的基本思路和做法是：对 p 个指标做主成分分析可得 p 个主成分，其中最后一个主成分包含原来 p 个指标的信息是最少的，因而在该主成分中起主要作用的指标对全部原始信息的贡献是很少的，所以剔除最后一个主成分中较大系数所对应的指标对综合评价不会产生大的影响。对剩下的指标重复做主成分分析，并重复剔除指标这一过程，就可以选出若干个有代表性的评价指标，从而达到简化原来的评价指标体系的目的。

2. 确定评价指标的转换和综合方法

前已谈到，综合评价是将描述统计对象的多个指标的信息加以综合而对统计对象进行的整体性评价。多个指标的综合应以各评价指标的同质性为前提。非同质的指标是不可比的，当然也就不能综合，但评价指标体系中的各个指标往往是非同质的。一方面，各指标的实际数值的量纲不同；另一方面，由于各评价指标反映的是被评价事物的不同侧面，因此，采用的指标形式可以有所不同，可以是总量指标，也可以是相对指标，或平均指标，这样就会出现各评价指标的实际数值在数量级上有差异。因此，如何将非同质的指标同质化，也就成为综合评价中必须解决的重要问题之一。指标的同质化，可以用无量纲化的方法加以解决。所谓指标的无量纲化，就是消除量纲和数量级的影响，将指标的实际值转化为可以综合的指标评价值，从而解决评价指标的可综合性问题。由此可见，指标的无量纲化处理是综合评价中的重要基础工作。

在将指标实际值转化为指标评价值后，就可以根据评价事物的特点，选取恰当的合成方法将指标的评价值综合成一个指标，以得到一个整体性的评价，合成的方法较多，有加法合成、乘法合成、加乘混合合成等方法，各方法有其使用场合。

3. 确定评价指标的权数

唯物辩证观认为，影响事物发展的因素有主次之分，也就是说，在综合评价中，评价指标体系中的各个指标对评价事物的作用有大有小，因此，需要加权处理。权数是衡量各指标在综合评价中相对重要程度的一个值，一般以相对数形式表示。由于多指标的综合一般采用加权平均的方法，因此，权数的确定直接影响综合评价的结果，权数的变动会改变被评价对象的优劣顺序。所以，权数确定在综合评价中是十分重要而敏感的工作。

4. 加权合成指标评价值，求得综合评价值

依综合评价值的大小，对被评价事物进行排序比较分析。对综合评价值应明确以下三点。

（1）综合评价值反映了被评价对象的整体相对地位。由于对指标实际值做无量纲化处理得到的指标评价值总是可以归结为一个统计相对数，而统计相对数能反映被评价对象的相对地位，因此，把各个指标对应的评价值加权合成所得到的综合评价值，就可以从整体上反映被评价对象的相对地位。

（2）综合评价值比较抽象地反映了被评价对象的一般趋势，由统计学原理可知，统计平均数反映的是事物的一般水平或趋势，而综合评价值是通过对各指标的评价值（统计相对数）采用加权平均的方法加以合成而得到的。所以，综合评价值反映的是被评价对象的一般趋势和综合水平。这说明，综合评价值有确切的实际含义。虽然，综合评价值的实际含义往往比较抽象，不易把握，但并不能由此否认综合评价结果的客观性和科学性。

（3）综合评价值增加了评价信息。由于综合评价值是在各评价指标实际值的基础上产生的，因此，除了评价值这个指标外，还有反映被评价事物各个方面的数据资料，为决策管理提供了多层面的信息。

第二节　综合评价指标处理方法

综合评价的指标处理方法包括统计指标无量纲化方法、统计指标的赋权方法和指标评价值的综合方法等。

一、统计指标无量纲化方法

统计指标的无量纲化就是将统计指标的实际值转化为评价值。由于统计指标的性质不同，相应地，统计指标实际值转化为评价值的方法也就不同。本节将根据不同情况介绍转换和定值的方法。

（一）逆向指标、统计对象适度指标正向化

评价指标按其作用趋向不同，可以分为正向指标、逆向指标和统计对象适度指标三类。正向指标是指那些指标值越大越好的评价指标，逆向指标则是指标值越小越好的评价指标，而统计对象适度指标是指标值既不能太大，也不能太小的评价指标。例如，营销成本费用利润率是正向指标，营销开支比率指标是逆向指标，而环境保护费却是统计对象适度指标。对逆向指标和统计对象适度指标首先要转换成正向指标，然后再按正向指标进行

无量纲化处理。

对逆向指标正向化，常用的方法如下。

（1）直接取原逆向指标 x_i 的倒数，就可以得到一个正向指标 y_i，即

$$y_i = \frac{1}{x_i} \tag{9-1}$$

（2）在有最小阈值 $x_{\min}$ 时，可按如下公式转换为正指标 y_i，即

$$y_i = \frac{x_{\min}}{x_i} \tag{9-2}$$

（3）在有最大阈值 $x_{\max}$ 时，可采用下述公式转换

$$y_i = 1 - \frac{x_i}{x_{\max}} \tag{9-3}$$

实践中，可根据具体情况灵活选用以上三种公式中的一种，也可选用其他方法将逆向指标正向化。

对于统计对象适度指标 x_i，应首先确定一个最优的适度值 x_0，然后按下述公式转化为正向指标：$y_i = \dfrac{1}{|x_i - x_0|}$

这个公式的转换原理是：由于统计对象适度指标的数值既不能太大，也不能太小，而只需要围绕最优适度值 x_0 变动。$|x_i - x_0|$ 反映了统计对象适度指标值与适度值 x_0 间的偏差。偏差越大，说明指标实际值离适度值越远，也就越不好；反之，偏差越小，则越好。所以，$|x_i - x_0|$ 是一个逆向指标，再按逆向指标正向化公式 $y_i = \dfrac{1}{x_i}$ 进行转换，就可把统计对象适度指标转化为正向指标。

最优适度值可从定性的经验分析中得到，也可按数学方法定量求出。在有统计对象适度指标的样本资料时，往往可以用适度的样本平均值来近似替代，当然这种替代是很粗糙的。

（二）定性指标定量化

按其反映的内容，评价指标有主观与客观之分，有定性与定量之别。由于事物的复杂性，有时难以对被评价事物做客观的定量描述，这时就需要用一些定性指标、主观指标来评价事物。例如，消费者的满意率等的评价，往往只能采用主观、定性的方式来评价。在这种情况下，也需要将主观的、定性的评价指标无量纲化，以便与其他指标的评价值一起综合。为此，需先将定性指标定量化，然后才能按定量指标的无量纲化公式转化成评价值。

在实际工作中，定性评价指标往往采用名次和等级两种形式。对于名次评价指标的定量化，可按下述公式转换

$$y_i = 1 - \frac{1}{n}(x_i - 0.5) \tag{9-4}$$

式中　x_i——被评价对象的名次；

　　　y_i——第 i 个被评价对象的评价得分；

n——所有参评对象的个数。

公式中 $(x_i - 0.5)$ 是为了避免最后一名被评价对象的评价得分为零的情况，并能保证各被评价对象的评价得分均匀地分布在 $0 \sim 1$。由于名次越小，说明被评价对象该指标越好，因此评价得分应越多。所以要采用"倒扣"的方法，即用 1 减去。

对于等级评价指标，一种方法是确定定性与定量转化的量化系数，如将"优、良、差"分别记为"1、0.5、0.1"的评价系数等。从实际工作看，确定这种评价系数是没有统一标准的，需要根据具体情况灵活处理。另一种方法是将等级转化成标准百分比。

（三）（正向）定量指标的无量纲化

在综合评价中，遇到的大多数评价指标还是越大越好的正向定量指标，但由于各指标说明的内容不一样，因此，在形式上也不一样。如指标有绝对数、相对数和平均数等形式，即使是同一类型的指标，它们的量纲和数量级也可能不同，所以需要进行无量纲化处理，将指标实际值转化成评价值，以解决多个指标的可综合性问题。从众多的综合评价研究案例中可以看出，无量纲化方法有三大类，即直线型、折线型和曲线型。

1. 直线型无量纲化方法

如果无量纲的指标评价值与指标的实际值之间是呈线形关系的，这种无量纲化方法就称为直线型无量纲化方法。常见的直线型无量纲化方法包括阈值化、中心化、规格化、标准化和比重化等。

（1）阈值化。阈值化是将指标的实际值与该指标的阈值相比较，从而得到指标评价值的方法，即

$$y_i = \frac{x_i}{x_o} \tag{9-5}$$

式中　y_i——指标转化后的评价值；

　　　x_i——指标实际值；

　　　x_o——该指标的阈值。

由上述公式可以看出，如果阈值 x_o 确定得太大，评价值对指标变化的反应会很迟钝。反之，如果阈值 x_o 太小，评价值又会过于灵敏地反映指标的变化。这两种情况都会使最终合成的综合评价难以准确地反映客观实际。因此，阈值的确定对综合评价是至关重要的。对这个问题的处理要把握好以下几点：

第一，根据综合评价的目的来确定阈值。如果是动态评价，阈值可以定为被评价对象的历史最好水平，也可以是基期水平。如果是对计划完成情况的评价，阈值则为计划数。对于实际水平的评价，阈值可以是同类被评价对象的最好水平或平均水平。

第二，阈值的确定应以便于综合评价为原则。因此，在具体的综合评价中，只要阈值的确定对大多数被评价对象来说是合适的，这个阈值就可以被认为是可行的。

第三，阈值的确定是一个不断调整优化的过程，通常可先确定一个值进行试算，根据试算结果，再进行调整，直至比较合乎实际为止。

（2）中心化。中心化也称均值化。先求出每个评价指标的样本均值 $\bar{x}$，再将指标的实际值 x_i 与该指标的均值 $\bar{x}$ 相比较，就得到中心化后的评价值 y_i，即

$$y_i = \frac{x_i}{\bar{x}} \tag{9-6}$$

（3）规格化。规格化也称极差正规化。先找出每个指标的最大值 x_{max} 和最小值 x_{min}，这两者之差称为极差（也称全距），然后以每个指标实际值 x_i 减去该指标的最小值，再除以极差，就得到正规化评价值 y_i，即

$$y_i = \frac{x_i - x_{min}}{x_{max} - x_{min}} \tag{9-7}$$

这种无量纲化方法实际上是求各评价指标实际值在该指标全距中所处位置的比率。此时 y_i 的相对数性质较明显，而且取值均在 $0 \sim 1$。

（4）标准化。标准化也称 Z-Score 变换。先求出每个指标的样本均值 x_i 和标准差 s 就得到标准化评价值 y_i，即

$$y_i = \frac{x_i - \bar{x}}{s} \tag{9-8}$$

一般来说，只有当被评价对象（样本）较多时，才能用上述无量纲化公式。容易看出此时的评价值 y_i 将在 $-1 \sim 1$ 取值，而且 y_i 的相对数性质已不明显。

（5）比重化。比重化的主要公式有

$$y_i = \frac{x_i}{\displaystyle\sum_{i=1}^{n} x_i} \tag{9-9}$$

$$y_i = \frac{x_i}{\sqrt{\displaystyle\sum_{i=1}^{n} x_i^2}} \tag{9-10}$$

这种无量纲化方法为多目标决策分析中的一些方法所采用。

2. 折线型无量纲化方法

在实际的综合评价中，有时会遇到这样一种情况，即评价指标值处于不同区间变化时对被评价对象综合水平的影响是不一样的。低于某一数值时，该指标不影响被评价对象的评价，高于某一数值时，该指标对被评价对象的作用不再增加，而在某区间内该指标对被评价事物的影响是等量递增的。这时将指标实际值转化为评价值应采用折线公式，即

$$y_i = \begin{cases} 0 & x_i < x_a \\ \dfrac{x_i - x_a}{x_b - x_a} & x_a \leqslant x_i \leqslant x_b \\ 1 & x_i > x_b \end{cases} \tag{9-11}$$

显然，这种处理方法可以避免各评价指标间的相互替代。

3. 曲线型无量纲化方法

在实际的社会经济现象中，指标实际值的等量变化，在不同阶段具有不同的意义。例

如，在企业统计对象评价中，统计对象位居前列的企业，其继续提高的幅度要远远低于那些处于落后水平的有潜力的企业，也就是说，当效益指标数值处在不同水平时，要做进一步的等量改善，不同类型效益的企业在经营管理等方面所做的努力是不一样的。因此在指标实际值转化为评价值时，应采取曲线型非等量方式。即当指标实际值处于不同水平时，指标值增加同一幅度，则处于较高水平的指标评价值的增加要大一些。曲线型转换方法很多，可根据实际情况灵活选择。常用的主要有如下形式的升半哥西分布公式

$$y_i = \begin{cases} 0 & x_i \leqslant 1 \\ \dfrac{1}{1 + [5(x_i - 1)]^{-2}} & x_i > 1 \end{cases} \tag{9-12}$$

为避免一些指标干扰和替代别的评价值指标，通常规定该指标的评价值最大不超过 1。

从三种类型的无量纲化公式看，曲线型公式可以处理各种复杂的指标转换问题，能更准确地揭示出指标实际值与评价值之间的关系，可以使评价结果更为可信、客观和公正。直线型公式是一种等量递增的近似转换公式，而折线型公式则是直线型公式与曲线型公式之间的一种过渡公式，它既可以避免曲线型公式确定的繁难，有时又可以避免直线型公式的粗糙。尽管从理论上讲，曲线型公式比直线型公式准确，但是在实际操作时，如果曲线型公式中的参数确定不恰当，其结果不一定比直线型公式准确。因此，与其追求绝对意义上的最优解，还不如采用相对意义上的满意解。所以，在不影响被评价对象间相对地位的前提下，可以用近似的、简化的直线型公式代替曲线型公式；而且从众多的综合评价研究实例看，用直线型转换公式所得的综合评价结果与用复杂的曲线型公式所得到的结果常常是近似的。基于上述理由，在综合评价实践中，常常采用直线型无量纲化公式。

二、统计指标的赋权方法

指标的无量纲化解决了多个指标的可综合性问题。但为了使多个指标的综合评价能更准确地反映被评价对象的实际情况，还必须对转换后的指标赋予不同的权数。因为各个评价指标对被评价对象的影响大小和作用是不同的，所以确定评价指标的权数对综合评价结果有重大影响。

确定权数的方法很多，但基本上可分为两大类：主观赋权法和客观赋权法。主观赋权法主要有德尔菲法（见第三章）和层次分析法（见第二章），此处不再赘述。但要指出的是，尽管主观赋权依赖于主观看法，但这种主观看法是建立在经过严格挑选的专家们的经验的基础上的，而这种经验的获得又是专家们对被评价事物进行深入研究的结果。并且，还要采用一定的数学方法来处理不同专家的主观看法，以便过滤掉由偶然因素决定的不同专家的主观认识差异，以保证赋权的客观性。因此，主观赋权法实际上是可行的。但该方法存在一些不足之处：首先，同一专家在不同环境下给同一指标赋权的结果往往会有差异；其次，在对评价指标的重要性做出判断时，没有统一的客观定量标准；最后，对某些指标的重要程度的判断往往具有模糊性。所以，不能完全依赖主观赋权法来确定指标的权数。

客观赋权法是直接根据各个指标的原始信息经过一定数学处理后获得权数的一种方法。其基本思想是：指标权数应根据各指标间的相互关系或各个指标提供的信息量来确定。

（一）离散系数法

现代概率统计理论告诉我们，一个随机变量（指标）的方差用相对指标表示，离散系数越大，则该随机变量（指标）所包含的信息量越多，其独立性也越强。由此可见，该随机变量（指标）的重要性就越大，所确定的权数值也就越大。反之，则越小。离散系数法正是根据上述原理设计的。具体步骤如下。

设有 n 个被评价对象，每个被评价对象由 p 个指标 x_1，x_2，$\cdots$，x_p 来描述。

先对每一个指标值进行无量纲化处理。常常采取直线型无量纲化处理方法，包括阈值化、中心化、规格化、标准化和比重化等。

然后，求出无量纲化后的各指标的均值 $\bar{x}_i$ 和标准差 σ_i

$$\bar{x}_j = \frac{1}{n} \sum_{i=1}^{n} x_{ij} \tag{9-13}$$

$$\sigma_j = \sqrt{\frac{1}{n-1} \sum_{i=1}^{n} (x_{ij} - \bar{x}_j)^2} \tag{9-14}$$

式中　x_{ij}——进行无量纲化处理后的第 i 个被评价对象在第 j 项指标上的取值。

则各指标的离散系数 v_j 为

$$v_j = \frac{\sigma_j}{\bar{x}_j} \quad (j = 1,2,3,\cdots,p) \tag{9-15}$$

对 v_j 做归一化处理，便可得各指标的权数

$$w_j = \frac{v_j}{\sum_{j=1}^{p} v_j} \quad (j = 1,2,3,\cdots,p) \tag{9-16}$$

例9-1　有 5 个公司的 6 个指标的数据如表 9-2 所示，试运用离散系数法确定 6 个指标的权数。

表9-2　有关指标数据表

指标	单位	标准值	公司 1	公司 2	公司 3	公司 4	公司 5
$X_1(\%)$	—	97.48	96.01	95.72	98.42	93.43	95.16
$X_2(\%)$	—	13.55	14.9	9.21	13.88	10.75	10.25
$X_3(\%)$	—	8.41	9.51	3.35	7.55	3.99	5.03
$X_4(\%)$	元/人	5 683	14 830	10 004	15 545	9 708	14 590
$X_5(\%)$	次	1.83	1.68	1.79	1.80	2.21	1.87
$X_6(\%)$	—	29.01	28.40	26.48	25.56	22.30	25.01

解：（1）对各指标值运用阈值化法进行无量纲化处理，公式为 $x_{ij} = \dfrac{x'_{ij}}{x_o}$

式中　x_{ij}——指标转化后的评价值；

　　　x'_{ij}——指标实际值；

　　　x_o——该指标的阈值，在本例中，为各指标的标准值。

经过阈值化处理后的结果如表9-3第（1）~（5）列所示。

表9-3　有关指标数据表　　　　　　　　（%）

指标	公司1	公司2	公司3	公司4	公司5	平均数 ($\bar{x}_j$)	标准差 (σ_j)	离散系数 (v_j)	权数 (w_j)
（甲）	（1）	（2）	（3）	（4）	（5）	（6）	（7）	（8）	（9）
X_1	98.49	98.19	100.96	95.85	97.96	98.29	1.627	1.66	1.70
X_2	109.96	67.97	102.44	79.34	75.65	87.07	16.22	18.63	19.30
X_3	113.08	39.83	89.77	47.44	59.81	69.99	27.46	39.23	40.60
X_4	260.95	176.03	273.54	170.83	256.73	227.62	44.62	19.60	20.30
X_5	91.80	97.81	98.36	120.77	102.19	102.19	9.87	9.66	10.00
X_6	97.9	91.28	88.11	76.87	86.21	88.07	6.87	7.80	8.10

（2）再对阈值化处理后的各指标值求其平均数、标准差、离散系数。有关结果见表9-3第（6）~（8）列所示。

（3）对离散系数进行归一化处理，最后得各指标的权数，如表9-3第（9）列所示。所以，X_1、X_2、X_3、X_4、X_5、X_6的权数分别为1.70、19.30、40.60、20.30、10.00和8.10。四舍五入则分别为2、19、41、20、10和8。

（二）熵值法

熵值法的基本原理与离散系数法相同，也是根据指标所包含的信息量大小来赋权的。指标所包含的信息量越多，在综合评价中所起的作用就越大，其权数也应越大；反之，其权数就越小。而在多目标决策理论中，信息量的大小是用熵来表示的。熵越大，所包含的信息量越少，反之越多。用熵值法确定指标权数的具体步骤如下。

（1）指标的"同趋势化"。当正向、逆向和适度指标并存时，应先将逆向指标、适度指标正向化。

（2）对指标实际值按比重法转换成评价值，公式为

$$b_{ij} = \frac{x_{ij}}{\sum_{i=1}^{n} x_{ij}} \tag{9-17}$$

式中　x_{ij}——第i个被评价对象的第j项指标值；

　　　n——被评价对象的个数。

（3）计算第j项指标的熵值e_j

$$e_j = -k \sum_{i=1}^{n} b_{ij} \ln b_{ij} \tag{9-18}$$

式中，$k > 0$，$e_j \geq 0$。

（4）计算指标x_j的差异系数$d_j = 1 - e_j$。如果指标x_j在各评价对象间的数值x_{ij}的差异

越小，则 e_j 越大。极端地，当指标 x_j 在各被评价对象之间根本没有差异，即 x_{ij} 全相等，则 e_j 最大为 1；相应地，差异系数 $e_j = 0$，这说明此时指标 x_j 在综合评价中毫无作用。反之，如果 x_{ij} 的差异越大，则 e_j 越小，差异系数 d_j 越大，对综合评价的贡献也就越大。基于上述分析，可以对差异系数 d_j 做归一化处理，从而获得指标的权数。

（5）指标 x_j 的权数 w_j 按如下公式获得

$$w_j = \frac{d_j}{\sum_{j=1}^{p} d_j} \tag{9-19}$$

式中　p——评价指标个数。

（三）概率法

所谓概率法，就是用求概率的方法求得权数。其理论依据在于概率与权数两者之间具有同质性。众所周知，概率的大小反映着随机变量取值的可能性大小。概率大，则说明随机变量取值的可能性大；相反，则意味着随机变量取值的可能性小。而对于权数来说，它是反映指标重要性程度高低的。权数大，则说明指标的重要性程度高；相反，则说明指标的重要性程度低。因此，从反映各自研究对象值的大小或高低来看，两者具有同质性。实际上，在统计学中，权数的大小就是由频率（概率的一种统计定义）大小来表示的。正因为如此，也就使得用求概率的方法来求得权数成为可能。

权数概率求法的基本步骤如下。

由概率论基本理论可以知道，当已知一个随机变量（指标）的概率分布以及所要取的值或所取值的区间时，就能求出相应的概率。依据这一重要思想，可将权数概率求法的基本步骤归集如下。

（1）确定每一随机变量（指标）的概率分布。设第 i 个的随机变量为 X_i，$i = 1$，2，3，$\cdots$，n。其取值为 $X_{i,j}$，$j = 1$，2，3，$\cdots$，m。由于绝大多数的随机变量往往可以表示成独立随机变量的总和，且总和中的每一个单独的随机变量对于总和又不起主要作用，例如产品产量，可看成是大量的单独生产工人的产品产量的总和，因此，根据李雅普诺夫中心极限定理，可以认为随机变量近似地服从正态分布，即 $X_i \sim N(\mu, \sigma^2)$。

（2）确定随机变量（X_i）的取值情况。对于随机变量（X_i）的取值应符合两条原则，其一，应能够充分反映样本信息；其二，应充分考虑综合评价中指标的特点。在综合评价中，各指标是正指标，表现为愈大愈好。根据这两条原则，我们将随机变量（X_i）的取值 $X_{i,j}$ 的范围确定为 $X_i \geqslant \max(X_{i,j})$。

（3）将随机变量（X_i）的取值 $X_{i,j}$ 的范围与概率相联系。用概率表示，则有

$$P[X_i \geqslant \max(X_{i,j})] = \alpha_i$$

（4）讨论 α_i 的计算方法。由前面讨论已知，$X_i \sim N(\mu, \sigma^2)$，则根据正态分布的性质，必有：$\dfrac{X_i - \mu}{\sigma} \sim N(0, 1)$。为此，可按照标准正态分布概率的计算方法，求出概率 α_i，即

$$P(X_i \geqslant \max(X_{i,j})) = P\left(\frac{X_i - \mu}{\sigma} \geqslant \frac{\max(X_{i,j}) - \mu}{\sigma}\right) = 1 - \Phi\left(\frac{\max(X_{i,j}) - \mu}{\sigma}\right) = \alpha_i$$

对于上式中 $\Phi\left(\frac{X_{i,j} - \mu}{\sigma}\right)$ 的值，可查正态分布表得到，从而最终求得概率 α_i。

有必要指出的是，虽然已知随机变量总体 X_i 服从正态分布 $N(\mu, \sigma^2)$，但参数 μ 和 σ^2 却是未知的，这样就需要根据样本对其做出估计。设 $X_i \sim N(\mu, \sigma^2)$，$X_{i,j}$，$j = 1, 2, 3, \cdots, m$，是来自 X_i 的随机样本，则由数理统计可知，μ 和 σ^2 的估计量分别为 $\overline{X}_i = \frac{1}{m}\sum_{j=1}^{m} X_{i,j}$，$S^2 = \frac{1}{m-1}\sum_{j=1}^{m}(X_{i,j} - \overline{X}_i)^2$。因此，只要我们掌握了各指标值，就能够计算出样本均值和样本方差，并以此为基础，运用所给出的计算公式计算出概率（α_i）。

（5）对每一指标的 α_i 进行加总，并进行归一化处理，确定每一指标的相对权数。设每一相对权数为 W_i，则有 $W_i = \dfrac{\alpha_i}{\sum\limits_{i=1}^{n} \alpha_i}$。显然有 $\sum\limits_{i=1}^{m} W_i = 1$ 或 100%。

例9-2　我们选择了某年某地区 7 个公司的统计指标数据，有关具体数据如表 9-4 所示。

表9-4　某年某地区 7 个公司的统计指标

公司	单位	全国	公司1	公司2	公司3	公司4	公司5	公司6	公司7
（甲）	（乙）	（1）	（2）	（3）	（4）	（5）	（6）	（7）	（8）
X_1（%）	—	29.64	27.19	24.92	23.62	30.54	30.47	28.93	30.67
X_2（%）	—	9	8.87	8.92	11.26	7.09	8.6	6.2	11.86
X_3（%）	—	60.81	49.8	61.8	57.11	63.19	57.52	68.3	62.54
X_4（%）	次/年	1.62	1.56	1.91	2.02	1.43	1.89	1.27	2.07
X_5（%）	—	5.56	6.43	3.87	5.77	2.4	4.76	1.43	7.31
X_6（%）	元/人	45 679	82 327	50 259	48 268	31 203	51 244	24 780	48 804
X_7（%）	—	97.67	99.02	97.15	96.87	98.48	96.95	97.27	97.86

对上述各公司各指标数据进行相对化处理，结果如表 9-5（1）～（7）列所示。

表9-5　相对化处理结果

地区	公司1	公司2	公司3	公司4	公司5	公司6	公司7	平均数	标准差
（甲）	（1）	（2）	（3）	（4）	（5）	（6）	（7）	（8）	（9）
X_1	0.917 3	0.840 8	0.797	1.030 4	1.028 0	0.976 0	<u>1.034 8</u>	0.946 3	0.097 3
X_2	0.985 6	0.991 1	1.251	0.787 8	0.955 6	0.688 9	<u>1.317 8</u>	0.996 8	0.226 6
X_3	<u>1.221 1</u>	0.984 0	1.065	0.962 3	1.057 2	0.890 3	0.972 3	1.021 7	0.106 1
X_4	0.963 0	1.179 0	1.247	0.882 7	1.166 7	0.784 0	<u>1.277 8</u>	1.071 4	0.193 2
X_5	1.156 5	0.696 0	1.038	0.431 7	0.856 1	0.257 2	<u>1.314 7</u>	0.821 4	0.385 1
X_6	<u>1.802 3</u>	1.100 3	1.057	0.683 1	1.121 8	0.542 5	1.068 4	1.053 6	0.401 3
X_7	<u>1.013 8</u>	0.994 7	0.992	1.008 3	0.992 6	0.995 9	1.001 9	0.999 9	0.008 5

注：上表中加下划线者为某一指标的最大值。

对于各指标 X_1、X_2、X_3、X_4、X_5、X_6、X_7，则各指标的概率为

$$\alpha_1 = P(X_1 \geqslant 1.034\ 8) = P\left(\frac{X_1 - 0.946\ 3}{0.097\ 3} \geqslant \frac{1.034\ 8 - 0.946\ 3}{0.097\ 3}\right)$$

$$= 1 - \Phi(0.91) = 1 - 0.818\ 6 = 0.181\ 4$$

$$\alpha_2 = P(X_2 \geqslant 1.317\ 8) = P\left(\frac{X_2 - 0.996\ 8}{0.226\ 6} \geqslant \frac{1.317\ 8 - 0.996\ 8}{0.226\ 6}\right)$$

$$= 1 - \Phi(1.42) = 1 - 0.922\ 2 = 0.077\ 8$$

$$\alpha_3 = P(X_3 \geqslant 1.221\ 1) = P\left(\frac{X_3 - 1.021\ 7}{0.106\ 1} \geqslant \frac{1.221\ 1 - 1.021\ 7}{0.106\ 1}\right)$$

$$= 1 - \Phi(1.88) = 1 - 0.969\ 95 = 0.030\ 05$$

$$\alpha_4 = P(X_4 \geqslant 1.277\ 8) = P\left(\frac{X_4 - 1.071\ 4}{0.193\ 2} \geqslant \frac{1.277\ 8 - 1.071\ 4}{0.193\ 2}\right)$$

$$= 1 - \Phi(1.07) = 1 - 0.857\ 7 = 0.142\ 3$$

$$\alpha_5 = P(X_5 \geqslant 1.314\ 7) = P\left(\frac{X_5 - 0.821\ 4}{0.385\ 1} \geqslant \frac{1.314\ 7 - 0.821\ 4}{0.385\ 1}\right)$$

$$= 1 - \Phi(1.28) = 1 - 0.899\ 7 = 0.100\ 3$$

$$\alpha_6 = P(X_6 \geqslant 1.802\ 3) = P\left(\frac{X_6 - 1.053\ 6}{0.401\ 3} \geqslant \frac{1.802\ 3 - 1.053\ 6}{0.401\ 3}\right)$$

$$= 1 - \Phi(1.87) = 1 - 0.969\ 26 = 0.030\ 74$$

$$\alpha_7 = P(X_7 \geqslant 1.013\ 8) = P\left(\frac{X_7 - 0.999\ 9}{0.008\ 5} \geqslant \frac{1.013\ 8 - 0.999\ 9}{0.008\ 5}\right)$$

$$= 1 - \Phi(1.65) = 1 - 0.950\ 53 = 0.049\ 47$$

对各 α_i 进行归一化处理，得 7 个指标的权数分别为 29.6、12.7、4.9、23.3、16.4、5.0 和 8.1，四舍五入则分别为 30、13、5、23、16、5、8。

除了以上介绍的三种较为简单的客观赋权法以外，还有相关系数法、坎蒂雷赋权法以及主成分分析法、因子分析法等各种方法。

客观赋权法主要是根据各指标提供的分辨信息的大小或各指标间的相互关系来确定权数的，它在一定程度上可以弥补主观赋权法的不足，但客观赋权法仍有一些缺陷，如对同一评价指标体系的两组不同的评价对象，即使用同一种方法来确定各指标的权数，结果也可能会有差异；再者，有时用客观赋权法得出的权数可能会与评价者的主观认识不一致，从而使评价者感到困惑。

三、指标评价值的综合方法

综合评价的目的是要对被评价事物做出一个整体性的评价，这就必须解决多指标的综合问题，即要将多个描述被评价事物不同侧面的指标评价值加以综合而形成一个新的综合指标。进行多指标综合的数学方法有多种，但归结起来无非三大类：线性综合法、几何综合法和混合综合法。

（一）线性综合法

线性综合法就是将各个指标评价值求和，从而获得综合评价值的一种综合方法。考虑到各指标对被评价事物综合水平的影响和作用不同，常采用加权求和的方式来计算综合评价值。由此可得线性综合法的基本公式为

$$z = \sum_{j=1}^{p} w_j x_j \tag{9-20}$$

式中　z——被评价事物的综合评价值；

　　　w_j——第 j 个指标的权数；

　　　x_j——第 j 个指标的评价值，p 为指标个数。

特别地，当各指标的权数都为 $1/p$ 时，则式 $z = \sum_{j=1}^{p} w_j x_j$ 演变为

$$z = \frac{1}{p} \sum_{j=1}^{p} x_j \tag{9-21}$$

这就是各指标评价值的简单算术平均。

线性综合法的一个显著特点是，它只适用于综合指标间彼此不相关的情形。如果各评价指标间有一定的相关关系，则"求和"的结果将会发生信息重复，而使综合评价值难以反映客观实际。

线性综合法的另一个显著特点是，各评价指标间可以线性替代，即在综合评价值 z 不变时，一些指标评价值的上升（或下降）可通过一些指标评价值的上升（或下降）来替代。正因为如此，一方面它突出了权数较大的指标的作用；另一方面，它对各被评价对象值间的差异反映不太灵敏。所以，当各评价指标间的相对重要性程度（权数）差异较大，但他们的评价值差异较小时，比较适合用线性综合法。

除此以外，线性综合法对评价值数据没有什么要求。无论什么数值，都可以按式 $z = \sum_{j=1}^{p} w_j x_j$ 获得综合评价值。而且，这种方法计算方便。

（二）几何综合法

几何综合法的基本公式为

$$z = \prod_{j=1}^{p} x_j^{w_j} \quad \sum_{j=1}^{p} w_j = 1 \tag{9-22}$$

特别地，当各评价指标权数 w_j 均相同，都等于 $1/p$ 时，则有

$$z = \left(\prod_{j=1}^{p} x_j \right)^{1/p} \tag{9-23}$$

上式中的综合评价值 z，其实就是各评价指标值 x_j 的几何平均。

由于"积"的计算性质，使几何综合法适合于指标间有较强的相互联系的情形。

当各评价指标间的重要程度差别较小，而评价值间的差异较大时，采用几何综合法比较适合。这是因为，一方面，几何综合法强调各指标间的一致性，即各指标在综合评价中

有着同等重要的作用，不偏袒任何一个评价指标，因此，指标权数的作用不太明显，这正适合指标间的重要程度差别较小的情况；另一方面，几何综合法对被评价对象各指标评价值间的差异反映较灵敏，这有助于区分各个被评价对象的相对地位。

几何综合法对计算数据的要求较高，它要求各指标的评价值均为正数。其中只要有一个指标价值为零或负数，它就无法按公式获得综合评价值。

（三）混合综合法

将上述两种综合方法混合在一起，就可以得到一种兼有线性综合法和几何综合法优点的混合综合法。混合的方式有多种，比较常用的方式是直接混合，即

$$z = \sum_{j=1}^{p} w_j x_j + \left(\prod_{j=1}^{p} x_j^{w_j} \right) \quad \sum_{j=1}^{p} w_j = 1 \tag{9-24}$$

由于混合综合法兼有线性综合法和几何综合法两种方法的优点，因此，它适合于各评价指标间重要程度差异较大，而且各指标评价值间的差异也较大的场合。但这种方法在计算操作时比较麻烦。

综上所述，不同的指标综合方法有不同的特点和适用场合。在综合评价实践中，需要根据被评价对象的特点，考虑到方便和实用，灵活地加以选择和应用。

第三节　综合评价常规方法

所谓综合评价常规方法是指这种方法依据的数学原理相对于后面将要介绍的主成分分析、因子分析和灰色关联度分析等综合评价方法较简单，而且这些方法本身不能消除评价指标间相关作用对综合评价结果的影响。另外，它们也是常用的方法。

一、综合评分法

综合评分法的基本思想是：将各种不可加的指标实际值运用指标分数转换形式（如评分标准表）转换成可加的评价分数值，然后采用线性综合法求得综合分值，用以比较和排序。综合评分有以下两种具体形式。

（1）先确定各指标的权数和评分标准，然后对每一指标的实际值按照评分标准给其打分。一般按 5 级评分，即 5 分为最优，1 分为最差。最后用权数对单项评价指标的得分进行加权线性求和，即可得综合分值。

（2）对各单项指标的实际值，以同类被评价对象的平均水平为基础进行打分。打分标准可按各指标与标准（平均水平）相比较的相对数定分，每高（或低）一定的百分比多打（或少打）1 分；也可按各项指标的水平差异情况分组定分，每高于平均水平组一级则多记 1 分，高几级则多记几分，反之则少计分。最后将各指标的得分加权求和即得总得分。

综合评分方法的一个显著特点是不受指标形式的约束，而且计算简便，易于理解和操

作，是一种常用的评价方法。但这种方法对评价标准的确定具有很强的人为性，因此评价结果的准确性和客观性有时难以令人信服。

例9-3 有3个公司的统计指标如表9-6所示，试根据以上资料运用综合评分法确定3个公司统计对象的优劣。

表9-6 3个公司的统计指标

指标	公司1	公司2	公司3	权数
X_1	7.7	7.1	8.0	0.35
X_2	7.4	14.6	5.9	0.20
X_3	1.9	13.6	3.2	0.20
X_4	3.9	3.8	2.5	0.25

解： 根据第一种综合评价方法，应先确定各指标的评分标准，假定如表9-7所示。

表9-7 指标评分标准和权数

分数	5	4	3	2	1	权数
X_1	7.5以上	7.0~7.5	6.5~7.0	6.0~6.5	6.0以下	0.35
X_2	11以上	9~11	7~9	5~7	5以下	0.20
X_3	9以上	7~9	5~7	3~5	3以下	0.20
X_4	10以上	8~10	5~8	3~5	3以下	0.25

根据各指标实际值和评分标准，可计算出各公司的得分，如表9-8所示。

表9-8 各公司得分表

指标	权数	公司1	公司2	公司3
X_1	0.35	5	4	5
X_2	0.20	3	5	2
X_3	0.20	1	5	2
X_4	0.25	2	2	1
综合分值	1.00	3.05	3.9	2.8

表9-8的结果表明，公司2的统计对象最好，公司1次之，公司3最差。

例9-4 有3个公司和整个行业的统计对象资料如表9-9所示，试按综合评分法的第二种方法进行综合评价。

表9-9 各公司和整个行业的统计指标实际值

指标	单位	公司1	公司2	公司3	平均水平	权数
X_1	万元	22 368	23 399	31 694	28 704	0.20
$X_2(\%)$	—	10.32	15.17	29.64	11.88	0.30
$X_3(\%)$	—	9.76	17.18	27.27	10.11	0.30
X_4	次	2.57	2.37	3.21	3.04	0.20

解： 假定X_1每高（或低）整个行业平均水平5%则多（或少）计1分；X_2和X_3每高（或低）整个行业平均水平5%则多（或少）计1分，X_4每比整个行业平均水平快（或慢）1次则多（或少）计1分。每个指标实际值与整个行业平均水平持平则计5分。

根据各指标实际值和以上定分标准，就可计算出各公司综合评价总得分综合水平，如表 9-10 所示。

表 9-10 各公司综合评价得分表

指标	权数	公司 1	公司 2	公司 3
X_1	0.20	0.59	1.30	7.08
X_2	0.30	4.70	5.66	8.55
X_3	0.30	4.93	6.41	8.43
X_4	0.20	4.53	4.33	5.17
综合分值	1.00	3.91	4.75	7.54

结果显示，公司 3 综合水平较高，公司 2 次之，公司 1 较差。

二、综合指数评价法

对被评价对象的整体评价是通过多项指标的差异来进行的。差异有绝对差异和相对差异之分，而相对差异可用指标的个体指数来反映，因此便产生了综合指数评价法。这种方法先选定各指标的评价标准，然后把各指标的实际值与之比较，最后将计算得到的各指标个体指数加权平均。其计算公式为

$$z = \sum_{i=1}^{p} w_i \frac{x_i}{x_{i0}} \qquad (9\text{-}25)$$

式中　z——被评价对象获得的综合指数；

　　　x_i——第 i 项指标的实际值；

　　　x_{i0}——第 i 项指标的评价标准；

　　　w_i——第 i 项指标的权数；

　　　p——评价指标个数。

这种方法既可对不同时期同一被评价对象进行纵向比较，也可对同一时期不同被评价对象进行横向比较。在实践中，评价标准 x_{i0} 有多种选择：纵向比较时可确定为基础水平，或历史水平；横向比较时可以是同类被评价对象的最好水平或平均水平；检查计划完成情况时应是计划数。

从公式可以看出，综合指数评价法实质上是把个体指数通过线性综合法来获得综合评价值的。因此，各评价指标间可以线性替代，这在实际评价时会造成正负数间的抵消、超额完成数抵补未完成数的情况，从而对实际评价结果形成一定的掩盖。所以，为了防止指标间的相互替代，有时规定，凡是个体指数超过 100% 以上的均以 100% 计算，即超过部分不计。此为一种修正方法。

实践中，一般还是按公式进行综合评价。但当指标执行中出现过于偏重的不平衡状况时，则需要按上述修正方法进行修正，而后进行评价。

例 9-5　用综合指数法对某行业 8 个公司的统计对象进行综合评价。有关指标数据如表 9-11 所示。

表 9-11 某行业 8 个公司统计指标

公司	X_1	X_2	X_3	X_4
公司 1	23.95	21.18	8.73	274.37
公司 2	25.01	22.32	8.89	281.4
公司 3	30.4	22.85	12.39	245.48
公司 4	18.8	18.79	11.7	160.63
公司 5	13.45	11.54	7.36	182.78
公司 6	21.42	18.03	7.42	288.57
公司 7	21.49	19.14	8.64	248.8
公司 8	13.52	11.87	6.82	198.19

注：X_1 为销售净利率（%）；X_2 为营销成本费用利润率（%）；X_3 为营销资产报酬率（%）；X_4 为上缴利税总额（亿元）。

解：（1）用离散系数法确定各指标的权数。过程如表 9-12 所示。

表 9-12 确定权数

	X_1	X_2	X_3	X_4
总和	168.04	145.72	71.95	1 880.22
平均数	21.01	18.21	8.99	235.03
标准差	5.75	4.36	2.03	48.53
离散系数	0.274	0.239	0.226	0.206
权数（1）	0.29	0.25	0.24	0.22
权数（2）	29	25	24	22

（2）对指标进行相对化处理。结果如表 9-13 所示。

表 9-13 指标的相对化处理

	X_1	X_2	X_3	X_4
公司 1	1.140 205	1.162 778	0.970 674	1.167 395
公司 2	1.190 669	1.225 364	0.988 464	1.197 307
公司 3	1.447 274	1.254 461	1.377 623	1.044 474
公司 4	0.895 025	1.031 567	1.300 903	0.683 452
公司 5	0.640 324	0.633 544	0.818 346	0.777 696
公司 6	1.019 757	0.989 844	0.825 017	1.227 814
公司 7	1.023 09	1.050 782	0.960 667	1.058 6
公司 8	0.643 656	0.651 661	0.758 304	0.843 263

选择评价标准为 8 个公司的平均水平。因此，计算每个效益指标的均值为

$$\bar{x}_j = \frac{1}{8} \sum_{i=1}^{28} x_{ij} \quad (j = 1,2,3,4)$$

式中 X_{ij}——第 i 个公司第 j 个效益指标的实际值。

（3）运用综合指数公式计算出各公司的统计对象综合指数及位次。结果如表 9-14 所示。

表9-14 各公司的统计对象综合指数及位次

名称	综合指数	位次	名称	综合指数	位次
公司1	111.13	3	公司5	71.12	8
公司2	115.26	2	公司6	101.11	5
公司3	129.39	1	公司7	102.29	4
公司4	98.04	6	公司8	71.67	7

从表9-14可知，总体效益位于前三名的是公司3、公司2和公司1，公司7名列第4。总体统计对象最差的是公司5。由于综合指数是把各项效益指标的平均水平作为100来处理，因此，某公司的综合指数大于100，则表示该公司的总体统计对象处于平均水平以上，反之则处于平均水平以下。

三、秩和比评价方法

秩和比评价方法首先把具有不同经济意义的各评价指标实际值转化为秩（也称等级），然后将各指标的秩加权求和，最后根据秩和比进行比较和排序。具体步骤如下。

1. 等级化

等级化即将具有不同量纲的评价指标实际值按社会经济意义转化为位次，并规定对于正向指标，数值越大，其等级数越小（名次靠前）；对于逆向指标和适度指标，应先将它们正向化，再按正向指标处理，即应从大到小按1，2，3……依次排出位次。对于相同的指标实际值应取其平均位次。如甲、乙两个的实际指标值相同，本应在它们之间排出第12位和第13位，这时均应取为12.5位。

2. 确定指标相对重要性权数

参与综合的各指标的重要性是不同的，因此，为了使综合评价结果更为客观，还要确定反映各指标相对重要性的权数，权数的确定既可以是主观的，也可以是客观的，具体方法视实际情况而定。

3. 求秩和比

第 i 个被评价对象的秩和比 z_i 按下式计算

$$z_i = \frac{100}{np} \sum_{j=1}^{p} w_j r_{ij} \tag{9-26}$$

式中　n——被评价对象个数；

　　　p——评价指标个数；

　　　w_j——第 j 项指标权数；

　　　r_{ij}——第 i 个被评价对象在第 j 项指标上的排列位次。

4. 比较和排序

根据秩和比序列 $\{z_i\}$（$i=1，2，…，n$），即可对评价对象进行优劣位次排序和比较。

从上可以看出，秩和比评价方法是通过将指标实际值转化为等级（位次）来解决可综合性问题的。所采用的综合方法是线性加权法，因此，评价指标间仍然有相互替代，但在替代程度上比统计对象综合指数评价方法弱一些；而且这种方法也会突出权数较大的评价指标作用，这就容易诱导被评价对象突出抓那些权数较大的评价指标来获得较高的综合评价值。当然，换个角度看，若被评价对象在权数较大的评价指标所代表的方面把工作抓上去，说明被评价对象在主要方面取得了成绩，综合水平上升也就在情理之中了。

秩和比评价方法的主要优点是不受指标形式的约束，有较强的适应性，原理简单，易于理解和操作，结论也比较直观，因此便于在实践中推广。缺陷是这种方法没有考虑评价指标间的相互影响，因此，在选择评价指标体系时要多注意指标的代表性，尽量使各评价指标相互独立，互不影响。

例9-6 用秩和比方法对某行业 8 个公司的统计对象做综合评价。数据如表 9-11 所示。

解：（1）等级化。结果如表 9-15 所示。

表9-15 某行业各公司统计对象等级化结果

公司	X_1	X_2	X_3	X_4
公司1	3	3	4	3
公司2	2	2	3	2
公司3	1	1	1	4
公司4	6	5	2	8
公司5	7.5	8	7	7
公司6	4.5	6	6	1
公司7	4.5	4	5	5
公司8	7.5	7	8	6

（2）确定指标相对重要性权数。用离散系数法确定出各指标的权数分别为：29，25，24，22。

（3）求秩和比。结果如表 9-16 所示。

表9-16 各公司的统计对象秩和比及位次

名称	秩和比	位次	名称	秩和比	位次
公司1	10.13	3	公司5	23.11	8
公司2	7	2	公司6	13.95	4
公司3	5.19	1	公司7	14.39	5
公司4	16.34	6	公司8	22.39	7

表 9-16 的评价结果显示，统计对象最好的公司是公司 3，秩和比最小，为 5.19，公司 2 次之，秩和比为 7，公司 1 居第三位。而统计对象排在最后的公司是公司 5，秩和比最大，比公司 3 高近 18。

四、功效系数评价法

功效系数评价法是根据多目标规划原理提出来的，其基本思想是：通过功效函数将不同度量的各指标实际值转化为无量纲的功效系数，然后采用线性综合法或几何综合法将这些同度量的功效系数综合起来，得到综合评价值，以此作为综合评价的依据。

（一）功效函数

功效函数实质上就是无量纲化公式，它把各指标实际值转化为可比的功效系数 d_i。其转换公式为

$$d_i = \frac{x_i - x_i^{(s)}}{x_i^{(h)} - x_i^{(s)}} \times 40 + 60 \qquad (9\text{-}27)$$

式中 x_i——第 i 个指标的实际值；

$x_i^{(h)}$——第 i 个指标的满意值；

$x_i^{(s)}$——第 i 个指标的不允许值。一般应有 $x_i^{(h)} > x_i^{(s)}$（对正向指标而言）。

功效系数 d_i 与指标实际值 x_i 之间呈线性关系，因此，功效函数属于直线型无量纲化公式范畴。功效系数的取值范围为：指标实际值超过值 $x_i^{(h)}$ 时功效系数 d_i 高于100，达到 $x_i^{(h)}$ 时为100；低于 $x_i^{(s)}$ 时，功效系数 d_i 小于60，达到 $x_i^{(s)}$ 时，为60；在 $x_i^{(s)}$ 与 $x_i^{(h)}$ 之间时，功效系数 d_i 为 60~100。

上述公式是为正向指标设计的"顺加"公式（在 60 分基础上再加若干分）。对逆向指标则应采用"倒扣"公式（在 100 分基础上减去若干分），即

$$d_i = 100 - \frac{x_i^{(h)} - x_i}{x_i^{(h)} - x_i^{(s)}} \times 40 \qquad (9\text{-}28)$$

（二）权数的确定

从理论上讲，权数可以取为任意正实数。但实践证明，在用功效系数评价法进行综合评价时，只要取 1、2、3 这三个正整数，就足以区分各评价指标的相对重要性程度。确定权数的基本原则是：比较重要的指标赋权 3，与其他评价指标相关的指标赋权 1，一般重要的赋权 2。

（三）综合功效系数的计算

功效系数评价法既可以用线性综合法，也可以用几何综合法将各个指标的功效系数综合起来，从而得到一个综合功效系数 d。

线性综合法
$$d = \frac{\sum w_i d_i}{\sum w_i} \qquad (9\text{-}29)$$

几何综合法
$$d = \left(\prod d_i^{w_i} \right)^{\frac{1}{\sum w_i}} \qquad (9\text{-}30)$$

例9-7　用功效系数评价法对2014～2018年某公司的研发绩效做综合评价。假定评价指标体系由6项指标组成，它们是：①研发开支比率（%）；②新产品利润率（%）；③研发人员劳动生产率（万元/人）；④研发资产报酬率（%）；⑤研发效率（%）；⑥研发成本费用利润率（%）。某公司在2014～2018年间各指标的实际值如表9-17所示。

表9-17　各指标2014～2018年的实际值

指标	2014年	2015年	2016年	2017年	2018年
研发开支比率（%）	62.3	63.5	64.7	64.1	65.6
新产品利润率（%）	32	36	41	46	43
研发人员劳动生产率（万元/人）	137	146	154	160	165
研发资产报酬率（%）	16.3	17.3	15.1	18.5	19.4
研发效率（%）	74.2	78.5	80.2	86.5	84.9
研发成本费用利润率（%）	11.6	12.5	12.7	12.2	13.7

解：（1）确定各指标的满意值 $x_i^{(h)}$ 和不允许值 $x_i^{(s)}$，计算功效系数。在这里，总的原则是使中等水平的实际值获得75～80的功效系数，较好的获90，特别好的获100。

对于研发开支比率，在2014～2018年5年间的平均值是64.04%，以此为中等水平，应给75～80的功效系数。2017年的研发开支比率为64.1%，稍高于64.04%，假定赋以功效系数75；而2014年的研发开支比率为62.3%，是这期间最低的，应赋以较大的功效系数，假定为90。由于研发开支比率是一个逆指标，因此，应用"倒扣公式"来计算功效系数。

由上假定，可得方程组

$$\begin{cases} 100 - \dfrac{x_i^{(h)} - 64.1}{x_i^{(h)} - x_i^{(s)}} \times 40 = 75 \\[2mm] 100 - \dfrac{x_i^{(h)} - 62.3}{x_i^{(h)} - x_i^{(s)}} \times 40 = 90 \end{cases}$$

解之即得　　　　　　$x_i^{(h)} = 61.1$，　$x_i^{(s)} = 65.9$

因此，之于研发开支比率的功效系数计算公式为

$$d_i = 100 - \frac{61.1 - x_i}{61.1 - 65.9} \times 40$$

按此计算，2015年、2016年、2018年3年的功效系数分别为：80、70和62.5。

再如，对于研发人员劳动生产率，其平均值为152.4万元/人，2015年为146万元/人，略低于这个平均数，因此，可赋予低于75的功效系数，假定为70；而2018年为165万元/人，是5年间最高的，假定赋以90。由于研发人员劳动生产率是正向指标，因此应用"顺加公式"计算功效系数。据此分析，可得以下方程组

$$\begin{cases} 60 + \dfrac{165 - x_i^{(s)}}{x_i^{(h)} - x_i^{(s)}} \times 40 = 90 \\[2mm] 60 + \dfrac{146 - x_i^{(s)}}{x_i^{(h)} - x_i^{(s)}} \times 40 = 70 \end{cases}$$

解之即得　　　　　　$x_i^{(h)} = 174.5$，　$x_i^{(s)} = 136.5$

所以研发人员劳动生产率的功效系数计算公式为

$$d_i = 60 + \frac{x_i - 136.5}{174.5 - 136.5} \times 40$$

由此可计算出研发人员劳动生产率其他3年的功效系数。

以此类推，可以求得其他4项指标的功效系数计算公式和每一年的功效系数，有关计算结果如表9-18所示。

表9-18　各指标2014～2018年的功效系数值

指标	2014年	2015年	2016年	2017年	2018年	权数
研发开支比率（%）	90	80	70	75	62.5	1
新产品利润率（%）	62	70	80	90	84	3
研发人员劳动生产率（万元/人）	60.53	70.00	78.42	84.74	90.00	2
研发资产报酬率（%）	67.86	75.00	59.29	83.57	90.00	3
研发效率（%）	60.71	70.95	75.00	90.00	86.19	3
研发成本费用利润率（%）	63.75	75.00	77.50	71.25	90.00	2
综合功效系数	727	775.9	807	861.5	864.9	14

（2）赋权。新产品利润率、研发资产报酬率、研发效率赋予较大的权数3，研发人员劳动生产率、研发成本费用利润率赋予权数2，研发开支比率赋予权数1。如表9-18最后一列所示。

（3）计算每一年的综合功效系数。采用线性综合法，于是

$$d_{2014} = \frac{90 \times 1 + 62 \times 3 + 60.53 \times 2 + 67.86 \times 3 + 60.71 \times 3 + 63.75 \times 2}{1 + 3 + 2 + 3 + 3 + 2} = 727$$

其余4年的综合功效系数如表9-18的最后一行所示。

计算结果表明，该公司2014～2018年的研发绩效水平总体呈上升趋势，2018年的综合功效系数比2014年高出137.9。

第四节　灰色关联度分析法

灰色系统理论认为，由于客观事物的复杂性，人们对客观事物的认识具有广泛的灰色性，即信息不完全性和不确定性。具体到综合评价中来说，就是描述被评价对象的各个统计指标就会有不确切性，而主观定性指标的灰色性更大。所以，用灰色系统理论来研究综合评价问题是适宜的。

一、灰色关联度分析法原理

用灰色系统理论处理综合评价问题是建立在灰色关联度分析方法基础之上的。客观事物是普遍联系着的，它们受各种互相关联、互相作用的复杂因素的影响，灰色关联度分析的目的就是通过一定的方法揭示这些因素间的主要关系，找出影响目标值的重要因素，使

各因素之间的"灰"关系清晰化。

（一）关联度的概念

关联度是事物之间、因素之间关系性大小的量度。它定量地描述了事物或因素之间相对变化的情况，即变化的大小、方向与速度等的相对性。如果事物或因素变化的态势基本一致，则可以认为它们之间的关联度较大；反之，关联度较小。对事物或因素之间的这种关系，虽然用回归、相关等统计分析方法也可以做出一定程度的回答，但往往要求数据量较大，数据的分布特征也要求比较明显；而且对于多因素非典型分布特征的现象，回归、相关分析的难度常常很大。相对来说，灰色关联度分析所需数据较少，对数据的要求较低，原理简单，易于理解或掌握。对上述不足有所克服和弥补。

（二）关联度的计算

灰色关联度分析的核心是计算关联度。一般说来，关联度的计算首先要对原始数据进行处理，然后计算关联系数，由此就可计算出关联度。

1. 原始数据的处理

由于各因素有不同的计量单位，因而原始数据存在量纲和数量级上的差异，不同的量纲和数量级不便于比较，或者比较时难以得出正确结论。因此，在计算关联度之前，通常要对原始数据进行无量纲化处理。其方法包括初值化、均值化等。

（1）初值化。用同一数列的第一个数据去除后面的所有数据，得到一个各个数据项对于第一个数据的倍数数列，即初值化数列。一般，初值化方法适用于较稳定的社会经济现象的无量纲化，因为这样的数列多数呈稳定增长趋势，通过初值化处理，可使增长趋势更加明显。比如，社会经济统计中常见的定基发展指数就属于初值化数列。

（2）均值化。先分别求出各个原始数列的平均数，再用数列的所有数据除以该数列的平均数，就得到一个各个数据相对于其平均数的倍数数列，即均值化数列。一般说来，均值化方法比较适合于没有明显升降趋势现象的数据处理。

2. 计算关联系数

设经过数据处理后的参考数列为

$$\{x_0(t)\} = \{x_{01}, x_{02}, \cdots, x_{0n}\}$$

与参考数列做关联程度比较的 p 个数列（常称为比较数列）为

$$\{x_1(t), x_2(t), \cdots, x_p(t)\} = \begin{bmatrix} x_{11} & x_{12} & \cdots & x_{1n} \\ x_{21} & x_{22} & \cdots & x_{2n} \\ \vdots & \vdots & & \vdots \\ x_{p1} & x_{p2} & \cdots & x_{pn} \end{bmatrix} \tag{9-31}$$

式中　n——数列的数据长度，即数据的个数。

从几何角度看，关联程度实质上是参考数列与比较数列曲线形状的相似程度。凡比较数列与参考数列的曲线形状接近，则两者间的关联度较大；反之，如果曲线形状相差较大，则两者间的关联度较小。因此，可用曲线间的差值大小作为关联度的衡量标准。

将第 k 个比较数列（$k=1,2,\cdots,p$）各期的数值与参考数列对应期的差值的绝对值记为

$$\Delta_{0k}(t) = \left| x_0(t) - x_k(t) \right| \quad t = 1,2,\cdots,n \tag{9-32}$$

对于第 k 个比较数列，分别记 n 个 $\Delta_{0k}(t)$ 中的最小数和最大数为 $\Delta_{0k}(\min)$ 和 $\Delta_{0k}(\max)$。对 p 个比较数列，又记 p 个 $\Delta_{0k}(\min)$ 的最小者为 $\Delta(\min)$，p 个 $\Delta_{0k}(\max)$ 中的最大者为 $\Delta(\max)$。这样，$\Delta(\min)$ 和 $\Delta(\max)$ 分别是所有 p 个比较数列在各期的绝对差值之中的最小者和最大者。于是，第 k 个比较数列与参考数列在 t 时期的关联程度（常称为关联系数）可通过下式计算

$$\xi_{0k}(t) = \frac{\Delta(\min) + \rho\Delta(\max)}{\Delta_{0k}(t) + \rho\Delta(\max)} \tag{9-33}$$

式中 ρ 为分辨系数，用来削弱 $\Delta(\max)$ 过大而使关联系数失真的影响。人为引入这个系数是为了提高关联系数之间的差异显著性。$0 < \rho < 1$，一般情况下取 ρ 为 $0.1 \sim 0.5$ 为宜。

可见，关联系数反映了两个数列在某一时期的紧密程度。例如，在使 $\Delta_{0k}(t) = \Delta(\min)$ 的时期，$\xi_{0k}(t) = 1$，关联系数最大；而在使 $\Delta_{0k}(t) = \Delta(\max)$ 的时期，关联系数最小。由此可知，关联系数变化范围为 $0 < \xi_{0k}(t) \leqslant 1$。

显然，当参考数列的长度为 n 时，由 p 个比较数列共可计算出 $n \times p$ 个关联系数。

3. 求关联度

由于每个比较数列与参考数列的关联程度是通过 n 个关联系数来反映的，关联信息分散，不便于从整体上进行比较。因此，有必要对关联信息做集中处理。而求平均值便是一种信息集中的方式，即用比较数列与参考数列各个时期的关联系数之平均值来定量反映这两个数列的关联程度，其计算公式为

$$r_{0k} = \frac{1}{n} \sum_{t=1}^{n} \xi_{0k}(t) \tag{9-34}$$

式中　r_{0k}——第 k 个比较数列与参考数列的关联度。

不难看出，关联度与比较数列、参考数列及其长度有关。而且，原始数据的无量纲化方法和分辨系数的选取不同，关联度也会有变化。

4. 排关联序

由上述分析可见，关联度只是因素间关联性比较的量度，只能衡量因素间密切程度的相对大小，其数值的绝对大小常常意义不大，关键是反映各个比较数列与同一参考数列的关联度哪个大哪个小。

当比较数列有 p 个时，相应的关联度就有 p 个。按其数值的大小顺序排列，便组成关联序，它反映了各比较数列对于同一参考数列的"主次""优劣"关系。

二、灰色关联度分析法的具体应用

根据上述灰色关联度分析法的原理，可建立一种综合评价方法——灰色关联度综合评价法。其基本思想是从样本（被评价对象）中确定一个理想化的最优样本，并依此为参考序列，通过计算各样本序列与该参考序列的关联度，对被评价对象做出综合比较和排序。

设有 n 个被评价对象，每个被评价对象有 p 个评价指标。这样，第 i 个被评价对象可描述为

$$x'_i = \{x'_{i1}, x'_{i2}, \cdots, x'_{ip}\} \quad i = 1, 2, \cdots, n \tag{9-35}$$

用灰色关联度综合评价法进行综合评价的具体步骤如下。

（1）确定参考序列。根据各评价指标的经济含义，在 n 个被评价对象中选出各项指标的最优值组成参考序列，参考序列可用下式描述

$$x_0 = \{x_{01}, x_{02}, \cdots, x_{0p}\} \tag{9-36}$$

实际上，参考序列构成了一个相对理想化的最优样本，是综合评价的标准。如果第 j 项指标是正向指标，则 x_{0j} 就是 n 个被评价对象第 j 项指标实际值的最大值，如果是逆向指标，则是最小值；如果是适度指标，便是该指标的适度值。

（2）无量纲化。由于受各评价指标量纲和数量级的不同的影响，各评价指标间具有不可比性。因此，必须对各实际指标值进行无量纲化处理。在这里，常用的是阈值化无量纲化公式为

$$x_{ij} = \frac{x'_{ij}}{x_{0j}} \quad i = 1, 2, \cdots, n, \quad j = 1, 2, \cdots, p \tag{9-37}$$

此时，各指标的最优值为 1，最优参考序列为 $x_0 = \{1, 1, \cdots, 1\}$。

（3）求两级最大差 $\Delta(\max)$ 和两级最小差 $\Delta(\min)$。为此，要先计算各被评价对象序列与最优参考序列间的绝对差序列，计算公式为

$$\Delta_{ij} = |x_{ij} - 1| \quad i = 1, 2, \cdots, n, \quad j = 1, 2, \cdots, p \tag{9-38}$$

在此基础上，依公式

$$\Delta(\max) = \max_{1 \leqslant i \leqslant n} \max_{1 \leqslant j \leqslant p}(\Delta_{ij})$$
$$\Delta(\min) = \min_{1 \leqslant i \leqslant n} \min_{1 \leqslant j \leqslant p}(\Delta_{ij}) \tag{9-39}$$

就可求得两级最大差 $\Delta(\max)$ 和两级最小差 $\Delta(\min)$。

（4）计算关联度

先按公式
$$\xi_{ij} = \frac{\Delta(\min) + \rho\Delta(\max)}{\Delta_{ij} + \rho\Delta(\max)} \tag{9-40}$$

计算关联系数，其中 ρ 为分辨系数，$0 < \rho < 1$。然后按公式

$$r_i = \frac{1}{p}\sum_{j=1}^{p}\xi_{ij} \tag{9-41}$$

计算第 i 个被评价对象与最优参考序列间的关联度。

（5）计算综合评价系数 E_i，公式为

$$E_i = r_i \times 100 \tag{9-42}$$

事实上，E_i 与关联度 r_i 有相同的含义。比例系数设为 100，只是为了与人们习惯的百分制评分法相一致。

（6）比较和排序。由于 E_i 反映的是第 i 个被评价对象与评价标准序列 x_0 相互关联的程度，因此，如果 $E_i > E_j$，则表明第 i 个样本比第 j 个样本好。所以，根据 $\{E_i\}$ 就可对被评价对象做出排序和比较。

例9-8　利用灰色关联度综合评价法对 3 个公司的统计对象进行综合评价。评价指标体系由 7 项指标组成，分别如下。

X_1：广告效率（%）；

X_2：营销成本费用利润率（%）；

X_3：销售队伍效率 [按销售人员人均创造总销售收入（万元）计算]；

X_4：营销开支比率（%）

X_5：销售收入利税率（%）；

X_6：营销资产报酬率（%）；

X_7：顾客满意系数。

有关数据如表 9-19 所示。

表9-19　7 项统计指标实际值

年份	X_1	X_2	X_3	X_4	X_5	X_6	X_7
甲	54.05	32.84	914.2	16.34	55.27	24.91	0.355 4
乙	53.02	38.17	959.8	15.37	54.45	23.84	0.225 2
丙	50.92	34.28	999.7	14.88	55.05	23.45	0.328 9
最优序列	54.05	38.17	999.9	14.88	55.27	24.91	0.328 9

解：（1）确定参考序列。根据各项指标的经济含义，在 3 个公司中找出最优参考序列。在各项指标中，X_4 是逆向指标，取其最小值；而其他 6 项指标都是正向指标，则取其最大值。所以，所构成的最优序列如表 9-19 最后一列所示。

（2）无量纲化。用最优序列的数值除各比较数列的数值，即得无量纲化处理后的数值，如表 9-20 所示。

表9-20　无量纲化处理后的数值

年份	X_1	X_2	X_3	X_4	X_5	X_6	X_7
甲	1	0.860 362	0.914 291	0.910 649	1	1	1
乙	0.980 944	1	0.959 896	0.968 12	0.985 164	0.957 045	0.633 652
丙	0.942 091	0.898 088	1	1	0.996 02	0.941 389	0.925 436
最优序列	1	1	1	1	1	1	1

（3）求两级最大差 $\Delta(\max)$ 和两级最小差 $\Delta(\min)$。先求出 Δ_{ij}，结果如表 9-21 所示。

表 9-21　Δ_{ij} 数据表

年份	X_1	X_2	X_3	X_4	X_5	X_6	X_7	min	max
甲	0	0.139 638	0.085 789	0.089 351	0	0	0	0	0.139 6
乙	0.019 056	0	0.040 104	0.031 88	0.014 295 5	0.042 955	0.366 348	0	0.366 3
丙	0.057 909	0.101 912	0	0	0.003 98	0.058 611	0.074 564	0	0.101 9

于是，得到 $\Delta(\max) = 0.366\ 348$，$\Delta(\min) = 0$。

（4）计算关联系数。在本例中，ρ 取 0.5。依据公式 $\xi_{ij} = \dfrac{\Delta(\min) + \rho\Delta(\max)}{\Delta_{ij} + \rho\Delta(\max)}$，得到 ξ_{ij} 的结果如表 9-22 所示。

表 9-22　ξ_{ij} 的计算结果

年份	X_1	X_2	X_3	X_4	X_5	X_6	X_7	平均值
甲	1	0.567 432	0.681 242	0.672 136	1	1	1	0.845 83
乙	0.905 769	1	0.820 385	0.851 757	0.925 073	0.810 043	0.333 33	0.806 623
丙	0.759 795	0.642 521	1	0	0.978 732	0.757 59	0.710 699	0.835 62

（5）计算关联度。由公式 $r_i = \dfrac{1}{p}\sum\limits_{j=1}^{p}\xi_{ij}$，最后得到 $r_甲 = 0.845\ 83$，$r_乙 = 0.806\ 623$，$r_丙 = 0.835\ 62$。

（6）计算综合评价系数 E_i。$E_甲 = 84.583\%$，$E_乙 = 80.662\ 3\%$，$E_丙 = 83.562\%$。

（7）比较和排序。由于 $E_甲 > E_丙 > E_乙$，所以可以认为甲公司的统计对象最好，丙次之，乙最差。

三、灰色关联度综合评价法的特点

用灰色关联度综合评价法进行综合评价能通过改变分辨率系数 ρ 的大小提高综合评价结果的区分效度，而且数学处理不太繁难，并能使用样本所提供的全部信息。由于评价对象或多或少都具有灰色性，因此，这种方法的适用范围比较广。该方法没有考虑到各评价指标的相对重要性程度，它把各指标等同看待，使用等权 $\dfrac{1}{p}$ 计算综合评价系数。为了克服这一不足，应引入权数来改进这种评价方法，即综合评价系数应按下述公式计算

$$E_i = \sum_{j=1}^{p} w_{ij}\xi_{ij} \times 100$$

式中　w_{ij}——第 j 项指标的权数。

第五节　模糊综合评价方法

在现实世界中，尤其是在综合评价领域里，具有中介过渡或亦此亦彼性的现象大量存在，例如顾客满意度的大与小、广告效率的高与低、营销开支的多与少，乃至统计对象的

优与劣等。对这类现象的判断具有明显的模糊性。这就在客观上要求引入模糊方法来进行综合评价，而模糊数学的发展又为模糊综合评价提供了有力的工具。

一、模糊综合评价方法的基本思想和步骤

模糊综合评价方法的基本思想是应用模糊关系合成的原理，根据多个因素对被评价对象本身存在的性态或类属上的亦此亦彼性，从数量上对其所属程度给予刻画和描述。

模糊综合评价方法包括六个基本步骤。

（1）确定被评价对象的因素论域 $U = (u_1, u_2, \cdots, u_p)$。

这一步实质上是确定评价指标体系。只不过是在模糊综合评价中把指标称为因素罢了。由于模糊综合评价方法无法消除评价因素间的相关性影响，因此，在选择评价因素时既要注意全面性，又要尽量把彼此相关的因素剔除掉，否则可能产生信息重复问题。

（2）确定评语等级集 $V = (v_1, v_2, \cdots, v_m)$。

这是不同于其他任何多指标综合评价方法之处，也正是这一步体现了模糊综合评价方法的特点。因为模糊综合评价的对象具有模糊性，因此，对被评价对象的描述不应是断然的，而只能用属于各等级的程度来表示。例如，对顾客满意度进行模糊综合评价时，评语等级集（V）可以由很好、好、一般、差、很差五个等级构成。评语等级个数（m）一般应为 $4 \sim 9$。因为若评语等级过多，人们就不易判断被评价对象的等级归属；而 m 太少又不符合模糊综合评价的质量要求。

（3）在被评价对象的因素论域（U）与评语等级集（V）之间进行单因素评价，建立模糊关系矩阵（R）。

即

$$
R = \begin{bmatrix}
r_{11} & r_{12} & \cdots & r_{1m} \\
r_{21} & r_{22} & \cdots & r_{2m} \\
\vdots & \vdots & & \vdots \\
r_{p1} & r_{p2} & \cdots & r_{pm}
\end{bmatrix}
\tag{9-43}
$$

矩阵（R）中的元素 r_{ij} 表示因素论域 U 中第 i 个因素（u_i）对应于评语等级集（V）中第 j 个等级（v_j）的隶属程度。这样，对被评价对象第 i 个方面的评价是通过 m 个（r_{ij}，$j = 1, 2, \cdots, m$）来实现的。而在其他综合评价方法中，对被评价对象在某一方面的评价只能通过 1 个 r_{ij} 来进行。所以，从这里可以看出，模糊综合评价方法要求的评价信息比其他方法丰富。

r_{ij} 的确定方法视主观指标和客观指标而不同。主观指标的 r_{ij} 是用等级比重方法来确定的。这种方法要求评价者从若干因素对评价对象属于哪个等级做出判断，然后把第 i 个因素将该被评价对象判断为第 j 个等级的人数在全部评价者中的比重作为 r_{ij}。例如，对某企业的统计对象从劳动生产率、成本利润率、顾客满意度三个方面进行评价，分为五个等

级。调查结果如表9-23所示。

表9-23 调查结果表

	很好	好	一般	差	很差	总人数
劳动生产率	32	24	23	11	8	98
成本利润率	25	30	27	9	7	98
顾客满意度	21	32	20	14	11	98

则

$$R = \begin{bmatrix} 0.327 & 0.245 & 0.235 & 0.112 & 0.081 \\ 0.225 & 0.306 & 0.276 & 0.092 & 0.071 \\ 0.214 & 0.327 & 0.204 & 0.143 & 0.112 \end{bmatrix}$$

客观指标 r_{ij} 的确定,比较简单和实用的方法主要是统计法。这种方法是根据以往的统计结果来确定 r_{ij}。其步骤为,首先划定各评语等级的变化区间,如资金利润率在29%以上为很好,在24%以下为很差等。然后把被评价对象历史资料在各等级的频率作为 r_{ij}。比如,资金利润率在近5年内有21个月处于很好这一等级,则 $r_{11} = \dfrac{21}{5 \times 21} = 0.20$ 等。这种方法计算工作量较小,操作也方便,所以在实际应用中常被采用。

(4)确定评价因素的权数向量 $A = (a_1,\ a_2,\ \cdots,\ a_p)$。

这与其他综合评价方法的作用是相同的。但要注意的是,这里的权数要求用模糊方法来确定,即它是评价因素对被评价对象所起作用的隶属程度的量度。

(5)选择合成算子,将 A 与 R 合成得到 B。

这一步与其他综合评价方法中的合成步骤的作用是相同的。模糊综合评价的基本模型为

$$B = AvR$$

上式中,v 代表合成算子。常见的合成算子有以下四种。

第一种是取小取大算子:$b_j = \max \{\min(a_i,\ r_{ij})\}$;

第二种是乘以取大算子:$b_j = \max(a_i \times r_{ij})$;

第三种是取小与有界和算子:$b_j = \min\{1,\ \sum \min(a_i,\ r_i)\}$;

第四种是乘以有界和算子:$b_j = \min\{1,\ \sum a_i r_i\}$。

各种合成算子具有不同的含义。例如,在用取小取大算子计算 b_i 时,先将 a_i 与 r_{ij} 比较后取较小者 $\min(a_i,\ r_{ij})$,这实际上是用 a_i 限制或修正 r_{ij};然后对所有的 $\min(a_i,\ r_{ij})$ 取最大者,这实际上只考虑了最突出因素。因此,取小取大算子是一种"主因素突出型"的合成方式。第二种乘以取大算子其实也是一种"主因素突出型"合成方式。因为 $a_i r_{ij} \leqslant \min(a_i,\ r_{ij})$,所以,这是一种以 a_i 倍缩小 r_{ij} 的修正。再如,第四种乘以有界和算子,它的优点是让每个因素都对综合评价有所贡献(这体现在"和"式运算的 $\sum a_i r_{ij}$ 之中),而且 b_j 的取值是有界的。所以,在实践中,常常选用乘以有界和合成方式。

(6)对统计对象模糊综合评价的结果 B 进行分析。从 $B = AvR$ 式可以看出,统计对象模糊综合评价结果 B 是一个模糊向量,而不是一个点值。这个向量较为准确地刻画了被

评价对象本身的模糊状况，所以，统计对象模糊综合评价结果所提供的评价信息远比其他方法丰富。

由于模糊综合评价结果 $\boldsymbol{B}$ 是一向量，不能直接用于被评价对象的排序比较，因此，还要做进一步的处理。常见的处理方法有以下三种。

第一种（也是最常用的一种）是按照最大隶属原则确定被评价对象最终所属的评价等级。比如 $\boldsymbol{B}=(0.6，0.8，0.1，0.3)$，则判定被评价对象属二级。这种做法实质上是做某种截割，强使模糊信息清晰化。

第二种是利用评价向量 $\boldsymbol{B}$ 的分量形成权数，对各个评语等级的得分进行加权平均得到总评分。比如有甲、乙两个被评估对象的评价向量 $b_1=(0.65，0.28，0.38，0.24)$，$b_2=(0.55，0.5，0.3，0.4)$，如果按最大隶属原则，则两者均应判为一级。然而。从综合评价的角度看，评价对象甲比乙更应属于一级，因此，为了更充分利用模糊评价带来的丰富信息，可以利用模糊向量 $\boldsymbol{B}$ 的分向量构造权数，而对各评价等级的得分进行加权处理，得到一个总评分，具体方法是

设 $\boldsymbol{B}=(b_1，b_2，\cdots，b_m)$，令

$$w_i=\frac{b_i^k}{\sum_{j=1}^{m}b_i^k} \quad i=1,2,\cdots,m \tag{9-44}$$

式中，k 为某一正实数，b_j^k 是 b_j 的 k 次幂。于是，$w，w_2，\cdots，w_m$ 构成 m 个评语等级的权数，然后对每个评语等级 v_j 打一个分数 c_j，这样综合评价结果 $\boldsymbol{B}=(b_1，b_2，\cdots，b_m)$ 的总评分为

$$c=\sum_{j=1}^{m}w_jc_j \tag{9-45}$$

c 是一个单点值，比较各个被评价对象的 c 值，就可以排序评优了。

对 $b_1=(0.65，0.28，0.38，0.24)$ 和 $b_2=(0.55，0.5，0.3，0.4)$。假定给一级打 1 分，给二级打 0.8 分，三级对应 0.5 分，四级对应 0 分。并且在式（9-44）中取 $k=1$。那么，由 b_1 得到的权数分配为

$$W=(0.42,0.18,0.25,0.15)$$

按式（9-45）可计算出总评分为

$$c=0.42\times1+0.18\times0.8+0.25\times0.5+0.15\times0=0.689$$

按同样的方法可计算出评价对象乙的总评分为 0.627。因此，评价对象甲比乙更应判为一级。

二、模糊综合评价方法的具体应用

例9-9　有甲、乙、丙三个企业，有关评价指标如表 9-24 所示。现要从中评价出统计对象优秀的企业来。

表 9-24　三个企业的统计指标资料

因素	顾客满意度	销售额年度计划完成情况（%）	销售队伍效率（万元）
甲	好	70	>100
乙	中	100	>200
丙	差	100	>20

解：（1）确定因素论域 $U = (u_1, u_2, \cdots, u_p)$。

因素是指人们考虑问题时的着眼点。对评价统计对象来讲，人们关心的是顾客满意度、销售额年度计划完成情况指标（%）、销售队伍效率（万元）（为简单起见，评价指标在这里仅选择 3 项）等方面。在因素论域 $U = (u_1, u_2, \cdots, u_p)$ 中，应尽量用最少的因素来概括和描述问题，以达到简化评价运算的目的。在这里，我们假定因素论域 $U = (u_1, u_2, \cdots, u_p) = ($顾客满意度、销售额年度计划完成情况指标（%）、销售队伍效率（万元））。

（2）确定评语等级集 $V = (v_1, v_2, \cdots, v_m)$。

为简化运算，取评语等级集 $V = (v_1, v_2, \cdots, v_m) = ($大，中，小）或 $V = (v_1, v_2, \cdots, v_m) = ($高，中，低）。

（3）在被评价对象的因素论域（U）与评语等级集（V）之间进行单因素评价，建立模糊关系矩阵（$\boldsymbol{R}$）。

假定对每一个方案，不同专家就每一项因素的统计结果，如表 9-25 所示。

表 9-25　专家评价结果

评价	顾客满意度			销售额年度计划完成情况指标（%）			销售队伍效率（万元）		
	高	中	低	大	中	小	高	中	低
甲	0.7	0.2	0.1	0.1	0.2	0.7	0.3	0.6	0.1
乙	0.3	0.6	0.1	1	0	0	0.7	0.3	0
丙	0.1	0.4	0.5	1	0	0	0.1	0.3	0.6

表中的数字是指赞成此种评价的专家人数与专家总人数的比值。比如，对甲企业的顾客满意度，70% 的专家认为高，20% 认为中，10% 认为低。

于是，可建立起模糊关系矩阵，即

$$\boldsymbol{R} = \begin{bmatrix} r_{11} & r_{12} & \cdots & r_{1m} \\ r_{21} & r_{22} & \cdots & r_{2m} \\ \vdots & \vdots & & \vdots \\ r_{p1} & r_{p2} & \cdots & r_{pm} \end{bmatrix}$$

对于甲企业：
$$\boldsymbol{R}_{甲} = \begin{bmatrix} 0.7 & 0.2 & 0.1 \\ 0.1 & 0.2 & 0.7 \\ 0.3 & 0.6 & 0.1 \end{bmatrix}$$

对于乙企业：
$$\boldsymbol{R}_{乙} = \begin{bmatrix} 0.3 & 0.6 & 0.1 \\ 1 & 0 & 0 \\ 0.7 & 0.3 & 0 \end{bmatrix}$$

对于丙企业：
$$R_{丙} = \begin{bmatrix} 0.1 & 0.4 & 0.5 \\ 1 & 0 & 0 \\ 0.1 & 0.3 & 0.6 \end{bmatrix}$$

（4）确定评价因素的权数向量 $A = (a_1, a_2, \cdots, a_p)$。

我们假定，经过专家讨论、统一认识后，得出的评价因素的权数向量 $A = (a_1, a_2, \cdots, a_p) = (0.2, 0.3, 0.5)$。

（5）选择合成算子，将 A 与 R 合成得到 B。

对于评价对象，合成算子为 $B = A \cdot R$。经过运算，得
$$B_{甲} = (0.32, 0.4, 0.28)$$
$$B_{乙} = (0.71, 0.27, 0.02)$$
$$B_{丙} = (0.37, 0.23, 0.4)$$

（6）对统计对象模糊综合评价的结果 B 进行分析。

从结果可以看出，乙企业的统计对象最好。

第六节　主成分分析法

在综合评价实践中，为了尽可能地全面反映被评价对象的情况，人们总是希望选取的评价指标越多越好。但是，过多的评价指标不仅会增加评价工作量，而且会因评价指标间的相关联系造成评价信息相互重叠、相互干扰，从而难以客观地反映被评价对象的相对地位。因此，如何用少数几个彼此不相关的新指标代替原来为数不多的彼此有一定相关关系的指标，同时又能尽可能多地反映原来指标的信息量，这是综合评价中一个具有现实意义的问题。而多元统计分析中的主成分分析法与因子分析法便是解决这一问题的有力工具。

一、主成分分析原理

主成分分析是将多个指标转化为少数几个互相无关的综合指标的一种多元统计分析方法。设有 n 个被评价对象，每个被评价对象由 p 个指标 $x_1, x_2, \cdots, x_p$ 来描述，则得到原

始数据矩阵：
$$X = \begin{bmatrix} x_{11} & x_{12} & \cdots & x_{1p} \\ x_{21} & x_{22} & \cdots & x_{2p} \\ \vdots & \vdots & & \vdots \\ x_{n1} & x_{n2} & \cdots & x_{np} \end{bmatrix} = (x_1, x_2, \cdots, x_p) \tag{9-46}$$

式中，$x_i = (x_{1i}, x_{2i}, \cdots, x_{ni})'$，$i = 1, 2, \cdots, p$。

如何用新指标来代替原来的 p 个指标，在统计学中，常常用原始指标 $x_1, x_2, \cdots, x_p$ 的线性组合构成的综合指标来代替原始指标，即新的综合指标 y_i 为
$$y_i = a_{i1}x_1 + a_{i2}x_2 + \cdots + a_{ip}x_p \quad i = 1, 2, \cdots, p \tag{9-47}$$

并且满足

$$a_{i1}^2 + a_{i2}^2 + \cdots + a_{ip}^2 = 1 \quad i = 1,2,\cdots,p \tag{9-48}$$

系数 a_{ij} 由下列条件决定

（1）$\mathrm{cov}(y_i, y_j) = 0$ （$i \neq j$, i, $j = 1$, 2, $\cdots$, p），即 y_i 与 y_j 互不相关。

（2）$\mathrm{var}(y_1) \geqslant \mathrm{var}(y_2) \geqslant \cdots \geqslant \mathrm{var}(y_p) \geqslant 0$，即 y_1 的方差最大，其余 y_2，$\cdots$，y_p 的方差依次减少。但新旧指标的总方差不变，即有

$$\sum_{i=1}^p \mathrm{var}(x_i) = \sum_{i=1}^p \mathrm{var}(y_i) \tag{9-49}$$

如上决定的综合指标 y_1，y_2，$\cdots$，y_p 分别称为原始指标的第 1，第 2，$\cdots\cdots$，第 p 个主成分。当 $\sum_{j=k+1}^p \mathrm{var}(y_j)$ 很小时，用 y_1，y_2，$\cdots$，$y_k(k<p)$ 就可以基本上反映出原始 p 个指标所包含的信息量。由于 y_1，y_2，$\cdots$，y_k 彼此不相关，而且（$k<p$），这样即减少了评价指标个数（由原来的 p 个指标减少为 k 个指标），又充分保留了原始指标的信息量（新的 k 个指标 y_1，y_2，$\cdots$，y_k 与原始 p 个指标 y_1，y_2，$\cdots$，y_p 的总信息量只相差一个很小的量 $\sum_{j=k+1}^p \mathrm{var}(y_j)$），而且新指标间彼此不相关，避免了信息的交叉和重叠。

那么，又该如何求解原始指标的 p 个主成分呢？设 $X = (x_1, x_2, \cdots, x_p)$，有协方差矩阵 S，$\lambda_1 \geqslant \lambda_2 \geqslant \cdots \lambda_p \geqslant 0$ 是 S 的从小到大的 p 个特征根，a_1，a_2，$\cdots$，a_p 是特征根对应的标准化正交特征向量，其中 $a_i = (a_{i1}, a_{i2}, \cdots, a_{ip})'$，$i = 1$，2，$\cdots$，$p$。数理统计已证明，原始指标的第 i 个主成分为

$$y_i = a_{i1}x_1 + a_{i2}x_2 + \cdots + a_{ip}x_p \quad i = 1,2,\cdots,p \tag{9-50}$$

且有

$$\mathrm{cov}(y_i, y_j) = \begin{cases} \lambda_i & i = j \\ 0 & i \neq j \end{cases} \tag{9-51}$$

也就是说，要想求得原始指标的 p 个主成分，必先求出原始指标的协方差矩阵 S 的特征根及相应的标准化正交特征向量。

二、主成分分析法进行综合评价的实施步骤

用主成分分析法进行综合评价的基本思路是：首先求出原始 p 个指标的 p 个主成分，然后选取少数几个主成分来代替原始指标，再将所选取的主成分用适当的形式综合，就可以得到一个综合评价指标，依据它就可以对被评价对象的统计对象状况进行排序和比较了。具体步骤如下。

（1）对原始数据进行标准化处理。

经常使用的处理方法是 Z-Score 标准化公式。

（2）计算标准化后的 p 个指标的协方差矩阵。

此时即为相关系数矩阵 $R = (r_{ij})$。显然有 $r_{ii} = 1$，$r_{ij} = r_{ji}$。

（3）计算相关矩阵 R 的特征根、特征向量。

通常用雅可比（Jacobi）方法求 $\mathbf{R}$ 阵的 p 个特征根 $\lambda_1 \geqslant \lambda_2 \geqslant \cdots \lambda_p \geqslant 0$ 及其相应的特征向量 a_1，a_2，$\cdots$，a_p，其中 $a_i = (a_{i1}，a_{i2}，\cdots，a_{ip})'$，$i = 1，2，\cdots，p$。

λ_i 是第 i 个主成分 y_i 的方差，它反映了第 i 个主成分 y_i 在描述被评价对象上所起的作用。

（4）计算各主成分的方差贡献率 α_k 及累积方差贡献率 $\alpha(k)$。第 k 个主成分 y_k 的方差贡献率 $\alpha_k = \lambda_k \Big/ \sum_{i=1}^{p} \lambda_i$，前 k 个主成分 $y_1, y_2, \cdots, y_k$ 的累积方差贡献率为 $\alpha(k) = \sum_{j=1}^{k} \lambda_j \Big/ \sum_{i=1}^{p} \lambda_i$。$y_k$ 的方差贡献率 α_k 表示 $\mathrm{var}(y_k) = \lambda_k$ 在原始指标的总方差 $\sum_{i=1}^{p} \mathrm{var}(x_i) = \sum_{i=1}^{p} \mathrm{var}(y_i) = \sum_{i=1}^{p} \lambda_i$ 中所占的比重，即第 k 个主成分提取的原始 p 个指标的信息量。因此，前 k 个主成分 y_1，y_2，$\cdots$，y_k 的累积方差贡献率 $\alpha(k)$ 就表示这 k 个主成分保留的信息量总和。$\alpha(k)$ 越大，说明前 k 个主成分包含的原始信息越多。

（5）选择主成分个数。主成分分析的目的在于将原来为数较多的指标转化为少数几个综合指标（主成分），而且要尽可能多地保留原始指标的信息，从而减少综合评价的工作量。从前面的讨论可知，前 k 个主成分 y_1，y_2，$\cdots$，y_k 的累积方差贡献率 $\alpha(k)$ 表示的是这 k 个主成分从原始指标 x_1，x_2，$\cdots$，x_p 中提取的总的信息量。因此，确定主成分个数 k 实质上就是在 k 与 $\alpha(k)$ 之间进行权衡。一方面，要使 k 尽可能地小；另一方面，要使 $\alpha(k)$ 尽可能地大，即以较少的主成分获取足够多的原始信息。

确定主成分个数的方法很多，在实践中比较常见的有以下几种。

第一种是根据实际问题的需要，使前 k 个主成分 y_1，y_2，$\cdots$，y_k 的累积方差贡献率 $\alpha(k)$ 达到一定要求，通常要求 $\alpha(k) \geqslant 85\%$。按这一原则选择的主成分往往较多。这一方法在实践中被运用得最多。

第二种是平均数方法，即先计算 p 个特征根的平均值

$$\bar{\lambda} = \frac{1}{p} \sum_{i=1}^{p} \lambda_i \tag{9-52}$$

然后将每个特征根 λ_i 与 $\bar{\lambda}$ 进行比较，满足 $\lambda_i > \bar{\lambda}$ 即中选。

对于标准化数据，有 $\sum_{i=1}^{p} \lambda_i = p$，所以，$\bar{\lambda} = 1$，此时满足 $\lambda_i > 1$ 的最小 k 值即为所求。从实践看，按这一方法选取的主成分较少。

第三种是通过巴特莱（Bartlett）假设检验来确定主成分个数。用这种方法确定 k，计算量相当大，因此在实践中应用较少[一]。

（6）对选择的主成分的含义做出解释。主成分是原始指标的线性组合，它包含了比原始指标更复杂的内容。因此，对主成分的含义做出合乎客观实际的解释，将有利于对定量的综合评价进行进一步的定性分析。从众多的主成分分析应用案例看，主成分含义的解释通常是根据各评价指标 x_i 的含义及其在主成分中的系数 a_{ij} 值的大小和系数的符号来进行的。从系数 a_{ij} 值的大小看，如果一个主成分表达式中的某个指标 x_i 的系数较大，则表明

　○　具体方法参见于秀林，多元统计分析及程序，中国统计出版社，1993 年，第 154 页。

这个主成分主要反映的是该指标 x_i 的信息。如果各指标的系数大致相同，则要注意是否存在一个共性的影响因素。从系数 a_{ij} 的符号看，如果 a_{ij} 是正数，则表明该指标与主成分作用相同，反之则逆向。

（7）由主成分计算综合评价值，以此对被评价对象进行排序和比较。在主成分的综合问题上有两种观点，一种观点认为只用第一主成分作为综合评价指标。英国统计学家肯德尔认为，第一主成分能够最大限度地反映被评价对象之间的差异，是概括评价指标差异信息的最佳线性函数。因此只用第一主成分对被评价对象进行综合排序和比较。我国也有学者从几何投影角度阐明了这种观点。另一种观点（这也是目前用主成分分析方法进行综合评价的应用实例中的通常做法）则认为，不仅要充分重视第一主成分，而且也要顾及其他主成分在综合评价中所起的作用，为此提出了一种改进方法，即先按累积方差贡献率不低于某阈值（比如 85%）的方法确定前 k 个主成分，然后以选择的每个主成分各自的方差贡献率为权数将它们线性加权求和求得综合评价值指标 F。设累积方差贡献率 $\alpha(k) \geqslant 85\%$，选择得 k 个主成分 y_i

$$y_i = a_{i1}x_1 + a_{i2}x_2 + \cdots + a_{ip}x_p \quad i = 1, 2, \cdots, k$$

它们的方差贡献率为：$\lambda_j \Big/ \sum_{i=1}^{p} \lambda_i, j = 1, 2, \cdots, k$，以此为权数，将 k 个主成分 y_1，y_2，$\cdots$，y_k 线性加权求和，即得综合评价值 F

$$F = \frac{\lambda_1 y_1 + \lambda_2 y_2 + \cdots + \lambda_k y_k}{\sum\limits_{i=1}^{p} \lambda_i} \tag{9-53}$$

以 F 值的大小来评判被评价对象的优劣。

我们认为，尽管第一主成分单独综合原始信息的能力最强，但只用第一主成分对被评价对象进行综合比较难免以偏概全，损失的信息较多，有时甚至会歪曲样本间的实际相对地位。而且，从应用实践看，第一主成分往往也只能提取一半左右的原始指标信息。因此，我们偏向于改进的主成分综合评价方法。改进后的方法实质上进行了两个层次的线性合成，第一层次是将原始指标通过恰当的线性组合而成主成分；第二层次是各主成分以各自的方差贡献率为权数的线性组合而成综合评价值。第一层次的合成反映了原始信息，第二层次的合成反映了各主成分的信息。经过两次合成就充分顾及了各个方面的信息，而且具备以第一主成分作为综合评价指标的优点。

三、应用举例

例 9-10   原始数据如表 9-26 所示，用主成分分析法对其做综合评价。

表 9-26   某年某行业 30 家公司 7 项统计指标

公司	X_1	X_2	X_3	X_4	X_5	X_6	X_7
公司 1	144.53	21.80	19.50	15.15	8.02	10.07	3.08
公司 2	152.29	13.7	12.21	9.00	3.77	4.34	3.10

（续）

公司	X_1	X_2	X_3	X_4	X_5	X_6	X_7
公司 3	107.57	8.44	7.86	7.84	1.61	1.85	2.85
公司 4	76.97	7.63	8.03	9.97	3.54	4.21	2.63
公司 5	80.20	7.57	7.17	9.44	1.90	2.25	2.34
公司 6	130.73	8.87	8.76	8.55	1.19	1.38	2.91
公司 7	98.57	8.67	7.93	8.79	1.75	2.02	2.48
公司 8	92.91	9.24	9.03	9.95	3.19	3.82	2.54
公司 9	177.89	23.29	19.43	13.09	5.82	7.16	3.67
公司 10	198.24	14.44	11.53	7.26	2.29	2.63	3.45
公司 11	228.53	20.72	15.63	9.07	4.13	4.82	3.37
公司 12	124.39	12.09	11.14	9.00	0.42	0.49	3.36
公司 13	164.39	18.32	15.84	11.15	4.55	5.53	3.56
公司 14	130.12	10.64	9.49	8.18	1.77	2.04	2.79
公司 15	131.23	11.84	10.41	9.02	3.05	3.58	3.08
公司 16	104.22	11.08	10.28	10.61	1.56	1.84	2.83
公司 17	123.76	13.84	12.78	11.19	3.74	4.48	2.85
公司 18	126.59	14.49	13.32	11.45	1.62	1.94	2.94
公司 19	150.75	14.05	13.79	9.32	3.83	4.57	3.87
公司 20	129.76	16.24	14.72	12.56	3.53	4.33	3.28
公司 21	91.77	7.36	6.88	8.02	1.68	1.94	2.94
公司 22	115.99	11.32	10.32	9.76	2.44	2.88	2.57
公司 23	95.77	16.49	15.17	17.18	1.47	1.91	2.37
公司 24	116.30	31.7	29.64	27.27	4.52	6.56	3.21
公司 25	35.41	4.83	5.87	13.75	11.68	15.17	2.11
公司 26	102.71	9.83	8.49	9.57	1.80	2.11	2.08
公司 27	85.60	9.64	9.95	11.27	2.98	3.58	2.41
公司 28	57.77	4.98	5.14	8.62	0.33	0.39	1.88
公司 29	77.06	6.78	6.50	8.80	1.23	1.44	2.20
公司 30	78.46	6.80	6.92	8.67	2.22	2.65	2.50

注：表中，X_1：消费者满意度；X_2：营销成本费用利润率（%）；X_3：营销资产报酬率（%）；X_4：销售净利率（%）；X_5：销售收入利税率（%）；X_6：销售队伍效率（按销售人员人均创造总销售收入（万元）计算）；X_7：营销资金周转次数（次/年）。

解：按主成分分析法的实施步骤，首先要对原始数据按 Z-Score 标准化公式进行标准化处理，其次计算标准化数据的相关系数矩阵 **R** 如表 9-27 所示。

表 9-27　各指标的相关系数矩阵 **R**

指标	X_1	X_2	X_3	X_4	X_5	X_6	X_7
X_1	1.0000	0.6558	0.5482	-0.0438	0.0615	0.0303	0.8191
X_2	0.6558	1.0000	0.9866	0.7092	0.3067	0.3232	0.6484
X_3	0.5482	0.9866	1.0000	0.7899	0.3265	0.3502	0.6081
X_4	-0.0438	0.7092	0.7899	1.0000	0.4064	0.4593	0.0925
X_5	0.0615	0.3067	0.3265	0.4064	1.0000	0.9972	0.1571

（续）

指标	X_1	X_2	X_3	X_4	X_5	X_6	X_7
X_6	0.030 3	0.323 2	0.350 2	0.459 3	0.997 2	1.000 0	0.139 8
X_7	0.819 1	0.648 4	0.608 1	0.092 5	0.157 1	0.139 8	1.000 0

再次，计算相关系数矩阵 $\boldsymbol{R}$ 的特征根、特征向量及贡献率、累积贡献率。采用雅可比方法计算的相关系数矩阵 $\boldsymbol{R}$ 的特征根及贡献率、累积贡献率如表 9-28 所示。

表 9-28　特征根及贡献率、累积贡献率

序号	特征根	贡献率	累积贡献率
1	3.797 5	0.542 5	0.542 5
2	1.920 3	0.274 3	0.816 8
3	1.074 3	0.153 5	0.970 3
4	0.190 2	0.027 2	0.997 5
5	0.014 8	0.002 1	0.999 6
6	0.002 4	0.000 3	0.999 9
7	0.000 5	0.000 1	1.000 0

相应的 7 个特征向量如表 9-29 所示。

表 9-29　特征向量表

序号	1	2	3	4	5	6	7
1	0.315 8	-0.470 5	-0.349 7	-0.568 2	-0.455 7	0.160 8	-0.017 7
2	0.484 6	-0.148 8	0.220 4	-0.237 4	0.364 4	-0.710 0	0.036 0
3	0.483 1	-0.090 0	0.295 6	-0.012 4	0.454 8	0.680 0	0.041 3
4	0.358 6	0.271 7	0.578 8	0.141 6	-0.656 6	-0.022 3	-0.104 6
5	0.296 0	0.502 1	-0.410 7	-0.057 7	0.103 8	0.006 6	-0.690 4
6	0.301 8	0.518 7	-0.357 7	0.020 4	-0.053 7	0.001 7	0.713 3
7	0.353 3	-0.391 7	-0.331 0	0.772 6	-0.089 1	-0.084 3	-0.014 8

再再次，选择主成分，并解释其含义。从表 9-28 可以看出，前 3 个特征根均大于 1，自第 4 个特征根开始，数值明显减少。因此，可确定主成分个数 $K = 3$。前 3 个主成分的累积方差贡献率达到 97.03%，这说明前 3 个主成分保留了 97.03% 的原始信息，损失的信息极少，仅为 2.97%。由表 9-29 可得前 3 个主成分与原有 7 个单项指标的线性组合如下。

$$y_1 = 0.315\,8x_1 + 0.484\,6x_2 + 0.483\,1x_3 + 0.358\,6x_4 + 0.296x_5 + 0.301\,8x_6 + 0.353\,3x_7$$

$$y_2 = -0.470\,5x_1 - 0.148\,8x_2 - 0.09x_3 + 0.271\,7x_4 + 0.502\,1x_5 + 0.518\,7x_6 - 0.391\,7x_7$$

$$y_3 = -0.349\,7x_1 + 0.220\,4x_2 + 0.295\,6x_3 + 0.578\,8x_4 - 0.410\,7x_5 - 0.357\,7x_6 - 0.331x_7$$

式中　$x_i = (x_{1i}, x_{2i}, \cdots, x_{ni})$，$(i = 1, 2, \cdots, p)$，$x_i$ 为 x_{ij} 经标准化后的数值。

在第一主成分 y_1 的表达式中，各单项指标的系数均为正，而且数值彼此相差不大，这表示各单项指标对综合水平起着同向的、相当的作用。因此，y_1 可以理解为统计对象的全面能力综合指标；从第二主成分 y_2 看，指标 x_5 [销售收入利税率（%）] 和 x_6 [销售队

伍效率按销售人员人均创造总销售收入（万元）计算］的系数明显比其他指标大，而且系数都为正。这表明第二主成分集中刻画了一个地区企业的盈利能力；而第三主成分 y_3 中指标 x_4［销售净利率（%）］的系数比其他指标都大，因此，可以把第三主成分看成主要是由销售净利率（%）所决定的反映统计对象的一个综合指标。

最后，由主成分计算综合评价指标，按前面的讨论，既可以只用第一主成分对各地区企业的水平进行综合评价，也可以根据所选择的 3 个主成分利用它们各自的方差贡献率进行线性加权求和算得的综合评价值进行排序分析，其计算结果如表 9-30 所示。

表 9-30 综合评价值排序分析结果

公司	第一主成分	位次	综合评价值	位次
公司 1	3.573 9	3	2.294 6	2
公司 2	0.602 8	9	0.317 7	9
公司 3	−1.389 3	23	−0.950 5	27
公司 4	−1.141 2	21	−0.387	17
公司 5	−1.867 6	28	−0.839 9	23
公司 6	−1.291 7	22	−0.893 4	26
公司 7	−1.570 4	24	−0.842	24
公司 8	−0.947 2	20	−0.345 5	15
公司 9	3.587 4	2	1.720 1	3
公司 10	0.669 3	8	−0.398 4	18
公司 11	2.368 1	4	0.623 4	8
公司 12	−0.400 8	15	−0.714 3	22
公司 13	2.155 4	5	0.859 6	5
公司 14	−0.855	18	−0.712 7	21
公司 15	−0.061 1	14	−0.254 2	14
公司 16	−0.738	17	−0.453 3	19
公司 17	0.486 4	10	0.296 8	10
公司 18	0.171 4	13	−0.045 2	12
公司 19	1.371 4	6	0.264 6	11
公司 20	1.303 1	7	0.629 5	6
公司 21	−1.592 1	26	−1.008 9	28
公司 22	−0.667 8	16	−0.362 9	16
公司 23	0.378 2	11	0.627 2	7
公司 24	5.527 6	1	3.768 5	1
公司 25	0.239 1	12	1.450 2	4
公司 26	−1.585 9	25	−0.704 1	20
公司 27	−0.903 7	19	−0.202 7	13
公司 28	−3.230 2	30	−1.479 2	30
公司 29	−2.344 7	29	−1.115 3	29
公司 30	−1.844 3	27	−0.880 9	25

从表 9-30 可以看出，用改进的办法与仅用第一主成分进行排序相差较大。一般来说，销售净利率（%） x_4 在平均水平（10.78%）以上的地区，用改进的办法与只用第一主成

分相比，位次多有所提前。例如，公司 23 的销售净利率（％）为 17.18％，超过平均水平 6.4 个百分点，位次由第 11 位上升到第 7 位。相反，销售净利率（％）在平均水平以下的地区位次多有所下降。比如，公司 19 的销售净利率（％）为 9.32％，低于平均水平 1.46 个百分点，位次由第 6 位下降到第 11 位，又由于第三主成分 y_3 突出反映了销售净利率（％）x_4 的情况，而且 x_4 在第一主成分中的系数又不是很突出，因此，仅用第一主成分进行综合评价排序实质上是无视 x_4 的作用，即无视第三主成分的贡献。所以，将所选的三个主成分综合起来进行排序，才反映了各方面的信息。

表 9-30 的综合评价值排序结果表明，公司 24 的综合水平最好，公司 1 次之，公司 9 居第三，而公司 28 的综合水平最差，其次是公司 29。从评价的大小看，最大的为 3.768 5，最小的为 −1.479 2，相差较大，这表明该行业统计对象水平的分布是很不平衡的。

需要说明的一点是，表 9-30 中有不少公司的综合评价值为负，这并不表明这些公司的综合水平就为负，这里的正负仅表示这些公司与行业平均水平的位置关系。由于在进行主成分分析时，对原始数据进行过标准化的处理，用各效益指标的平均水平作为零点。因此，若某个公司的平均价值为正，则表示该公司的综合水平在行业水平以上；反之，其综合水平在行业水平以下。从表 9-30 可以看出，该行业 30 个公司有 19 个公司的综合水平在平均水平以下，占 63.3％，也就是说，综合评价值为负是因为数据的标准化传递效应所致。当然，如果需要的话，我们可以把综合评价值转化为人们习惯的百分数形式。比如，规定综合评价最低的得 30 分，最高的得 100 分，那么，可以按如下的换算公式把综合评价值转化为百分数，即

$$d_i = \frac{F_i - \min(F_k)}{\max(F_k) - \min(F_k)} \times 70 + 30$$

式中，d_i 和 F_i 分别为第 i 个评价对象的得分（百分数）和综合评价值，$\min(F)$ 和 $\max(F)$ 分别是所有被评价对象的综合评价值中的最小者和最大者。

例如，在本例中，按上述公式可以计算出统计对象公司 23 的综合得分为 58 分，公司 19 的综合得分为 53 分。

第七节　因子分析法

因子分析可以看成主成分分析的一种推广，它也可以用于统计对象的综合评价。

一、因子分析的基本原理

因子分析是用少数几个因子去研究多个原始指标之间关系的一种多元统计分析方法。随着近代数学和计算技术的发展，因子分析得到了多方面的应用。它的内容包括因子模型的一般概念及基本性质、因子载荷矩阵 A 的统计意义、因子旋转、因子得分等。

（一）因子模型的一般概念及基本性质

设有 p 个指标 x_1，x_2，…，x_p，且每个指标都已标准化，即每个指标的样本均值为零，

方差为 1。因子分析最简单的数学模型为如下形式的线性模型。

$$
\begin{cases}
x_1 = a_{11}F_1 + a_{12}F_2 + \cdots + a_{1m}F_m + \varepsilon_1 \\
x_2 = a_{21}F_1 + a_{22}F_2 + \cdots + a_{2m}F_m + \varepsilon_2 \\
\qquad\qquad\qquad \vdots \\
x_p = a_{p1}F_1 + a_{p2}F_2 + \cdots + a_{pm}F_m + \varepsilon_p
\end{cases}
\tag{9-54}
$$

式中，$x_i(i=1,2,\cdots,p)$ 是已标准化的可观测的评价指标，$F_j(j=1,2,\cdots,m)$ 出现于每个指标的表达式中，称为公共因子，它们是不可测的，其含义要根据具体问题来解释。ε_i 是对应指标 x_i 所特有的因子，因此称特殊因子，它们与公共因子 $F_j(j=1,2,\cdots,m)$ 彼此独立。a_{ij} 是第 i 个指标在第 j 个公共因子上的系数，称为因子载荷。

在式（9-54）中，如果公共因子 $F_1,F_2,\cdots,F_m$ 彼此之间是独立的，则称为正交因子模型；相反，公共因子 $F_1,F_2,\cdots,F_m$ 彼此之间有一定的相关性，则称为斜交因子模型。由于斜交模型比较复杂，这里仅介绍正交因子模型，而且假定各公共因子的均值为 0，方差为 1。

用矩阵形式描述，则为

$$
X = AF + \varepsilon
\tag{9-55}
$$

式中，
$$
X = (x_1, x_2, \cdots, x_p)^{\mathrm{T}}
$$
$$
F = (F_1, F_2, \cdots, F_m)^{\mathrm{T}}
$$
$$
\varepsilon = (\varepsilon_1, \varepsilon_2, \cdots, \varepsilon_p)^{\mathrm{T}}
$$
$$
A = \begin{bmatrix}
a_{11} & a_{12} & \cdots & a_{1m} \\
a_{21} & a_{22} & \cdots & a_{2m} \\
\vdots & \vdots & & \vdots \\
a_{p1} & a_{p2} & \cdots & a_{pm}
\end{bmatrix}
$$

因子分析的基本问题之一，就是如何估计因子载荷矩阵 A。

（二）因子载荷矩阵 A 的统计意义

a_{ij} 是第 i 个指标 x_i 与第 j 个公共因子 F_j 的相关系数。它表示 x_i 与 F_j 线性联系的紧密程度。A 中第 i 行元素 a_{i1}，a_{i2}，$\cdots$，a_{im} 说明了第 i 个指标 x_i 依赖于各个公共因子的程度；而第 j 列元素 a_{1j}，a_{2j}，$\cdots$，a_{pj} 则说明了第 j 个公共因子 F_j 与各个指标的联系程度。因此，常常根据该列绝对值较大的因子载荷所对应的指标来解释这个公共因子的意义。

由相应的特征向量所组成的矩阵 U 为

$$
U = \begin{bmatrix}
u_{11} & u_{12} & \cdots & u_{1p} \\
u_{21} & u_{22} & \cdots & u_{2p} \\
\vdots & \vdots & & \vdots \\
u_{p1} & u_{p2} & \cdots & u_{pp}
\end{bmatrix}
$$

U 是正交矩阵，满足 $U^{\mathrm{T}}U = UU^{\mathrm{T}} = I_P$

上式中，I_P 为 p 阶单位矩阵。

由上节主成分分析的原理可知

$$Y = U^T X$$

其中，$Y = (y_1, y_2, \cdots, y_p)^T$ 为 p 个主成分。

然而，通常只选取前 m 个主成分进行分析，这 m 个主成分将 U 矩阵分块为

$$U = (u_1, u_2, \cdots, u_m, u_{m+1}, \cdots, u_p) = [u_{(1)}, u_{(2)}] \tag{9-56}$$

其中，$U_{(1)} = (u_1, u_2, \cdots, u_m) = \begin{bmatrix} u_{11} & u_{12} & \cdots & u_{1m} \\ u_{21} & u_{22} & \cdots & u_{2m} \\ \vdots & \vdots & & \vdots \\ u_{p1} & u_{p2} & \cdots & u_{pm} \end{bmatrix}$

$$U_{(2)} = (u_{m+1}, u_{m+2}, \cdots, u_p) = \begin{bmatrix} u_{1,m+1} & u_{1,m+2} & \cdots & u_{1,p} \\ u_{2,m+1} & u_{2,m+2} & \cdots & u_{2p} \\ \vdots & \vdots & & \vdots \\ u_{p,m+1} & u_{p,m+2} & \cdots & u_{pp} \end{bmatrix}$$

相应地，$Y^T = (y_1, y_2, \cdots, y_m, y_{m+1}, \cdots, y_p) = [Y_{(1)}, Y_{(2)}]$

其中，$Y_{(1)} = (y_1, y_2, \cdots, y_m)$；$Y_{(2)} = (y_{m+1}, y_{m+2}, \cdots, y_p)$

由上述两式可得

$$X = UY = [U_{(1)}, U_{(2)}] \begin{pmatrix} Y_{(1)} \\ Y_{(2)} \end{pmatrix} = U_{(1)} Y_{(1)} + U_{(2)} Y_{(2)}$$

记

$$\varepsilon = U_{(2)} Y_{(2)} = (\varepsilon_1, \varepsilon_2, \cdots, \varepsilon_P)^T$$

则有

$$X = U_{(1)} Y_{(1)} + \varepsilon$$

由主成分分析可知，前 m 个主成分 $y_1, y_2, \cdots, y_m$ 的方差分别为 $\lambda_1, \lambda_2, \cdots, \lambda_m$。因此，如下变换后，$F_j (j = 1, 2, \cdots, m)$ 的方差就变为

$$F_j = \frac{y_j}{\sqrt{\lambda_j}} \tag{9-57}$$

若令 $A = (\sqrt{\lambda_1} u_1, \sqrt{\lambda_2} u_2, \cdots, \sqrt{\lambda_m} u_m)$

$X = U_{(1)} Y_{(1)} + \varepsilon$ 可变换为

$$X = AF + \varepsilon \tag{9-58}$$

$F = (F_1, F_2, \cdots, F_m)^T$ 就为彼此独立的前 m 个公共因子，均值为 0，方差为 1。因子载荷矩阵为

$$A = (a_{ij}) = (u_{ij} \sqrt{\lambda_j}) \tag{9-59}$$

公共因子个数 m 可按如下两种办法确定。

（1）由前 m 个公共因子的累积方差贡献率不低于某一阈值（如 85%）来确定；

（2）只取特征根大于或等于 1 的公共因子。

（三）因子旋转

前面求出的因子载荷矩阵 A 不是唯一的。对于一个给定的因子模型，其因子载荷矩阵

可以是有限多个。因此，因子载荷矩阵与公共因子是不确定的。从表面上看，因子载荷矩阵与公共因子的不确定性是不利的，但当获得的因子载荷矩阵与公共因子不便于解释实际问题时，可以通过正交变换使因子载荷矩阵与公共因子有鲜明的实际意义，其原理有些像调整望远镜的焦距，以便更清楚地观察物体。我们称这样的正交变换为因子旋转。

因子旋转最常用的方法是卡塞尔 1959 年提出的方差最大正交旋转，这种方法以因子载荷矩阵中各因子载荷值的总方差达到最大作为因子载荷矩阵的准则。这里总方差最大，不是指某一公共因子的方差最大，而是说，如果第 i 个指标 x_i 在第 j 个公共因子 F_j 上的因子载荷 a_{ij} 经过"方差最大"正交旋转后其值增大或减少，则意味着这个指标在另一些因子载荷要缩小或增大。因此，方差最大正交旋转是使因子载荷矩阵的元素的绝对值按列尽可能向两极分化，少数元素取尽量大的值，而其他元素尽量接近零值。当然，同时也包含着按行向两极分化。

设初始因子载荷矩阵为 $A = (a_{ij})$，经过方差最大旋转后 A 变成正交因子载荷矩阵 $B = (b_{ij})$。各公共因子的因子载荷矩阵平方的方差总和 v 为

$$v = \frac{1}{P} \sum_{j=1}^{m} \sum_{i=1}^{p} \left(\frac{b_{ij}^2}{h_i^2} \right)^2 - \frac{1}{p^2} \sum_{j=1}^{m} \left(\sum_{i=1}^{p} \frac{b_{ij}^2}{h_i^2} \right)^2 \qquad (9\text{-}60)$$

式中，取 b_{ij}^2 是为了消除 b_{ij} 的符号的影响，除以共同度（h_i^2）是为了消除各个指标对公共因子依赖程度不同的影响。

方差最大正交旋转就是要寻找一个正交矩阵 $\boldsymbol{\Gamma}$，使得总方差 v 达到最大，从而由 $B = (A\boldsymbol{\Gamma})$ 计算出正交因子载荷矩阵 B，此时，原来的公共因子就相应地旋转为正交公共因子。有时正交旋转后公共因子仍然没有明显的实际意义，这时需要做斜交旋转（这里不予介绍）。

（四）因子得分

前面讨论的是将 p 个指标 x_1，x_2，$\cdots$，x_p 表示成 m 个公共因子的线性组合

$$x_i = a_{i1}F_1 + a_{i2}F_2 + \cdots + a_{im}F_m \quad (i = 1,2,\cdots,p) \qquad (9\text{-}61)$$

由于公共因子能充分反映原始指标的内部依赖关系，用公共因子代表原始指标时，有时更有利于对被评价对象（样本）做出更深刻的认识。因此，往往需要反过来将 m 个公共因子表示成 p 个原始指标的线性组合，即用

$$F_j = \beta_{j1}x_1 + \beta_{j2}x_2 + \cdots + \beta_{jp}x_p \quad (j = 1,2,\cdots,m) \qquad (9\text{-}62)$$

来计算各个样本的公共因子得分。

估计因子得分的方法较多，比较常用的是汤姆森 1939 年提出的回归估计法，所以称为汤姆森因子得分。

由于方程的个数 m 小于指标个数 p，因此，不能像主成分分析那样，把因子精确地表示为原始指标的线性组合，而只能在最小二乘法意义下对因子得分进行估计。汤姆森假设 m 个公共因子可以对 p 个指标做回归，即建立如下回归方程

$$F_j = \beta_{j0} + \beta_{j1}x_1 + \beta_{j2}x_2 + \cdots + \beta_{jp}x_p \quad (j = 1,2,\cdots,m) \qquad (9\text{-}63)$$

由于指标和公共因子均已标准化，所以有

$$\beta_{j0} = 0$$

由最小二乘法估计得汤姆森因子得分的估计公式为

$$F = A^{\mathrm{T}} R^{-1} X \tag{9-64}$$

式中 A^{T}——因子载荷矩阵的转置；

R^{-1}——原始指标的相关系数矩阵 R 的逆矩阵。

二、因子分析法综合评价的基本步骤

（1）将原始数据标准化 x_{ij} 为 z_{ij}，以消除指标量纲和数量级的影响。

（2）计算标准化指标的相关系数矩阵 R。

（3）用雅可比方法求 R 阵的特征根 λ_i（由大到小排序）及其相应的特征向量 $\boldsymbol{\xi}_i = (\xi_{i1}, \xi_{i2}, \cdots, \xi_{ip})^{\mathrm{T}}$。

（4）根据累计方差贡献率$\geqslant 85\%$的准则确定 m，取前 m 个特征根及其相应的特征向量，计算初始因子载荷矩阵 $A = (a_{ij})$，其中 $(a_{ij}) = (\xi_{ij}\sqrt{\lambda_j})$（$i = 1, 2, \cdots, p, j = 1, 2, \cdots, m$）这一步实际是求解因子模型

$$z = AF \tag{9-65}$$

式中，$z = (z_1, z_2, \cdots, z_p)^{\mathrm{T}}$，$F = (F_1, F_2, \cdots, F_p)^{\mathrm{T}}$。

（5）解释公共因子的实际含义。当初始因子载荷矩阵 A 难以对公共因子的实际意义做出解释时，先要对 A 阵实施方差最大正交旋转，然后再根据旋转后所得到的正交因子载荷矩阵做出说明。同解释主成分实际意义的做法相同，就是根据指标的因子载荷绝对值的大小、值的正负符号来说明公共因子的意义。

（6）求综合评价值，即总因子得分估计值

$$F = \sum_{i=1}^{m} \omega_i F_i \tag{9-66}$$

式中，$\omega_i = \lambda_j \Big/ \sum_{j=1}^{m} \lambda_j$ 是第 i 个公共因子 F_i 的归一化权数。

（7）根据总因子得分估计值 F 就可对每个被评价对象进行排序比较。

三、应用举例

例9-11 用因子分析法对某行业 29 个公司的营销效益进行综合评价。评价指标有 6 个，分别为

（1）销售人员劳动生产率（十万元/人）（X_1）；

（2）营销净利率（%）（X_2）；

（3）营销资产报酬率（%）（X_3）；

（4）广告效率（%）（X_4）；

（5）营销资金周转次数（次/年）（X_5）；

（6）上缴税收总额（%）（X_6）。

原始数据如表 9-31 所示。

表 9-31 原始数据表

公司代号	（X_1）	（X_2）	（X_3）	（X_4）	（X_5）	（X_6）
1	10 265	3.081	6.235	3 223	6.5	495.5
2	8 164	4.913	4.929	2 406	2.1	318.2
3	3 376	7.776	3.921	1 668	4.7	1 026.6
4	2 819	3.397	3.305	1 206	2.6	592.2
5	3 013	5.451	2.863	1 208	1.9	491.5
6	6 103	12.402	3.706	1 756	6.1	671.9
7	3 703	2.865	3.174	1 609	4.3	389.1
8	4 427	4.851	3.375	1 766	3.8	763.7
9	15 204	12.893	7.191	4 245	4.5	528.6
10	5 785	10.109	4.634	2 456	6.7	1 203.9
11	6 149	4.188	6.221	2 966	3.7	872.1
12	2 521	5.574	3.795	1 302	3.5	659.3
13	5 386	1.835	4.506	2 048	3.0	453.7
14	2 376	2.628	3.376	1 573	3.1	542.3
15	4 473	10.254	4.264	1 715	4.8	1 046.3
16	2 475	7.136	3.299	1 231	5.0	766.1
17	3 341	3.775	4.028	1 511	5.6	974.4
18	2 701	4.310	4.699	1 425	4.7	913.7
19	6 380	5.182	7.438	2 699	4.2	884.8
20	2 772	3.252	4.791	1 446	2.7	557.1
21	4 820	0.535	4.770	1 519	0.5	165.3
22	2 516	8.097	4.002	1 158	6.4	1 888.5
23	1 553	2.207	3.931	1 086	2.2	393.4
24	2 490	4.848	4.085	1 010	2.6	639.5
25	2 344	2.631	3.309	962	4.6	621.5
26	1 925	1.484	3.152	880	1.7	413.1
27	2 910	0.416	3.319	1 029	0.7	117.6
28	2 685	0.794	3.382	998	0.7	102.8
29	3 953	2.665	4.163	1 136	2.1	393.2

解： 按因子分析的基本步骤：

第一，将原始数据标准化。

第二，求得相关系数矩阵 **R**，如表 9-32 所示。

表 9-32

	（X_1）	（X_2）	（X_3）	（X_4）	（X_5）	（X_6）
（X_1）	1.00	0.46	0.76	0.93	0.29	− 0.06
（X_2）	0.46	1.00	0.26	0.45	0.66	0.57
（X_3）	0.76	0.26	1.00	0.85	0.25	0.13

（续）

	（X_1）	（X_2）	（X_3）	（X_4）	（X_5）	（X_6）
（X_4）	0.93	0.45	0.85	1.00	0.39	0.09
（X_5）	0.29	0.66	0.25	0.39	1.00	0.75
（X_6）	−0.06	0.57	0.13	0.09	0.75	1.00

第三，求 **R** 的特征值和方差贡献率以及累积方差贡献率，如表 9-33 所示。

表 9-33　特征值和方差贡献率以及累积方差贡献率

序号	特征值	方差贡献率	累积方差贡献率
1	3.324 65	55.410 84	55.410 8
2	1.790 678	29.844 63	85.255 5
3	0.492 583	8.209 72	93.465 2
4	0.263 991	4.399 85	97.865 0
5	0.088 465	1.474 42	99.339 5
6	0.039 633	0.660 54	100.000 0

第四，由于前三个特征值的累计方差贡献率已达 93.46，故取 $m=3$，即取前三个特征值建立因子载荷矩阵，如表 9-34 所示。

表 9-34　前三个特征值的因子载荷矩阵

指标	因子 1	因子 2	因子 3
1	0.912 675	−0.141 217	0.284 904
2	0.240 291	0.314 504	0.888 718
3	0.920 468	0.158 874	−0.007 896
4	0.953 077	0.033 665	0.190 316
5	0.189 462	0.502 540	0.307 010
6	−0.030 776	0.928 865	0.252 020

第五，对因子载荷矩阵 **A** 实施方差最大正交旋转，得正交因子载荷矩阵表，如表 9-35 所示。

表 9-35　正交因子载荷矩阵

指标	因子 1	因子 2	因子 3
1	0.953 927	−0.018 684	0.188 985
2	0.339 698	0.566 074	0.750 912
3	0.900 450	0.108 737	−0.133 105
4	0.974 914	0.131 773	0.054 662
5	0.259 744	0.884 824	0.086 750
6	−0.024 689	0.962 015	0.049 149

从表 9-35 可见，每个因子只有少数几个指标的因子载荷较大，因此，可将 6 个指标按高载荷分成三类，并结合专业知识对各因子命名，如表 9-36 所示。

表 9-36　各因子命名

	高载荷指标	因子命名
1	（1）销售人员劳动生产率（十万元/人）（X_1） （2）营销资产报酬率（%）（X_3） （3）广告效率（%）（X_4）	效率因子

（续）

	高载荷指标	因子命名
2	（1）营销资金周转次数（次/年）(X_5)； （2）上缴税收总额（％）(X_6)	社会贡献因子
3	营销净利率（％）(X_2)	盈利因子

第六，求综合评价值，即总因子得分估计值。

第七，根据总因子得分估计值 F 可对每个被评价对象进行排序比较。

四、因子分析与主成分分析的异同点

在应用于综合评价方面，因子分析与主成分分析有很多相似之处，两者都需要合成一个综合评价值以对被评价对象进行排序比较，在解决指标的可综合性问题、消除指标信息重复的影响、确定权数以及减少评价工作量方法上，两种方法的基本思想是一致的。具体地说，主要有下列相同点。

（1）两种方法都是对原始数据按 Z-Score 方法进行标准化处理的，从而消除了指标量纲和数量级的影响，解决了综合评价中指标的可综合性问题。

（2）在主成分分析中，先将原始 p 个指标转化成少数几个彼此独立的主成分，再对主成分合成；因子分析是先将原始 p 个指标分解为少数几个彼此不相关的公共因子，再对公共因子合成。这样，两种方法都消除了原始指标的相关性对综合评价所造成的信息重复的影响。

（3）两种方法构造综合评价值时所涉及的权数都是从数学变换中伴随生成的，不是人为确定的，具有客观性。用主成分分析方法构造综合评价值时，各主成分的权数 $\lambda_j \big/ \sum\limits_{j=1}^{m} \lambda_j$ 和每个主成分中各评价指标的系数 a_{ij} 都是从相关系数矩阵 $\boldsymbol{R}$ 的变换中自动生成的。用因子分析方法合成总因子得分时，各公共因子的权数也是其贡献率 $\lambda_j \big/ \sum\limits_{j=1}^{m} \lambda_j$，而每个公共因子中各指标的权数由矩阵 $\boldsymbol{A}^{\mathrm{T}} \boldsymbol{R}^{-1}$ 获得，这也与指标变差信息有关。

（4）两种方法都具有用少数几个综合指标来化简为数较多的原始指标的降维特点，同样是在信息损失不大的前提下，减少了评价工作量。

除此以外，两者都是以评价指标的相关系数矩阵为出发点的，因此，它们的适用范围是相同的，而且两种方法的综合指标（在主成分分析中是主成分，在因子分析中为公共因子）与原始指标的关系都是线性的。

由于因子分析与主成分分析在综合评价中有上述诸多相同（或相似）之处，因此，用因子分析进行综合评价也就具有了主成分分析具备的那些优点和不足，也正是由于两种方法有这么多相同之处，尤其是在因子分析中用主成分分析方法求解因子载荷时，两者似乎更为一致，以致不少人常常将这两种方法不加区别。其实，因子分析和主成分分析是两种不同的多元统计分析方法，它们之间有联系，也存在着很大的差异，这些差异导致了因子分析在综合评价上不同于主成分分析的一些特点。具体表现在如下几个方面。

（1）公共因子比主成分更容易被解释。在因子分析中，即便是初始因子的实际含义不明确，不便于解释，也可通过方差最大正交旋转，使旋转后的公共因子有更鲜明的实际意义。虽然这一点并不影响综合评价值的计算，但由于因子的实际意义比较明确，因此更有助于被评价对象的评判和评价指标的分类，所以，对定量数据做更深入的定性分析是很有好处的。这是因子分析进行综合评价优于主成分分析的地方。

（2）因子分析的评价结果没有主成分分析准确。在因子分析中，综合评价值是少数几个主因子得分的线性加权平均值，由于主因子与原始指标之间是不可逆的，即不能精确地把因子表示为原始指标的线性组合，而只能用回归方法对各主因子的得分做出估计，因此，综合评价值带有估计的成分。而在主成分分析中，虽然综合评价值也是少数几个主成分的线性加权值，但由于主成分与原始指标之间是可逆的，主成分可精确地表示成原始指标的线性组合，即每个主成分的值是精确的，而不是估计出来的，因此，在同样多的原始变差信息的条件下，主成分综合评价值比总因子得分要准确，这是因子分析不及主成分分析的地方。

（3）因子分析比主成分分析的计算量大。因子分析中所特有的因子载荷矩阵的估计、初始因子的方差最大正交旋转和因子得分的估计三项工作的计算量都比较大。相比而言，主成分分析就简单些。

除此以外，因子分析要假定原始指标有特定的模型，而且其中的公共因子要满足一定的条件，它重点放在从公共因子和特殊因子到原始指标的变换上，注重的是因子分解的具体形式，而不注意各自的变差信息贡献大小。而主成分分析仅仅是一种指标变换，不需要任何关于概率分布和基本统计模型的假定，只以某种代数或几何的最优化技术来简化原始指标的结构，它重点放在从原始指标到主成分的变换上，注重主成分的方差贡献大小。

第八节　因子分析、主成分分析的 SPSS 应用

一、因子分析的 SPSS 应用

步骤一：打开对话框。

执行菜单栏中的"分析"→"降维"→"因子"命令，弹出"因子分析"对话框，它是因子分析的主操作窗口，如图 9-2 所示。

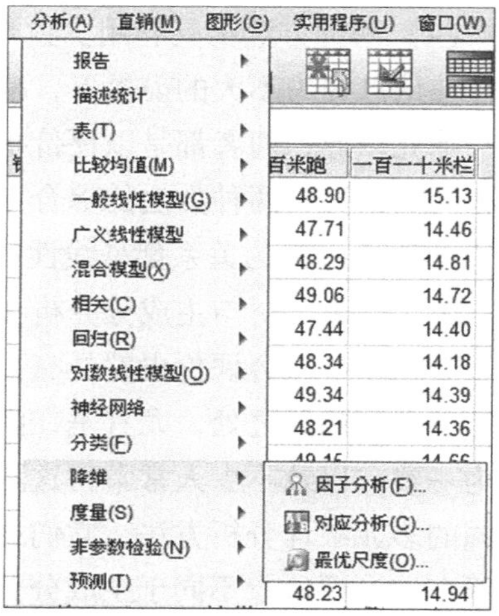

步骤二：选择因子分析变量。

在"因子分析"对话框右侧的候选变量列表框中选择进行因子分析的变量，将其添加至"变量"列表框中。如果要选择参与因子分析的样本，则需要将条件变量添加至"选择变量"列表框中，并单击"值"按钮输入变量值（见图 9-3），只有满足条件的样本数据才能进行后续的因子分析。

图 9-2　因子分析对话框

步骤三：选择描述性统计量。

单击"描述"按钮，在弹出的对话框中可以选择输出描述性统计量及相关矩阵等内容，如图 9-4 所示。具体选项含义如下。

（1）系数。为变量之间的相关系数阵列，可以直观地分析相关性。

（2）KMO 和 Bartlett 球形度检验。用于定量的检验变量之间是否具有相关性。

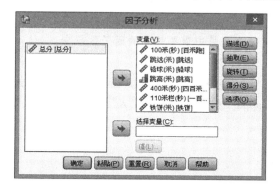

图 9-3　因子分析变量对话框

图 9-4　描述性统计量对话框

步骤四：选择因子抽取方法。

单击"抽取"按钮，在弹出的对话框中可以选择提取因子的方法及相关选项，如图 9-5 所示。

（1）因子抽取的方法：选取默认的主成分法即可，其余方法的计算结果可能有所差异。

（2）输出："未旋转的因子解"即为主成分分析结果。"碎石图"有助于我们判断因子的重要性（详细介绍见后面）。

（3）抽取：为抽取主成分（因子）的方法，一般是基于特征值大于1，默认即可。

步骤五：选择因子旋转方法。

在主界面中单击"旋转"按钮，打开对话框，然后选择"方法"→"最大方差法"，"输出"→"旋转"，如图 9-6 所示。

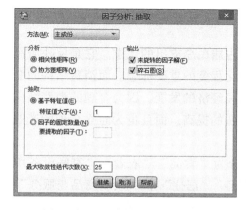

图 9-5　因子分析：抽取对话框

图 9-6　因子分析：旋转对话框

（1）选项组选择旋转方法。

- 不进行旋转，此为系统默认的选择项。
- 最大方差旋转法：这是一种正交旋转方法。它使每个因子具有最高载荷的变量数最小，因此可以简化对因子的解释。
- 直接斜交旋转法：指定此项可以在下面的"Delta"矩形框中键入"D"值，该值应该为0~1。系统默认的"D"值为0。
- 最大四次方正值旋转法：该旋转方法使每个变量中需要解释的因子数最少。
- 最大平衡值法。
- 斜交旋转方法：允许因子彼此相关。它比直接斜交旋转更快，因此适用于大数据集的因子分析。指定此项可以在下面的"Kappa"矩形框中键入"K"值，默认为4（此值最适合于分析）。

（2）输出选项组：选择有关输出显示。

- 旋转解：在"方法"栏中指定旋转方法才能选择此项。
- 因子载荷散点图：指定此项将给出以前两因子为坐标轴的各变量的载荷散点图。

（3）最大收敛性迭代次数：系统默认值为25。可以在此项后面的文本框中输入指定值。

步骤六：选择因子得分

单击"得分"按钮，在弹出的对话框中可以选择因子得分方法及相关选项，如图9-7所示。具体选项含义如下。

步骤七：单击"继续"按钮，结束操作，SPSS软件自动输出结果。

图9-7　因子分析：因子得分对话框

实例分析

居民消费结构的变动

1. 实例内容

消费结构是指在消费过程中各项消费支出占居民总支出的比重。它是反映居民生活消费水平、生活质量变化状况以及内在过程合理化程度的重要标志。而消费结构的变动不仅是消费领域的重要问题，而且也关系到整个国民经济的发展。因为合理的消费结构及消费结构的升级和优化不仅反映了消费的层次和质量的提高，而且也为建立合理的产业结构和产品结构提供了重要的依据。

表9-37是某市居民生活支出费用，具体分为"食品""衣着""家庭设备用品及服务""医疗保健""交通和通信""文化娱乐服务""居住"和"杂项商品与服务"等8个部分。请利用因子分析探讨该市居民消费结构，为产业政策的制定和宏观经济的调控提供参考。

表9-37 某市居民生活支出费用表

	均值	标准差	分析个案数
食品	39. 475 0	2. 297 05	8
衣着	6. 487 5	0. 865 92	8
家庭设备用品及服务	7. 912 5	2. 877 72	8
医疗保健	6. 362 5	1. 547 29	8
交通和通信	8. 175 0	2. 613 02	8
文化娱乐服务	14. 475 0	2. 300 16	8
居住	12. 162 5	2. 915 45	8
杂项商品与服务	2. 912 5	0. 524 91	8

2. 实例操作

数据文件 9-1. sav 是某市居民在"食品""衣着""医疗保健"等 8 个方面的消费数据，这些指标之间存在着不同强弱的相关性。如果单独分析这些指标，无法分析居民消费结构的特点。因此，可以考虑采用因子分析，将这 8 个指标综合为少数几个因子，通过这些公共因子来反映居民消费结构的变动情况。

3. 实例结果及分析

（1）描述性统计表。表 9-37 显示了"食品""衣着"等 8 个消费支出指标的描述统计量，例如均值、标准差等。这为后续的因子分析提供了一个直观的分析结果。

可以看到，"食品"支出消费所占的比重最大，其均值等于 39. 475 0%，其次是"文化娱乐服务"支出消费、"居住"支出消费。

（2）因子分析共同度。表 9-38 是因子分析的共同度，显示了所有变量的共同度数据。第 1 列是因子分析初始解下的变量共同度。它表明，对原有 8 个变量如果采用主成分分析法提取所有 8 个特征根，那么原有变量的所有方差都可被解释，变量的共同度均为 1（原有变量标准化后的方差为 1）。

表9-38 因子分析的共同度

	初始变量 共同度（1）	提取后变量 共同度（2）		初始变量 共同度（1）	提取后变量 共同度（2）
食品	1. 000	0. 842	交通和通信	1. 000	0. 925
衣着	1. 000	0. 842	文化娱乐服务	1. 000	0. 953
家庭设备用品及服务	1. 000	0. 976	居住	1. 000	0. 978
医疗保健	1. 000	0. 954	杂项商品与服务	1. 000	0. 947

事实上，因子个数小于原有变量的个数才是因子分析的目的，所以不可能提取全部特征根。于是，第 2 列列出了按指定提取条件（这里为特征根大于 1）提取特征根时的共同度。可以看到，所有变量的绝大部分信息（全部都大于 83%）可被因子解释，这些变量信息丢失较少。因此本次因子提取的总体效果理想。

（3）因子分析的总方差解释。接着 SPSS 软件计算得到相关系数矩阵的特征值、方差贡献率及累计方差贡献率结果如表 9-39 所示。在该表中，第 1 列是因子编号，以后 3 列组成一组，组中数据项的含义依次是特征根、方差贡献率和累计贡献率。

第一组数据项（第 2～第 4 列）描述了初始因子解的情况。可以看到，第 1 个因子的特征根值为 4.316，解释了原有 8 个变量总方差的 53.947%。前 3 个因子的累计方差贡献率为 94.196%，并且只有它们的取值大于 1。说明前 3 个公因子基本包含了全部变量的主要信息，因此选前 3 个因子为主因子即可。

同时，输出结果列出了因子提取后和旋转后的因子方差解释情况。从表 9-39 中看到，它们都支持选择 3 个公共因子。

表 9-39　因子分析的总方差解释

因子	初始特征值			平方载荷提取			旋转后平方载荷提取		
	值	方差贡献率	累积方差贡献率	值	方差贡献率	累积方差贡献率	值	方差贡献率	累积方差贡献率
1	4.316	53.947	53.947	4.316	53.947	53.947	4.261	53.265	53.265
2	1.989	24.869	78.816	1.989	24.869	78.816	2.03	25.379	78.645
3	1.23	15.380	94.196	1.23	15.38	94.196	1.244	15.551	94.196
4	0.275	3.435	97.631						
5	0.122	1.524	99.155						
6	0.052	0.648	99.804						
7	0.016	0.196	100						
8	1.79×10^{-17}	2.24×10^{-16}	100						

（4）因子碎石图。图 9-8 为因子分析的碎石图。横坐标为因子个数，纵坐标为特征值。可以看到，第 1 个因子的特征值很高，对解释原有变量的贡献最大；第 3 个以后的因子特征值都较小，取值都小于 1，说明它们对解释原有变量的贡献很小，称为可被忽略的"高山脚下的碎石"，因此提取前 3 个因子是合适的。

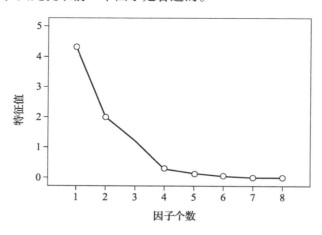

图 9-8　因子分析碎石图

（5）旋转前的因子载荷矩阵。表 9-40 显示了因子载荷矩阵，它是因子分析的核心内容。通过载荷系数大小可以分析不同公共因子所反映的主要指标的区别。从结果看，大部分因子解释性较好，但是仍有少部分指标解释能力较差，例如"食品"指标在 3 个因子的载荷系数区别不大。因此接着采用因子旋转方法使得因子载荷系数向 0 或 1 两极分化，使大的载荷更大，小的载荷更小。这样结果更具可解释性。

表 9-40　旋转前的因子载荷矩阵

	因子		
	1	2	3
医疗保健	0.967	0.102	0.093
文化娱乐服务	0.962	0.144	−0.085
交通和通信	0.948	−0.082	0.140
家庭设备用品及服务	−0.833	0.503	−0.173
食品	−0.761	0.202	0.471
居住	0.008	−0.970	−0.190
衣着	0.527	0.826	−0.005
杂项商品与服务	0.081	−0.183	0.952

（6）旋转后的因子载荷矩阵。表 9-41 显示了实施因子旋转后的载荷矩阵。可以看到，第一主因子在"交通和通信"和"医疗保健"等 5 个指标上具有较大的载荷系数，第二主因子在"居住"和"衣着"指标上系数较大，而第三主因子在"杂项商品与服务"上的系数最大。此时，各个因子的含义更加突出。

表 9-41　实施因子旋转后的载荷矩阵

	因子		
	1	2	3
交通和通信	0.946	0.083	0.152
医疗保健	0.938	0.260	0.081
文化娱乐服务	0.931	0.277	−0.101
家庭设备用品及服务	−0.895	0.343	−0.241
食品	−0.793	0.144	0.438
居住	0.159	−0.974	−0.058
衣着	0.396	0.889	−0.114
杂项商品与服务	0.086	−0.041	0.968

可以看出第 1 个公因子主要反映了"交通和通信""医疗保健""文化娱乐服务""家庭设备用品及服务"和"食品"上有较大载荷，说明第 1 个公因子综合反映这几个方面的变动情况，可以将其命名为第一基本生活消费因子，即享受性消费因子。第 2 个公因子在"居住""衣着"上的载荷系数较大，代表了这两个方面的变动趋势，可以将其命名为第二基本生活消费因子，即发展性消费因子。第 3 个公因子在"杂项商品与服务"上的消费变动较大，因此可以将第 3 个公因子命名为第三基本生活消费因子，即其他类型消费因子。

（7）因子得分系数。表 9-42 列出了采用回归法估计的因子得分系数。根据表中内容可写出以下因子得分函数。

因子 $F_1 = -0.198X_1 + 0.058X_2 - 0.226X_3 + 0.212X_4 + 0.221X_5 + 0.211X_6$
$\qquad + 0.079X_7 + 0.015X_8$

因子 $F_2 = 0.123X_1 + 0.425X_2 + 0.200X_3 + 0.094X_4 + 0.008X_5 + 0.096X_6$
$\qquad - 0.498X_7 + 0.015X_8$

因子 $F_3 = 0.365X_1 - 0.059X_2 - 0.174X_3 + 0.069X_4 + 0.119X_5 - 0.077X_6$
$\qquad - 0.088X_7 + 0.779X_8$

表 9-42　因子得分系数

	因子		
	1	2	3
食品	-0.198	0.123	0.365
衣着	0.058	0.425	-0.059
家庭设备用品及服务	-0.226	0.200	-0.174
医疗保健	0.212	0.094	0.069
交通和通信	0.221	0.008	0.119
文化娱乐服务	0.211	0.096	-0.077
居住	0.079	-0.498	-0.088
杂项商品与服务	0.015	0.015	0.779

不仅如此，原数据文件中增加了 FAC1_1、FAC2_1 和 FAC3_1 3 个变量，它们表示了 3 个因子在不同年份的得分值。为了进一步揭示因子的变动情况，绘制了如图 9-9 所示的因子变动趋势图。

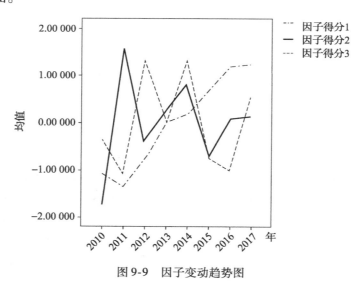

图 9-9　因子变动趋势图

二、主成分分析的 SPSS 应用

沿海 10 个省市的有关数据，如表 9-43 所示。

表 9-43　10 个城市的有关数据

地区	GDP	人均 GDP	农业 增加值	工业 增加值	第三产业 增加值	固定 资产投资	基本 建设投资	社会 消费品 零售总额	海关 出口总额	地方 财政收入
辽宁	5 458.2	13 000	14 883.3	1 376.2	2 258.4	1 315.9	529	2 258.4	123.7	399.7
山东	10 550	11 643	1 390	3 502.5	3 851	2 288.7	1 070.7	3 181.9	211.1	610.2
河北	6 076.6	9 047	950.2	1 406.7	2 092.6	1 161.6	597.1	1 968.3	45.9	302.3
天津	2 022.6	22 066	83.9	822.8	960	703.7	361.9	941.4	115.7	171.8
江苏	10 636	14 397	1 122.6	3 536.3	3 967.2	2 320	1 141.3	3 215.8	384.7	643.7
上海	5 408.8	40 627	86.2	2 196.2	2 755.8	1 970.2	779.3	2 035.2	320.5	709
浙江	7 670	16 570	680	2 356.5	3 065	2 296.6	1 180.6	2 877.5	294.6	566.9
福建	4 682	13 510	663	1 047.1	1 859	964.5	397.9	1 663.3	173.7	272.9
广东	11 770	15 030	1 023.9	4 224.6	4 793.6	3 022.9	1 275.5	5 013.6	1 843.7	1 202
广西	2 437.2	5 062	591.4	367	995.7	542.2	352.7	1 025.5	15.1	186.7

SPSS 在调用因子分析过程进行分析时，会自动对原始数据进行标准化处理，所以在得到计算结果后变量都是指经过标准化处理后的变量，但 SPSS 不会直接给出标准化后的数据，如要得到标准化数据，须调用"描述性分析"过程进行计算，如图 9-10 所示。

图 9-10　因子分析和描述统计过程

表 9-44 是相关系数矩阵。

表 9-44　相关系数矩阵

	GDP	人均 GDP	农业 增加值	工业 增加值	第三产业 增加值	固定资 产投资	基本建 设投资	社会消费品 零售总额	海关出 口总额	地方财 政收入
GDP	1.000	-0.094	-0.052	0.967	0.979	0.923	0.922	0.941	0.637	0.826
人均 GDP	-0.094	1.000	-0.171	0.113	0.074	0.214	0.093	0.043	0.081	0.273
农业增加值	-0.052	-0.171	1.000	-0.132	-0.050	-0.98	-0.176	0.013	-0.125	-0.086
工业增加值	0.967	0.113	-0.132	1.000	0.985	0.963	0.939	0.935	0.705	0.898
第三产业增加值	0.979	0.074	-0.050	0.985	1.000	0.973	0.940	0.962	0.714	0.913
固定资产投资	0.923	0.214	-0.098	0.963	0.973	1.000	0.971	0.937	0.717	0.934
基本建设投资	0.922	0.093	-0.176	0.939	0.940	0.971	1.000	0.897	0.624	0.848
社会消费品零售总额	0.941	-0.043	0.13	0.935	0.962	0.937	0.897	1.000	0.836	0.929
海关出口总额	0.637	0.081	-0.125	0.705	0.714	0.717	0.624	0.836	1.000	0.882
地方财政收入	0.826	0.273	-0.086	0.898	0.913	0.934	0.848	0.929	0.882	1.000

表 9-45 是方差分解主成分提取分析表。

表 9-45　方差分解主成分提取分析表

因子	初始特征值			平方载荷提取		
	值	方差贡献率	累积方差贡献率	值	方差贡献率	累积方差贡献率
1	7.220	72.205	72.205	7.220	72.205	72.205
2	1.235	12.346	84.551	1.235	12.346	84.551
3	0.877	8.769	93.319			
4	0.547	5.466	98.786			
5	0.085	0.854	99.640			
6	0.021	0.211	99.850			
7	0.012	0.119	99.970			
8	0.002	0.018	99.988			
9	0.001	0.012	100.000			
10	0.000	0.000	100.000			

表 9-46 是初始因子载荷矩阵。

表 9-46　初始因子载荷矩阵

	因子	
	1	2
GDP	0.949	0.195
人均 GDP	0.112	-0.824
农业增加值	-0.109	0.677
工业增加值	0.978	-0.005
第三产业增加值	0.986	0.07
固定资产投资	0.983	-0.068
基本建设投资	0.947	-0.024
社会消费品零售总额	0.977	0.176
海关出口总额	0.8	-0.051
地方财政收入	0.954	-0.128

从表 9-44 可知 GDP 与工业增加值，第三产业增加值、固定资产投资、基本建设投资、社会消费品零售总额、地方财政收入这几个指标存在着极其显著的关系，与海关出口总额也存在着显著关系。可见许多变量之间直接的相关性比较强，证明它们存在信息上的重叠。

主成分个数提取原则为主成分对应的特征值大于 1 的前 m 个主成分（特征值在某种程度上可以被看成表示主成分影响力度大小的指标，如果特征值小于 1，说明该主成分的解释力度还不如直接引入一个原变量的平均解释力度大，因此一般可以用特征值大于 1 作为纳入标准）。

通过表 9-45（方差分解主成分提取分析）可知，提取两个主成分，即 $m = 2$，从表 9-46（初始因子载荷矩阵）可知 GDP、工业增加值、第三产业增加值、固定资产投资、基本建设投资、社会消费品零售总额、海关出口总额、地方财政收入在第一主成分上有较高载荷，说明第一主成分基本反映了这些指标的信息；人均 GDP 和农业增加值指标在第二主成分上有较高载荷，说明第二主成分基本反映了人均 GDP 和农业增加值两个指标的信息。所以提取两个主成分可以基本反映全部指标的信息，所以决定用两个新变量来代替原来的 10 个变量。但这两个新变量的表达还不能从输出窗口中直接得到，因为初始因子载荷矩阵中每一个载荷量表示主成分与对应变量的相关系数。

用表 9-46（初始因子载荷矩阵）中的数据除以主成分相对应的特征值，开平方便得到两个主成分中每个指标所对应的系数（特别注意：这是主成分分析法与因子分析法在综合评价中的根本区别）。

将初始因子载荷矩阵中的两列数据输入（可用复制粘贴的方法）到数据编辑窗口（为变量 B1、B2），然后利用"转换"→"计算变量"命令，在"计算变量"对话框中输入"A1 = B1/SQR(7.22)"（第二主成分 SQR 后的括号中填 1.235），即可得到特征向量 A1（见图 9-11）。同理，可得到特征向量 A2。将得到的特征向量与标准化后的数据相乘，然后就可以得出主成分表达式（因本例只是为了说明如何在 SPSS 进行主成分分析，故在此不对提取的主成分进行命名，有兴趣的读者可自行命名）。

$$F_1 = 0.353ZX_1 + 0.042ZX_2 - 0.041ZX_3 + 0.364ZX_4 + 0.367ZX_5 + 0.366ZX_6$$
$$+ 0.352ZX_7 + 0.364ZX_8 + 0.298ZX_9 + 0.355ZX_{10}$$

$$F2 = 0.175ZX_1 - 0.741ZX_2 + 0.609ZX_3 - 0.004ZX_4 + 0.063ZX_5 - 0.061ZX_6$$
$$- 0.022ZX_7 + 0.158ZX_8 - 0.046ZX_9 - 0.115ZX_{10}$$

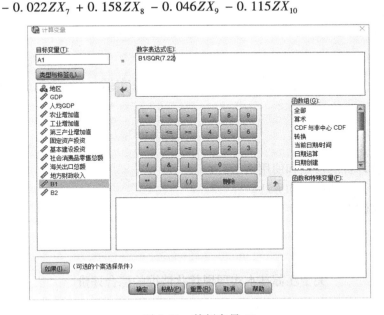

图 9-11　特征向量 A1

前文提到 SPSS 会自动对数据进行标准化，但不会直接给出，需要自己另外算，我们可以通过分析—描述统计对话框来实现：弹出描述对话框后，把 $X_1 \sim X_{10}$ 选入变量框，在将标准化得分另存为变量前的方框打上钩，单击"确定"按钮，经标准化的数据会自动填入数据窗口中，并以 Z 开头命名。

以每个主成分所对应的特征值占所提取主成分总的特征值之和的比例作为权重计算主成分综合模型

$$F = \frac{\lambda_1}{\lambda_1 + \lambda_2}F_1 + \frac{\lambda_2}{\lambda_1 + \lambda_2}F_2$$

即可得到主成分综合模型

$$F = 0.327ZX_1 - 0.072ZX_2 + 0.054ZX_3 + 0.310ZX_4 + 0.323ZX_5 + 0.304ZX_6$$
$$+ 0.297ZX_7 + 0.334ZX_8 + 0.248ZX_9 + 0.286ZX_{10}$$

根据主成分综合模型即可计算综合主成分值，并对其按综合主成分值进行排序，即可对各地区进行综合评价比较，结果如表 9-47 所示。

表 9-47　主成分分析综合评价结果

地区	第一主成分 F_1	排名	第二主成分 F_2	排名	综合主成分 F	排名
广东	5.23	1	0.11	6	4.48	1
江苏	2.25	2	0.23	5	1.96	2
山东	1.96	3	0.50	2	1.75	3
浙江	1.16	4	−0.19	8	0.96	4
上海	0.30	5	−2.36	10	−0.09	5
辽宁	−1.24	6	1.96	1	−0.78	6
河北	−1.35	7	0.41	4	−1.10	7
福建	−1.97	8	−0.07	7	−1.70	8
天津	−3.04	9	−1.01	9	−2.74	9
广西	−3.29	10	0.41	3	−2.75	10

第九节　综合评价应用实验

◇ **实训目标**

（1）认识综合评价的特点和使用情形。
（2）掌握综合评价的程序和方法。
（3）熟练应用综合评价方法。

◇ **实训内容**

关于江苏基本实现现代化情况的综合评价

2013 年 5 月 28 日，江苏省正式发布《江苏基本实现现代化指标体系（2013 年修订，试行）》（以下简称《现代化指标体系》），这是对江苏省 2011 年制定的《江苏基本实现现代化指标体系（试行）》的丰富升级，着力实现了四个"体现"：一是体现了党的十八大报告提出的五个方面新的更高要求，以及习近平总书记对江苏提出的"深化产业结构调整、积极稳妥推进城镇化、扎实推进生态文明建设"三大重点任务，进一步突出以提高经济增长质量和效益为中心，加快转变经济发展方式。二是体现了省委十二届四次全会用"五个新"对"两个率先"目标内涵的丰富拓展，即增强经济发展新动力，构建城乡区域发展新格局、增创改革开放新优势、形成社会建设新局面、建设生态文明新体系。三是体现了江苏"两个率先"必须取得的过硬成果，使之具有更高质量、更高水平、更高满意度。四是体现国家层面的《苏南现代化建设示范区规划》中具有普遍意义的目标要求，将之结合到全省指标体系的修订中。修订后的指标体系监测范围为省和省辖市。从 2013 年开始，首先对苏南五市进行监测评价。苏南五市可根据该指标体系的要求，结合本地实际，对所辖县（市、区）制定相应的监测评价办法。全省和苏中、苏北地区省辖市达到全面建成小康社会指标体系要求后，再用修订后的基本实现现代化指标体系进行监测评价。

［实训流程］

（1）了解《江苏基本实现现代化指标体系（2013 年修订，试行)》的基本情况。

（2）根据指标体系内容搜集各指标数据。

（3）确定综合评价方法。

（4）进行综合评价。

（5）分析说明综合评价结果。

［实训过程实录］

（1）原始数据搜集结果：

_____

_____

_____

（2）综合评价方法确定：

_____

_____

_____

（3）SPSS 应用过程：

_____

_____

_____

（4）SPSS 运算结果：

_____

_____

_____

（5）相关综合分析：

_____

_____

_____

[实训提示]

认真研读《江苏基本实现现代化指标体系（2013 年修订，试行）》，对各指标解释及计算方法应有深入了解。

《现代化指标体系》的 30 项、53 个指标具体为：经济发展 10 项、权重 29 分；人民生活 5 项、权重 20 分；社会发展 7 项、权重 23 分；民主法治 3 项、权重 9 分；生态环境 5 项、权重 19 分。另设 1 项评判指标，即人民群众对基本实现现代化建设成果的满意度，作为综合评判的必达指标。

（1）人均地区生产总值（元）。指一定时期内按平均常住人口计算的地区生产总值。指标值按 2010 年可比价计算。地区生产总值（GDP）是指一个国家（或地区）所有常住单位在一定时期内生产活动的最终成果。（资料来源：统计部门。）计算公式为

$$人均地区生产总值 = GDP / 年平均常住人口$$

（2）服务业增加值占 GDP 比重（%）。指当年第三产业增加值及农林牧渔服务业增加值之和与 GDP 的百分比。（资料来源：统计部门。）计算公式为

$$服务业增加值占 GDP 比重 = （第三产业增加值 + 农林牧渔服务业增加值)/GDP × 100\%$$

（3）工业企业全员劳动生产率（万元/人）。该指标是反映工业企业从业人员平均生产效率的相对指标。用工业增加值除以同一时期全部工业企业从业人员的平均人数来计算。（资料来源：经信部门。）计算公式为

$$工业企业全员劳动生产率 = 工业增加值 / 工业企业从业人员平均人数$$

（4）城镇化率（%）。指一个地区城镇常住人口占该地区常住总人口的比重。（资料来源：统计部门。）计算公式为

$$城镇化率 = 年末城镇常住人口 / 年末常住总人口 × 100\%$$

（5）信息化发展水平（%）。该指标是评价一个地区国民经济和社会信息化发展水平的综合性指标，衡量利用信息技术来创造、获取、使用和分享信息与知识的能力，以及信息化发展对社会经济发展的推动作用。信息化发展水平由五个分类指数构成：基础设施指数、产业技术指数、知识支撑指数、应用消费指数、发展效果指数。（资料来源：经信部门。）计算公式为

$$信息化发展水平 = 基础设施指数 × 20\% + 产业技术指数 × 20\% + 知识支撑指数 × 20\%$$
$$+ 应用消费指数 × 20\% + 发展效果指数 × 20\%$$

（6）现代农业发展水平（%）。以江苏省农业基本现代化指标体系监测综合得分作为指标值。该指标反映农业现代化程度，从农业产出效益、科技进步、产业经营、设施装备、生态环境、支持保障 6 个方面综合反映现代农业发展状况。（资料来源：统计部门。）

（7）研发经费支出占 GDP 比重（%）。指用于研究与试验发展（R&D）活动的经费占地区生产总值（GDP）的比重。研究与试验发展（R&D）活动包括基础研究、应用研究、试验发展三类活动。（资料来源：统计部门、科技部门。）计算公式为

$$研发经费支出占 GDP 比重 = 研发经费支出 /GDP × 100\%$$

（8）高新技术产业产值占规模以上工业产值比重（%）。指一定时期内高新技术产业产值与规模以上工业总产值之比。（资料来源：统计部门、科技部门。）计算公式为

$$高新技术产业产值占规模以上工业产值比重 = 高新技术产业产值 / 规模以上工业总产值 × 100\%$$

（9）自主品牌企业增加值占 GDP 比重（%）。指拥有省级以上自主品牌（驰名商标和著名商标）的企业所创造的增加值与 GDP 之比。（资料来源：统计部门、工商部门。）计算公式为

$$自主品牌企业增加值占 GDP 比重 = 自主品牌企业增加值 / GDP × 100\%$$

（10）万人发明专利拥有量（件）。指每万人口拥有的经国内外知识产权行政部门授权且在有效期内的发明专利件数。（资料来源：科技部门、知识产权部门。）计算公式为

$$万人发明专利拥有量 = 年末发明专利拥有量 / 年末常住总人口 × 10\,000$$

（11）居民收入水平。包括城镇居民人均可支配收入、农村居民人均纯收入、城乡居民收入达标人口比例 3 个子项。（资料来源：调查总队、统计部门。）

a. 城镇居民人均可支配收入（元）。指将家庭总收入扣除交纳的个人所得税、个人交纳的各项社会保障支出和调查户记账补贴后的人均收入。家庭总收入只包括城镇居民以现金形式获得的收入。

b. 农村居民人均纯收入（元）。指按人口平均计算的农村住户当年从各个来源得到的总收入相应地扣除有关费用性支出后的收入总和。既包括货币收入，又包括自产自用的实物收入。不包括向银行、信用社和向亲友借款等属于借贷性的收入。

c. 城乡居民收入达标人口比例（%）。指城镇居民人均可支配收入达到或超过目标值（70 000 元）的人口和农村居民人均纯收入达到或超过目标值（32 000 元）的人口占总人口的比例。计算公式为

$$城乡居民收入达标人口比例 = （城镇居民人均可支配收入达标人口数 +$$
$$农村居民人均纯收入达标人口数）/ 总人口数 × 100\%$$

（12）居民住房水平。包括城镇家庭住房成套比例和农村家庭住房成套比例两个子项。成套住房是指室外配套设施（道路、水、电、气等）和室内居住功能（具备卧室、起居室、厨房、卫生间等基本空间）基本齐全的住房。（资料来源：住建部门。）计算公式为

a. 城镇家庭住房成套比例 = 城镇国有土地上登记的成套住房面积/城镇国有土地上登记的住宅总面积×100%。

b. 农村家庭住房成套比例 = 农村家庭成套住房面积/农村家庭住宅总面积×100%

农村家庭成套住房面积 = 混合结构以上的住宅建筑面积×配套设施达标比例。满足配套设施达标的住宅须同时满足以下条件：以行政村为单位，城乡统筹区域供水农户覆盖率、生活污水处理覆盖率、生活垃圾集中收运率均达到 90% 以上；道路满足基本出行需求比例达 100%。

（13）居民健康水平。包括人均预期寿命、每千人拥有医生数和国民体质合格率等 3 个子项。

a. 人均预期寿命（岁）。指在当前的年龄别死亡率水平下，同批出生的人平均一生可存活的年数。（资料来源：统计部门。）

b. 每千人拥有医生数（人）。指一个地区平均每千人拥有的在岗执业（助理）医师数。（资料来源：卫生部门。）计算公式为

$$每千人拥有医生数 = 年末在岗执业（助理）医师数 / 年末常住人口 × 1\,000$$

c. 国民体质合格率（%）。指达到国家体育总局制定的《国家体质测定标准》合格以

上标准城乡居民人数的比例，是反映城乡居民在生活水平、生活方式、医疗保障等因素共同作用下其体质健康状况的指标。（资料来源：体育部门。）计算公式为

国民体质合格率 = 达到《国家体质测定标准》合格以上标准城乡居民人数／人口总数 × 100%

（14）公共交通服务水平。包括城市居民公共交通出行分担率和镇村公共交通开通率两个子项。（资料来源：交通部门。）

a. 城市居民公共交通出行分担率（%）。指中等以上城市居民出行方式中选择公共交通的出行量占总出行量的比重。公共交通出行包括轨道交通、地面公交、出租车及城市轮渡等出行方式；总出行包括公共交通出行和家用汽车、摩托车、自行车、步行等其他所有方式。城市公共交通出行量和总出行量的统计范围包括省辖市建成区和人口规模 20 万人以上的县级城市建成区。计算公式为

城市居民公共交通出行分担率 = 城市公共交通出行量／总出行量 × 100%

b. 镇村公共交通开通率（%）。指已开通镇村公共交通的乡镇个数占乡镇总数的比重。镇村公共交通指以乡镇为单位或者相邻几个乡镇为片区，连接乡镇至行政村（镇与镇之间、镇与村之间、村与村之间），具有公共交通基本特征的客运线路。计算公式为

镇村公共交通开通率 = 已开通镇村公共交通的乡镇个数／乡镇总数 × 100%

（15）现代教育发展水平（%）。以江苏省教育现代化指标体系监测综合得分作为指标值。该指标反映教育现代化程度，从教育普及度、教育公平度、教育质量度、教育开放度、教育保障度、教育统筹度、教育贡献度和教育满意度等 8 个方面综合反映现代教育发展状况。（资料来源：教育部门。）

（16）人力资源水平。包括每万劳动力中研发人员数和每万劳动力中高技能人才数两个子项。

a. 每万劳动力中研发人员数（人年）。指每万劳动力中从事科学研究与试验发展人员全时当量数。研发（R&D）人员指参与科学研究与试验发展项目研究、管理和辅助的工作人员。（资料来源：统计部门、科技部门。）计算公式为

每万劳动力中研发人员数 = 研发人员全时当量数／从业人员年平均人数 × 10 000

b. 每万劳动力中高技能人才数（人）。指每万劳动力中取得高级技工、技师和高级技师职业资格人数。（资料来源：人社部门。）计算公式为

每万劳动力中高技能人才数 =（高级技工人数 + 技师人数 +
高级技师人数）／从业人数 × 10 000

（17）基本社会保障。包括城乡基本养老保险覆盖率、城乡基本医疗保险覆盖率、失业保险覆盖率、城镇住房保障体系健全率和每千名老人拥有养老床位数 5 个子项。

a. 城乡基本养老保险覆盖率（%）。指参加企业职工基本养老保险、机关事业单位社会养老保险、城镇居民养老保险、新型农村社会养老保险、被征地农民社会保障参保人数之和占应参保人数的比重。（资料来源：人社部门。）计算公式为

城乡基本养老保险覆盖率 =（企业职工基本养老保险参保人数 +
机关事业单位社会养老保险参保人数 +
城镇居民养老保险参保人数 +
新型农村社会养老保险参保人数 +

　　被征地农民社会保障参保人数）／应参保人数 × 100%

　　b. 城乡基本医疗保险覆盖率（%）。指参加城镇职工基本医疗保险、城镇居民医疗保险（不含城镇居民参加新农合人数）以及参加新型农村合作医疗人数之和占应参保人数的比重。（资料来源：人社部门、卫生部门。）计算公式为

$$城乡基本医疗保险覆盖率(\%) = (城镇职工基本医疗保险参保人数 +$$
$$城镇居民医疗保险参保人数 - 城镇居民参加新农合人数 +$$
$$参加新型农村合作医疗人数)／应参保人数 × 100\%$$

　　c. 失业保险覆盖率（%）。指失业保险参保人数占应参保人数的比重。失业保险覆盖范围：各类企业、民办非企业单位和与之形成劳动关系的人员，个体经济组织及其雇工，国家机关、事业单位、社会团体和与之建立劳动合同关系的人员，法律、法规规定应当参加失业保险的其他单位和人员。（资料来源：人社部门。）计算公式为

$$失业保险覆盖率 = 失业保险参保人数／应参保人数 × 100\%$$

　　d. 城镇住房保障体系健全率（%）。该指标包括新增保障性住房完成率、城镇保障性住房覆盖率、各类棚户区和危旧房片区改造覆盖率、住房保障制度完善率、住房保障管理服务网络健全率、住房保障信息化管理达标率和住房公积金覆盖率7项内容。对各单项指标分别赋权重加总合成。（资料来源：住建部门。）计算公式为

$$城镇住房保障体系健全率 = 新增保障性住房建设完成率(15\%) +$$
$$城镇保障性住房覆盖率(20\%) +$$
$$各类棚户区和危旧房片区改造覆盖率(15\%) +$$
$$住房保障制度完善率(10\%) +$$
$$住房保障管理服务网络健全率(10\%) +$$
$$住房保障信息化管理达标率(10\%) +$$
$$住房公积金覆盖率(20\%)$$

　　e. 每千名老人拥有养老床位数（张）。指每千名老人平均拥有的各类养老床位数。（资料来源：民政部门。）计算公式为

$$每千名老人拥有养老床位数 = 公办、民办以及社会各类养老服务机构拥有床位数(含社$$
$$区服务中心、居家养老服务中心等养老床位数)总和／60$$
$$周岁以上常住人口数 × 1\,000$$

　　（18）基尼系数。指在全部居民收入中，用于进行不平均分配的那部分收入占总收入的百分比。（资料来源：调查总队、统计部门。）

　　（19）和谐社区建设水平。包括城市和谐社区建设达标率和农村和谐社区建设达标率两个子项。（资料来源：民政部门。）

　　a. 城市和谐社区建设达标率（%）。指达到城市和谐社区建设标准的社区数占城市社区总数的比重。计算公式为

$$城市和谐社区建设达标率 = 城市和谐社区达标数／城市社区总数 × 100\%$$

　　b. 农村和谐社区建设达标率（%）。指达到农村和谐社区建设标准的社区数占农村社区总数的比重。计算公式为

$$农村和谐社区建设达标率 = 农村和谐社区达标数／农村社区总数 × 100\%$$

（20）文化产业增加值占 GDP 比重（%）。指文化及相关产业创造的增加值与 GDP 之比。（资料来源：统计部门。）计算公式为

$$文化产业增加值占 GDP 比重 = 文化产业增加值 / GDP \times 100\%$$

（21）人均拥有公共文化体育设施面积（平方米）。指按照本地区常住人口计算的每人拥有公共文化设施和公共体育设施的面积。（资料来源：文化部门、体育部门。）计算公式为

$$人均拥有公共文化体育设施面积 = （公共文化设施面积 + 公共体育设施面积）/ 年末常住人口$$

（22）居民文明素质水平。包括居民科学素质达标率、居民综合阅读率、注册志愿者人数占城镇人口比例 3 个子项。

a. 居民科学素质达标率（%）：指具备基本科学素质即在"了解科学知识（包括科学术语和科学观点）""理解科学方法""理解科学技术对个人和社会的影响"三方面都达到标准的 18 ~ 69 岁的居民人数占 18 ~ 69 岁居民总人数的比例。（资料来源：科技协会。）计算公式为

$$居民科学素质达标率 = 具备基本科学素质的 18 ~ 69 岁居民人数$$
$$/18 ~ 69 岁居民总人数 \times 100\%$$

b. 居民综合阅读率（%）。指 18 ~ 70 岁居民对各种媒介（包含图书、报纸、期刊等纸质出版物，网络在线阅读和电子阅读器阅读等数字阅读方式）的阅读率，主要体现全民阅读参与情况。委托第三方独立调查机构通过问卷调查取得。（资料来源：宣传部门。）

c. 注册志愿者人数占城镇人口比例（%）。指注册志愿者人数占 16 ~ 70 岁城镇常住人口的比例。注册志愿者是指依据《中国注册志愿者管理规定》明确的条件和程序，在文明办、民政、体育、工会、共青团、妇联、科协、残联、红十字会、老龄办等组织和志愿服务组织注册登记，每年志愿服务时间在 24 小时及以上的人员。（资料来源：宣传部门。）

（23）党风廉政建设满意度（%）。反映党风廉政建设和反腐败的成效，根据党风廉政建设民意调查结果计算所得。（资料来源：纪检部门。）

（24）法治建设满意度（%）。指通过对党政机关在宪法和法律范围内活动、公共权力行使、公民意识与社会秩序、人民群众民主权利和民生保障、法制宣传教育和法治文化等方面的调查，反映人民群众对法治建设成果的满意程度，通过第三方民调机构调查取得。（资料来源：政法部门。）

（25）公众安全感（%）。既反映公众的安全程度，也反映人民群众对政府和社会管理综合治理各个部门工作绩效的认可程度，通过第三方民调机构调查取得。（资料来源：政法部门。）

（26）单位 GDP 能耗（吨标煤/万元）。指一定时期内能源消费总量与 GDP 的比值。GDP 按 2010 年可比价计算。（资料来源：统计部门。）计算公式为

$$单位 GDP 能耗 = 能源消费总量 / GDP$$

（27）单位 GDP 二氧化碳排放强度（吨二氧化碳/万元）。指一定时期内二氧化碳排放总量与地区生产总值（GDP）的比值。二氧化碳排放是指化石燃料燃烧过程中产生的排放量。

二氧化碳排放量 = 燃煤排放量 + 燃油排放量 + 燃气排放量 + 电力调入二氧化碳排放量 − 电力调出二氧化碳排放量。（资料来源：发改部门。）计算公式为

单位 GDP 二氧化碳排放强度 = 二氧化碳年度排放总量／本年度地区生产总值

（28）主要污染物排放强度。包括单位 GDP 化学需氧量排放强度、单位 GDP 二氧化硫排放强度、单位 GDP 氨氮排放强度、单位 GDP 氮氧化物排放强度等 4 个子项。（资料来源：环保部门。）

a. 单位 GDP 化学需氧量排放强度（千克／万元）。指一定时期内化学需氧量排放量与 GDP 的比值。GDP 按 2010 年可比价计算。计算公式为

单位 GDP 化学需氧量排放强度 = 化学需氧量排放量／GDP

b. 单位 GDP 二氧化硫排放强度（千克／万元）。指一定时期内二氧化硫排放量与 GDP 的比值。GDP 按 2010 年可比价计算。计算公式为

单位 GDP 二氧化硫排放强度 = 二氧化硫排放量／GDP

c. 单位 GDP 氨氮排放强度（千克／万元）。指一定时期内氨氮排放量与 GDP 的比值。GDP 按 2010 年可比价计算。计算公式为

单位 GDP 氨氮排放强度 = 氨氮排放量／GDP

d. 单位 GDP 氮氧化物排放强度（千克／万元）。指一定时期内氮氧化物排放量与 GDP 的比值。GDP 按 2010 年可比价计算。计算公式为

单位 GDP 氮氧化物排放强度 = 氮氧化物排放量／GDP

（29）环境质量。包括空气质量达到二级标准的天数比例、地表水好于Ⅲ类水质的比例、生活垃圾无害化处理率、城镇污水达标处理率、康居乡村建设达标率和村庄环境整治达标率 6 个子项。

a. 空气质量达到二级标准的天数比例（％）。指按国家环保部新颁布的空气质量标准（空气质量指数 AQI）要求，空气质量达到二级标准的天数占全年天数的比例。（资料来源：环保部门。）计算公式为

空气质量达到二级标准的天数比例 = 空气质量达到二级标准的天数／全年天数 × 100％

b. 地表水好于Ⅲ类水质的比例（％）。指地表水质达到Ⅰ、Ⅱ、Ⅲ类地表水断面数占监测断面总数的比重。以国家和地方水质监测断面为基础，考核全省及各地优良水质比例。（资料来源：环保部门。）计算公式为

地表水好于Ⅲ类水质的比例 = 地表水质好于Ⅲ类以上地表水断面数／监测断面总数 × 100％

c. 生活垃圾无害化处理率（％）。指报告期内城乡生活垃圾无害化处理量与生活垃圾产生量的比率。（资料来源：住建部门。）计算公式为

生活垃圾无害化处理率 = 城乡生活垃圾无害化处理量／城乡生活垃圾产生量 × 100％

d. 城镇污水达标处理率（％）。指报告期内城镇污水达标处理总量与排放总量的比率。（资料来源：住建部门。）计算公式为

城镇污水达标处理率 = 城镇污水达标处理总量／城镇污水排放总量 × 100％

e. 康居乡村建设达标率（％）。是指规划布点村庄达到康居乡村建设标准的比例。（资料来源：住建部门。）计算公式为

康居乡村建设达标率 = 达到康居乡村建设标准的村庄个数／规划布点的村庄总数 × 100％

f. 村庄环境整治达标率（％）。是指达到村庄环境整治标准的村庄个数占村庄总数的比

重。（资料来源：住建部门。）计算公式为

村庄环境整治达标率 = 村庄环境整治达标村庄个数／村庄总数 × 100%

（30）绿化水平。包括林木覆盖率和城镇绿化覆盖率两个子项。

a. 林木覆盖率（%）。指林木覆盖面积占土地面积的比重。林木覆盖面积包括：郁闭度 0.2 以上的乔木林地面积和竹林地面积、灌木林地面积、农田林网以及村旁、路旁、水旁、宅旁林木的覆盖面积。土地面积中扣除大于 10 平方千米的湖泊水面及重盐碱地等面积。（资料来源：林业部门。）计算公式为

林木覆盖率 = 林木覆盖面积／土地面积 × 100%

b. 城镇绿化覆盖率（%）。指城镇建成区内绿化覆盖面积与建成区总面积的比例。统计范围包括城市、县城、建制镇建成区。（资料来源：住建部门。）计算公式为

城镇绿化覆盖率 = 城市、县城、建制镇建成区绿化覆盖面积之和／
城市、县城、建制镇建成区面积之和 × 100%

评判指标：人民群众对基本现代化建设成果满意度（%）。这是公众参与的主观感受指标，反映人民群众对基本现代化建设成果的认可程度，委托第三方调查机构，采用问卷、电话访问等抽样调查方式取得。（资料来源：统计部门。）

综合评价方法有很多种，在具体实训时，每位同学至少要选择两种以上的方法加以综合评价，因为这样既可以进行比较，又可以发现不同方法在运用中的差异。

◆ 练习与思考

1. 简述综合评价的一般步骤。
2. 简述综合评价指标的处理方法。
3. 简述综合评价的常规方法。
4. 全国重点水泥厂主要经济效益指标资料如下表所示

厂家编号	固定资产利税率（%）	资金利税率（%）	销售收入利润率（%）	资金利润率（%）	固定资产产值率（%）	流动资金周转天数（天）	万元产值能耗（吨）	全员劳动生产率[万元/（人·年）]
1	16.68	26.75	31.84	18.04	53.25	55	28.83	1.75
2	19.70	27.56	32.94	19.20	59.82	55	32.92	2.87
3	15.20	23.40	32.98	16.24	46.78	65	41.69	1.53
4	7.29	8.97	21.30	4.76	34.39	62	39.28	1.63
5	29.45	56.49	40.74	43.68	75.32	69	26.68	2.14
6	32.93	42.78	47.98	33.87	66.46	50	32.87	2.60
7	25.39	37.85	36.67	27.56	68.18	63	35.79	2.43
8	15.05	19.45	27.21	14.21	56.13	76	35.76	1.75
9	19.82	28.78	33.41	20.17	59.25	71	9.13	1.83
10	21.13	35.20	39.16	26.52	52.47	62	35.08	1.73
11	16.75	28.72	29.62	19.23	55.76	58	30.08	1.52
12	15.83	28.03	26.40	17.43	61.19	61	32.75	1.60

（续）

厂家编号	固定资产利税率（%）	资金利税率（%）	销售收入利润率（%）	资金利润率（%）	固定资产产值率（%）	流动资金周转天数（天）	万元产值能耗（吨）	全员劳动生产率 [万元/（人·年）]
13	16.53	29.73	32.49	20.63	50.41	69	37.57	1.31
14	2.22	54.59	31.05	37.00	67.95	63	32.33	1.57
15	12.92	20.82	25.12	12.54	51.07	66	39.18	1.83

（1）运用常规方法进行综合评价。

（2）运用灰色关联度评价法进行综合评价。

（3）运用模糊综合评价法进行综合评价。

（4）运用 SPSS 进行主成分分析法综合评价。

（5）运用 SPSS 进行因子分析法综合评价。

5. 通过阅读导入案例，你对综合评价分析有怎样的理解？

6. 根据第二章练习与思考中第 7 题所调查的数据，请同学们按小组（5 人小组）运用 SPSS 软件进行主成分分析和因子分析（提示：可参照本章 SPSS 的实例分析进行）。

第十章
CHAPTER10

统计报告的撰写

§ **学习目标**

1. 了解统计报告的一般结构
2. 掌握统计报告撰写技巧

§ **本章重点**

掌握结合实际撰写统计研究报告的能力

§ **导入案例**

中国互联网络发展状况统计报告

（2019 年 2 月）

中国互联网络信息中心

目录

资料来源：http://www.cac.gov.cn/

第一节　统计报告能力概述

一、统计报告的撰写计划设计能力

1. 统计报告主题选择确定能力

要撰写出合格、规范的统计报告，首先需要具有"确定统计报告主题"的选择确定能力。统计报告主题是指统计调查研究所要阐明、要解决的问题。确定统计报告主题是统计调查研究的起点，否则一切无从谈起。统计报告主题按照调研目的分为"理论性研究主题"和"应用性研究主题"。"理论性研究主题"一般侧重于揭示统计学理论、统计研究方式方法发展变化规律的研究主题，如"有中国特色统计学的理论探讨""统计学三型理论在统计表达与描述中的应用"等。"应用性研究主题"一般侧重于应用统计学方式方法解决社会经济领域中存在的问题，提出解决问题的具体方案、对策的研究主题，如"中国互联网络发展状况统计报告""市场统计研究报告：积极关注低市盈率、低市净率股票"等。"理论性研究主题"和"应用性研究主题"两者之间没有绝对分明的界限，只是侧重点不同而已。理论和应用是相辅相成的，有时一个统计研究主题可以同时具有"理论探讨"和"实际应用"两种研究目的。"应用性研究主题"得来的资料能为"理论性研究主题"提供充分的例证;"理论性研究主题"能为"应用性研究主题"提供理论指导和理论分析的依据。

选择确定统计报告主题,需要注意以下几点。

第一,统计报告主题具有理论或实践价值。统计报告主题所涉及的内容如果已经过时,已经有定论,不再是实际社会经济生活中的热点,再去做这方面的调研是没有多大意义的。需要从当前统计理论或统计工作实践中的热点、难点、疑点所涉及的问题上确定统计报告主题。

第二,统计报告主题大小要适中。统计报告主题的大小要根据自己的能力和掌握的资料来确定,不能太大也不能太小,要适中。统计报告主题太大了往往会导致统计报告内容空洞、论证不充分、顾此失彼。统计报告主题太小了会导致统计报告论证无法展开,言之无物。大题大做不是一般人可以做到的,能做到的一定是大家;大题小做是我们有些人常犯的毛病,原因是"功力"不够;小题大做也需要水平,没有水平做不到;小题小做则适合初学拟定报告的人。

2. 统计调查研究方案设计能力

统计调查研究是撰写统计报告的前提,高质量的统计调查研究是撰写出高水平的统计报告的基础。

统计调查研究是一项自觉性很强的社会活动,统计调查研究方案是引导自觉行动的纲领。调研课题确定后,应该设计统计调查研究方案。统计调查研究方案大致包括:①统计调查研究的目的和任务;②统计调查研究的具体对象;③统计调查研究的项目;④统计调查研究进度安排时间表;⑤统计调查研究的组织领导;⑥统计调查研究的预算;⑦统计调查研究的类型和方法;⑧统计调查研究的注意事项等。

3. 统计报告撰写其它相关能力

(1)要理清思路。课题研究报告的写作是一件难度较大的事情,最关键和首要的工作就是要理清思路。要了解研究报告所要求的思路并将格式的各个项目与自己的研究工作建立对应关系,回顾和确立课题研究的假设和依据、措施和效果之间的因果关系。这两个关系的确立能有效地帮助作者迅速理清思路。

(2)要占有材料。在撰写课题研究报告之前,要尽可能地了解和占有材料,这些材料包括课题研究的实施(过程)材料、课题研究的效果材料、课题研究的参考材料以及原来写作的课题研究的文件材料等。能否全面地占有材料,关系到课题研究报告在多大程度上能反映出课题研究的深度和广度,以及课题的理论价值和实践价值。

(3)要加强思考。在理清思路和占有材料之后,在动笔写作之前还要做一项工作,那就是加强思考。这一步不同于理清思路,它的重点是对研究过程的资料进行条分缕析、抽象概括和提炼,将一些好的做法原则化,上升到理论的高度,并将理论联系实际进行思考,深化原有的理论认识。

(4)要有技巧。研究报告的写作要有一定的技巧,如数据的处理可以用图表形式、有关的内容可以用图示或表格形式加以简化等。

二、统计报告的撰写能力

撰写统计报告需要有广博的专业知识、深厚的道德素养、高度的敬业精神和娴熟的写作技巧。

（1）敏而好学的能力。"敏而好学，不耻下问"。一般来说，统计研究报告起点较高、专业性较强，具有相当的广度和深度。首先，要善于学习，克服困难，保持应有的韧劲、拼劲和钻劲，时刻把学习挂在心上；其次，要拓宽知识面，不断丰富学习内容；第三，要避重就轻，讲究学习方法，通过通读、摘读、精读相结合，博览多学，兼收并蓄，不断提高自身的文字表达能力、政策理论水平和专业知识，从而不断增强写作的预见性和创造性。

（2）博采众长的能力。"不积跬步，无以至千里；不积小流，无以成江海"。统计研究报告需要大量积累、吸收，才能做到丰富词汇量、拓宽知识面、突出新颖性。首先，要具有针对性，即做好路线、方针、政策等理论知识的积累，仔细观察各行业的发展情况、重大决策和重大事项的信息动态，从而把握事件的前因后果、来龙去脉；其次，要具有灵活性，因为搜集素材是一项非常烦琐的工作，要想搜集到全面、有价值的素材，就必须灵活运用多种方法，多渠道、多角度、多形式的吸收、归纳和整理。

（3）善于思考的能力。"学而不思则罔，思而不学则殆"。思考的过程本身就是学习过程的继续和深化，也是提高统计研究报告撰写水平的重要途径。勤于思考、善于思考有助于我们把平时所听、所看、所学转化为知识和能力，促进文字功底的升华。第一，要学会换位思考，提高思维层次。善于逆向思维、多向思维，善于多角度观察，站得高，想得多，统计研究报告才能见解独到。第二，要学会总结，对过去的研究报告进行分析评价和总结，才能发现问题，找出差距，悟出道理。

（4）深耕能力。"常看胸中有本，常写笔下生花"。统计研究报告撰写能力的提高，不是一日之功，关键在于勤学多练，不断地积累写作经验，探索写作技巧。首先要用心，撰写统计研究报告需要专心致志，一丝不苟，尽可能写出有分量、有价值的报告；其次要精心，按照主题突出、层次分明、结构严谨、立意新颖、文字简练的要求，精心组织，斟字酌句。要注意讲究结构，做到层次分明。好的结构对突出报告的主题内容起着关键的作用。

第二节　统计报告结构和写作程序

一、统计报告的结构

一般来说，统计报告的内容大体有标题、导语、概况介绍、资料统计、理性分析、总结和结论或对策、建议，以及所附的材料等。由此形成的统计报告结构，就包括标题、导语、正文、结尾、参考文献与附录。

1. 标题

统计报告的标题有单标题和双标题两类。所谓单标题，就是一个标题，具体可分为公文式标题和文章式标题两种。公文标题为"事由＋文种"，如《中国茶饮料市场统计报告》；文章式标题，如《调整科技政策，增加科技投入》。所谓双标题，就是两个标题，即一个正题、一个副题，如《构筑科技人才高地——常州科技人才引进统计调查报告》。

2. 导语

导语又称引言。它是统计报告的前言，简洁明了地介绍有关调查的情况，或提出全文的引子，为正文写作做好铺垫。常见的导语有：①简介式导语。对调查的课题、对象、时间、地点、方式、经过等做简明的介绍；②概括式导语。对统计报告的内容（包括课题、对象、调查内容、调查结果和分析的结论等）做概括的说明；③交代式导语。对课题产生的由来做简明的介绍和说明。

3. 正文

正文是统计报告的主体。它对调查得来的事实和有关材料进行叙述，对所做出的分析、综合进行议论，对调查研究的结果和结论进行说明。正文的结构有不同的框架。①根据逻辑关系安排材料的框架有纵式结构、横式结构、纵横式结构。这三种结构，以纵横式结构最常为人们采用。②按照内容表达的层次组成的框架有："情况—成果—问题—建议"式结构，多用于反映基本情况的统计报告；"成果—具体做法—经验"式结构，多用于介绍经验的统计报告；"问题—原因—意见或建议"式结构，多用于揭露问题的统计报告；"事件过程—事件性质结论—处理意见"式结构，多用于揭示案件是非的统计报告。

正文占统计报告的绝大部分篇幅，是统计报告的关键部分，体现着报告的质量和水平，必须重视正文部分的撰写。各种不同类型的研究报告在正文部分叙述的内容不尽相同，但要写好正文部分，必须掌握充分的材料，然后对材料进行分析、综合、整理，再经过概念、判断、推理的逻辑过程，最后得出正确的观点，并以观点为轴心贯穿全文，用材料说明观点，做到材料与观点的统一，这是基本的要求。对初学者来说，往往易出现两种毛病：一种是只限于表述自己的论点，而缺乏科学的论证；只有论点，没有材料，缺乏说服力。另一种毛病是罗列大量材料，平铺直叙，看不出其主要论点是什么，出现上述毛病的原因就在于没有能以确凿的论据来说明论点，做到论点与论据的统一。为了科学、准确、生动形象地表达研究成果，提高说服力和可信性，还应减少不必要的文字叙述，而采用图、表、照片的形式集中反映数据和关键的情节。当然，选用的图、表、照片也要注意少而精并且准确无误。

4. 结尾

结尾的内容大多是调查者对问题的看法和建议，这是分析问题和解决问题的必然结果。统计报告的结尾方式主要有补充式、深化式、建议式、激发式等。

5. 参考文献与附录

在统计报告正文的后面，应附有参考文献与附录，使读者明确报告中直接提到的或引用的资料来源。所列文献目录应写明：作者姓名、书名或论文题目、出版社名称或杂志名称、出版时间或期号。

附录主要是统计报告中关键的原始资料，如测试表格、课题研究方案等，让读者对整篇报告有更清晰的认识。

二、统计报告的写作程序

一般来说，统计报告写作要经过以下五个程序。

1. 确定主题

主题是统计报告的灵魂，对统计报告写作的成败具有决定性的意义。因此，确定主题要注意报告的主题应与调查主题一致，主题宜小，且宜集中。

2. 取舍材料

对经过统计分析与理论分析所得到的系统的完整的"调查资料"，在组织统计报告时仍需精心选择，不可能也不必都写在报告上，要注意取舍。①选取与主题有关的材料，去掉无关的，关系不大的、次要的、非本质的材料，使主题集中、鲜明、突出。②注意材料点与面的结合，材料不仅要支持报告中某个观点，而且要相互支持，形成面上的"大气"；在现有有用的材料中，要比较、鉴别、精选材料，选择最好的材料来支持作者的意见，使每个材料都能以一当十。

3. 布局和拟定提纲

这是统计报告构思中的一个关键环节。布局就是指统计报告的表现形式，它反映在提纲上就是文章的"骨架"。拟定提纲的过程实际上就是把调查材料进一步分类、构架的过程。构架的原则是"围绕主题，层层进逼，环环相扣"。提纲或骨架的特点是它内在的逻辑性，要求必须纲目分明、层次分明。

统计报告的提纲有两种，一种是观点式提纲，即将调查者在调查研究中形成的观点按逻辑关系一一列写出来。另一种是条目式提纲，即按层次意义表达上的章、节、目，一条条地写成提纲，也可以将这两种形式结合起来制作提纲。

4. 起草统计报告

这是统计报告写作的行文阶段。要根据已经确定的主题、选好的材料和写作提纲，有条不紊地行文。写作过程中，要从实际需要出发选用语言，灵活地划分段落。

在行文时要注意：①结构合理（标题、导语、正文、结尾、落款）；②报告文字规范，具有审美性与可读性，如"制定优惠政策，引进急需人才""运用竞争机制，盘活现有人才"，（文章段落的条目观点）；③通俗易懂。注意对数字、图表、专业名词术语的使用，做到深入浅出，使语言具有表现力，做到准确、鲜明、生动、朴实。

5. 修改统计报告

统计报告起草好以后，要认真修改。主要是对报告的主题、材料、结构、语言文字和标点符号进行检查，加以增、删、改、调。在完成这些工作之后，才能定稿向上报送或发表。

鲁迅先生说过，写作时不要十步九回头，写完后不要一去不回头。任何统计报告只要仔细审阅，都会发现或大或小的问题。有的人感到修改比写初稿还难，这确有其事。因为初稿是自己精心写出来的，自己觉得很恰当才写进去，要自己去发现哪些地方不恰当就不那么容易。只有对自己高标准、严要求，才能修改得好，修改初稿首先要经过反复审阅，对那些可有可无的叙述要大刀阔斧地砍掉，毫不吝惜。当然，初稿写好后，可以不必马上修改。因为人的思维有"滞后性"——写完就修改，往往跳不出原构思的"圈子"。所以搁一段时间后再修改，原先的思路淡薄了，或许能得到新的启发，这时修改的效果就会更好些。一篇统计报告经过反复修改后，还应当请人指教，再行修改。要有"不耻下问""登门求教"的精神，必须"自以为非"，不可"夜郎自大"。只有精雕细刻、精益求精，才能达到比较成熟的程度。总之，撰写统计报告要有"三严"的精神，即严肃的态度、严谨的学风、严密的方法。报告必须达到"五性"的要求，即科学性、客观性、公正性、确证性、可读性。这样的报告才可能是有一定质量的研究成果。

第三节　统计报告撰写要求与技巧

一、统计报告撰写要求

一份统计报告是否有意义，取决于它的质量，研究者必须遵循以下基本要求。

1. 科学性

科学性是统计研究成果的生命所在。统计报告的表述必须观点正确、材料可靠，论证要以事实为依据，无论是阐述因果关系，结论的利弊和价值，还是结论的实用性和可行性，都必须从事实出发。推理要合乎逻辑，不可无根据地臆断。

2. 创造性

创造性是衡量统计报告质量水平高低的重要依据。别人没有提出过的理论、概念、教育教学新方案，新的实验方法，别人没有观察到的现象，在统计调查中第一次获得的新数据等，都是创造性的研究成果。

3. 规范性

统计报告的表述虽无定法，但有规可循。在撰写统计报告时，要按照一定的格式，不能忽视最基本的规范要求。写作之前要有明确的计划和提纲，要根据研究的结构特点和逻辑顺序以及研究课题的任务和内容，来考虑表达的形式和表述的方式。

4. 可读性

为了便于传播和交流，统计报告的表述应具有可读性。语言阐述必须精确、通俗，在不损害规范性的前提下，尽可能使用简洁的语言。专门的名词术语可以用，但不能故弄玄虚。文字切忌带个人色彩。一般不采用比喻、拟人、夸张等修辞手法；不可把日常概念当作科学概念，不宜采用工作经验总结式的文字。一篇高质量的统计报告，不仅要有创见，也要讲究辞章，达到科学与文学、科学与美学的最佳结合。

二、统计报告撰写技巧

1. 掌握丰富的材料

必须掌握符合实际的丰富确凿的材料，这是统计报告的生命。丰富确凿的材料一方面来自实地考察，一方面来自书报、杂志和互联网。资料搜集的方法包括：①上图书馆查找；②有目的地选购相关书籍；③上网查询。建议对某一个全新的课题最好通读一至两本较权威的相关书籍，在资料搜集阅读过程中，如自己有任何想法、思想火花等，应立即写下来，以备用。在知识爆炸的时代，获得间接资料似乎比较容易，难得的是深入实地获取第一手资料。这就需要眼睛向下，脚踏实地到实践中认真调查，掌握大量的符合实际的第一手资料，这是写好调研报告的前提，必须下大功夫。

对于获得的大量直接和间接的资料，要做艰苦细致的辨别真假的工作，从中找出事物的内在规律，这不是容易的事。调研报告切忌面面俱到。在第一手材料中，筛选出最典型、最能说明问题的材料，对其进行分析，从中揭示出事物的本质或找出事物的内在规律，得出正确的结论，总结出有价值的东西，这是写统计报告时应特别注意的。

2. 构思好纲目

搜集资料并仔细阅读分析后，根据自己对某一问题的看法，构思一个好的文章纲目是十分重要的，这是接下去撰写文章的方向和主线。文章纲目中确定的方向科学、要点到位，是写成一篇好文章的基础。方向歪了，要点不到位，出好成果就较难。一般而言，文章的框架纲目为三至五部分为佳，每一部分再细分下去。大的纲目不能太多也不能太少。一些报告存在写文章没有纲目，从头连到脚的问题，一看就知道不太会写；也有的文章只有四五千字，却写了七八个部分，这又会导致各部分内容太薄太空、泛泛而谈。当然，一篇统计报告具体写哪几部分，要根据不同的内容，依照作者的思路、观点来确定具体的文章纲目、要点。但对于一篇文章打算通过哪几部分或哪几方面来阐述，每部分或每一方面又分几个小点等，一定要事先有个粗略的思路。建议在做纲目时，尽可能地把自己想到的观点或要点先记下来，再分入各纲目中，以免使自己原先想到的东西在具体写作中被遗漏。

3. 用词力求准确，文风朴实

毛泽东的《湖南农民运动考察报告》是很好的典范。写调研报告，应该用概念成熟的专业用语，非专业用语应力求准确易懂。通俗应该是提倡的。特别是被调查对象反映事物的典型语言，应在调研报告中选用。目前，盲目追求用词新颖，把简单的事物用复杂的词语来表达，把简单的道理说得云山雾罩、玄而又玄，实际上是学风浮躁的表现，有时甚至有"没有真功夫"之嫌。

调研报告一般是针对解决某一问题而产生的。报告需要陈述问题发生发展的起因、过程、趋势和影响。如果用词概念不清，读者就难以了解事物的本来面目，也就达不到解决问题的目的。尤其是政策调研报告，用词准确有助于政策决策者迅速、准确地理解调研报告的内容，有利于政策制定和调整的正确性。

4. 逻辑严谨，条理清晰

调研报告要做到观点鲜明，立论有据。论据和观点要有严密的逻辑关系，条理清晰。论据不单是列举事例，讲故事，逻辑关系是指论据和观点之间内生的必然联系。如果没有逻辑关系，无论多少事例也很难证明观点的正确性。结构上的创新只是形式问题，不能把主要精力放到追求报告的形式上。调研报告的结构可以不拘一格。

5. 要有扎实的专业知识

调研报告的好坏是由调研人员的基本素质决定的。调研人员既要有深厚的理论基础，又要有丰富的专业知识。一项政策往往涉及国民经济的许多方面，并且影响不同的社会群体，只有具备很宽的知识面，才能深刻理解国家的大政方针；正确判断政策所涉及的不同群体的需要，才能看清复杂事物的真实面目。恩格斯说过：如果现象和本质是统一的，任何科学都没有存在的价值了。调研人员一定要具备透过现象洞察事物本质的能力。这源于日积月累，非一朝一夕之功。任何事物都是一分为二的，调研报告带有一定程度的主观性。作者所处的立场决定了报告的主题和观点，也决定了报告素材选取的倾向性。巴金说："不是我有才能，而是我有感情。"深入实际搞调研，一定要有解决问题的强烈愿望和感情。

事物的产生和发展都遵循一定的规律，调研报告的写作过程实际上也是探索事物发生发展规律的过程。报告的论点和论据一定要符合自然规律和社会规律，而不是追随潮流，迎合某些群体的需要。这就需要调研人员非常敬业，具有不懈追求真理的精神。

❖ 练习与思考

1. 简述统计报告结构。
2. 简述统计报告的撰写技巧。
3. 撰写统计调研报告。在对学生学习、生活或课外活动进行调查、分析的基础上，完成学生学习、生活或课外活动的统计报告。

参 考 文 献

［1］贾俊平，何晓群，金勇．统计学［M］.7 版．北京：中国人民大学出版社，2018.

［2］贾俊平．统计学——基于 R［M］.3 版．北京：中国人民大学出版社，2019.

［3］黄良文．统计学［M］.北京：中国统计出版社，2012.

［4］袁卫等．统计学［M］.4 版．北京：高等教育出版社，2014.

［5］袁卫，刘超．统计学：思想、方法与应用［M］.2 版．中国人民大学出版社，2016.

［6］戴维·穆尔，威廉·诺茨．统计学的世界［M］.8 版．郑磊，译．北京，中信出版集团，2017.

［7］威廉 M 门登霍尔（William M. Mendenhall）．统计学［M］.6 版．关静，等译．北京：机械工业出版社，2018.

［8］史蒂芬·斯蒂格勒（Stephen M. Stigler）．统计学七支柱［M］.高蓉，李茂译．北京：人民邮电出版社，2018.

［9］David R Anderson. 商务与经济统计学精要［M］.路成来，胡成秀，等译．大连：东北财经大学出版社，2000.

［10］游士兵．统计学［M］.3 版．武汉：武汉大学出版社，2018.

［11］杰拉德·凯勒（Gerald Keller）．统计学：在经济和管理中的应用［M］.10 版．夏利宇，韩松涛，李君，等译．北京：中国人民大学出版社，2019.

［12］薛薇．统计分析与 SPSS 的应用［M］.5 版．北京：中国人民大学出版社，2017.

［13］危磊．统计学基础［M］.2 版．北京：人民邮电出版社，2018.

［14］韩兆洲．统计学原理［M］.7 版．广州：暨南大学出版社，2011.

［15］卢冶飞，孙忠宝．应用统计学［M］.3 版．北京：清华大学出版社，2017.

［16］贾俊平．应用统计学［M］.3 版．北京：中国人民大学出版社，2017.

［17］陈莉静，姜仁贵，高榕．应用统计学［M］.北京：中国电力出版社，2018.

［18］陈磊．应用统计学［M］.2 版．北京：中国纺织出版社，2018.

［19］马庆国．应用统计学：数理统计方法、数据获取与 SPSS 应用［M］.北京：科学出版社，2019.

［20］唐志锋，何娜，林江珠．应用统计学［M］.武汉：华中科技大学出版社，2019.

［21］潘鸿，张小宇，吴勇民．应用统计学［M］.3 版．北京：人民邮电出版社，2019.

推 荐 阅 读

序号	书号	定价	书名
1	47474	35.00	客户关系管理：销售的视角
2	47911	39.00	个人理财
3	47354	30.00	管理沟通
4	48211	35.00	品牌管理(第2版)
5	48247	35.00	服务营销：理论、方法与案例
6	48630	35.00	统计学（第2版）
7	48770	30.00	财务管理学
8	49158	35.00	企业会计综合实训
9	48755	35.00	市场营销学
10	49351	35.00	国际贸易理论与实务(第2版)
11	49566	35.00	金融学（第2版）
12	49492	35.00	网络营销实务（第2版）
13	49871	35.00	商务礼仪实务教程
14	50456	35.00	企业资源计划（ERP）原理与实践(第2版)
15	50483	30.00	商务谈判与沟通
16	50601	25.00	应用统计学习题与参考答案
17	50645	35.00	组织行为学
18	51020	45.00	工程造价与控制
19	51344	35.00	策划原理与实践 第2版
20	51818	30.00	网络营销实务
21	52425	35.00	供应链管理（第2版）
22	52423	35.00	企业资源计划（ERP）原理与沙盘模拟：基于中小企业与ITMC软件
23	52483	35.00	广告理论与实务
24	53013	35.00	营销渠道管理（第2版）
25	53174	35.00	现代实用市场营销
26	53799	40.00	管理学
27	54022	35.00	公共关系学
28	54494	25.00	计量经济学基础
29	54631	29.00	科学技术概论
30	54639	35.00	物流管理概论
31	54660	35.00	物流系统规划与设计
32	54839	30.00	实用运筹学